权威·前沿·原创

皮书系列为

“十二五”“十三五”国家重点图书出版规划项目

2010年
北京社会建设分析报告

ANNUAL REPORT
ON ANALYSIS OF BEIJING SOCIETY-BUILDING
(2010)

主　编／陆学艺　张　荆　唐　军
副主编／李君甫　宋国恺　刘金伟

社会科学文献出版社
SOCIAL SCIENCES ACADEMIC PRESS (CHINA)

图书在版编目(CIP)数据

2010年北京社会建设分析报告/陆学艺，张荆，唐军主编.
—北京：社会科学文献出版社，2010.7（2017.9重印）
（社会建设蓝皮书）
ISBN 978-7-5097-1575-8

Ⅰ.①2… Ⅱ.①陆… ②张… ③唐… Ⅲ.①社会发展-研究
报告-北京市-2010 Ⅳ.①D671

中国版本图书馆CIP数据核字（2010）第111721号

社会建设蓝皮书
2010年北京社会建设分析报告

主　　编／陆学艺　张　荆　唐　军
副 主 编／李君甫　宋国恺　刘金伟

出 版 人／谢寿光
项目统筹／邓泳红　吴　丹
责任编辑／王　颉

出　　版／社会科学文献出版社·皮书出版分社（010）59367127
地址：北京市北三环中路甲29号院华龙大厦　邮编：100029
网址：www.ssap.com.cn
发　　行／市场营销中心（010）59367081　59367018
印　　装／北京京华虎彩印刷有限公司

规　　格／开　本：787mm×1092mm　1/16
印　张：22　字　数：374千字
版　　次／2010年7月第1版　2017年9月第2次印刷
书　　号／ISBN 978-7-5097-1575-8
定　　价／59.00元

社会建设蓝皮书编委会

主要编撰者简介

陆学艺 男，江苏省无锡人，研究员，教授。曾任中国社会学会会长，中国社会科学院社会学研究所所长，第八、第九届全国人民代表大会代表。现任北京工业大学人文社会科学学院院长，中国社会科学院荣誉学部委员，中国农村社会学研究会会长。主要研究领域为社会学理论、社会结构研究和农村发展理论研究。曾就农村实行家庭联产承包责任制、农村改革和发展问题发表了大量的论文、调查报告和著作，主要有《农业发展的黄金时代》、《联产责任制研究》、《当代中国农村与当代农民》、《三农论》、《转型中的中国社会》、《中国社会结构变迁》等。主编了《社会主义初级阶段中的社会学》、《社会学》、《中国社会发展报告》、《中国社会形势分析与预测》、《当代中国社会阶层研究报告》、《当代中国社会流动》和《当代中国社会结构》等著作。曾获国家和省部级奖多次，主持多项国家社会科学基金重大和重点课题研究，包括国家社科重点课题《中国国情丛书——百村经济社会调查》、《中国社会思想史研究》等。

张　荆 男，北京市海淀区人，博士，教授，北京工业大学人文学院社会学学科部副主任、北京经济社会发展研究院人力资源研究中心执行主任。主要研究领域：法社会学、刑事政策学、人力资源管理。主要研究成果：《现代社会的文化冲突与犯罪》、《国家行政效率之本——中日公务员制度比较研究》（合著）、《国际化背景下的首都人才机制研究》（执行主编）、《在日外国人犯罪》（日文版）、《金色的忧虑》（合著）等著作。2005 年 1 月《在日外国人犯罪》一书荣获第六届日本菊田犯罪学奖。主持国家社会科学基金项目《社区矫正制度建设研究》、北京市社会科学基金项目《北京市社区矫正模式研究》、北京市教委重点项目《北京市高校近五年来引进人才的使用情况的社会学研究》、《专业技术人员的收入与社会地位》等研究项目。

唐　军　男，湖北人，博士，教授，北京工业大学人文社会科学学院副院长，社会学学科部主任兼社会学系主任和社会学研究所所长；中国社会学会理事，北京市社科院社会管理研究中心专家组成员。主要研究方向为社会学理论、发展社会学、劳工研究、家族研究。主持的研究课题有国家教育部人文社会科学研究项目“村民自治后的家族问题”、法国国家科学研究中心（CNRS）“国际合作计划”（PICS）资助项目“失业工人：欧洲与中国工业省份的调查研究”、北京市教委人文社会科学重点项目“资本再造与身份重构：对改制国企中转岗职工的社会学研究”等；代表性成果有《蛰伏与绵延——当代华北村落家族生长的历程》、《历史上最具影响力的社会学名著20种》以及“仪式性的消减与事件性的加强——当代华北村落家族生长的理性化”（《中国社会科学》）、“对村民自治制度下家族问题的理论反思”（《社会学研究》）、“生存资源剥夺与传统体制依赖：当代中国工人集体行动的逻辑”（《江苏社会科学》）、“Du licenciement au chômage : l'évolution de l'exclusion sociale que les salariés licenciés subissent en Chine aujourd'hui.” SANTÉ，SOCIÉTÉ ET SOLIDARITÉ。

李君甫　男，陕西蓝田人，博士，副教授，北京工业大学人文社会科学学院社会学系副主任。主要研究领域：城乡社会发展、劳动与就业、社会政策、社会项目评估与管理。主要研究成果：《农民的非农就业与职业教育研究》、《中国社会进步与可持续发展》（合著）、《经济与社会协调发展研究——发达地区的经验与教训》（合著）、《中国新农村建设报告》（合著）等；论文有《走向终结的村落——山区人口流失、社会衰微与扶贫政策思考》、《北京住房政策变迁的经验与教训》等。主持《国际计划第二个五年战略规划基线调研》、《中欧天然林管理项目——森林工人再就业培训跟踪研究》、《科技进步与北京住房的社会学研究》、《新农村建设背景下的大学生村官政策研究》等研究项目。

宋国恺　男，甘肃省靖远人，博士，副教授，北京工业大学人文社会科学学院社会工作系副主任。主要研究领域：发展社会学、农村社会学、社会结构。主要研究成果：《从身份农民到职业农民》、《当代中国社会结构》（合著）、《晋江模式新发展》（合著）、《历史上最具影响力的社会学名著20种》（合著）等。主编《新时期新型农民自我教育系列丛书》。主持国家社会科学基金项目《流动人口中自雇佣者社区融合研究》、北京市委组织部优秀人才计划项目《外来流动人口社会融合研究——以建外街道为例》等研究项目。

刘金伟 男，山东省枣庄市人，博士，副教授。主要研究领域：社会发展与社会管理、社会政策、医学社会学。主要研究成果：《当代中国农村卫生公平问题研究》（专著）、《改革的步伐》（副主编）、《经济与社会协调发展研究》（副主编）、《晋江模式新发展》（参编）、《北京社会建设60年》（参编）、《中国社会进步与可持续发展》（参编）、《推进社会科学研究方法创新的新视角——基于复杂性研究的思考》（论文）、《城乡卫生资源配置的倒三角模式及其原因分析》（论文）、《西方自由主义公平观评述》（论文）、《利用定性资料测量健康分布的公平性》（论文）、《四川省大邑县乡镇卫生院现状调查与分析》（论文）等。

中文摘要

本报告是北京工业大学“北京社会建设蓝皮书”课题组2010年年度分析报告。

本报告立足于课题组成员深入的社会调查和全面的研究分析，以及权威的国家和北京市统计数据，全面追踪2009年北京市社会建设的总体进展，深入解读北京社会建设的基本趋势，分析2010年北京社会建设进程中的重点问题和热点问题。

2009年是北京经济社会建设不平凡的一年，新中国成立60周年盛典展示了我国60年建设的伟大成就，反映了改革开放30多年的巨大变化，也展示了首都北京经济社会发展的辉煌成就与巨大魅力。面对国际金融危机，北京市委、市政府根据中央“保增长、保民生、保稳定”的方针，采取了一系列重大举措，使得北京市2009年的国内生产总值增长达到10.1%，高于全国GDP增幅约1.4个百分点，2009年北京市人均GDP突破1万美元大关。

在经济建设方面取得巨大成就的同时，北京更加注重经济社会协调发展，将社会建设放在更加突出的位置，并取得了一系列重要成绩。报告指出，随着北京市委社会工作委员会、北京市社会建设工作办公室的组建，以及随后与此相关的一系列重要工作的推进，标志着北京社会建设进入了新阶段。2009年，北京在推进社会事业发展、提高社会管理水平、调整社会结构等方面取得了许多重要成就，极大地促进了社会建设。但是，北京在社会建设方面还面临诸多需要进一步解决的问题，尤其是全社会广泛关注的住房、教育、医疗、消费等基本民生问题，以及社会治安、中产阶层等热点问题。

本报告认为，将社会建设放在更加突出的位置，大力发展社会事业、改善公共服务、提高社会管理水平、调整社会结构，尤其通过社会体制机制改革，关注基本民生问题，是2010年北京社会建设需要着力推进的几个重要方面。

关键词： 社会建设　社会事业　社会管理　社会结构

Abstract

This is the annual 2010 report from the Research Group on "Beijing Society-building Blue Book".

The members of the Research Group report on deep social survey, overall research analysis and statistical data released by central and local government. The report focuses on the all-round improvement of Beijing society-building, especially on the basis trends of it. The report also analyzes the significant and hot issues during the society-building process in 2010.

The year 2009 qualifies as an unusual time in Beijing economy and society building. The diamond jubilee of the founding of PRC shows the big achievements of our country during these 60 years, reflects the huge changes in the 30 years of reform and open policy, and exhibits the great charms of Beijing economic and social development. Facing international financial crisis, according to "keep growth, keep people's livelihood, keep stability" policy, Beijing municipal Party committee and municipal government has taken a series measures to keep the GDP growth achieving 10.1%, which is higher than the national GDP increased range approximately 1.4%. Average per person GDP of Beijing broke through 10000 US dollars in 2009.

Meanwhile, Beijing has paid more attention to the economy and society coherent development, put the society-building on a special position, and got many important achievements. With the setting-up of the Beijing Social-work Committee and Society-building Office, Beijing society-building is entering a new stage. In 2009, Beijing gained many significant attainments in social undertaking development, social management improvement, and social structure adjustment. However, Beijing is still facing several issues to settle in society-building, especially the livelihood subjects like housing, education, medical treatment, consumption, and other social hot topics, like social security, middle-class and etc.

This report believes that Beijing should put the society-building to the more special position, develop social undertaking, improve public service and social management capability, adjust social structure, and especially focus on the basic people's livelihood issues by society system reform in 2010.

Key Words: Society building; Social undertaking; Society management; Social structure

前　言

2004 年，党的十六届四中全会作出了加强党的执政能力建设的决定，提出要加强执政党构建社会主义和谐社会的能力建设，要求加强社会建设和管理，推进社会管理体制创新。第一次在中央文件中提出了“构建社会主义和谐社会”和“社会建设”的概念。2005 年 2 月 19 日，中共中央举办的省部级主要领导干部提高构建社会主义和谐社会能力专题研讨班开班式上，胡锦涛同志进一步明确提出：“随着我国经济社会的不断发展，中国特色社会主义事业的总体布局，更加明确地由社会主义经济建设、政治建设、文化建设三位一体发展为社会主义经济建设、政治建设、文化建设、社会建设四位一体。”社会建设成为总体发展的重要一环。从此“社会建设”这一概念频繁出现于政治文件之中。特别是党的十七大提出加快推进以改善民生为重点的社会建设之后，社会建设这一概念逐渐为社会各界所熟悉和认同。

近年来，北京在经济建设方面取得了巨大成就的同时，更加注重经济社会协调发展的问题，明显加大了社会建设的力度，在社会建设方面也取得了显著的成绩。本书是北京市委社会工作委员会和北京工业大学合作创办的北京社会建设研究院第一个研究项目成果，是北京工业大学人文社会科学学院集体智慧的结晶，也是第一本关于社会建设的年度蓝皮书。2010 年的北京社会建设蓝皮书主要突出以下几个方面。

1. 北京社会建设进入新阶段

2007 年 12 月，北京在全国率先组建了职能完备的省市级社会建设专门机构——北京市委社会工作委员会、北京市社会建设工作办公室，负责统筹协调全市社会建设工作。社会建设专门机构的组建标志着北京社会建设从此进入了新阶段。

2008 年以来，北京市 18 个区县相继成立了区一级的社工委（社会办），从而使得全市社会建设的各项工作得以有效延伸与对接。并相继出台了一系列旨在推进社会建设与社会管理的政策性文件，为北京社会工作的快速发展提供了方向性指引和政策性保障。与此同时，北京市委社会工作委员会、北京市社会建设工作办公室加强社会工作人才队伍建设，并与多所高等院校和研究机构合作共建了7个社会建设研究基地。近两年，这些研究基地或机构充分发挥自身学科优势，在社会建设领域取得了一批成果，推动了北京的社会建设。

2. 北京社会建设取得新成就

近年来，北京市在社会建设方面取得了一系列重要的新成就，有力地推动了首都和谐社会的建设。

第一，北京市加大投入力度，加快文化、教育、卫生、住房、养老、社会保障等各项社会事业的改革发展，改善了民生，推进了北京居民共享人均GDP突破1万美元大关所带来的发展成果。

第二，加强社会领域党建工作、社区建设、社会工作人才队伍建设、社会治安建设，加大交通建设、环境保护力度，提高了社会管理水平和服务质量。

第三，通过千方百计促进就业、积极推动城乡一体化、逐步改进和完善社会组织管理体制、积极引导居民消费、大力培育和壮大中产阶层等若干方面，调整并优化社会结构，促进了经济社会协调发展。

3. 北京社会建设面临新挑战

尽管2009年北京社会建设取得了重大成就，但还面临不少新的挑战。

社会建设进入新阶段后，需要进一步着力探索社会建设究竟要建设什么，怎么去建设。理清思路、廓清关系，使得社会建设的内容更加明晰，使得社会建设的成效更加显著，使得社会建设的实践更加务实。

社会建设进入新阶段后，人们对社会建设提出了更新更高的要求，要求针对就业、养老、教育、医疗卫生、住房等比较突出的问题，特别是涉及基本民生问题进行深化改革，切实推动北京社会建设。通过民生工程、公共产品与服务以及社会经济政策等途径，调整社会结构、改善社会关系、促进社会和谐。

我们认为，调查并研究北京社会建设的情况，特别是加强研究北京的一些现实热点问题、重大社会问题，不仅有助于丰富和发展社会建设的理论和实践，同时对于全国其他地区的社会建设也具有非常重要的借鉴意义。

社会建设研究意义重大，社会建设研究任重道远，北京社会建设蓝皮书的出版，对于我们的学术团队来说，仅仅是一个新的起点，相信这个年轻的学术团队在社会建设这个领域会取得更新的研究成果，研究水平会得到进一步的提高。对此，我们希望能够得到社会各界特别是同仁的支持和帮助，也诚恳地欢迎大家批评指正。

本书作者主要来自北京工业大学，除总报告之外，各位作者的观点，只属于作者本人，既不代表总课题组，也不代表作者所在单位。

本书的完成得到了北京工业大学党政领导的关心与支持，得到了北京工业大学科技处和其他部门及兄弟院系的鼎力相助，我们在这里表示衷心的感谢。北京工业大学人文社会科学学院党政领导陆学艺、杨茹、钱伟量、李东松、唐军、魏爽等多次参加我们的研讨，极大地鼓舞了团队的士气，在此对他们也表示衷心的感谢。

本年度“社会建设蓝皮书”是由北京工业大学人文学院党政领导策划安排的，陆学艺、唐军、张荆负责组织落实和审稿、统稿。社会科学文献出版社社长谢寿光、皮书出版中心主任邓泳红、本书责任编辑王颉等也为本书的出版做了大量辛苦的工作，在此表示诚挚的感谢。

编 者

2010 年 4 月 28 日

目录

社会事业篇

社会管理篇

社会结构篇

皮书数据库阅读**使用指南**

CONTENTS

Reports on Social Undertakings

Reports on Social Management

Reports on Social Structure

站在新的历史起点上，迎接新挑战

——2009～2010 年北京社会建设形势报告

北京工业大学“北京社会建设报告”课题组
张荆　刘金伟 执笔

摘　要：2009 年，北京市人均 GDP 首次超过 1 万美元，第三产业的比重达到 75.8%，服务业已经成为北京经济的主体，这标志着北京的经济发展已经进入一个新的历史阶段。继 2008 年北京成功举办奥运会后，2009 年北京“国庆 60 周年盛典”的成功举行，再次彰显了大国首都的风采。

在社会建设领域，北京也同样取得了突破性进展。2007 年北京市“社工委”成立后，经过两年的筹划、准备，取得了一系列成就。制定出台了北京市社会建设“1＋4”系列文件，形成了北京市社会建设的基本框架；建立起一批“枢纽型”社会组织；与北京 7 所著名高校共建了“社会建设研究基地”；在社区标准化建设、社区人才专业化建设等方面也取得重大进展。这一系列成就说明，北京社会建设已经站在了一个新的历史起点上。

2009 年北京各项社会建设工作的成就主要表现在：城乡一体化工作取得重大进展，医疗、养老保障基本实现城乡统筹，农村基础设施建设、文化建设等方面取得了巨大成就。社会事业建设、社会组织建设、社会管理成效显著，全市师生比、医师人口比超过欧盟，轨道交通建设实现“双跨越”。民间资本逐步进入社会领域，犯罪率持续两年下降，社会秩序稳定。

但是也要看到，北京社会建设仍然存在很多问题，人口对就业、养老、就医、交通等领域带来的压力仍然很重。全市居民收入差距仍在扩大，消费结构还存在不合理的现象。社会资源的城乡、区域配置不公平的问题还没有得到根本解决。居民对高房价带来的生活压力反映强烈。社会组织的发展与经济发展和社会需求相比存在很大差距。公共安全管理的成本过高，与市场经济相适应的社会管理体制还没有建立起来，等等。

2010 年是北京未来发展中非常重要的一年，2010 年在北京市召开的“两会”上，提出了建设“世界城市”的目标，这对北京是一个新挑战，也是一个重大的发展机遇。北京市在建设“世界城市”的过程中，更应关注民生问题，把社会建设放在突出的地位，通过社会建设的成就，使北京市民共享经济发展带来的成果。

关键词：社会建设　社会事业　社会管理　社会结构

社会建设对一般民众来说是一个新名词，对社会管理者而言是一个新领域，究竟什么是社会建设？社会建设要建什么？无论学术界还是政府部门都没有给出一个明确的界定。本书是第一本专门就北京市的社会建设形势进行年度分析的“蓝皮书”。因此，在开篇之前有必要先就社会建设的基本理论问题进行简单的阐述。

一　社会建设的基本理论

（一）社会建设理论的提出

2004 年，党的十六届四中全会有两个重大的理论贡献。一是提出了“构建社会主义和谐社会”的战略思想，并成为与“全面建设小康社会”、“社会主义现代化”齐名的战略目标。二是提出了“社会建设”的重要概念，适应我国工业化、城市化新的发展阶段的需要，把正在进行着的与经济建设相对应的社会领域的建设，作了一个明晰的概括，统称为“社会建设”，从而使上述工作的地位得到了提高，理论上有了依据，建设的目标更加明确。

2007 年，党的“十七大”报告将“社会建设”单列一节，使中国社会主义建设的总体布局，由原来的经济建设、政治建设、文化建设的“三位一体”，变成了包括社会建设在内的“四位一体”，并写进了新修改的党章总纲中。党的“十七大”秘书处负责人就《中国共产党章程（修正案）》答记者问时指出：

“党的十六大以来，党中央提出了深入贯彻落实科学发展观，构建社会主义和谐社会等重大战略任务，从而使中国特色社会主义事业总体布局由经济建设、政治建设、文化建设三位一体扩展为经济建设、政治建设、文化建设、社会建设四位一体。这体现了我们党对共产党执政规律、社会主义建设规律、人类社会发展规律认识的深化。”党的“十七大”以后，社会建设由理论走向实践，开创了中国社会主义现代化建设的新领域。

（二）什么是社会建设

所谓“社会建设”是指社会主体根据社会的需要，有目的、有计划、有组织地进行改善民生和推进社会进步的社会行为与过程。社会建设的主体是政府、社会组织与民众等；社会建设的原则是公平与公正；社会建设的目标是实现社会和谐与进步；社会建设的保证是社会安全运行，包括社会安全阀的构建；社会建设的动员机制是建立各阶层利益关系的协调机制，充分动员民众参与社会建设；社会建设的重要手段是社会管理，通过对社会运行的科学管理，保障社会持久、有序地良性运行。

实际上，我国社会建设的实践一直在进行着，新中国成立以后，在大规模进行经济建设的同时，我国也展开了大规模的社会建设，只是当时没有用“社会建设”的独立称谓，而是将其归属到经济建设、政治建设和文化建设的范畴之下。改革开放以后，我们把社会建设统称为“社会发展”，实际上，社会建设和社会发展是两个概念，有联系也有区别。

第一，社会发展是指社会由简单到复杂、由初级到高级、由旧质到新质的有规律的变化过程，是不以人的意志为转移的客观过程。而社会建设则是在历史的某一阶段，根据社会的需要，由社会主体有目的、有计划、有组织进行的社会领域的各项建设，是一个有意识、有目标的主观能动过程；第二，社会发展是由诸多主客观因素交互作用后，形成的客观结果和趋势，其中每个个体的作用“相互抵消”。而社会建设则有着明确的主体及所从事的社会行为和过程。社会建设的主体主要是政府、社会组织和民众；第三，社会发展是人们自身不能按照自己的意愿控制的客观进程，虽然有宏观前景的趋向，但目标并不具体。而社会建设则是人们有目的、有计划、有组织地进行的具体建设，是可以度量和调控的。

（三）社会建设建什么

社会建设的内容很广，主要有两大方面：一是实体建设，诸如：社区建设、社会组织建设、社会事业建设、社会环境建设等；二是制度建设，诸如：社会结构的调整与构建、社会流动机制建设、社会利益关系协调机制建设、社会保障体制建设、社会安全体制建设、社会管理体制建设，等等。从大的方面来说，可以分为三个部分。

1. 社会事业建设

社会事业建设包括：科学、教育、文化、卫生、体育、社会保障、社会福利、住房、交通、环保等领域的建设。社会事业大多是与普通百姓利益息息相关的“民生”问题，是党的“十七大”提出要重点解决的问题。改革开放以来，我国的科、教、文、卫、体等各项社会事业都有了很大发展，使城乡居民在衣食住行等各个方面的生活水平都有了很大的提高。但1990年代中期以来，在一些地区和部门把“以经济建设为中心”曲解到唯一的地步，致使科技、教育、卫生等社会事业发展相对滞后，出现了诸如就业难、上学难、看病难、住房难的问题。所以必须按照“十七大”的精神，把以民生为重点的社会建设放到突出的位置上来。同时，推进社会事业建设要像经济建设一样，必须进行社会事业体制改革。

2. 社会管理

社会管理包括：社会组织建设、社区建设、社会工作队伍建设、社会治安、社会规划、社会预测、社会评价与监督等。社会组织是社会建设的主体，而我国现在的民间组织、社会团体还很少，远远不能适应经济社会发展的需要，不能满足广大人民群众的要求，需要我们按照十六届六中全会的精神，培育和支持各类民间组织、社会团体的发展。社区建设、社会工作队伍建设是我国完善城市基层管理体系的需要，是为群众提供社会服务的重要载体，也是现代社会的标志。经济社会的发展离不开和谐稳定的社会环境，特别是处于转型期的中国，社会矛盾更多、更复杂，需要建设一个维护社会安全的科学机制。同时，社会建设是社会主体主动参与的过程，需要进行社会规划、预测、监督和评价，以保证社会建设按照科学的轨道前进。此外，还要进行社会管理体制的改革，建设与社会主义市场经济体制相适应的社会管理体制。

3. 社会结构的调整与构建

社会结构是指一个国家或地区的占有一定资源、机会的社会成员的组成方式和关系格局。[①] 主要包括：人口结构、家庭结构、城乡结构、区域结构、收入分配结构、消费结构、就业结构、社会阶层结构等。一个国家最重要、最基本的结构是经济结构和社会结构。这两个结构要协调，相辅相成，互为表里。没有经济的发展和经济结构的调整，社会建设和现代社会结构的形成不可能实现；反之，社会建设和现代社会结构的形成又有力地支撑着经济的进一步发展。但是，经济发展不等于现代社会结构调整会自发地实现，而是有赖于社会主体有目的、有计划地实施和推动社会结构的调整与建设。社会结构中的核心结构是社会阶层结构，社会阶层结构的标志性指标是社会中间阶层（或称中产阶层）的比重。

二 2009 年北京社会建设的进展和成就

2009 年，北京继成功举办奥运会后，又成功举办了国庆 60 周年的庆典活动，再次彰显了大国首都的风采。面对国际金融危机带来的压力，北京市委、市政府根据中央“保增长、保民生、保稳定”的方针，采取了一系列重大举措，使经济继续保持高速增长的态势。在社会建设领域，北京市政府更是给予了前所未有的大投入，采取了一系列行之有效的新举措，从而保证了经济建设与社会建设良好的总体发展趋势。

（一）经济发展进入新阶段

经济发展是社会建设的基础。2009 年，北京市经济受国际金融危机的影响，第一季度出现大幅下滑，北京市委、市政府根据中央“保增长、保民生、保稳定”的方针，采取了一系列重大举措，扭转了经济下滑趋势，从第三季度开始加速增长，实现全年增长 10.1%，超过了预期目标。2009 年，北京市国内生产总值（GDP）达到了 11865.9 亿元，人均 GDP 首次达到 68788 元（约 10070 美元），人均 GDP 超万元（美元）标志着北京市的经济发展水平已达到中等发达

① 陆学艺：《当代中国社会结构》，社会科学文献出版社，2010，第 1 版，第 10 页。

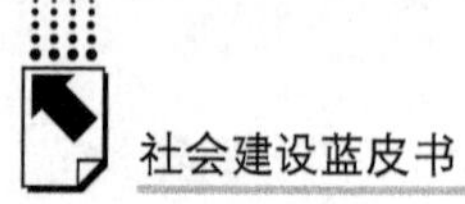

国家水平。

2009年，北京的农业生产稳定增长，农业生产总值按2009年可比价格计算，比上年增长4.6%。都市型农业发展态势良好，其中，设施农业实现收入33.9亿元，比上年增长20.4%；种植业收入12.8亿元，比上年增长17.4%；观光农业和民俗旅游业分别实现收入15.2亿元和6.1亿元，分别比上年增长12.2%和15.1%。北京的工业生产逐渐走出金融危机的阴影，企业效益好转。2009年，全市规模以上工业增加值按可比价格计算，比上年增长9.1%，增幅比上年提高7.1个百分点。其中，汽车业增幅最大，全年生产汽车127.1万辆，比上年增长65.8%。

北京第三产业增幅高于第一产业和第二产业，按可比价格计算，2009年比上年增长10.3%。其中，科学研究、技术服务和地质勘查业增长16.4%，信息传输、计算机服务和软件业增长14.5%，金融业增长13.5%，批发和零售业增长12.5%，租赁和商务服务业增长11.5%，房地产业增长6.9%。[①] 从产业结构来看，2009年，北京第三产业的比重为75.8%，占全国首位，服务业已经成为北京经济的主体，产业结构已升级为“服务型”。从产业结构构成来看，北京已经形成了一个现代化的产业结构类型。经济发展水平的提高，对北京社会建设产生了巨大的推动作用。

（二）社会建设的体制机制实现了重大创新

报经中央批准，2007年12月2日，中共北京市委社会工作委员会、北京市社会建设工作办公室宣布成立。市委“社工委”与“市社会办”合署办公，下设7个处室，即党建工作处、社会工作队伍建设处、社区建设处、社会组织工作处、办公室（人事处）、研究室（政策法规处）、综合处（宣传处），设行政编制58名。这是全国第一家以社会建设为主要职责的政府机构，是北京市贯彻落实“十七大”精神的一项创造性工作，在一定程度上具有省（市）区社会建设试点的性质。

其主要职责包括：一是研究提出北京市社会建设总体规划、重大方案和重要政策；二是制定并组织实施北京市社会管理体制改革、社会公共服务和社会领域

① 北京统计信息网：http：//www.bjstats.gov.cn/sjjd/jjxs/201001/t20100121_164254.htm。

社会动员体制机制建设的规划和改革措施；三是宏观指导、统筹协调和督促检查北京市社会建设重点任务的落实，主要包括以下六个方面：社区建设、社会组织建设、社会工作队伍建设、志愿者工作、社会领域党建工作以及街道管理体制改革等相关工作。两项综合任务、六项具体工作，简称“2+6”职能。

为了统筹全市的社会建设工作，北京市成立了北京市社会建设工作领导小组及其办公室。包括市委、市政府38个成员单位。建立了领导小组办公室主任工作例会制度，形成了协调市级单位的工作机制。各区县也成立了相应的社会工作机构，并建立健全了区县社会工委书记、“社会办”主任例会制度，形成了协调区县工作的机制。建立健全了“枢纽型”社会组织负责人联席会议制度，形成了协调社会组织的工作机制。建立了社会建设信息中心，并与首都媒体进行互联互动，在社区、“两新”组织中确定90个信息直报点，搭建宣传报道和社会舆情分析平台。与清华大学、中国人民大学、北京师范大学、中国青年政治学院、北京工业大学、首都师范大学、北京市社科院共建7个北京社会建设研究基地，形成社会建设研究网络。通过以上措施，北京市搭建了社会建设的“五大工作网络”，在体制机制建设方面实现了重大创新。

北京市“社工委”和“社会办”，从成立到现在，仅仅用了两年多时间，就在社会建设领域取得了这么大的成就，充分表明北京市推进社会建设的坚强决心。北京市社会建设的体制机制创新在全国起到了示范带头作用。目前全国很多地方包括上海都在积极学习北京的经验。可以说，2009年北京社会建设已经站在了新的历史起点上。

（三）社会建设工作实现了历史性突破

北京市“社工委”和“社会办”成立后，出台了北京市社会建设“1+4”文件，即《北京市加强社会建设实施纲要》和《关于进一步加强和改进社会领域党建工作的意见》、《关于加快推进社会组织改革与发展的意见》、《北京市社区管理办法（试行）》、《北京市社区工作者管理办法（试行）》。明确提出构建“五大体系”框架。随后又陆续出台一系列配套文件。初步建立起了具有时代特征、中国特色、首都特点的社会建设新格局的基本框架。

根据“1+4”文件及其配套文件，北京市“社工委”开展了6项具体的工作。第一，以社区规范化建设试点工作为突破口，推进社区管理和服务体系建设。完成了全市社区党组织、社区居委会换届工作，在全市600个社区进行了规范化建设试点；第二，以构建“枢纽型”社会组织工作体系为核心，推进社会组织管理和服务体系建设。确认了10家人民团体为首批市级“枢纽型”社会组织，启动了社会组织审批“一站式”服务机制；第三，以专业化、职业化为目标，加快推进社会工作者队伍建设。培训了大批社工干部，选聘高校毕业生到社区工作；第四，以转化奥运志愿者工作成果、建立健全志愿者工作长效机制为目标，加强和改进志愿者工作；第五，以建立社会建设专项资金制度为基础，进一步完善社会公共服务体系，发挥财政资金引导作用，推进政府购买社会公共服务；第六，以三项试点工作为抓手，努力扩大社会领域党建工作覆盖面。开展了在街道层面建立社会工作党委试点工作，在商务楼宇（写字楼）开展建立社会工作党组织（社会工作服务站）试点工作，在“枢纽型”社会组织中开展建立社会组织党委试点工作。

通过以上6项由“社工委”主抓的社会建设工作，北京的社会建设工作开拓了一片新领域，解决了北京社会建设领域的一系列难题。例如通过“枢纽型组织”建设，有助于解决社会组织找“婆家难”的问题。通过在商务楼宇（写字楼）开展建立社会工作党组织（社会工作服务站）试点工作，填补了党组织建设的空白点。通过培训和购买服务，为北京市培养了大批社会工作专业人才。可以说，在北京市“社工委”和“社会办”的领导下，北京市的社会建设工作实现了历史性突破。

（四）以城乡一体化为主导的新农村建设扎实推进

2009年，北京市新农村建设的“5+3”工程继续推进。制定和完善了建设标准及农村垃圾、公厕、供排水、街坊路绿化、“两气一炕”等工程的管理办法和指导意见。宣传推广了门头沟区、昌平区、房山区、延庆县的经验做法，建立了“一月一例会，一月一调度”的工作机制。全年新编村庄规划1674个，累计编制村庄规划2803个，完成自然村搬迁221个，搬迁人口5万人。全年投入80亿元，在1700个村庄实施了“五项基础设施”建设，完成街坊路硬化3216万平方米，街坊路绿化1408万平方米，改造老化供水管网5049公里，完成一户一表23.85万个，实施污水处理工程286处，改造户厕23.6万座，新建公厕3093座，为68万农户配置了垃圾分类容器。

统筹城乡社会事业的发展，进一步跨区整合教育资源，缩小城乡教育差距。累计在10个郊区县创建24所名校分校，提前实现了“十一五”期末远郊区县“区区有名校分校”的目标。在10个远郊区县建设区域性医疗中心，3304个标准化社区卫生服务中心（站）、村卫生室相继建成，城乡社区卫生服务网络基本形成，城乡一体的公共卫生和基本医疗服务能力及水平得到进一步增强。建立了城乡平衡的就业制度，帮扶10.8万名就业困难人员实现就业、10.2万名农村劳动力转移就业，“零就业”家庭实现动态脱零。建立城乡居民养老保险制度，率先推进实现养老保障制度城乡一体化。大力实施文化惠民工程，文化活动中心、数字电影厅实现行政村全覆盖，新建1020个农家书屋，有线数字电视覆盖15个区县230万户居民家庭。

2009年，北京市进一步加快城乡结合部的改革发展。总结推广北坞村、大望京村和旧宫镇的试点经验，整体启动50个重点村的城乡一体化建设，同步推进“城中村”改造。把在城市规模扩大中如何改善农民居住条件、发展产业和稳定农民就业放在突出位置，加大基础设施、公共服务设施建设和管理力度，积极发展适宜产业。探索对失地农民的补偿安置新模式，积极引入城市社会管理和公共服务机制。加快农村集体资产处置和产权制度改革，努力实现农民利益得保护、就业有保障、增收有途径。

（五）社会领域的改革取得重大进展

北京市医疗体制改革取得了重大进展。贯彻落实国家“新医改”方案的精神，按照国家推进“新医改”方案的要求，2009年北京市重点推进了“基本公共卫生服务均等化”改革。加大了对农村和弱势群体的支持力度。从2009年开始对未享受社会养老的60岁以上老年人每年进行一次免费健康体检。建立了0~6岁儿童定期免费健康体检制度和新生儿免费筛查5种先天性疾病制度。对农村孕产妇住院分娩给予补助，对孕妇实施了增补叶酸预防神经管缺陷项目。适龄妇女乳腺癌、宫颈癌免费筛查项目经过试点，已在全市18个区县推开。启动了“社会保障卡”发放工作，重点解决医疗费用持卡实时结算问题，192家定点医疗机构实现就医实时结算，方便了群众就医。推行了“看病的预约制度”，群众可以通过网络和电话在北京市二、三级医院预约挂号，缓解了大医院看病排队问题，在一定程度上解决了群众“看病难”的问题。

社会领域的另一项重大改革是农村养老保险制度的改革。2009年初，北京市在“新农保”框架基础上新建了“城乡居民养老保险制度”。城乡居民保险制度采用弹性缴费办法（最低标准为农村居民上一年度人均纯收入的9%，最高标准为城镇居民上一年度人均可支配收入的30%），居民可在缴费标准的上下限之间，按照各自缴费能力选择。这是北京首次打破城乡界限，建立统筹城乡的居民养老保险制度。至此，北京市农村养老保险与城镇居民在保险制度、缴费标准、保险待遇、衔接办法及基金管理五个方面实现了统一。在全国范围内，北京市首个在省级范围内实行了城乡统一的养老保险制度。“新农保”制度改革以后，60岁以上老年农民可以领取每个月280元的基础养老金，再加上个人账户积累，基本会达到400元左右，已经高于北京市最低生活保障的水平。通过这项制度在农村实现了“老有所养”的目标，对全国具有示范意义。

（六）郊区区县基本实现了经济与社会的协调发展

课题组对北京市房山、通州、昌平、顺义、大兴、平谷、怀柔、密云、延庆等9个郊区县的经济发展与社会建设进行加权分析。首先，设定经济发展指标为经济总量指标（包括GDP、人均GDP和地方财政收入）和经济增速指标（包括第三产业增长率、GDP增加值），通过加权分析得出北京郊区县经济发展的排名情况（见表1）。

表1　2008年北京主要郊县经济发展情况排名

	房山	通州	昌平	顺义	大兴	平谷	怀柔	密云	延庆
经济总量	0.464	0.581	0.686	0.864	0.605	0.094	0.180	0.146	0.004
排　　名	5	4	2	1	3	8	6	7	9
经济增速	0	0.791	0.466	0.589	0.462	0.379	0.323	0.624	0.445
排　　名	9	1	4	3	5	7	8	2	6
综合得分	0.310	0.651	0.613	0.772	0.558	0.189	0.228	0.306	0.151
排　　名	5	2	3	1	4	8	7	6	9

课题组根据党的“十七大”提出的“加快推进以民生为重点的社会建设”的要求，将社会建设的指标设定为教育、医疗、就业、治安、城乡差距、社会保障6个指标，经过加权分析，得出全市9个郊区县社会建设的综合排名（见表2）。

表 2　2008 年北京郊县社会建设绩效评估排名

	房山	通州	昌平	顺义	大兴	平谷	怀柔	密云	延庆
教　育	0.310	0.034	0.646	0.222	0.519	0.704	0.815	0.178	0.623
排　名	6	9	3	7	5	2	1	8	4
医　疗	0.378	0.006	0.522	0.318	0.166	0.242	0.579	0.145	0.357
排　名	3	9	2	5	7	6	1	8	4
城乡差距	0.651	0.737	0.632	0.825	0.631	0.398	0.479	0.135	0.013
排　名	3	2	4	1	5	7	6	8	9
治　安	0.557	0.293	0.216	0.348	0.500	0.327	0.805	0.830	0.977
排　名	4	8	9	6	5	7	3	2	1
社会保障	0.539	0.206	0.246	0.286	0.014	0.386	0.529	0.166	0.369
排　名	1	7	6	5	9	3	2	8	4
就　业	0.251	0.5261	0.655	0.9865	0.9645	0.330	0.546	0.355	0.423
排　名	9	5	3	1	2	8	4	7	6
综合得分	0.385	0.299	0.399	0.444	0.438	0.357	0.529	0.278	0.397
排　名	6	8	4	2	3	7	1	9	5

从 9 个区县经济建设排名和社会建设排名的对比情况来看，除个别区县外，大多数区县的经济发展与社会建设基本实现了协调发展，有几个区县社会建设指标好于经济建设指标。

（七）社会治安和环境整治工作取得明显成效

2009 年，北京市大力推进“平安北京”建设，对公共安全建设投入 73.4 亿元，[①] 通过强化社会治安防控，开展专项打击整治活动，打赢了安全稳定“三大战役”，[②] 实现了“四个坚决防止”，[③] 保持了北京社会秩序稳定。2009 年北京市继 2008 年刑事案件立案数大幅下降之后再度下降，2008 年刑事犯罪立案数 90045 起，比上年下降 29.3%；[④] 2009 年刑事立案数为 8 万余起，比 2008 年下降

① 北京财政网：http://www.bjcz.gov.cn/yszx/t20100208_214648.htm。

② 打赢了安全稳定“三大战役”是指确保北京春节、“两会”、60 周年国庆盛典的安全稳定。

③ “四个坚决防止”是指坚决防止发生暴力恐怖事件，坚决防止发生严重影响政治稳定的重大事件，坚决防止发生重大人员伤亡的恶性事件和重大事故，坚决防止发生规模型、群众性的社会安全事件。

④ 北京市统计局：《北京统计年鉴 2009》，中国统计出版社，2009，第 1 版，第 441 页。

11%左右。杀人、抢劫、强奸、伤害致死、绑架、劫持、爆炸、放火等8类严重暴力刑事案件立案数比2008年下降了13.3%；一般治安案件比2008年下降了12.3%。北京市积极探索和建立多元化矛盾纠纷化解体系，开展“2009信访积案化解年”活动，实现了信访总量和集体上访次数“双下降”。

2009年，北京市对环境保护的财政投入22.4亿元，① 比上年增长13.8%，北京的生活环境进一步改善，市区空气质量二级以上天数达到78.1%，比4年前（2005年，二级以上天数64.1%②）增加14个百分点。生活垃圾年产生量首次下降，全市生活垃圾无害化处理率达到95.8%。稳步推进北运河水系综合治理，加快污水处理厂升级改造，市区污水处理率达到94%、郊区污水处理率达到51%，利用再生水6.5亿立方米。社会治安的好转和环境的改善，大大提升了北京市民的生活质量。

（八）以中产阶层为主体的现代阶层结构初步形成

改革开放30年来，在北京社会阶层结构的发育中，中产阶层逐渐居于主导地位。北京作为全国中心城市，中产阶层的增长速度快于全国水平。目前北京的中产阶层在社会阶层结构中的比例已超过40%③。人数约为540万人，平均每年增加20万人。北京中产阶层增加的主要原因是随着市场经济的持续快速发展，部分群体收入提高，高校扩招后毕业生在京就业者大量增加，以及私营企业主、经理人员、专业技术人员、办事人员等中产群体的扩大。④

2009年，北京经济社会发展在面临诸多挑战的形势下，中产阶层对于经济社会发展支撑力量初显。一般来说，中产阶层是现代社会消费的中坚力量，对于拉动消费，促进经济增长有着重要的作用。2009年，在国内经济增长面

① 北京财政网：http：//www.bjcz.gov.cn/yszx/t20100208_214648.htm。

② 北京市统计局：《北京市“十五”期间国民经济和社会发展统计公告》，http：//www.bjstats.gov.cn。

③ 根据2005年全国人口1%抽样调查，北京中产阶层规模比例为37%左右。具体参见陆学艺主编《北京社会建设60年》之北京社会阶层结构部分，科学出版社，2008。

④ 2005年以来，北京每年新增私营企业均在4万户以上，由此带来的私营企业主以及经理人员的队伍扩大应为新增企业户数的倍数增长。同期，北京高校毕业生平均在14万人以上，根据相关调查，大多数毕业生选择在京就业，他们使2008年比2007年增加了4.7万人，成为中产阶层扩大的主要驱动力。当然，随着中产阶层队伍的不断扩大，这种成长速度会有所放缓。

临整体内需不足的情况下，北京消费者的消费信心指数、消费满意指数与消费预期指数三项指标均远远高于全国平均水平，并呈现出逐渐走高的态势，这与北京中产阶层的规模庞大，有力支撑消费并拉动经济增长有着直接的关系。

三　2009 年北京社会建设面临的主要问题

2009 年，北京的社会建设成绩显著，但是从经济与社会协调发展的角度看，北京的社会建设滞后于经济发展的问题依然突出，社会建设与经济发展相比欠账较多。再加上社会建设是一项新的事业，需要摸索的东西还很多。社会建设与经济建设相比更加复杂，是一个庞大的系统工程。因此，北京的社会建设还存在着很多的问题，社会建设面临的形势还比较严重。

（一）人口给社会建设带来的压力仍然很重

在“十一五”规划中北京市曾提出，“力争 2010 年全市常住人口规模控制在 1600 万人左右”，但是这一控制目标在“十一五”规划实施两年后便已突破，2007 年北京市常住人口增至 1633 万人。2009 年的常住人口继续增加到 1755 万人，[①] 比上一年增加 60 万人，增幅 3.5%，并超出“十一五”规划指标 9.7%。其中外来常住人口已达 509.2 万人，占常住人口总数的 29%，据有关方面推算，目前在京常住的实际外来人口要超过这个数目。

快速增加的人口给北京的环境、住房、教育、医疗、交通、就业、治安等各方面都带来巨大压力。目前，北京市房价居高不下，除了土地资源稀缺、人为炒房等原因外，也跟北京人口增长过快带来的高需求有关。人口数量增多给北京市的交通带来巨大压力，造成出行成本的上升。最近，北汽福田汽车有限公司和零点研究咨询集团在北京共同发布的《2009 福田指数——中国居民机动性指数报告》指出：道路畅通时北京居民平均每天上下班在路上的时间为 40.1 分钟，道路拥堵时为 62.3 分钟。每月北京居民由于道路拥挤产生的经济成本为 335.6 元，远远高出广州和上海的出行成本，这两个城市分别为 265.9 元/月、

① 北京统计信息网：http：//www.bjstats.gov.cn/xwgb/tjgb/ndgb/201002/t20100202_165217.htm。

253.6元/月。[①] 人口增长过快带来的生活消费污染已经成为北京市的主要污染源，由生活垃圾、汽车尾气、生活污水共同形成了对北京市城区的“三面埋伏”，并且随时都有可能产生社会公共危机。

北京还面临人口结构老龄化带来的压力，早在1990年北京就已进入老龄化城市的行列，2008年北京户籍人口中60岁以上的老人占总人口的比例达到17.7%，80岁以上的高龄人口占2.4%。如果按常住人口计算，目前北京市老年人口数量已达到254万人。人口老龄化给北京市的养老、医疗等带来很大的压力。截至2009年底，北京市共有养老服务床位55809张。按照北京市“9064”的目标，即在2020年之前，北京市要使90%的老年人享受居家养老服务，6%的老年人通过政府购买社区服务养老，4%的老年人入住养老服务机构集中养老。如按常住人口计算，北京市现在需要10万张养老床位，与现实的床位拥有数相比尚存很大缺口。

（二）收入分配不公平的问题依然突出

根据2005年1%的全国人口抽样调查的数据测算，北京城乡居民最高收入组与最低收入组的收入差距为8.99倍，基尼系数为0.46，收入差距较大。几年来，政府在缩小收入差距方面做了大量工作，但因各种原因效果并不明显。从总体看，北京市居民收入差距扩大，表现在以下几点。

一是城乡差距。尽管2009年北京城乡居民的收入差距有所减小，但实际差距仍达到1∶2.23。二是行业差距。根据统计，2008年北京市金融业从业者的收入是14860元/月，居第1位；计算机服务业为8127元/月，居第2位；商品批发业为6529元/月，居第3位；科学研究、技术服务与地质勘查业为6344元/月，居第4位。位居最后3位的是农业1807元/月、餐饮业2026元/月和居民服务业2299元/月。[②] 行业间最低月工资收入与最高月工资收入比为1∶8.2。三是群体差距。2009年，北京城镇居民中20%的高收入群体人均可支配收入达50816元，而20%低收群体人均可支配收入仅11729元，两者相差39087元，前

---

① 2009年中国居民机动性指数发表，北京交通拥堵成本高于广州、上海，2010年1月7日《参考消息》。

② 根据北京市2009年度统计年鉴计算：http：//www.bjstats.gov.cn/tjnj/2009-tjnj/。

者是后者的4.3倍。四是财产差距。资产升值大大高于劳动所得，2009年北京市城乡居民收入虽然增加了10%左右，但当年的房产价格猛增73.5%，年初买一套100万元的房子，一年的资产收益达70余万元。这使有房产者与无房产者的财产距离迅速拉大。

此外，还有隐性收入、转移性收入等因素导致的收入差距扩大。因此，2009年，北京市居民收入分配不公平的问题总体上仍有继续扩大的趋势，需要引起政府高度关注。

（三）社会资源配置公平问题还没有得到有效解决

社会资源配置不公是当前中国社会的普遍现象，这集中反映在教育、医疗卫生服务乃至道路基础设施等诸多领域。以北京卫生资源的分布为例，北京市各类卫生资源密度最高、质量最好的区域是城市功能核心区，最差的是生态涵养区。根据2008年的统计数据，北京共有“三级甲等”医院51所，45所分布在城八区，郊区（指通州、顺义、昌平、大兴）仅有6所，山区（指门头沟、房山、平谷、怀柔、密云、延庆）0所。如果进一步分析，北京城区45所“三甲”医院中，大部分分布在四环路以内。近郊区聚集了大量从中心城区搬迁过来的人口和外来常住人口，而无一家“三甲”医院，根本满足不了当地居民的就医需求。

教育公平也是目前北京市社会关注的焦点问题，教育公平实际上也是资源的配置问题，由于城乡、地区、校际之间资源配置差距过大，带来大规模跨区上学和择校问题。根据北京教科院最新研究显示，北京市在居住地之外的区县就学的中小学生已达到13.6万人以上。朝阳和丰台成为全市最大的两个跨区县就学学生流出区。跨区就学的根本原因是优质教育资源发展不均衡。由于优质基础教育资源大多集中在东城、西城、崇文、宣武、海淀等区，加上这些区由于住房紧张等原因导致大量居民外移，使得这些区域就学的中小学生所占比重远远超过在此居住的户籍人口比重。

（四）就业形势严峻，结构性矛盾突出

2009年，面对国际经济危机和企业接受员工能力下降，北京市仍取得了登记失业率控制在1.44%的骄人成绩。但是就业的结构性问题并没有解决。从产

业内部看，各行业增加值增长与就业增长呈现不同特征。金融、科技研发、教育卫生、文化等行业增加值增长的同时，对就业的需求也在增加；制造业、建筑业、信息服务业、商业服务业、房地产业等行业在没有增加就业的情况下实现了增加值增长；交通运输、住宿餐饮业、公共管理与社会组织等行业实现增加值为负或为零，但就业人员保持增长。① 北京市建设国际大都市，需要发展高端产业，但是明显缺乏高端产业需要的高端研发、商务、金融人才以及技能工人，部分企业、社区"有岗无人"与大学生就业困难并存。

大学生的就业问题，存在总量上供需失衡的问题，但更多的问题是结构性矛盾造成的。如就业观念的问题，在就业地区选择上，北京地区大学生择业意愿主要集中在北京市城区，毕业后愿意到外地工作的比例较低。根据国家统计局北京调查总队、北京市统计局于2009年5月至6月对北京地区8所高校应届毕业生的调查显示，有74.5%的毕业生表示希望能在北京市就业。在就业单位选择上，毕业生就业意愿主要集中在国有企业、事业单位和政府机关及外资企业。以上调查显示，对于最希望的就业单位性质，38.5%的受访毕业生选择国有企业，22.4%的毕业生选择机关事业单位，18.6%的人选择外资企业，只有6.5%的毕业生选择民营企业。

大学生就业难也与当前高校的培养体制有关，很多大学的招生人数、课程设置、人才培养机制等都缺乏长远规划，造成劳动力市场结构性供需矛盾日益突出。有些热门专业招收人数过剩，造成人才供过于求。据麦可思《2009年北京市大学毕业生就业报告》显示，北京市2008届本科毕业生毕业半年后失业量最多的10个专业，失业人数占本科失业量的44.0%，其中法学、工商管理、计算机科学与技术、英语、信息管理与信息系统等5个专业也是2007届失业最多的专业。其原因是有些高校的专业设置不完全适应经济社会发展需要，致使专业人才的产出与需求不成比例。

（五）"高房价"导致普通群众住房压力增大

2007年，北京住房价格开始快速上涨，除2008年底小幅回落外，2009年北京商品房价再创新高，四环路以内涨幅最大，增长了44.5%；四环、五环之间增长了34.0%；六环路以外也增长了39.6%；五环、六环之间涨幅稍小，也达

① 北京市经济信息中心：http：//www.beinet.net.cn/fxyj/xsfx/200912/t506993.htm。

到了21.8%（见表3）。高速上涨的房价严重超过了一般家庭的支付能力。2008年北京城镇居民人均可支配收入24725元，户均可支配收入64285元。按照一般家庭每户住宅面积90平方米计算，2009年11月北京住房的平均价格为17810元/平方米，需要支付160万元，相当于一般家庭25年的可支配收入，房价收入比为25∶1。北京迅速攀升的房价加重了社会中层的住房负担，也使中下层和下层的住房改善机会减少，成为当前社会的一大问题。

表3　2009年1～12月北京商品房价

单位：元/平方米，%

	2007年1～9月	2009年1～12月	增长的比例
四环路以内	14744	21305	44.5
四至五环路	12655	16958	34.0
五至六环路	8529	10388	21.8
六环路以外	6079	8484	39.6

资料来源：北京统计信息网。

导致房价上涨的因素很多，其中最重要的是保障性住房供应不足。1998年，中国房地产市场启动。当时设想城市80%的家庭可以购买经济适用房，提出以经济适用房为主的住房供应体系。但是，2003年国务院“18号文件”提出逐步实现多数家庭购买或承租普通商品住房，经济适用房的主体地位被商品房正式取代，并日渐被边缘化。2006年经济适用房比例只有7.6%，2007年只有6.4%，2008年也只有12.2%（见表4）。

表4　2006～2008年住宅销售量及保障房销量

单位：套，%

	销售住宅合计	经济适用房	经适房比例	限价商品房	限价房比例
2006	178740	16311	9.1	—	—
2007	146345	9324	6.4	—	—
2008	110524	13461	12.2	13746	12.4

资料来源：根据历年北京建设年鉴，北京统计年鉴计算。

从2005年开始，北京经济适用房竣工面积连年下降，2008年经济适用房竣工面积只有101.1万平方米，不到2005年的1/3。经济适用房供应数量过少，就会把大量中低收入者推向商品住房市场。廉租房的建设和配租数量也是微乎其微。保障性住房是为中低收入者提供的公共住房，是公共物品和准公共物品，公共住房的减少就意味着把 90% 以上的居民，统统推向商品住房市场，成为北京房价上涨的重要推力。

（六）社会治安的成本过高，管理模式和协调机制不完善

2008～2009 年，北京市取得了连续两年刑事案件数下降，成功完成了奥运会、60 周年国庆盛典安全保卫工作。但是，我们必须看到，这两年是一种超常规的社会公共治安管理状态，国家和北京市为社会安全投入了大量的人力、物力和财力，北京 2009 年市财政对公共安全投入达 73.4 亿元，高出当年卫生投入的 107.3%，这么高的社会治安成本和大规模的社会动员模式，在没有大型活动的正常年份能不能可持续是未来北京社会治安管理中需要考虑的一个问题。

在管理模式上，条块分割的治安管理模式与高流动性的现代社会存在矛盾。根据 2009 年的统计分析，在北京市公安局登记在册的流动人口共计 872 万人。在常住人口中人户分离现象突出，在原来条块分割的社会治安管理模式下，很难实现对流动的“关注人群”的行为轨迹有效掌控，同时对“关注人群”的财、物的流动情况的把握，也缺乏必要的法律法规和管理制度予以支持，治安基础工作还不能很好地适应当前人财物大流动的实际状况，在一定程度上为各类犯罪活动“提供”了实施犯罪的空间。

社会治安综合协调机制不完善。2009 年下半年，北京市电信类诈骗案件迅速攀升，在频发期间的一周内，全市接到电信诈骗案件“110”警情达 7340 余起，[①] 新的通信手段进一步降低了流窜作案成本和风险性，使流窜作案出现了全新的犯罪表现形式。依托信息手段进行的流窜违法犯罪活动日益明显，如网络嫖娼、网络讨债、网络贩卖枪支毒品等，特别是电信类诈骗活动已经明显呈现远距离跨地域甚至是跨边境作案。打击流窜犯罪已经不是一家或几家公安机关联手行动所能完成的，而是需要金融、电信、交通等多部门的共同参与。在这方面还需要探索多部门联合行动的协调机制。

---

① http：//www. bjgaj. gov. cn/web/detail_ getArticleInfo_ 251131_ col1169. html.

四　2010 年北京社会建设面临的形势与主要任务

2010 年是北京经济社会发展中非常关键的一年，2010 年北京市将迎来“开发建设南城”、“建设世界城市”和建设“三个北京”等历史性机遇；2010 年北京市经济发展也将保持良好势头。2010 年北京市的社会建设将在新的历史起点上，再上新台阶。

（一）2010 年北京社会建设面临的形势

1. 经济将继续保持高速增长的势头

2010 年北京经济发展面临一系列利好条件，随着国际经济复苏预期增强，国内经济恢复加快，国家宏观调控政策比较稳定，一揽子政策效应还在释放并向高端产业领域延伸，有助于带动北京市经济增长。在应对危机影响过程中，北京形成了行之有效的调控机制和经验。同时北京人均 GDP 超过 1 万美元，首都发展进入了全面建设现代化国际大都市的新阶段，各方面的发展需求依然旺盛。土地和项目储备相对充足，南城、新城、城乡结合部、重点产业功能区等重点区域发展势头向好，有利于带动和实现新的发展。中关村自主创新示范区建设全面起步，有助于进一步释放城市创新势能，发展一批有自主技术、有市场前景的企业和项目，提升产业竞争力。这些利好条件保证了北京市经济发展将在 2009 年的基础上继续保持高速增长的势头。

2. “三个北京”发展战略的提出，为北京社会建设明确了方向

奥运会后北京市委、市政府及时确定了“人文北京、科技北京、绿色北京”的发展战略，并制定了具体行动计划。“人文北京”主要就是坚持以人为本，真正做到发展为了人民、发展依靠人民、发展成果由人民共享。“科技北京”就是充分发挥首都的科技智力优势，加快经济结构调整和经济发展方式转变，加快创新型城市建设，努力构建充满活力、富有效率、更加开放、有利于科学发展的体制机制。“绿色北京”就是要把城市的发展建设与改善生态环境紧密结合起来，努力建设生态文明，加快环境友好型和资源节约型城市建设，不断提升首都的环境质量，发展循环经济，倡导绿色健康的生活方式和消费方式。“三个北京”与社会建设关系密切，“三个北京”发展战略为北京未来社会建设指明了方向。

3. “开发建设南城”给社会建设带来新机遇

2009年，北京市发布了《促进城市南部地区加快发展行动计划》，从基础设施、产业功能区建设、主导和特色产业发展、民生改善等四大领域勾勒出崇文、宣武、丰台、房山、大兴五区未来三年的发展图景。根据该行动计划中确定的建设项目，预计未来三年，市区两级财政对城南地区投资将超过500亿元，加上带动的社会投资，总投资可能达到2900亿元。与民生改善有关的社会建设是城市南部地区和谐发展的重要内容。未来3年，北京将统筹实施一批社会公共服务项目和危改、能源安居工程，切实提高城市南部地区公共服务水平，改善城市南部地区生产生活条件，为城市南部地区产业发展提供良好的社会环境。开放建设南部城区为北京社会建设带来一次新机遇。

4. 建设“世界城市”，为北京社会建设确立了新目标

在2010年北京市召开的“两会”上，北京市提出了建设“世界城市”的目标，这个目标的确定十分鼓舞人心，也会对未来若干年北京的发展规划产生重要影响。世界城市是国际城市的最高端，是指在全球政治、经济、文化、社会等方面具有最高影响力的城市。2010年是北京建设“世界城市”的第一年。因此，北京各领域的规划建设都必须从世界城市的高度来审视和要求。其中对北京的社会建设也会产生重大影响。2010年，北京市将围绕养老、医疗、教育、殡葬、保障性住房、地震避难场所等一系列关乎老百姓切身生活的社会建设进行高标准规划，为北京建设世界城市打下良好的社会基础。

（二）2010年北京社会建设的主要任务

针对2009年北京社会建设中存在的问题，结合北京未来发展的方向，我们认为2010年北京社会建设要重点解决好以下问题。

1. 创新体制，发挥“社工委”在社会建设中的主导作用

北京市“社工委”成立后，在领导推进北京各项社会建设事业上发挥了重要作用。但是，由于“社工委”是个新成立的部门，在原来社会建设的各项事业由各部门归口管理的前提下，“社工委”发挥作用的空间非常有限。从北京长远的发展角度看，应该充分发挥“社工委”在社会建设中的作用。应该进一步明确和扩大北京市“社工委”的职能，社会建设与经济建设同样重要，我国原来在经济建设领域由经济委员会统筹管理经济建设事务，取得了比较好的效果。因此，建议进一步明确和扩大“社工委”的职能和管理范围，使“社工委”能够发挥类似原来经济委员会的职能，担当起统筹协调全市社会建设的任务。

2. 多种途径稳定和扩大就业

2010年，北京预计有高校毕业生21.9万人，毕业生总数比2009年有所增加。2010年北京的就业形势依然严峻。要加强政策创新，引导大学生多元化就业，完善鼓励大学生创业政策，促进大学毕业生充分就业。通过扩大中小企业的市场准入范围，扶持中小企业发展，对中小企业扩大就业岗位、新招用大学毕业生及农村劳动力等给予资金奖励，充分发挥中小企业吸纳劳动力就业的主导作用。大力发展各种社会组织，增加新的就业渠道。目前，北京市登记注册的社会组织有6733家，按常住人口1755万人计算，社会组织与常住人口之比是1∶2606。美国的社会组织与人口之比一般为1∶192，法国是1∶90，① 如果北京能达到1∶200的水平，就能解决50万~60万人口的就业问题。

3. 加大保障性住房的建设力度，解决群众住房难的问题

住房政策的完善应该围绕以民生为重点的社会建设，真正把最广大的群众作为政策惠及的对象。北京的住房政策应该把60%的人纳入保障政策体系，20%的居民（中等收入者及中低收入者）可以享受“两限房”政策，20%的居民（中低收入者）可以租赁公租房和经济适用房，20%的居民（低收入者）可以享受经济适用房、公租房和廉租房政策。2010年，北京市应当适度调整廉租房、经济适用房、“两限”商品房的建设比例，加大对廉租房建设的投入，同时鼓励企事业单位为职工建设廉租房。另外，2009年北京市土地出让收入达到494亿元，应该主要用于政策性住房及相关基础设施建设。保障性住房是公共物品和准公共物品，是通过公共财政和划拨土地建设的，所以对保障性住房以及“两限房”的购买资格应严格审查，杜绝高收入者钻空子。

4. 加快教育、医疗体制改革的进程

2010年，“新医改”推出的第二项内容是“公立医院”改革，并在全国选择了一些地方进行试点，北京虽然没有被列入试点范围，也要积极准备，早作打

---

① 陆学艺：《关于社会建设的理论和实践》，《国家行政学院学报》2008年第2期。

算，最好选择一批公立医院先行改革试点，为以后的改革积累经验。北京市2010年推出的另一项改革是政府公务员和事业单位的“公费医疗制度改革”，2009年已经在平谷进行了试点，希望这项工作能尽快推进，最好把大学生也纳入改革范围。继续完善预约挂号制度，推进“社会保障卡”的结算范围。继续推进基本公共卫生服务“均等化”工作，在实施国家9类基本公共卫生服务项目和北京市现有基本公共卫生服务项目的基础上，针对突出的公共卫生问题，逐步扩大服务范围。

深化基础教育改革，开展中小学综合教育改革实验，推进义务教育均衡发展，创新名校办分校等多种办学形式，完善名校办分校政策机制；解决好来京务工人员随迁子女接受义务教育问题，大力促进教育公平；大力推行素质教育，改革考试招生和评价制度；大力推进高等教育改革，希望能够在高等教育去行政化、扩大高校自主管理的权限等方面取得新的突破。

5. 大力推进公共服务的“均等化”工作

2010年北京市应尽快确定基本公共服务的范围，建立基本公共服务技术支持体系及完整的评价指标和评估标准，建立健全相关制度，明确各级政府在基本公共服务“均等化”过程中的分工与责任。2010年，北京市要继续坚持资源要素向农村配置的原则，加快建立促进城乡一体化发展的体制机制，将政府的公共资源更多地投向农村，促进城乡基本公共服务“均等化”。区域之间除了确定的重点发展南部新城以外，政府的公共资源如学校、医院、养老院等应更多地从城市核心区向近郊区转移，原则上要根据常住人口数量配置各项公共资源。不同群体之间，主要是户籍人口和外来常住人口之间在享受公共服务方面也要逐步实现“均等化”，目前在这些方面北京还存在很大的差距。随着经济的发展，北京市还要有选择地逐步将基本公共服务“均等化”的最低标准模式转变为统一标准模式。

6. 调节收入分配制度，保障社会公平

最近，收入分配制度改革是举国上下关注的焦点所在，这项工作不仅有利于公平，也有利于启动内需，促进经济的可持续发展。2010年，北京市要继续提高居民收入在国民收入中的比重，特别是要提高工资收入在初次分配中的比重。要通过政府财政提高事业单位如高校青年教师和中小学教师工资。从我们调查的情况看，目前北京市属高校青年教师收入偏低，新到校的青年教师工资收入不足3000元，在住房制度改革以后，这些青年教师面临的生活压力增大。要提高最低工资水平，并加大执行和监督的力度。抑制高收入阶层年薪增长过快的问题，打击各种非法的隐性收入和灰色收入，通过税收等手段降低资产升值率，同时在二次分配中注重普惠，努力缩小经济差别，以保障社会建设中公平原则的贯彻执行。

7. 加强社会保障体系建设

2010 年，北京市要不断完善社会保障体系，提高社会保障水平，推进社会保障城乡一体化，努力实现“制度全覆盖、衔接无间隙、人人有保障”的目标；健全失业保险制度和城乡居民最低生活保障制度，落实国家基本养老保险转移办法，完善全市的基本养老保险制度，进一步扩大覆盖范围，将农民工纳入基本养老保险的制度体系；不断加大政府对公益性养老服务机构建设的投入力度，积极扶持社会办养老服务机构的发展，认真落实居家养老、助残服务“九养”政策，构建城乡一体化的社会化养老服务体系；进一步完善医疗保障体系，积极整合“新农合”、“一老一小”、无业居民大病保险制度，建立城乡统筹的居民医疗保障制度；发展社会慈善事业，充分发挥其在促进社会公平、维护社会稳定等方面的作用；维护残障人基本权益，着力提高残障人的社会保障水平。

8. 探索维护社会稳定的科学机制和手段

2010 年，北京市的社会治安将恢复常态，不可能采取大投入、全民动员的模式，降低社会治安成本势在必行。首先，需要发挥民众的作用，重构“群防群治”体系。即使在科技强警发达的国家，群众对犯罪行为的检举依然是警察立案和破案的重要前提，也是治理和预防犯罪的基本手段。必须考虑如何建立起市民与治安机构的新型关系。其次，社会安全建设除了打击犯罪，维护社会稳定的内容外，还要有保护市民权利的基本内容。近年来，北京市在运用信息技术管理治安方面走在了全国的前列。但是，随着区域探头数量迅速增加，保护市民名誉权、隐私权、肖像权等基本人权问题逐渐显露。需要根据《宪法》的人权规定，建立起相关的法律法规，应当避免北京市在成为秩序稳定都市的同时，变成一个不宜居的城市。

还要发挥传统家庭和社区在维护社会稳定中的作用。2009 年底北京市连续发生 3 起“杀亲灭门”案，这 3 起“杀亲灭门”案都发生在家庭的内部。这迫使我们要重新重视家庭在维护社会和谐和稳定中的地位。在强调治理的同时，要建立健全以社区为依托的调解家庭纠纷的机制，特别是调解财产纠纷的社会机制；由于现代社会竞争激烈，人们生活压力加大，容易引发身心失衡，因而需要引入社会工作体系，设立家庭缓压系统，建立行为疏导、心理咨询，以及精神病预防、治疗、康复系统。通过这些系统有效地缓解个人的社会和生活压力，最大限度地避免与减少矛盾和冲突的发生。

展望2010年，在市委、市政府的领导下，在全市人民的共同努力下，北京的社会事业将更加繁荣，社会秩序将更加平稳有序，社会结构将会更加合理，一个有国际影响的世界都市正在向我们走来！

时代特征　中国特色　首都特点

——关于北京社会建设的理论思考和实践探索

宋贵伦

摘　要： 党的十七大提出必须在经济发展的基础上，更加注重社会建设，标志着我们党对社会建设的地位、目标、任务和方法的认识达到了新的高度。遵循中央的精神，北京已经建立起了社会建设新格局的基本框架，在实践探索中实现了一系列新突破。北京社会建设还要继续“摸着石头过河”，力争2010年迈上新台阶。

关键词： 社会建设　社会工作　社会保障　社会管理　社会和谐

一　引言——抓住三大机遇，北京社会建设实现新跨越

“力争用三到五年的时间，初步建立起具有时代特征、中国特色、首都特点的社会建设新格局的基本框架”，这是2008年北京市社会建设大会和加强北京市社会建设“1+4”文件提出的奋斗目标。

党的十七大以来，在市委、市政府领导下，北京市社会建设紧抓历史机遇、大胆创新实践，取得了一系列新成效：紧紧抓住学习贯彻党的十七大精神的历史性机遇，成立新机构、召开社会建设大会、出台“1+4”文件，提出构建“五大体系”；紧紧抓住筹办奥运会、残奥会的历史性机遇，广泛动员社会参与，使筹办奥运会、残奥会成为社会建设的成功实践；紧紧抓住在全党开展深入学习实践科学发展观活动的历史性机遇，努力改善民生，完善政策体系，创新体制机制，寻求重点突破，产生了社会建设的一系列实践成果。

二 理论探求——确立“四位一体”格局，标志我们党对社会建设的认识达到新高度

党的十七大，从中国特色社会主义事业全局出发，作出了重大决策和战略部署，强调必须在经济发展的基础上，更加注重社会建设。以党的十七大为主要标志，我们党对社会建设的认识达到了新高度。

（一）我们党对中国特色社会主义本质的认识达到了新高度

曾几何时，我们搞过“穷过渡”；我们在民主问题上有过许多偏差；我们批判过“和为贵”，搞阶级斗争扩大化。党的十一届三中全会后，邓小平同志和党中央提出，贫穷不是社会主义，社会主义要消灭贫穷。要以经济建设为中心。这是从中国特色社会主义本质特征的高度进行的拨乱反正；紧接着又提出，社会主义要建设精神文明，坚持“两个文明一起抓”；又提出，“没有民主就没有社会主义现代化”。到了十六届六中全会和党的十七大，党中央又明确提出“社会和谐是中国特色社会主义的本质属性”。从而，经济富强、政治民主、精神文明、社会和谐共同构成了中国特色社会主义的四大本质属性，使党对中国特色社会主义本质的认识达到了新高度。

（二）我们党对社会主义建设规律的认识达到了新高度

曾几何时，我们认为，可以通过大跃进、计划经济、阶级斗争建成社会主义。在建设社会主义的过程中走了不少弯路。党的十一届三中全会后，我们党提出，我国正处于并将长期处于社会主义初级阶段，社会主义建设要从这个最基本的国情出发。1992 年，邓小平“南方谈话”和党的“十四大”提出，要建立和完善社会主义市场经济体制。党的十六届四中、六中全会和党的十七大，又进一步提出了构建社会主义和谐社会的重大战略思想。社会主义初级阶段论、社会主义市场经济论、社会主义和谐社会论，是中国共产党人对马克思主义的新发展，标志着我们党对中国特色社会主义建设规律的认识达到了新高度。

（三）我们党对社会建设地位的认识达到了新高度

长期以来，社会建设严重滞后于经济建设，这与我们对社会建设地位的认识

不到位有关。党的十一届三中全会以后拨乱反正，从“两个文明一起抓”，到党的“十五大”提出建设物质文明、政治文明、精神文明“三大文明”，直到党的“十七大”提出了构建经济建设、政治建设、文化建设、社会建设“四位一体”格局，证明我们党对社会主义建设地位的认识是一个不断深化和完善的过程。

“社会建设”有大、中、小概念之分。大概念的“社会”是指“自然社会”中相对于自然界的人类社会的概念；中概念的“社会”是指“经济社会发展”中相对于经济的一切社会事业；小概念的“社会”，则是党的“十七大”报告中所说的相对于经济建设、政治建设、文化建设“四位一体”中的社会建设。以党的十六届四中、六中全会特别是党的“十七大”为标志，我们党对社会建设地位的认识达到了新高度。

（四）我们党对社会建设任务的认识达到了新高度

长期以来，我们对社会建设任务的认识，往往局限于维护社会安定。党的“十七大”明确提出，社会建设有六大任务：①优先发展教育，建设人力资源强国；②实施扩大就业的发展战略，促进以创业带动就业；③优化收入分配制度改革，增加城乡居民收入；④加快建立覆盖城乡居民的社会保障体系，保障人民基本生活；⑤建立基本医疗卫生制度，提高全民健康水平；⑥完善社会管理，维护社会安定团结。

上述六大任务中，有五大任务是民生问题，而且“十七大”还把社会管理作为重要任务，特别强调“要健全党委领导、政府负责、社会协同、公众参与的社会管理格局，健全基层社会管理体制”。不难看出，党的“十七大”围绕构建社会主义和谐社会目标，在强调维护社会安定团结的同时，更加强调以保障和改善民生为重点，更加强调以社会管理体制改革创新为动力。因而，“十七大”提出的六大任务还可以归纳为三个方面：一是加强社会服务，切实保障和改善民生；二是加强社会管理，创新体制机制；三是加强社会动员，构建社会和谐。也就是说，加强社会建设，应该加强社会服务、社会管理、社会动员。以党的“十七大”为标志，我们党对社会建设任务的认识达到了新高度。

（五）我们党对社会建设方法的认识达到了新高度

应当说，长期以来党和政府是重视社会建设的，但更多的是用宣传教育的方法和社会治安治理的手段。党的十七大，不仅强调要重视宣传教育和社会治安防控的方法，还特别强调要在解决思想问题的同时，更加注重解决实际问题，特别是以人为本，切实保障和改善民生；在加强宣传教育的同时，更加注重健全政策体系，特别是加强体制机制建设。以党的十七大为标志，我们党对社会建设方法的认识达到了新高度。

（六）我们党对社会建设目标的认识达到了新高度

社会建设不是权宜之计，而是长远目标和系统工程。党的十七大明确指出，社会建设要“着力保障和改善民生，推进社会体制改革，扩大公共服务，完善社会管理，促进社会公平正义，努力使全体人民学有所教、劳有所得、病有所医、老有所养、住有所居，推动建设和谐社会”。以党的十七大为标志，我们党对社会建设目标的认识达到了新高度。

三　思路探讨——构建“五大体系”，初步建立北京社会建设新格局的基本框架

（一）多年来，北京市社会建设取得了明显成效

20 世纪 90 年代以来，北京市结合大规模城市建设，不断加大城市管理的力度。笔者认为，至少有如下几项工作产生了广泛而深刻的影响：①以筹办 1990 年亚运会为契机，北京城市环境整治不断取得新成效；②1998 ~ 2005 年，北京市委、市政府连续召开五次城管工作会议，不断推进城市管理工作；③2001 年北京申奥成功以后，大力实施人文奥运行动计划，不断促进首都社会文明素质和城市文明形象大幅度提升；④从 2006 年开始，在全市广泛开展创建和谐社区、和谐村镇活动，为北京社会建设奠定了坚实的基础。

（二）北京社会建设的出路和动力在改革创新

首都特点决定了北京社会建设要站在搞好为中央机关服务、为国际交往服务、为科技教育文化发展服务、为全国人民服务的“四个服务”的新高度。国际城市、流动人口多，决定了北京社会建设要面对复杂多变的新情况。社会管理

体制落后、政策不完善，决定了北京社会建设要不断研究解决新问题。建设首善之区的目标、不断满足广大人民群众日益增长的对幸福生活的新期待，决定了北京社会建设要有高标准、高要求，也要建首善、创一流。

北京社会建设面临的所有问题，不仅反映在认识问题上，而且集中反映在体制机制不适应和政策不完善上。诸如：社会公共服务政策不完善，社区管理和服务不规范，社会组织管理和服务亟待体制改革，社会工作队伍专业化、职业化程度不高，志愿服务长效机制不健全，社会领域党建工作覆盖面不够、活动方式有待创新等。如同解决经济建设、政治建设、文化建设的问题一样，解决北京社会建设问题的出路和动力也在改革创新。必须以体制机制创新为动力，加快推进北京社会建设。

（三）党的十七大后，北京市社会建设站在了新的历史起点上

报经中央批准，2007 年 12 月 2 日，中共北京市委社会工作委员会、北京市社会建设工作办公室宣布成立。市委社会工委为市委直属部门，市社会办为市政府组成部门，合署办公。新机构的基本职能，一是研究提出本市社会建设总体规划、重大方案和重要政策；二是制定并组织实施本市社会管理体制改革、社会公共服务和社会领域社会动员体制机制建设的规划和改革措施；三是宏观指导、统筹协调和督促检查本市社会建设重点任务的落实，主要包括以下六个方面：社区建设、社会组织建设、社会工作队伍建设、志愿者工作、社会领域党建工作以及街道管理体制改革等相关工作。两项综合任务、六项具体工作，简称“2 + 6”职能。从体制改革和机制创新入手，北京社会建设站在了新的历史起点上。

（四）奥运会后，北京召开社会建设大会，明确提出构建“五大体系”框架

2008 年 9 月 25 日，北京奥运会、残奥会刚刚闭幕一周，市委、市政府就及时召开了北京市社会建设大会，印发了加强北京市社会建设“1 + 4”文件，即《北京市加强社会建设实施纲要》和《关于进一步加强和改进社会领域党建工作的意见》、《关于加快推进社会组织改革与发展的意见》、《北京市社区管理办法（试行）》、《北京市社区工作者管理办法（试行）》。

《纲要》明确提出，在为人民群众提供更多更好的公共产品和公共服务的同

时，力争用3~5年的时间，初步建立起具有时代特征、中国特色、首都特点的社会建设新格局的基本框架：①构建社会公共服务体系，进一步保障和改善民生；②构建社区管理体系，进一步夯实社会建设基础；③构建社会组织管理体系，进一步激发社会活力；④构建社会工作运行体系，进一步增强社会建设合力；⑤构建社会领域党建体系，进一步扩大党组织和党的工作覆盖面、影响力。

（五）“1+4”文件的新思路

“1+4”文件，还围绕社区建设、社会组织建设、社会工作队伍建设、志愿者工作、社会公共服务、社会领域党建工作，在管理体制改革、工作机制创新方面提出了一系列新思路。

第一，社区建设按照“一分、三定、两目标”的思路深化管理和服务体制改革。“一分”就是将社区服务站与社区居委会职能分开，社区服务站主要承担政府公共服务职能，社区居委会主要承担居民自治职能；“三定”就是确定社区党组织、社区居委会、社区服务站的工作任务、工作人员和工作经费；“两目标”就是建设一支专业化、职业化的社区工作者队伍，建设现代化、规范化的新型社区。从而，促进社区管理、社区服务、社区自治上水平、上台阶。

第二，社会组织建设按照构建“枢纽型”社会组织工作体系的思路，深化管理和服务体制改革。以人民团体等大型专业化社会组织为骨干，构建20个左右“枢纽型”社会组织，按业务性质进行分类管理，逐步实现政社分开、管办分离，逐步走上社会组织自我发展、自我管理的道路。一是授权“枢纽型”社会组织承担业务主管单位职责，对同类别、同性质的社会组织进行业务管理和日常服务；二是积极扶持“枢纽型”社会组织发挥业务龙头作用，联合同类别、同性质社会组织更大、更快、更好地发展业务；三是大力支持“枢纽型”社会组织成为党和政府联系社会各界的桥梁和纽带，在党组织正确领导、政府大力支持、社会各界协同、公众广泛参与下，共同推动科学发展、构建社会和谐。

第三，社区工作者队伍建设紧紧围绕专业化、职业化目标深化管理和服务体制改革。一是规范待遇，参照全额拨款事业单位标准，提高待遇，使社区工作者成为令人羡慕的职业；二是规范招录，社区服务站工作者按照公开、公平、公正的原则进行招录，社区党组织和社区居委会工作者依法进行选举，把具有大专以上学历、年轻有为、德才兼备的人才更多地吸引到社区工作者队伍中来；三是规范管理，纳入全市干部培养和人才管理规划，建立促进社会工作者培养、评价、使用、激励工作机制，使社会工作者成为既“留得住”，又“流得动”的职业。

第四，志愿者工作按照“转化奥运志愿者成果、建立健全志愿者服务有效机制”的思路深化改革。在继续搞好重大活动志愿者服务的同时，形成经常性志愿服务体制和应急性志愿服务机制。

第五，以不断扩大政府购买社会公共服务为目标，不断完善社会公共服务体系。

第六，以扩大党组织和党的工作覆盖面、改进创新工作方式为目标，进一步加强和改进社会领域党的建设。逐步形成党委领导、组织部门指导、社会工委具体负责、各部门相互配合的工作体制，逐步形成社区党建以区域管理为主、社会组织党建以分类管理为主、新经济组织党建以分层管理为主的工作格局，力争用3～5年的时间实现社会领域党组织和党的工作全覆盖。

四　实践探索——抓重点、抓协调、抓落实，北京社会建设实现一系列新突破

（一）以实现“五无”目标为突破口，切实保障和改善民生

两年来，市委、市政府以实现“无零就业家庭、无城镇危房户、无重大重复上访户、无拖欠工资问题、无社会救助盲点”等“五无”目标为突破口，不断取得保障和改善民生的新成效，出台了一系列覆盖城乡的社会保障和利民惠民政策，产生了良好反响。

（二）以筹办奥运会、残奥会为契机，动员社会广泛参与社会建设实践

一是把筹办奥运会的过程，当做社会广泛动员的过程，使奥运会的成功举办成为社会建设的成功实践；二是把筹办奥运会的过程，当做构建社会和谐的过程，广泛开展“迎奥运、讲文明、树新风，我参与、我奉献、我快乐”活动，广泛动员社区、社会组织、新经济组织、社会工作者和志愿者积极参与“构建社会和谐、喜迎奥运盛会”系列活动和奥运志愿服务活动；三是把筹办奥运会的过程，当做建设新北京的过程，将筹办新奥运与建设新北京有机结合起来，将

人文、科技、绿色的新奥运三大理念转化为新北京的三大理念，发展成为建设繁荣、文明、和谐、宜居的首善之区的主要工作思路。

（三）搭建"五大工作网络"，进一步形成体制机制建设新成果

一是成立北京市社会建设工作领导小组及其办公室。领导小组包括市委、市政府38个成员单位。办公室设在市委社会工委、市社会办，有8个成员单位。建立领导小组办公室主任工作例会制度，形成协调市级单位的工作机制；二是各区县成立社会工作机构，并建立健全区县社会工委书记、社会办主任例会制度，形成协调区县工作的机制；三是建立健全"枢纽型"社会组织负责人联席会议制度，形成协调社会组织的工作机制；四是建立社会建设信息中心，并与首都媒体进行互联互动，在社区、"两新"组织中确定90个信息直报点，搭建宣传报道和社会舆情分析平台；五是与清华大学、中国人民大学、北京师范大学、中国青年政治学院、北京工业大学、首都师范大学、北京市社科院共建7个北京社会建设研究基地，形成社会建设研究网络。

（四）陆续出台一系列配套文件，不断完善"1+4+X"政策配套体系

这主要包括：《关于推进社区规范化建设试点工作的实施方案》、《关于构建市级"枢纽型"社会组织工作体系的暂行办法》、《关于加强和改进市级社会组织设立工作的实施办法》、《关于选聘高校毕业生到社区工作的实施意见》、《关于加强和改进志愿者工作的意见》、《关于在全市开展社会领域党建试点工作的意见》和《关于建立健全全市社会建设工作协调机制的实施意见》等。另外，《北京市社会组织管理办法》、《北京市志愿者管理办法》、《北京市社会工作者培养、评价、使用、激励工作实施办法》、《北京市社会建设专项资金管理办法》、《北京市社会领域党建工作管理办法》等规范性、政策性文件也将陆续印发。

（五）抓住一系列关键问题不断取得重点突破

第一，以社区规范化建设试点工作为突破口，推进社区管理和服务体系建设。主要做了两项工作：一是圆满完成了全市社区党组织、社区居委会换届工作。在选出的22000多名社区工作者中，48.3%为新人，其中大专以上学历者占

54.2%，比上届上升了26%，党委书记、居委会主任中具有大专以上学历者占70%以上，比上届提高了16%，知识结构进一步优化，平均年龄也下降了2.5岁，直选比例也大大扩大；二是在全市600个社区进行了规范化建设试点，从7个方面26项内容100多个指标进行规范化试点，并投资新建350个350平方米以上的社区居委会和社区服务站，改善办公用房和服务用房问题。今后两年将进一步扩大试点范围，用3年时间使全市近2600个社区达到软件和硬件的规范化标准。

第二，以构建"枢纽型"社会组织工作体系为核心，推进社会组织管理和服务体系建设。主要做了两项工作：一是确认市总工会、团市委、市妇联、市科协、市残联、市侨办、市红十字会、市文联、市法学会、市社科联等10家人民团体为首批市级"枢纽型"社会组织。用两年的时间，再确认、新建或改造提升10个左右的市级"枢纽型"社会组织，基本完成"枢纽型"社会组织工作体系构架工作；二是从2010年4月份开始，启动社会组织审批"一站式"服务机制。不断完善"一口审批、分类规范、政府监管、扶持发展"的工作体制。

第三，以专业化、职业化为目标，加快推进社会工作者队伍建设。主要做了两项工作：一是加大培训力度，举办了区县局领导干部社会建设培训班、全市区县社工委书记、社会办主任培训班、全市街道工委书记培训班、全市街道办事处主任培训班、全市"两新"组织党委书记培训示范班等；二是选聘高校毕业生到社区工作，大力实施"大学生社工计划"。面向首都高校应届毕业生选聘1984名，面向服务合同期满的"大学生村官"选聘了492名，面向社会选聘2233名大专以上毕业生，共计4709名。其中，硕士、博士研究生750多人，党员1471名。两年内，进一步加大工作力度，力争经过3～5年的努力，使全市社区工作者具有大专以上学历的工作人员达到90%左右，具有社会工作专业职称的达50%以上，基本实现社区工作者专业化、职业化。

第四，以转化奥运志愿者工作成果、建立健全志愿者工作长效机制为目标，加强和改进志愿者工作。主要做了两项工作：一是召开了全市志愿者工作大会，出台了加强和改进志愿者工作的意见，对转化奥运志愿者成果、建立健全志愿者工作长效机制进行了全面部署；二是决定将北京志愿者协会改造提升为北京市志愿者联合会，确认为市级"枢纽型"社会组织。《北京市志愿者管理办法》出台后，将进一步推动志愿者工作长效机制建设。

第五，以建立社会建设专项资金制度为基础，进一步完善社会公共服务体

系。重点加强体制机制创新，发挥财政资金引导作用，推进政府购买社会公共服务。今后将进一步加大工作力度。

第六，以三项试点工作为抓手，努力扩大社会领域党建工作覆盖面。一是开展了在街道层面建立社会工作党委试点工作，建立由街道工委和驻区单位、“两新”组织党组织负责人组成的街道社区党组织，逐步实现党组织和党的工作在街道社区的全覆盖。2009 年初以来，全市 138 个街道已有 98 个街道建立了社会工作党委，年底前将全部建立；二是在商务楼宇（写字楼）开展建立社会工作党组织（社会工作服务站）试点工作。将党组织建在商务楼宇，将政府公共服务延伸到商务楼宇，将群团工作也引进商务楼宇，逐步实现党组织和党的工作、社会服务工作在商务楼宇的全覆盖。2009 年以来，全市 1237 座商务楼宇中，已建立了 560 个党建工作站（社会工作站），预计 2010 年底实现全覆盖；三是在“枢纽型”社会组织中开展建立社会组织党委试点工作。按照分类管理和党建业务一起抓的原则，由“枢纽型”社会组织将所属协会（学会、研究会）的业务工作和党的工作统筹协调起来，逐步实现党组织和党的工作在社会组织中的全覆盖。这项工作将在 2010 年底前完成。另外，结合开展第三批深入学习实践科学发展观活动，在全市新经济组织中开展党建工作“五个好”示范点创建活动也已启动，典型引路，以点带面，逐步扩大党组织和党的工作在新经济组织中的覆盖面。

五　结语——北京社会建设还要继续“摸着石头过河”，力争迈上新台阶

以上个人的认识还很粗浅。北京社会建设工作也刚刚起步，还要继续“摸着石头过河”。要进一步坚持以科学发展观为指导，努力探寻时代特征、中国特色、首都特点的社会建设规律，继续进行理论创新和实践探索，不断开创北京社会建设新局面，力争实现去年打基础、今年有突破、明年上台阶的目标，为实现“人文北京、科技北京、绿色北京”战略构想，建设繁荣、文明、和谐、宜居的首善之区作出新的更大贡献！

（原载《北京日报》2009 年 12 月 7 日，作者为中共北京市委社会工作委员会书记、北京市社会建设工作办公室主任）

Time Features, China Characteristics, Capital Peculiarities

——Theoretical Thinks and Practical Explorations about Beijing Society-building

Song Guilun

Abstract: The seventeenth Congress of the Communist Party of China put forward that we must pay more attention to society-building based on the economic development, which marks the acknowledgement of our party to the status, goal, task and approach of society-building has achieved a new level. According to the spirit of CCP Central Committee, Beijing has already established basic frame of society-building, and explored a series of new breakthrough by practices. Beijing society-building will continue to "cross over river by touching the stone", and try to move on a new stage this year.

Key Words: Society-building; Social work; Social security; Society management; Social harmony

社会事业篇

REPORTS ON SOCIAL UNDERTAKINGS

北京城镇居民住房状况与住房政策分析

李君甫*

摘　要：房改10多年来，北京住房建设成就卓著，但是北京的房价上涨速度远远超过居民收入的上涨速度，居民住房负担极重。公共住房政策不完善，政策性住房供给量过小是北京普通居民住房负担加重的重要原因。加大政策性住房的供给量，让60%的居民能享受到政策性住房是目前解决普通居民住房负担过重和住房公平问题的基本出路。

关键词：住房负担　住房公平　住房政策

2009年，北京商品房均价全年涨幅高达73.5%，五环沿线新盘已经开始突破2万元/平方米，四环以内新盘多数达到35000元/平方米，① 房价又一次成为

* 李君甫，博士，北京工业大学副教授，研究方向：城乡社会发展、社会政策。

① 张媛：《楼市高烧——盘点2009年北京区域房价涨幅top10》，2010年2月1日《法制晚报》。

万众瞩目的中心。2009 年 12 月 14 日温家宝主持了国务院工作会议，为保持房地产市场的平稳健康发展，会议要求遏制部分城市房价过快上涨的势头。在房价过快上涨的城市中，北京是个排头兵。对于疯长的房价，不同的人态度是不一样的，房地产商、房产中介、炒房者、拥有多套房产的业主对于房价上涨大部分都持乐观态度。而对于无房户、对于住房的自住需求者和改善性需求者，疯长的房价要么使他们改善居住条件的愿望落空，要么使他们背上沉重的债务成为“房奴”。

住房市场化改革的 10 年，是北京经济快速成长的 10 年，是居民收入持续增长的 10 年，也是北京贫富差距持续扩大的 10 年。在贫富分化的背景下，房价的飙升会使这种分化进一步扩大，导致社会上层财产不断增值，而中、下阶层的生活压力日益加大。

一　北京住房建设与居民住房状况

（一）前无古人的建设成就

1948 年，北京住宅总面积仅有 1354 万平方米，30 年后的 1978 年，北京住房面积增加到 4034 万平方米。而 1998～2007 年，北京市新建住宅竣工面积累计达到 1.7 亿平方米。[①] 2008 年北京市商品住宅竣工面积 1399.3 万平方米，经济适用房 101.1 平方米，2009 年北京市竣工住宅面积 1613.2 万平方米，2008 年、2009 年住宅竣工面积共 3113.6 万平方米。据此可以得出，1998 年以来，北京累计新建住宅超过 2 亿平方米。2009 年底北京住宅总面积 36841.8 万平方米，是 1948 年北京住房总面积的 27 倍，也是 1978 年的住宅总面积的 9 倍。其中 1998 年以来新建的住房面积就达到 1948 年的 15 倍。

2007 年，北京住房存量 513.9 万套，[②] 加上 2008 年、2009 年新建的住房大约 28.2 万套，2009 年末北京实有住房当有 542.1 万套。房改以来北京住房建设的成就可谓突飞猛进，创造了前无古人的建设速度。

---

① 北京市统计局：《数说北京改革开放 30 年》，中国统计出版社，2008。

② 北京市建设委员会：《北京建设年鉴 2008》。

（二）差别悬殊的居住状况

1. 平均住房面积与套数

2008 年末，北京实有住房建筑面积 36270 万平方米，当年北京人均住房建筑面积 28.74 平方米，根据全国 1% 人口普查数据，北京城镇居民户均人口为 2.67 人，[①] 可以折算出户均住房建筑面积 76.7 平方米。2007 年，北京有成套住房 513.9 万套，住户 448.3 万户，平均每户拥有住房 1.146 套。2008～2009 年北京成套住房估计增加 28.2 万套，成套住宅总量达到 542 万多套。如果按照住户的平均水平来看，北京的住房已经过剩。但是，事实上，北京居民的住房并不均等，城市居民的中下层和年轻人居住条件简陋或者是租房居住的。如果把外来人口计算在内，2009 年末，北京 1755 万常住人口相当于 657 万户，平均每户只有 0.82 套住房，不能达到户均 1 套住房。这就意味着不少居民和外来人口是合居、群租或者是住在不成套的简易房里（见表 1）。

表 1　2006～2009 年北京市城镇住房总量与人均住房面积

	2006 年	2007 年	2008 年
实有房屋建筑面积(万平方米)	57069	60565	63937
实有住宅建筑面积(万平方米)	32665	34661	36270
人均住宅使用面积(平方米)	20.96	21.50	21.56
人均住宅建筑面积(平方米)	27.78	28.65	28.74

资料来源：北京市统计局：《北京统计年鉴 2009》。

2. 居民住房来源与性质

根据 2008 年的 5000 户抽样调查，北京城镇居民的住房私有率是 80.9%，租房者占 16.5%。租赁公房的占 13.5%，租赁私房的占 3%，居住原有私房的占 2.1%，居住“房改”私房的占 50.2%，居住商品房的 28.6%，其他占 2.6%。商品住宅一般面积比较大，生活设施齐全，住宅质量较高。而“房

① 2005 年北京市 1% 人口抽样调查主要数据公报，http://www.stats.gov.cn/tjgb/rkpcgb/dfrkpcgb/t20060317_402311329.htm。

改”私房都建设于1998年以前，大多数面积较小，有的一套只有30多平方米，有的是单间，不成套，空间狭小，设备设施条件较差。租赁的公房也都是1998年以前建成的，面积一般都不大，还有不少住户是两户合居一套公房，甚至还有不少住户是3户合居，生活十分不便。合居户人均住房面积一般在10平方米左右，因为套内公共空间、生活习惯和饮水费引起的矛盾纠纷很常见（见表2）。

表2　2008年北京市居民住房类型

类　型	2008年	2007年
调查户数	5000(100.0%)	3000(100.0%)
租赁公房	676(13.5%)	455(15.2%)
租赁私房	150(3.0%)	28(0.9%)
原有私房	105(2.1%)	47(1.6%)
房改私房	2509(50.2%)	1895(63.2%)
商品房	1429(28.6%)	522(17.4%)
其　他	131(2.6%)	53(1.8%)

资料来源：北京市统计局：《北京统计年鉴2009》。

3. 居民的住房分化与分层

由于政策的变化和收入水平的差距，北京居民获得产权房的机会和能力有较大的差距，导致北京居民的住房况状产生了较大的分化，而且分化日趋严重。有的居民住宅狭小，无法满足基本的生活需要，属于住房短缺；有的拥有豪华奢侈住宅，还有居民拥有多套住宅出租。根据住房的来源、性质、数量、档次与价值，可以对北京的居民进行大体的住宅分层。居住在别墅、大公寓、超大户型商品房或有3套以上住宅的一般是社会上层；部分居住在公寓里、大户型商品房、大户型“房改”房或者有2～3套住房的是社会的中上层，居住在一般商品房里、老经济适用房（2007年以前）、中小户型“房改”私房、“两限房”的是社会的中层，居住在狭小“房改”房、租赁公房、新经济适用房、廉租房的是社会的中下层；单间户、合居户、城中村和地下室居民是社会的下层。

表3　北京住宅与社会分层

单位：万元

阶　层	住房水平	住房来源或来源档次	房产价值
上　层	豪华型	别墅、大公寓、超大户型商品房或有3套以上住宅、原有独院私房	800以上
中上层	富裕型	公寓、大户型商品房、大户型房改私房或有2～3套住宅、较大原有私房	400～800
中　层	温饱型	一般商品房、老经济适用房、中小户型房改私房、“两限房”、一般原有私房	100～400
中下层	紧张型	租赁公房、狭小房改私房、新经济适用房、廉租房、狭小原有私房	0～150
下　层	短缺型	单间户、合居户、群组户、城中村和地下室居民	0～50

二　近两年来的住房价格

（一）直线飙升的房价

2009年，北京销售商品住宅1880.4万平方米，同比增长82.3%。在商品住宅中，现房销售410万平方米，期房销售1470.4万平方米，分别增长96.5%和78.7%。年末，全市商品住宅空置面积426.8万平方米，下降18.3%。① 火爆的楼市使空置率大幅下降，也推动住宅价格飞速上升。

据中国指数研究院的分析，2009年1～11月，北京商品住宅成交均价为13940元/平方米，同比上涨3.4%。从月度价格走势来看，1～11月北京商品住宅成交均价持续上涨，其中11月达到峰值17810元/平方米，与1月相比上涨了65.1%。②

朝阳区位于东三环和东四环之间的某楼盘，2009年4月均价19000元/平方米，到2009年12月均价达到29000元/平方米，涨了52.6%；东南五环外的某楼盘1月均价10400元/平方米，2009年12月涨到17250元/平方米，涨幅为65.9%。东五环和东六环之间一个楼盘，2009年1月份价格12000元/平方米，2009年12月达到22000元，涨幅为83%。

① 2009年全市经济运行情况，http://www.bjstats.gov.cn/sjjd/jjxs/201001/t20100121_164254.htm。

② 中国指数研究院：2009年北京商品住宅市场整体运行状况，http://qyb.soufun.com/news/zt/200912/2009bjzz.html。

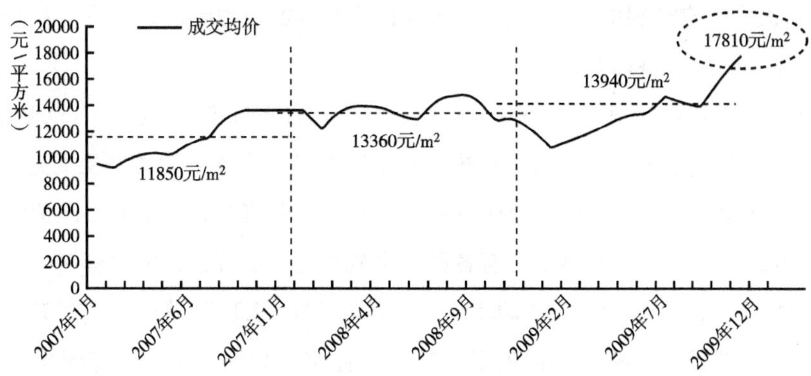

图1　2007～2009年北京商品住宅（不含保障性住房）成交价格走势图

数据来源：中国指数研究院数据信息中心　中国房地产指数系统。

2007年北京住房价格飞速上涨，2008年北京的房价上涨速度有所下降，2008年底，北京房价小幅回落，相比2007年的高房价，2009年北京商品房价再创新高，四环路以内涨幅最大，增长了44.5%；四环、五环之间增长了34.0%；六环路以外也增长了39.6%；五环、六环之间涨幅稍小，也达到了21.8%。

表4　2009年1～12月北京商品房价

单位：元/平方米，%

	2007年1～9月	2009年1～12月	增长的比例
四环路以内	14744	21305	44.5
四至五环路	12655	16958	34.0
五至六环路	8529	10388	21.8
六环路以外	6079	8484	39.6

数据来源：北京统计信息网。

（二）房价不断飙升的原因

1. 北京房价高企的基本因素

（1）北京资源高度集中。北京的城市定位是国家首都、世界城市、文化名城、宜居城市，也是中国北方最大的经济中心。北京常住人口只有全国的

1.3%，面积只有全国的0.17%，但是集中了中国主要的政治、经济、社会、文化、教育、卫生、科技等资源。

目前北京共有26家全球500强企业，在全球各大城市中仅次于东京和巴黎，位居第三。北京还集中了全国1/4的“央企”总部，在国务院国资委管理的136家大型企业集团中，有104家企业总部设在北京。北京有200多家外国使馆、国际非政府组织代表处、联络处；有各种驻京机构超过1万家；中国有39所“985工程”院校，北京有8所，占20.5%，108所“211工程”院校，北京有24所，占22.2%；首都的各种优势也吸引了知名企业家、影视明星、体育明星等各类杰出人才云集北京。当大多数二线城市才开始修建地铁的时候，北京的地铁通车里程已经达到228公里，2010年将超过300公里，规划2015年将达到561公里，公路、机场等交通设施建设也是国内第一，而且还在不断地更新和完善。北京的资源密集首屈一指，加之各类资源还在继续向北京集中，这就决定了北京的房价远远高出一般城市。

（2）北京的住宅市场是面向全国甚至全世界的市场。由于北京特殊的魅力和资源优势，北京吸引了全国各地的企业家和各类人才来北京工作和开展业务，他们来到北京或买或租，需要大量的住宅。也有一些外地人来北京置业投资，山西煤老板以及温州炒房团就是置业投资的代表。东北、华北、西北各省的富豪们也都乐于在北京投资置业。据统计，北京商品房被外地人购买的占1/3左右，不同年份稍有差异。

表5　2005～2008年北京商品住宅销售对象比例

单位：%

年　份	本地居民	外地个人	境外个人
2005	62.1	33.0	2.5
2006	63.80	33.30	1.50
2007	63.97	33.45	0.56
2008	69.41	27.67	0.78

资料来源：历年北京房地产年鉴。

2005～2007年，在北京购房的外地居民都保持在33%以上；2008年外地人在北京购房的热情稍有下降，购房者下降了5.78%；2009年外来购房者又有回升。2008 年外地来京购房者购置商品房平均每套 141.9 平方米，北京市居民购置的商品房平均每套 110.7 平方米，前者比后者要大 28.2%。境外人士在北京购房平均每套 221.3 平方米，是北京居民购房每套平均面积的 2 倍。因为 1/3 的房子是被京外及境外人士所购买，这些购房者相对北京居民具有更强的购买力。外地一般居民是没有能力在北京购房的，外国普通居民一般也不会在北京购房，能来北京购房的一般都是有钱的商人或者其他社会精英。他们旺盛的购买力是北京住房价格维持在高位并不断攀升的重要因素。

表 6 2006～2008 年非北京居民住宅购置套数、面积及比例

		本地居民	外地个人	境外个人	境内单位	境外单位	合计
2006年	套数	101816	53921	2306	1370	91	159504
	比例(%)	63.8	33.8	1.4	0.9	0.1	100.0
	面积(万平方米)	1236.7	592.6	41.3	20.5	2.5	1893.6
	比例(%)	65.3	31.3	2.2	1.1	0.1	100.0
2007年	套数	77576	40633	676	2292	283	121460
	比例(%)	63.9	33.5	5.6	18.9	0.2	100.0
	面积(万平方米)	957.7	489.0	15.6	45.0	4.1	1511.4
	比例(%)	63.4	32.4	1.0	29.8	0.3	100.0
2008年	套数	69820	24425	366	1126	3	95740
	比例(%)	72.9	25.8	0.4	1.2	0	100.0
	面积(万平方米)	695.9	277.5	7.8	21.4	0.06	1002.7
	比例(%)	69.4	27.7	0.8	2.1	0	100.0

资料来源：历年北京房地产年鉴。

（3）北京居民收入高于二、三线城市。2009 年胡润的富豪榜公布，北京有 14.3 万名“千万富豪”和 8800 个“亿万富豪”，居全国之首。北京有常住人口 1755 万人，根据这个榜单，北京居民中的“千万富翁”比例是 0.8%，也就是说每 122 个北京人中就有 1 个“千万富翁”，每 1994 个北京居民中就有 1 个“亿万富翁”。尽管这个数字也许不很精确，但是足以说明北京的富人很多。

2008 年北京城镇居民人均可支配收入为 24725 元，而山西省城镇人均可支配收入为 13119 元，河南省城镇人均可支配收入为 13231 元，北京城镇居民人均可支配收入是山西城镇居民人均可支配收入的 1.9 倍，也是河南省城镇居民可支配收入的1.9倍。2008年北京市居民储蓄存款余额达11955.2亿元，按照常住人口计算，人均存款达到7.05万元，户均存款可达18.82万元。由于常住人口中包括了大量的农民工，如果剔除他们的因素，北京常住人口户均存款当在25万元以上。

表7　2008年末全市金融机构（含外资）本外币存贷款

单位：亿元

指　　标	2008年末	比年初增加额	增加额比上年增减
各项存款余额	43980.7	6255.8	2362.2
其中:人民币	42107.6	6713.2	2670.6
其中:企业存款	23370.2	2538.8	-426.3
储蓄存款	11955.2	2799.8	2347.3

资料来源：2008年北京市国民经济与社会发展统计公报。

由于北京市居民相对收入较高，尤其是高收入家庭拥有很强的购买力，2009年许多北京居民在购房时可以一次性付完全款，就说明了这些居民拥有较强的经济实力。

（4）北京人口不断增长，住房需求不断增加。由于北京的各类资源集中、机会集中，吸引了经商、务工、从艺、求学的人从全国各地来到北京。2009年北京常住人口已经达到1755万，其中外来人口达到509.2万，占北京常住人口的29%，如果按照6个人一套来计算，也需要84.9万套。2009年，北京常住人口增加了60万，其中15万是户籍人口，需要5.8万套住房。常住外来人口增加了45万，如果按照6个人一套住房计算，他们需要7.5万套住房。2009年全部新增人口共需要13.3万套住房。而北京近两年来每年新建住房也就10多万套，新建住房大体上只能满足新增常住人口的居住需求，这就导致北京的商品住房价格会维持在较高水平，如果人口增加的趋势保持在这个水平，而住房建设力度没有进一步加大，北京房价就会不断趋高。

北京市公安局出入境管理处统计，截至2009年10月，在北京居住时间超过6个月的外籍常住人口已达到11万。在这11万常住外籍人口中，外籍留学生约有3万人，外籍工作者约为4万人，外国驻京使馆工作人员及其家属约1万人，其余持探亲签证等来京外籍人士约为3万人。在京外籍常住人口占在京常住总人

表 8　2000～2009 年北京常住人口数量

单位：万人

年份	常住人口	年增加量	外来人口	户籍人口
2000	1363.6	106.4	256.1	1107.5
2001	1385.1	21.5	262.8	1122.3
2002	1423.2	38.1	286.9	1136.3
2003	1456.4	33.2	307.6	1148.8
2004	1492.7	36.3	329.8	1162.9
2005	1538.0	45.3	357.3	1180.7
2006	1581.0	43	383.4	1197.6
2007	1633.0	52	419.7	1213.3
2008	1695.0	62	465.1	1229.9
2009	1755.0	60	509.2	1245.8

资料来源：北京市统计局：《数说北京 30 年》，中国统计出版社，2009。

口数的 0.6%。① 除留学生外，其他外籍人士都具有较强的购买力，无论租赁或者购置，满足他们的住房需求也需要大约 5 万套住房。随着北京的日益国际化，来自国外的需求也会不断增加。

2. 2009 年房价飞涨的原因

2008 年经济危机的阴云笼罩着全世界，中国也未能摆脱危机的影响与威胁，出口急剧下降，拉内需、保增长的形势严峻，从中央到地方出台了一系列地产"新政"。在这样的形势下，房价如脱缰的野马疯狂增长。2009 年房价的飞涨主要是在流动性过剩、优惠政策、通胀预期、供给减少和保障性住房过少的情况下投资投机需求猛增，地产商和炒房者兴风作浪，政府卖地"地王"频出推波助澜的结果。

（1）流动性过剩。2008 年，为缓解金融危机，刺激经济，中央财政投 4 万亿元，加上银行贷款有 10 多亿元，由于实体经济不景气，有相当部分流入楼市。国家统计局数据显示，2009 年前 11 个月我国房地产开发企业资金来源中，国内贷款接近 9000 亿元，个人按揭贷款超过 7000 亿元，前 11 个月总计流入房地产的信贷资金超过 1.6 万亿元，比 2008 年多出六成。而在 2009 年全国 9 万多亿元

① 北京常住外籍人口比例仅为 0.6%，http：//news.sina.com.cn/w/2009－11－23/223716654705s.shtml。

的银行新增贷款中，约1/6流入到了房地产开发领域。① 金融危机使世界经济低迷，国际资本看好中国经济，大量流入中国内地，由于投资渠道狭窄，资金流向房地产市场。

（2）优惠政策刺激。2008年11月1日，财政部宣布对个人首次购买90平方米及以下普通住房的，契税税率暂统一下调到1%。对个人销售或购买住房暂免征收印花税，对个人销售住房暂免征收土地增值税；2008年9月15日、10月9日，中国人民银行连续两次降低存款准备金率和存贷款利率。10月22日央行又宣布，自10月27日起，将商业性个人住房贷款利率的下限扩大为贷款基准利率的0.7倍；最低首付比例调整为20%，同时下调个人住房公积金贷款利率；对境外居民购买商品房禁令的解除，也方便了外资投资房地产。

表9 房地产交易优惠政策

	时间	部门	优惠政策内容
免税	2008.10	财政部	对个人首次购买90平方米及以下普通住房的，契税税率暂统一下调到1%；对个人销售或购买住房暂免征收印花税；对个人销售住房暂免征收土地增值税。
免税	2008.12	国税总局、财政部	个人将购买超过2年（含2年）的普通住房对外销售的，免征营业税
减息	2008.10	央行	个人住房公积金贷款利率下调0.27个百分点；居民首次购买普通自住房和改善型普通自住房贷款利率的下限可扩大为贷款基准利率的0.7倍，最低首付款比例调整为20%。
减息	2008.9～11	央行	四次下调存款利率，特别是11月26日央行下调人民币存贷款基准利率达1.08个百分点。

（3）通胀预期加大。4万亿元的扩张投资，加上国内的房贷政策放宽，大量货币流入市场带来了通胀预期；国际上2009年的资源价格也上涨很快，从前两年经验看，国际资源价格的上涨也会传到国内，推动国内价格上涨，也导致了通胀预期。2009年2季度中国经济开始显现复苏迹象，经济向好同样也引发通胀的预期。通胀预期推高投资者对房产价格的预期，投资型、投机型和保值型购房行为活跃起来，带动大量资金"入市"，大量资金进一步推动房价飞涨。

（4）市场需求旺盛。2009年全年共销售住宅1880.5万平方米，增长

① 吴传超：《2009房贷政策如过山车》，http://news.dichan.sina.com.cn/bj/2009/12/22/101045.html。

82.3%。销售商品住宅16.5万套，为2008年住宅销售套数（9.4万套）的1.8倍。其中，功能核心区（东城、西城、崇文和宣武）销售住宅10170套，功能拓展区（朝阳、丰台、石景山和海淀）销售78596套，发展新区（房山、通州、顺义、昌平和大兴）销售67374套，生态涵养区（门头沟、怀柔、平谷、密云和延庆）销售8860套，四个功能区住宅销售套数分别比上年增长190%、38.6%、130%和88.2%。

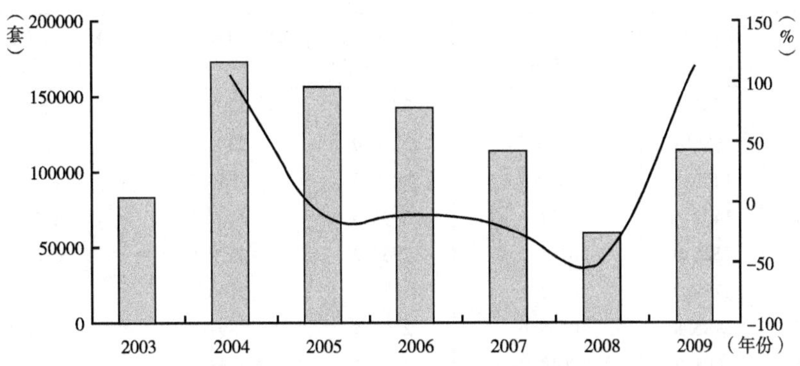

图2　2003～2009年北京商品住宅（不含保障性住房）成交情况

数据来源：中国指数研究院数据信息中心　中国房地产指数系统。

（5）投资投机性需求增加。除了自住需求，北京住房市场2009年投资和投机需求旺盛，这成为北京房价蹿升的直接原因。北京居民收入较其他城市高，北京的“富翁”也比较多。据前文推算，北京城镇居民家庭存款平均在25万元以上，那么北京20%高收入者户均金融资产当在100万元以上，在通胀预期、楼市涨价预期以及优惠的税收信贷政策刺激下，仅仅100多万户高收入者的资金就足以让楼市活跃起来。何况每年都有30%左右的外地人和境外人士来北京购房，2009年，外来者购房应当是超过往年的，来自外国的购买者也大幅增加，把楼市炒得热火朝天。

（6）新增供给减少。北京的住宅建设新开工面积在2003年达到最高点的3433.8万平方米，此后受到土地供给等原因制约，开工面积开始下滑。2008年新开工面积只有2003年的68%。2005年北京住房施工面积达到最高峰的10748.5万平方米，此后也开始一路下滑。2005年北京住宅竣工面积也达到最高峰，达到3770.9万平方米，2008年住宅竣工面积下滑到2558.0万平方米，只有

2005 年的 67.8%。北京的住房销售由于连年的价格上涨和接连的抑制政策出台等因素的影响，2007 年价格达到高位时当年成交量就比 2005 年下降了 22.4%。2008 年成交量进一步下降，只有 2005 年的 47.6%。连年的竣工面积减少，导致住宅供给逐渐趋紧。2009 年商品房（现房）空置面积呈逐步下降趋势，截至 12 月底，住宅空置面积为 426.8 万平方米，比上年末减少 95.9 万平方米，减少了 18.3%。

表 10　2001～2008 年北京住房开工与竣工面积

年份	投资总额（亿元）	商品房施工面积（万平方米）	新开工面积（万平方米）	商品房竣工面积（万平方米）	商品房销售面积（万平方米）
2001	783.8	5966.7	2789.8	1707.4	1205.0
2002	989.4	7510.7	3206.0	2384.4	1708.3
2003	1202.5	9070.7	3433.8	2593.7	1895.8
2004	1473.3	9931.3	3054.3	3067.0	2472.0
2005	1525.0	10748.5	2965.9	3770.9	2803.2
2006	1719.9	10483.5	3179.4	3193.9	2607.6
2007	1995.8	10438.6	2557.4	2891.7	2176.6
2008	1908.7	10014.3	2337.2	2558.0	1335.4
2009	2337.7	9719.1	2246.6	2678.6	2362.3

资料来源：北京统计年鉴 2009、北京统计信息网。

2009 年北京商品住宅新增供应持续下滑。2009 年 1～11 月，北京商品住宅（期房，不含保障性住房）累计新增 76183 套，同比下降 15.6%，成为 2003 年以来的最低点。

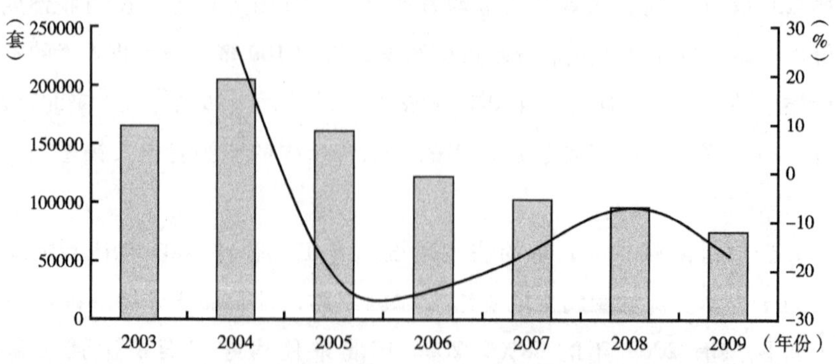

图 3　2003～2009 年北京商品住宅（不含保障性住房）新增供应情况

数据来源：中国指数研究院数据信息中心　中国房地产指数系统。

2009 年销售量与新增供应的比例反差较大，销供比为 2003 年以来最高，由 2008 年的 0.60，增加到 1.47，销售量远远大于新增商品房供给增加量。

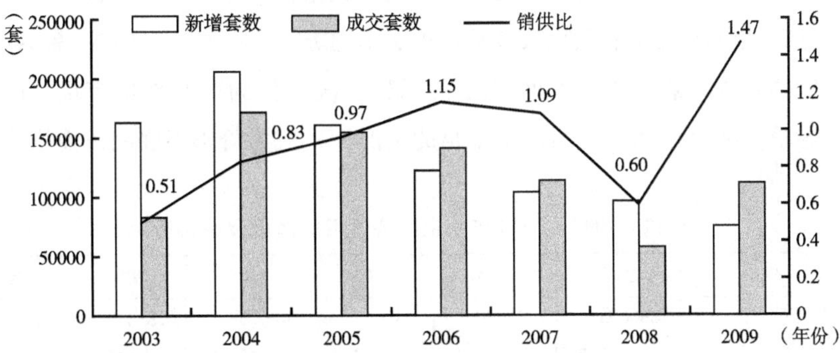

图 4　2003～2009 年北京商品住宅（不含保障性住房）销供比

数据来源：中国指数研究院数据信息中心　中国房地产指数系统。

（7）保障性住房供给减少。1998 年，在内需不旺和东南亚金融危机的背景下，中国房地产市场启动。当时设想城市 80% 的家庭可以购买经济适用房，提出以经济适用房为主的住房供应体系，开始大规模建设经济适用房，但是 2003 年国务院“18 号文件”提出逐步实现多数家庭购买或承租普通商品住房，经济适用房的主体地位被商品房正式取代，并日渐被边缘化。北京的保障性住房数量很少，2006 年经济适用房比例只有 7.6%，2007 年只有 6.4%，2008 年略有增加，也只有 12.2%。

表 11　2006～2008 住宅销售量及保障房销量

单位：套，%

年份	销售住宅合计	经济适用房	经适房比例	限价商品房	限价房比例
2006	178740	16311	9.1	—	—
2007	146345	9324	6.4	—	—
2008	110524	13461	12.2	13746	12.4

资料来源：根据历年北京建设年鉴，北京统计年鉴计算。

北京的保障性住房数量不大，连续多年占市场的份额都在 10% 以下。2005 年以来经济适用房竣工面积连年下降，2008 年经济适用房竣工面积只有 101.1

万平方米，不到2005年的1/3。销售面积也是连年向下降，2008年稍有回升，也只有2003年的1/3。经济适用房供应面积过小，就意味着政府没有给中低收入者提供最基本的保障。廉租房的建设和配租数量也是微乎其微，甚至可以忽略不计。保障性住房是为中低收入者提供的公共住房，是公共物品和准公共物品，公共住房的减少就意味着把90%以上的居民，统统推向商品住房市场，增加商品房的需求，在普通商品住房供给不足的情况下，成为价格上涨的重要推力。

表12　2003～2008年北京经济适用房建设及销售量

年　份	2003	2004	2005	2006	2007	2008
完成投资(万元)	686695	725690	447648	446758	283013	359547
施工面积(万平方米)	802.5	793.2	783.4	551.9	440.1	544.9
竣工面积(万平方米)	322.8	298.8	325.6	270.1	188.6	101.1
竣工套数(套)	27790	27399	29409	25422	17223	9966
销售面积(万平方米)	320.0	306.3	304.0	176.3	100.1	108.3
销售套数(套)	27533	28054	28821	16311	9324	13461

资料来源：历年北京统计年鉴。

（8）地价上涨推高房价。2009年北京土地出让合同金额928亿元，实际收入494亿元，[①] 政府收入大幅增加，但是地价过高则推高了房价。在经历了2008年的低迷以后，2009年北京土地市场空前活跃，“地王”频出，楼面地价连创新高，对开发商、投机投资者以及一般居民的心理和期待都产生了震动。在众多创纪录“地王”中，顺义后沙峪天竺开发区22号住宅用地以50.5亿元的成交价，占据2009年度北京住宅土地成交市场成交额榜首。紧随其后的是亦庄新城F地块居住和配套用地，成交额为48.3亿元，在年中引起震撼效应的朝阳区广渠路15号地块，则以40.6亿元位列第三。顺义后沙峪“地王”以29859元/平方米的高价，高居2009年北京土地市场成交楼面均价排行榜的首位，朝阳东风乡高井村用地则以23506元/平方米的价格排名第二，亦庄新城F地块居住和配套用地以18014元/平方米的价格排列第三。尽管大龙地产毁约导致顺义天竺22号住宅用地没有最终成交，但是2009年“地王”频出的消息，不断刺激着人们的神经，提高了对房价的预期并实际推高了房价。

① 《2026.8亿元财政收入不含土地出让金》，2010年1月28日《北京日报》。

表 13　2009 年北京土地楼面成交价前十排行榜（住宅）

单位：元/平方米

名次	宗地名称	规划用途	竞得人	成交价格
1	顺义区后沙峪镇天竺开发区 22 号住宅用地	住宅及住宅公共服务设施	北京市大龙房地产开发有限公司	29859
2	朝阳区东风乡高井村居住混合公建用地（原北京市第三印染厂及东风乡部分集体用地）	住宅混合公建	保利（北京）房地产开发有限公司	23506
3	亦庄新城Ⅲ－1 街区 F 地块居住及配套项目用地	居住及配套等	北京远东新地置业有限公司	18014
4	北京市朝阳区百子湾路 14 号住宅混合公建用地（原北京市第一建筑构件厂余留用地）	住宅混合公建用地	北京雅居乐房地产开发有限公司	17123
5	朝阳区奥运村乡安立路西侧居住用地	居住及公共服务设施	北京金力投资有限公司	14920
6	朝阳区广渠路 15 号居住及公共服务设施项目用地	居住及公共服务设施	中化方兴投资管理（北京）有限公司	14494
7	北京市朝阳区广渠门外 10 号居住用地	居住及公共服务设施	北京富力城房地产开发有限公司	14097
8	丰台区六里桥住宅项目用地	居住	北京景旭房地产开发有限公司	13669
9	西城区德外居住项目（原德外危改 f1 地块）	居住、配套	北京华融基础设施投资有限责任公司	13332
10	海淀区西三旗居住、商业金融项目	居住、商业金融	北京西三旗高新建材城经营开发有限公司	13310

三　北京居民的住房负担

（一）房价收入比 25∶1，想当“房奴”不容易

2008 年北京城镇居民人均可支配收入 24725 元，户均可支配收入 64285 元。其中 20% 的高收入户人均可支配收入为 47110 元，户均可支配收入为 122486 元。20% 的低收入户人均可支配收入只有 10681 元，户均可支配收入 27770 元。2008 年北京住房市场出售商品住宅平均面积 110.7 平方米，按照 2009 年 13940 元/平

方米的均价计算，购买这样的一套房需要154万元，相当于一般家庭24年的可支配收入。按照2009年11月的平均价格17810元/平方米计算，购买90平方米的普通商品住房需要支付160万元，相当于一般家庭25年的可支配收入，北京居民的房价收入比为25∶1。

对于高收入的家庭，按照2009年11月北京均价购买一套90平方米的普通商品房需要13年的家庭可支配收入。对于低收入家庭，需要支付58年的家庭可支配收入。对高收入家庭来说，这也是一个比较沉重的负担，低收入家庭在北京当“房奴”的机会都没有了。

表14　2007～2009年镇住户收入状况

指标名称	单位	2007年	同比增长(%)	2008年	同比增长(%)	2009年	同比增长(%)
人均可支配收入	元	21989	13.9	24725	12.4	26738	8.1
其中:20%低收入户	元	10435	15.9	10681	2.4	11729	9.8
20%高收入户	元	—	—	47110	15.9	50816	7.9

资料来源：历年北京市国民经济与社会发展统计公报。

（二）谁家欢乐谁家愁

房价的飞涨对于亿万富翁、千万富翁，对房地产商，甚至对地方政府来说都是“好事”，意味着利润的增加、资产的增加、财税的增加。而对于普通居民，对于社会中层、中下层和下层民众来说意味着负担的加重和改善机会的减少，也意味着社会地位的相对下降。房价的快速上升本身也是对社会财富的再分配，使更多的财富向社会上层集中。

表15　镇居民家庭基本情况（按收入水平分）

单位：元

年份	低收入户 20%	中低收入户 20%	中等收入户 20%	中高收入户 20%	高收入户 20%	高收入户20%/低收入户20%
2008	10681	16713	21888	28453	47110	4.4
2007	10435	15650	19883	25353	40656	3.9
2006	9798	14439	18369	23095	36616	3.7
2005	8580.9	12485.2	16062.8	20812.9	32967.7	3.8

资料来源：历年北京统计年鉴。

按照五等分法，把北京居民按照收入多少排序计算，2008 年 20% 的低收入户人均可支配收入只有 10681 元，而 20% 的高收入户人均可支配收入达到 47110 元，后者是前者的 4.4 倍。而根据王小鲁的研究，我国高收入阶层中存在大量隐性收入，使国民收入分配越来越向高收入阶层倾斜。目前城镇最高与最低收入 10% 家庭之间的人均收入差距约为 31 倍，而不是统计显示的 9 倍。① 那么，北京市高收入者同样存在隐性收入，他们甚至有更多的隐性收入。所以我们估计北京的 10% 高收入者与 10% 低收入者的差距应当在 31 倍以上。北京居民收入差别巨大，导致购买力差距也非常之大，最终导致住房上也形成了巨大的反差。

1. 上层——北京的富豪们

2009 年的住房市场是北京高收入者的狂欢与盛宴，他们本身就拥有高档住宅、超大住宅或者拥有多套住宅。在通胀预期下，他们轻而易举地购买一般住宅，贷款购买豪华住宅也不费劲。有些人甚至一次购买多套住宅来保值增值，或者投资投机。2009 年北京的高端住宅市场也异常火爆，富豪们显然发挥了威力。

2. 中上层——中小企业主、高级白领、各单位中高层领导

他们家庭年收入 20 万元以上，购买目标是 250 万元以上、地段好、小区环境好的房子。他们具有投资意识，也具有投资的能力，在信贷政策宽松的情况下，也可以贷款投资房产，2009 年他们中间有不少人也加入投机和投资的大军。

3. 中层——普通白领

家庭年收入在 10 万 ~20 万元之间，他们在 2009 年涨价浪潮中在贷款的情况下才可以买到普通商品房或者二手房，终于可以成为“房奴”一族；或者庆幸自己前几年就借贷买了房子，否则更沉重的包袱就会临头。

4. 中下层——小白领、技术工人

家庭年收入在 10 万元以下，多年的积蓄在 2009 年不够支付新建商品房的首付。他们等了好几年终于盼来了年初住房价格下跌，还希望房价再降一点，不成想正在观望时房价又一次狂飙起来。论实力，他们只能支付得起经济适用房和两限房，但是由于经济适用房和“两限房”数量过少，于是他们把目光转向二手

① 王小鲁：《灰色收入拉大居民收入差距》，《中国改革》2007 年第 7 期。

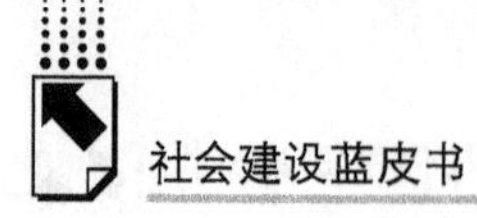

房市场，却发现二手房价格也不断蹿升，很难抢到手。近几年新参加工作的年轻人也多属于这个群体，他们要么靠父母买房，要么自己在市场上租房子。

5. 下层——普通工人、退休者、下岗失业人员、无业人员

家庭收入在6万元以下，论实力他们只能购买经济适用房。但是因为经济适用房数量有限，或者因为某项指标不符合经济适用房购房准入条件，或者因为年龄较大没法贷款，他们中的部分人也对老、旧、小的二手房感兴趣，由于出价能力有限，2009年看好的房子往往被别人抢走。他们中更多的人看着房价上涨望房兴叹，只好申请排队等候经济适用房、廉租房。

6. 外来人口

外来人口成分比较复杂，绝大部分是农民工，还有一部分是活跃在写字楼里的白领，也有少部分人是大小企业主。大企业主们往往是豪华住宅的投资者，中小企业主也能买到普通的商品房。除了外来的大中型企业主、高级经理、高级白领拥有私宅以外，白领们能当上“房奴”算是比较幸运。更多的外来白领也就是“北漂们”租房居住，北京的房屋租赁市场主要是靠他们支撑。2009年随着房价攀升，房租价格也跟着上扬，他们的房租负担加重。也有不少小白领们群租住房，有的跟农民工一样住进城中村和地下室。农民工们一般不可能考虑买房的事，有个能遮风挡雨的地方睡觉就行了，工棚、简易房、地下室里几平方米大的空间就是他们恢复体力的居所。

四　北京住房问题的对策与政策展望

（一）北京住房问题的对策

房价过高是普通居民无法承受的，2009年，北京的“两限房”也步入8000元时代，这对中低收入群体来说仍然是沉重的负担。多年来，北京政策性住房建设力度不大，欠账太多。因此，增加保障性住房，完善住房政策体系，还有很长的路要走。为了解决广大居民“住有所居”的问题需要从以下几个方面着手。

1. 打击投机和投资性购房、抑制房价过快增长

2005年北京市有关机构调查结果显示，北京的投资性购房比例为17%。2007年投资投机者比例上升，2008年投资需求下降，炒房者撤出。到2009年，投资需求又一次升温。北京住房投资需求出现升温趋势。从亚豪机构代理的金隅·可乐、金泉时代两项目来看，投资客的比例约占到三成以上。金泉时代项目的投资性购房者中，预计投资周期在5～10年的客户占到了绝大多数。据金泉时代项目的内部统计显示，一期认购的468套住房中，有40%是购买了多套住房的，其中5%是购买了4套以上的，购房的面积多在80～100平方米区间，套总价在110万～130万区间。[①] 北京链家地产副总裁林倩表示，2010年初北京四环以内住房开盘价已经达到了3.5万元/平方米左右，主要购买人群除了国内的投资者外，就是外籍人士。2009年，外籍人士购买北京市住宅比例已经达到5%。[②]

投资和投机性购房行为猛增是2009年北京房价飞涨的直接原因。所以，要抑制房价首先就要抑制房地产投机和投资。这就必须把自主性需求、改善性需求和投机投资性需求区别开来，实行差别贷款和差别税收政策。差别贷款政策和差别税收政策需要进一步细化，还需要严格审核和执行，才可能真正发挥作用，实现抑制投机的政策目标。这需要银行和税收部门进行大量深入扎实的工作，所以相关的部门一定要负起责任，督促落实和评估，否则政策目标就会落空。在经济回升稳定的情况下，适时调整信贷政策和利率，控制流动性过剩。存款准备金和利率政策的操控和实施的权力集中在高层，实施起来不会打折扣，效果会更好，但是时机的选择需要审慎。

2. 完善住房政策体系、保障基本住房权利

公共住房政策起源于20世纪初的英国和美国，1909年英国颁布《住宅城市法》，规定扫除贫民窟，向个人家庭提供廉租房；1901年纽约城，1902年芝加哥市先后颁布了建造经济公寓和普通住房的法律，简陋的公共住房自此建立起来。[③] 第二次世界大战结束以后，发达国家和新兴市场国家都构建了比较完善的住房保障体系，发展中国家尽管政府财力有限，但是也都在努力运用住房政策努力为贫民解决基本的住房需求。实施公共住房政策，保障居民的基本需求普遍被

① 张达：《北京楼市成交量下降投资性购房升温》，http://fang.koubei.com/news_fang/qt/20090522522.html。

② 贾海峰：《北京全面叫停购房优惠抑制投资性购房或具示范作用》，http://nf.nfdaily.cn/21cbh/content/2010-02/24/content_9447850.htm。

③ 杨伟民：《社会政策导论》，中国人民大学出版社，2004。

认为是政府的基本责任。荷兰的公共住房比例为42%，香港居民有48%住进了公屋和居屋。新加坡更是有84%①的居民租赁或购买了政府提供的廉价组屋，只有16%的富人购买没有优惠政策的商品房。以美国为代表的住房政策体系是特惠模式的，只有少数贫困人口才有机会享受政策待遇；以新加坡为代表的住房政策体系为普惠模式的，大多数居民都可以享受住房政策待遇；以香港为代表的住房政策体系为中间模式的，有半数居民可以享受政策待遇。

2003～2007年，北京住房价格不断攀升，但是经济适用房建设的力度却在逐年缩减。2008年加上“两限房”建设，政策性住房的力度才开始加大，但是多年来欠账较多，政策性住房需要补课。2009年政策性住房包括“两限房”、经济适用房、廉租房竣工面积也只有229.5万平方米，占当年住房竣工总面积的14%，政策性住房面积比例过小。这就导致中低收入无房居民不得不超负荷贷款在住房市场购置商品房，从而过上“房奴”的日子，低收入居民甚至连想当“房奴”都没有机会。

住房政策的完善是以民生为中心的社会建设的重要基础之一，应该真正把最广大的群众作为政策的惠及对象。具体说，北京的住房政策应该把60%的人纳入保障政策体系，20%的居民（中等收入者及中低收入者）可以享受“两限房”政策，20%的居民（中低收入者）可以租赁公租房或购买经济适用房，20%的居民（低收入者）可以享受经济适用房、公租房和廉租房政策。目前，北京市的政策性住房数量太少，所以政府应该不断完善保障性住房体系，加大力度建设政策性住房。保障性住房是公共物品和准公共物品，是通过公共财政和划拨土地建设的，所以对保障性住房以及“两限房”的购买资格要求应严格审查，杜绝高收入者钻空子。

2009年北京市土地出让收入达到494亿元，应该主要用于政策性住房及相关基础设施建设。北京在已有的“两限房”、经济适用房、廉租房政策基础上，出台了政策性租赁房（即公租房）政策，这一政策弥补了以往政策的不足，对于解决30岁以下未婚年轻人、部分困难群体以及部分外来人口的住房问题会起到一定的作用，也使住房政策体系趋于完善。

“两限房”、经济适用房的建设力度的加大同样会带动房地产及相关产业的

① 陈劲松：《公共住房浪潮——国际模式与中国安居工程的比较研究》，机械工业出版社，2006。

发展，也同样可以为经济建设作出贡献。至于占居民比例 40% 的中高收入者和高收入者，他们可以通过购买商品房满足居住需要，他们有能力购买商品房，也具有实力推动北京商品房市场的发展。

3. 深入调查研究、制定住房规划和保障法规

保障性住房政策在我国实践的历史还比较短，北京的住房保障政策也正在摸索之中，保障性住房政策目标和具体的保障范围、保障力度多有变化，摇摆不定。政策的颁行依赖政府文件，执行的力度往往打了折扣，政策的执行情况也缺少监测评估。北京的住房建设规划中，针对中低收入居民住房的比例过小。所以有必要通过立法和规划，扩大保障性住房的比例并严格执行建设规划。全国性的住房保障法正在拟议中，北京市也有必要开始研究探讨北京的住房保障法规，通过立法保障政策性住房的建设目标、建设比例、建设进程，并保障政策目标的实现。政策的制定要公开透明，听取社会各界的呼声，尤其是要听取普通市民的心声。

保障性住房是公共物品和准公共物品，是通过公共财政和划拨土地建设的，所以应该对保障性住房及“两限房”的购买资格进行严格审查，杜绝高收入者钻空子。十多年来，保障性住房建设、配售、配租中积累了不少经验，也有不少的教训。要进一步完善资格审查和公示等办法，杜绝高收入者购买经济适用房的现象。

（二）2010 年住房政策展望

由于 2009 年以北京为代表的一线城市住房价格涨幅过大，引起中央政府高度重视，中央连续出台了一系列政策。12 月 9 日，为抑制二手房交易的狂热，进一步抑制住房投资与投机行为，国务院常务会议决定终止二手房转让税收优惠政策，免征时限由 2 年调整到 5 年。12 月 14 日，国务院常务会议提出“增加供给、抑制投机、加强管理、推进保障房建设”（国四条）。12 月 17 日，财政部、国土资源部等五部委出台《进一步加强土地出让收支管理的通知》，文件要求开发商拿地“分期缴纳全部土地出让价款期限原则上不得超过一年”，“首次缴款比例不得低于全部土地出让款的 50%”，抑制开发商的囤地倒地行为。2010 年 1 月 7 日国务院颁布《关于促进房地产市场平稳健康发展的通知》（国十一条），通知要求增加保障房和普通商品房有效供给、合理引导住房消费、抑制投资投机性购房需求、加强风险防范和市场监管、加快推进保障性安居工程建设。提出要加大差别化信贷和差别税收政策执行力度。对已利用贷款购买住房又申请购买第二套（含）以上住房的家庭（包括借款人、配偶及未成年子女），贷款首付款比例不得低于40%，贷款利率严格按照风险定价；要严格执行国家有关个人购买普通住房与非普通住房、首次购房与非首次购房的差别化税收政策；加快中低价位、中小套型普通商品住房建设，对已批未建、已建未售的普通商品住房项目，要采取促开工、促上市措施，督促房地产开发企业加快项目建设和销售；要适当加大经济适用住房建设力度，扩大经济适用住房供应范围；商品住房价格过高、上涨过快的城市，要切实增加限价商品住房、经济适用住房、公共租赁住房供应。“国十一条”分别从增加供给、抑制需求等多个方面着力抑制房价过快增长。接连而来的抑制政策已经显现出了一定的效果，北京房地产交易量应声而落。

2010年1月26日，国土资源部表示，申报经济适用房、廉租住房和中低价位、中小套型普通商品住房用地比例要不低于住宅用地的70%；征地率或供地率未达到要求的，等比例扣减申报用地规模。

中央政府出台了密集的抑制地产投机房价过快增长的政策之后，北京市政府也在2010年2月21日颁布了《关于贯彻国办发〔2010〕4号文件精神促进本市房地产市场平稳健康发展的实施意见》，除了落实国务院“国十一条”之外，还恢复了对境外人士购房的限制。在2010年北京将加大保障性住房建设的力度，新建和收购政策性住房13.4万套。

2010年1月7日，北京市发展和改革委员会主任张工表示，“北京市今年将开工建设政策性保障住房13.4万套，竣工交用保障性住房4.6万套”。北京市发改委将积极配合建设、国土、规划等部门，大力改善住宅供给结构，加大政策性住房建设力度，确保实现50%以上的住宅供地用于建设各类政策性住房。针对房地产投资2009年初大幅下行的情况，北京市发改委会同相关部门将限价房和经济适用房、廉租房、政策性租赁房纳入投资绿色通道管理，简化审批程序，缩短项目核准时限，促进投资落地。

北京住房与城乡建设委员会住房保障司司长王成国在1月21日举行的“北京市保障性住房建设情况发布会”上透露：2010年，北京市保障住房的建设规模将大幅提高，住宅用地供应计划的2500公顷中50%以上，即1250公顷将用于保障住房的建设。同时，初步拟定的2010年住房公积金贷款建设保障房授信额度约为210亿元，用来建设、收购包括经济适用住房、公租房在内的保障房。他表示，随着发展，还有望从公积金的收益当中拿出一部分支持保障房建设。

如果2010年的保障房建设用地和住房建设计划能够落实，这将是1998年住房改革以来住房政策的一个重大转折。2006年、2007年北京保障性住房比例在住房市场的10%以下，2008年政策性住房有所增加，但是包括“两限房”在内的政策性住房比例也只有20%多，而2009年政策性住房竣工229万平方米，只有住房竣工面积的14%。2010年保障性住房土地供给的面积增加到50%，意味着北京住房供给将会发生一个结构性变化，意味着保障性住房政策理念上的转折，也意味着北京的住房保障由特惠模式转向中间模式。如果这个政策真能落实，这将是广大中低收入者的福音。

Analysis on Beijing Urban-town Residents Housing Conditions and Policies

Li Junfu

Abstract: Since the housing syetem reform before 10 years, Beijing have remarkable achievements on housing construction. Yet, the public housing policy in Beijing is imperfect, and the supply of policy housing is too few. Therefore, Beijing's housing prices rose much faster than incomes rising rate of ordinary resident. and the burden of residential housing is very heavy. the basic way to resolve the excessive burden of ordinary residents and housing equity is to increase the supply of policy houses, and make 60% of the residents to have chance enjoing the housing policy.

Key Words: Housing burden; Housing equity; Housing policy

北京高校青年教师生存状态研究

李晓婷*

摘　要：20世纪末21世纪初我国高等教育开始了扩招、合并以及以市场化为取向的改革，高等学校的生态环境在短短十余年发生了深刻变化。高校教师群体内部出现了收入分化、资源获得能力的分化、成长分化以及学科分化，以青年讲师及助教为主体的高校青年教师队伍面临职业成长和现实生存等诸多挑战。如何改善高校青年教师的生存环境问题，不仅关系到高校青年教师个人成长的问题，同时也关系到高校的未来发展问题。

关键词：青年教师　生存状态　社会变革

20世纪末21世纪初我国高等教育开始了扩招、合并以及以市场化为取向的改革，高校扩招改变了高校内部的师生关系及价值取向，市场化改革将市场、竞争、激励等因素引入高等教育的管理中，素有“象牙塔”之称的高等学校的生态环境在短短十年内发生了深刻变化。同时高等学校的师资结构逐渐年轻化，根据教育部人事司统计，2005年全国高校30岁以下教师比例为29.32%，40岁以下占65.23%。据此可以估测，北京高校教师中40岁以下的教师已约占2/3。高校教师年龄结构呈金字塔状，青年教师已成为高校教师队伍的主体。

他们大多出生于1970、1980年代，具有年轻化、高学历、学术背景好等特点，面对高等学校的改革及变化，青年教师①如何适应这种变化，生存状态如何？本文欲对此展开研究。

---

* 李晓婷，博士，北京工业大学副教授，研究方向：教育社会学。

① 关于青年教师的界定，本文以年龄为界限，将40岁以下教师界定为青年教师。

一　北京高校青年教师生存现状

（一）经济收入状况

1. 改革开放以来高校教师收入逐步增长

工资的高低（经济收入）常常被人们视作衡量社会地位高低的一种标准。尤其在市场经济的社会里，人们对其社会地位的认知，很大程度上与其经济收入有关。改革开放以来，我国高校教师收入是逐步增长的。据统计，1984～2004年的20年间，我国高校教师的年平均工资增长了17.8倍，2003年，高等学校教师年平均工资超过2.33万元，比1985年增加近2.21万元。[①] 随着教师工资的逐步增长，高校教师成为主要的纳税群体之一。2004年1～6月，北京市海淀区内的54所高校共缴纳个人所得税1.15亿元。2009年1～8月，北京市海淀区各类学校个人所得税入库9.1亿元，占全市教育行业总体地税税收的七成，[②] 其中海淀区众多高校的贡献功不可没。总体来看，改革开放以来，高校教师收入呈现逐渐递增的趋势，这表明教师群体是改革开放的受益群体之一。

2. 青年教师收入低于高校教师群体月均收入

高校教师收入迅速增长的同时，也出现了收入的分化。根据对北京高校副教授以上职称或拥有博士学历的教师的问卷调查，2005年，北京市属高校教师校内月均收入为4053元，其中职称不同教师收入不同：正高级职称教师校内月均收入为5620元，副高级职称教师校内月均收入为4123元，中级职称教师的校内月均收入为3397元。[③] 可以看出，中级职称教师收入低于全体教师校内月均收入，由于调查对象为博士或者副教授以上职称的人员，可以得出一个具体结论，即拥有博士学位、职称为讲师的教师收入低于全体教师的校内月均收入。

---

① 《教师收入超白领　高校教师工资20年增长近18倍》，2004年9月9日《北京青年报》。

② 《重点高校收入高　教师月缴个税超亿》，2009年9月16日《北京晚报》。

③ 该项调查由“北京市属高校近年来引进人才的使用情况的社会学研究”课题组完成，2006年9～12月，课题组对北京工业大学、首都师范大学、首都经贸大学等8所市属高校在2001～2005年引进的博士以上学历或副教授以上职称的教师进行了调查研究，发放问卷288份，有效问卷278份。

在高校，职称或者学历都会影响教师的收入。在高校青年教师群体内部有一部分是拥有硕士学位、职称为讲师的教师，表1是北京高校一位青年教师2009年12月的工资收入单，该教师拥有10年以上教龄，硕士学历，讲师职称。通过计算可知，该教师2009年12月应发工资5387元，扣除各种税款，实发工资4335.38元。

表1　北京高校青年教师2009年12月工资单

2009年12月　国拨工资　> >实发:1665.49

发放状态	岗位工资	薪级工资	岗贴	交通补贴	洗理	独生子女	书报	补贴	租补	合计
发放	780.00	527.00	85.00	25.00	26.00	5.00	27.00	972.00	80.00	2527.00
发放状态	会费	住房公积金	所得税	失业险	合计					
扣款	6.50	770.00	75.22	9.79	861.51					

2009年12月　职务工资　> >实发:1260.00

发放状态	职务工资	核增绩效工资	合　计
发放	960.00	300.00	1260.00

2009年12月　课时结构工资　> >实发:1409.89

发放状态	课时津贴	超课时	考勤	班主任津贴	副食补贴	职务补贴	合　计
发放	748.80	291.20	50.00	100.00	100.00	310.00	1600.00
发放状态	所得税	合　计					
扣款	190.11	190.11					

我国高校实施国家工资分配和校内工资分配并存制度。该工资单显示，该教师工资由国拨工资、职务工资、课时结构工资三部分组成。其中国拨工资、职务工资比较稳定，每月照常发放（3700元左右），而课时结构工资则依据课时工作量的多少每月都有所变动，课时工作量越多，课时工资越高。

还有一些高校教师工资由国拨工资和校内岗贴组成，课时津贴被纳入校内岗贴（即职务工资）里，校内岗贴分为几档。一般情况下，青年讲师的校内岗贴不超过1400元/月，据此估算，该类学校青年讲师的应发月收入不超过4000元。据我们调查，某X高校青年教师，7年教龄，硕士学历，讲师职称，其2009年12月应发工资3600元左右，实发工资2700元。如果拥有博士学位或者职称得到晋升（从讲师晋升为副教授），教师工资会有不同。同样以某X高校青年教师为例，3年教龄，博士学历，讲师职称，其2009年12月应发工资4140元，实发工资3300元；某副教授，11年教龄，博士学历，2009年12月应发工资4852元，实发工资3935元。

高校教师收入比较复杂，除校内工资收入外，还有一些教师拥有校外兼职收入，包括学术兼职（如参加学术研讨会、稿酬）、校外讲座授课（如电视讲座、培训班授课）、参与企业运作（如技术入股、开发设计、兼任董事）等。但从总体上看，由于资历、能力、资源、背景等因素，青年教师能够获得的体制外收入是有限的，校内收入是高校青年教师的主要收入来源。

那么中级及以下职称教师在高校教师中所占比例如何？2008年北京市普通高等学校有专任教师55005人，其中教授比例为19.4%，副教授所占比例为32.8%，讲师比例为36.0%，助教及无职称教师比例为11.6%。讲师职称以下人数将近一半，所占比例达到47.6%。这说明在高等学校内部有大约一半的教师收入低于教师的校内平均收入。

3. 高校青年教师收入低于北京市在岗职工平均工资①

基于对北京市高校教师群体“双高”人才的调查分析，2005年北京高校引进的博士或副教授以上职称的教师中，88%左右的教师月均收入集中在2000~5000元之间，仅有12%左右的教师月均收入在5000元以上。其中具有讲师职称的教师月均收入主要集中在2000~4000元之间，拥有副教授职称的教师月均收入主要集中在3000~5000元之间。② 取其中位数进行判断，2005年北京高校讲师平均工资收入为3000元左右，副教授平均工资收入在4000元左右。2005年以来，北京高校教师工资涨幅较大，结合我们的调查，2009年教师月工资收入比2005年上涨超过1000元，据此判断，2009年高校讲师平均月工资收入在4000元左右，副教授平均收入超过5000元。

2008年北京市城镇在岗职工年平均工资为56328元，③ 平均月收入为4694元。比较而言，高校青年教师中副教授职称的平均工资略高于全市职工平均工资，但讲师以及以下职称教师的平均工资低于全市在岗职工平均水平。与其他

① 按照国家劳动统计制度规定，职工工资总额计算方法不是按实际发到职工手里的现金计算，而是指应发工资，即不仅包括基础工资、奖金、各项津贴和补贴，还包括单位代扣代缴的各项费用。如果不作说明，本文使用的收入都为应发收入。

② 陆学艺、张革、张荆：《国际化背景下的首都人才机制研究》，知识产权出版社，2007，第65页。

③ 北京市统计局：《北京统计年鉴2009》，http://www.bjstats.gov.cn/tjnj/2009-tjnj/。

知识密集型行业相比，高校青年教师收入也相对较低。根据北京市统计局的数据，2008年北京市金融业职工的平均工资达17.8万元（月均收入14833元），远远高于高校讲师或副教授的收入水平。与公务员相较，2009年大学讲师的月均收入4000元左右，大抵相等于或略低于国家某部委主任科员4282元[①]的月收入，而助教的月收入（不足3000元）低于国家机关试用期人员3400元的月收入。

一个阶层社会地位的高低取决于这个阶层拥有社会资源（财富、权力、声望）的多少。大学教师作为"布衣教师"，除拥有较高的声望资源外，对其他资源的拥有都相对较少。1999年的一项调查显示，在国家统计局所列的50种行业中，大学教师声望位序排在第1位，而收入位序排列16位，权力位序排列15位。[②]因此，我国教师也一向以清贫著称，以安贫乐道而自得。2006年对北京市高校引进人才"就职原因"的调查发现，引进人才选择高校工作的原因，排在前三位的原因分别是"研究条件"、"教师地位"、"发展空间"，而在十几个选项中排在最后一位的是"工资收入"，据此可以说明教师群体最不看重的是经济收入。但耐人寻味的是，在对"离职原因"的调查中，"收入太低"又成为高校教师离职的第一原因。可以得出这样一个矛盾的结论，高校教师最不满意的是收入，但最不看重的也是收入。

对收入的认识和住房息息相关，从现实情况看，高校青年教师一个月4000～5000元的收入，如果拥有住房，这些收入可以维持相对体面的生活，但如果没有住房，这些收入就是拮据的。高校青年教师的居住状况如何呢？

（二）居住状况

对于大学教师来说，在日常生活的衣、食、住、行中，居住条件是更被看重的事情，习惯把"家"当做第二工作场所的大学教师往往把"住"放在一个重要地位上。

一直以来，高校教师因能享受福利分房、公费医疗、职业稳定而令人羡慕。但高校教师聘用制改革后，大学教师与学校的关系由以往的身份关系转变为契约

---

① 数据来源：2009年在京国家某部委等级工资清单。

② 仇立平：《职业地位：社会分层的指示器》，《社会学研究》2001年第3期。

关系，高校教师原来享有的一系列福利都逐步被推向市场，尤其住房市场化、货币化是高校福利变化最大的一项。青年教师一毕业就要直接面对住房市场，① 背上住房这座“大山”。

1. 首都房价的飞升与教师群体的“望房兴叹”

近几年北京住房市场发生了很大变化。2007 年，北京市政府将经济适用房和廉租房范围缩小到少数的低收入人群，大学教师被排除在外。这种情况下被推向市场的高校教师居住的选择是购买 2008 年北京市政府推出的“两限房”或商品房。其中购买“两限房”成为很多青年教师的主要选择。据了解，2008 年北京“两限房”的购买者中，高校青年教师的比例占了很大部分。根据购买要求，夫妻双方的家庭年收入需低于 88000 元，而且“两限房”的位置大多比较偏远、交通不便。

高校教师的另外一种住房选择是购买价格日益攀升的商品房。根据北京市统计局的调查，2009 年北京市四环以内的商品房平均价格已经达到 21305 元/平方米，五环以内的房价也要 16958 元/平方米（见表 2）。由于商品住宅一般面积比较大，如果在五环以内购买一套 120 平方米的普通住房需要超过 200 万元，对于月收入 4000 ~ 5000 元的青年讲师来说，相当于不吃不喝不生病 40 年的收入。青年教师受教育的年限长，多无积蓄，又处于婚育期，购房资金来源一是向银行贷款，成为“房奴”；二是依赖父母亲人，以“三代人的积蓄”购买一套住房。

表 2　2009 年北京商品住宅期房平均售价

单位：元/平方米

位置＼时间	2009 年 1 ~ 12 月	位置＼时间	2009 年 1 ~ 12 月
四环路以内	21305	五至六环路	10388
四至五环路	16958	六环路以外	8484

资料来源：北京统计信息网：http：//www. bjstats. gov. cn。

2. 远郊房、二手房、租房：青年教师的主要居住状态

总结高校青年教师的居住情况，目前大致有以下几种居住状态。

① 住房市场化后，一些高校为解决教师的住房问题，给予新到校教师一定的住房补贴，金额为 6 万 ~ 10 万元不等。

（1）远郊购房

在北京城区房价飞速上涨的情况下，一些北京市民选择在五环外购房，北京中低收入人群逐渐“被远郊化”，这也是很多大学青年教师的选择。据了解，颇受高校青年教师青睐的“两限房”大多距离城区较远，如海淀区的西三旗、清河小营、丰台区的花乡、东铁匠营等地都距城区较远（见表3）。但售价可为高校青年教师接受，根据2009年北京市高校某学院的调查，青年教师能承受的住房单价在4000～10000元之间，其中大约60%的教师能承受的住房单价为4000～5999元/平方米，而能承受住房单价6000～7999元/平方米、8000～9999元/平方米的比例各占20%。目前北京市“两限房”的售价大约在8000元/平方米，与商品房相比价格很低，因此购买“两限房”成为很多青年教师的最好选择。但远郊购房存在的问题是居住地离工作单位较远，大量的时间和精力浪费在上下班的路上。为解决交通问题，很多教师需要购买汽车，这会进一步增加青年教师生活成本。还有下一代的教育问题，北京市优质的教育资源大多集中在城八区，远郊居住也使得孩子的教育问题成为影响高校青年教师生活质量的因素之一。

表3　北京限价房位置与售价情况

单位：元/平方米

限价地名称	区域新房价格	限价房售价	差额
海淀区西三旗限价地	10000	6350	3650
丰台区花乡限价地	9000	6800	2200
海淀区清河小营限价地	10000	6600	3400
丰台区东铁匠营限价地	11000	6200	3800
朝阳区常营乡限价地	9000～11000	5900	3100～5100
通州区半壁店限价地	8600	4800	3800

数据来源：根据北京推出的四批限价地、限价房与售价、区域二手房价对比表整理所得。

（2）购买二手房

为解决就近居住问题，一些青年教师选择在学校周边购买二手房。二手房居住解决了青年教师就近上班和孩子就近上学的问题，但高校周边的二手房大多是20世纪80～90年代建造的旧房，房子居住面积小，居住条件差。根据2009年北京市高校某学院的调查，40岁以下青年教师平均家庭住房建筑面积76.5平方米，按三口人计算，人均住宅建筑面积为26.3平方米，低于2008年北京市人均住宅28.74

平方米的建筑面积。而且二手房价格并不低，据最新统计数据，截至2010年3月15日，北京城八区的二手房交易均价为20794元/平方米，已经突破两万元。①

（3）租房居住

高校青年教师中无房者的居住状态主要是租房居住。根据北京高校某学院的调查，无房者中26.6%的青年教师租住学校公房或集体宿舍，66.7%的青年教师租住社会出租房，租房者平均每月房租支出1222元。比较起来，还有一些极端案例能反映高校青年教师的生存困境，“有一个男老师，他的妻子还在读硕士，没有工作，还有一个孩子，他自己三十五六岁了，工资一个月五六千元，买不起房子，他只能租房子，就租了附近一个农民房。”

在住房问题上，高校有其特殊性，能否按照大一统的市场化原则对其进行住房改革，这是值得高校思考的问题。

当然在这里我们不能忽视高校师资结构变化对教师生存需求的影响。2000年以来，为提高高校办学实力和师资水平，各高校相应地提高了人才引进的门槛，博士学历成为高校教师职业的敲门砖。根据教育部2000年的资料，1999年底我国大学教师中只有5.4%的教师拥有博士学位，24%的教师获得硕士学位。时至今日，大学教师中50%以上的教师拥有博士学位，而在40岁以下的青年教师中，拥有博士学位的人数要达到80%～90%。学历结构、年龄结构的改变带来的一个现实情况是，青年博士毕业来到高校时的年龄就已经在28～40岁之间，他们一工作就要面临严峻的住房压力、孩子的教育压力以及职称晋升的压力等，生活压力、职业压力加剧了青年教师群体的生存困境。

（三）群体认同状况

教师群体有着独特的社会责任和精神追求，他们对自身生存状态的认同情况对于教育发展有着重要的意义。根据对北京市居民幸福程度的调查，② 北京高校教师对自己的生活处于相对比较满意的状况，幸福指数为71.55，但与北京市居民的幸福指数74.13相比，仍处于较低水平，尤其是青年教师的自我认同度较低。

① 《北京城八区二手房均价破两万》，2010年3月18日《北京商报》。

② 2009年7月首都经济贸易大学工会对首都经济贸易大学、首都医科大学、北方工业大学等7所在京高校教师的幸福程度进行了调查，共发放问卷500份，回收有效问卷397份。

1. 青年教师的职业认同度不高

如果以幸福感来表示认同状况的话，调研结果显示，对于幸福感的判断和年龄高度相关，即年龄越低，自我认同度也越低。根据表 4 可知，在“身心健康”、“物质生活”、“人际关系”、“个人价值”、“家庭生活”、“工作状况”等 6 项变量中，各年龄段教师对物质条件满意度都最低，其指数均在 60 以下（不包括 60 岁以上退休教师）（见表 4）。最低者为 23 ~ 30 岁组，对物质条件的幸福指数仅为 52.57，31 ~ 40 岁组对物质条件的幸福指数为 55.04，也较低，最高的为 41 ~ 50 岁组，综合满意度为 57.52，这说明高校教师收入低是这个群体的共同特征。其次认同度较低的为“个人价值”实现程度，最不满意的仍旧是 23 ~ 30 岁者，指数为 53.33，31 ~ 40 岁组次之，为 57.04。这说明北京高校教师的职业认同感不积极，在被调查者中，有 13.78% 的教师对工作表示不满意，12.5% 的教师表示很满意，42.6% 的教师表示无所谓，认同感一般，体现出广大教师没有从自身工作中找到教师职业的价值感和神圣感。

表 4　各年龄段各项幸福指数

项　　目	23 ~ 30 岁	31 ~ 40 岁	41 ~ 50 岁	51 ~ 60 岁
身心健康	62.88	60.40	64.04	61.18
物质条件	52.57	55.04	57.52	56.13
人际关系	65.76	67.04	67.16	66.45
个人价值	53.33	57.04	58.33	60.00
工作状况	61.36	58.38	60.73	61.18
家庭生活	65.15	71.11	73.58	70.79

数据来源：吴启富等：《北京高校教师幸福感调研分析报告》，2009。

2. 不同年龄、职称教师的认同度不同

总体上看，群体认同度和幸福指数随职称和年龄的变化而变化。助教总体幸福感最低，他们最满意的是家庭生活和人际关系，最不满意的是个人价值实现程度，特别是个人价值实现程度仅为 51.9，反映出他们目前所处的状况与奋斗目标的差距。

讲师最不满意的是物质生活条件，其满意度是各类人群中最低的。在调查中我们发现，对物质生活条件最为关注的是 31 ~ 40 岁的高校青年教师群体，在各

年龄层次中对“物质条件”的关注排在第一位，这也说明31～40岁青年教师面临的生活压力最大（见表5）。

表5　职称与幸福指数

职　　称	助　教	讲　师	副教授	教　授
综合指数	68.37	71.26	70.56	73.79
身心健康	65	59.83	62.47	65.17
物质条件	56.19	54.08	56.79	61.37
人际关系	67.8	66.76	65.32	67.58
个人价值	51.9	56.07	58.35	62.76
工作状况	59.29	59.37	58.62	64.14
家庭生活	67.86	69.55	72.39	75.17
业余生活	62.14	60.06	64.31	57.59

数据来源：吴启富等：《北京高校教师幸福感调研分析报告》，2009。

应该说，青年教师群体的职业认同不积极，和高校扩招后大学师生关系的变化及学校内部关系的变化有关。大学扩招后，大学的生师比发生变化，一个教师面临的学生人数普遍偏高，这一方面导致教师数量不足，人均承担工作量太重，另一方面使得师生关系逐渐疏离和淡化。根据对24所在京高校的调查，有1/3以上（35.9%）的学生表示“对所学专业不感兴趣”，教师中52.6%的被调查教师认为“学生的学习积极性不高”,① 学生厌学，教师也感到职业困惑和无趣。另外，大学内部关系中“教师、行政谁为主体”、“教学、科研谁为中心”的争论始终不断，高校内部的评价机制、管理制度以及急功近利和浮躁的学术气氛，也使得教师的职业认同不积极。

二　高校教师群体的利益分化

20世纪90年代中后期，伴随体制变革中国社会出现了从结构分化到结构定型的转变,② 各种社会力量及其关系格局出现新的变化并日趋定型；而社会结构

① 《北京高教调查　质量仍难让人满意》，2008年4月8日《科学时报》。

② 孙立平：《中国社会结构的变迁及其分析模式的转换》，《南京社会科学》2009年第5期。

调整过程中也催发了社会生活规则的改变。高等教育内部的群体分化以及规则变化也在20世纪90年代末期拉开了帷幕。

（一）收入分化

高校教师群体的收入分化在1999年实施高校岗位津贴制度后逐渐变得明显。实施岗位津贴制度的政策倾向是打破平均、拉开收入差距，根据较早实施岗位津贴制度的北京大学和清华大学的情况：最高岗位的年津贴额度是50000元，最低岗位的年津贴额度是3000元，两者相差15.7倍，也就是说学术地位最高的在岗教授的校内津贴与刚刚硕士研究生毕业任助教的校内津贴相比，级差达15.7倍。将国家工资与校内津贴两项相加，学术地位最高的老教授与新助教之间的收入差距拉大到7.7倍。而近几年我国教师工资调整的政策倾向依然是拉开不同级别专业技术人员的工资收入差距，2001年10月进行的工资调整，从助教级到教授级，工资增加幅度是递增的：助教级平均增资13.4%，讲师级平均增资14.8%，副教授级平均增资17.9%，而教授级平均增资19.9%。① 2008年以来的工资改革将教师群体按照职称分为1～13个等级，讲师与副教授、副教授与教授之间的收入出现进一步拉大的趋势。

（二）资源获得能力的分化

在高校，能否申请到科研课题、各类项目，申请到何种级别的课题以及课题的金额等决定着一个教师在群体中的地位。但很明显的是，在课题申请中存在着典型的“马太效应”，越是资源富足的教师越容易获得更多的资源，拥有丰富的学术资本、权力资本、关系资本的高级职称教师更容易获得大型重点项目的支持和资助，在此基础上获得更多的科研成果和各种奖励，积累更多的学术资本，进而争取更多的资源支持。低职称的青年教师因各种资本的匮乏只能在资源获得的链条中“穷者愈穷”，只能在各种竞争激烈的青年项目中力争上游。

（三）成长分化

人才的成长有很多条件，高校青年教师的成长离不开两个因素，一是团队平

① 王处辉：《高校教师收入知多少?》，2002年12月25日《社会科学报》。

台，一是学科背景。团队建设是青年教师成长的重要平台，参与科研团队建设的青年教师可以很快地走上科研轨道，并通过团队训练逐渐形成自己的科研方向以及学术积累，使自己尽快成长。一项对高校教师的调查显示，“团队化基础差”是高校教师工作中面临的主要苦恼，57.6%的教师希望学校或学院可以为“建立教学科研团队”提供平台，[①] 这反映出教师对摆脱单兵作战的困境及参与团队开展科研的渴望，也说明团队平台对教师成长的重要性。

另外，学科背景也是青年教师成长的重要条件。近些年国家加大了对一些重点学科的投入，以期更多地出成果、出精品。获得重点投入的学科教师，研究经费充足，工作条件优越，研究设备先进，“他们用不着动用个人工资收入购买图书资料，每年可多次出席学术会议。在得不到重点投入的学科中同样是辛勤工作的教师，则工作条件长期得不到改善，买书要动用自己的工资收入”。[②] 学科背景和团队平台的不同造成了青年教师之间的成长分化。

（四）学科分化

改革开放以来，我国学科差异的特点是与市场、经济建设关系直接而紧密的学科（如自然科学、经济管理等）在知识体系中的位置不断上升，社会报酬与物质报酬也向这些学科倾斜。据统计，1991～1996年平均每一名自然科学全时人员获得的科研经费是社会科学全时人员的6.2158倍。[③] 北京大学在2002年获得的科研经费总量为4.232亿元，人文社会学科获得2602万元（比1999年增长了1倍），占科研经费总量的6%，绝大部分为自然科学获得。

目前，在各个高校的岗位津贴分配中，科研经费获得情况是参与分配的重要指标，也就是说获得科研经费多的学科可以在学校收入分配的大盘子中分得更大的“蛋糕”。由于整个社会在教育和科研的资源配置上存在着向自然科学倾斜的趋向，不同学科教师收入差距的存在也就不可避免。根据某高校岗位津贴分级标准表（初次）分类情况，院聘一般岗位共分5级，年津贴标准分别是3000元、4000元、5000元、7000元、9000元。现实的情况是，同等学历、相同职称、年龄相仿的青

① 陆学艺、张革、张荆：《国际化背景下的首都人才机制研究》，知识产权出版社，2007，第29～58页。

② 王处辉：《高校教师收入知多少?》，2002年12月25日《社会科学报》。

③ 武书连：《1998中国大学比较》，《科学学与科学技术管理》1998年第4期，第22～28页。

年教师，由于学科不同，岗位津贴的最低标准也不同，从事自然科学学科的青年教师最低岗贴标准是9000元，而从事人文社会学科的青年教师最低岗贴是3000元。

三　对策建议

总结青年教师的收入、居住、主观感受等几项指标，可以看出，北京高校青年教师的生存问题非常突出，他们收入偏低，居住条件差，群体认同感低。同时他们又是职称比较低的群体，在各种校内、校外资源的占有能力较弱，申请科研课题也比较困难，这些都将影响青年教师的职业成长与职业认同，从而影响高校的未来发展。

（一）制定阶段性人才评价机制

人才评价机制对教师的行为取向具有很强的导向作用，教师职业有其特殊的职业生涯规律，根据人才成长规律制定合理的人才评价机制，规划好人才的职业生涯，对于人才的长远发展是至关重要的。现有的研究将教师职业生涯划分为四个阶段，即学习期、发展期、倦怠期、持续发展期。教师职业生涯发展的每一个阶段都有其特点和面临的主要问题，高校应根据教师职业生涯的发展规律，有针对性地制定不同发展时期教师的评价机制。尤其是对于年轻教师，要充分考虑到他们不同发展阶段的特点。比如，一些青年教师在博士毕业后进入高校工作，处于职业发展的学习期（1～3年），这一时期青年教师主要解决的问题是站好讲台的问题，即教学能否过关，因此学校在对这一部分教师的评价和考核上可以以教学工作为侧重点。而在教师发展的第二阶段，即发展期，则应加大对青年教师科学研究的考核力度。调查研究显示，科研压力是高校教师工作压力的首要因素，科研工作已经成为高校教师最大的难题。因此，分阶段、有重点的考核机制有利于青年教师的迅速成长，但现有的评价机制是统一的，青年教师一踏入工作岗位，就要接受和其他发展时期教师同样的考核和评价，这对青年教师来说无疑是非常大的压力。

（二）提高教师经济收入水平

高校教师承载着教书育人的重任，为社会培养各种高级人才，对社会的发展与进步起着举足轻重的作用。从目前情况看，影响高校教师薪酬满意度的因素主要有四个，即就职前的教育成本投入、劳动力再生产费用支出、与其他知识行业的比较、自己的工作投入和工作业绩。高校教师是知识密集型人才，目前高校教师的薪酬收入与其前期的人力资本投入、当前的工作压力相比明显偏低，与其他知识密集型行业相比，收入也相差较多。从调查数据看，北京高校教师大部分认为自己的收入与付出不相符合，与周围人的状况相比较，认为自己付出的多而收入少。高校收入分配制度改革使每一个教师的收入水平都有所提高，但大部分教师（尤其是青年教师）在收入提高的同时面临的是一系列福利的减少，尤其是取消福利分房制度后，教师收入的增长远不及北京房价的飞速上涨，很多大学教师只能“望房兴叹”。因此，有意识地加大政府转移支付力度，提高教师收入水平，使更多的教师可免后顾之忧而能安心向学。

（三）改善教师的居住条件

高校教师一向最注重居住状态，所谓安居才能乐业。高校住房改革市场化后，高校教师面临的住房选择为廉租房、经济适用房、“两限房”和商品房，但在北京市限制了廉租房和经济适用房的人群后，高校教师的住房选择只剩下“两限房”和商品房。将大学教师完全推向商品房市场，加大了教师的生存压力，国外很多名校为留住人才而采取提供住房的政策。调查表明，70%以上的青年教师希望学校可以组织团购或集资建房，还有一部分希望可以继续福利分房。建议高等学校为缓解教师住房压力，可采取：①以组织团购或集资建房的形式解决无房教职工的住房问题；②恢复学校的廉租房制度，为新到校不久的教师提供暂时性住房。2009年北京市将扩大公共租赁住房规模，政府还鼓励社会单位、园区利用自有土地建设公共租赁房，解决职工过渡性住房需求，这对高校解决教师住房问题来说是个好消息。

Research on Beijing Colleges and Universities Young Teachers Living Conditions

Li Xiaoting

Abstract: Great changes have taken place in universities after college expansion and market-oriented reform from 1990 to 2010. Facing the disintegration of income, the abilities to obtain resources, young teachers individuals development, and disciplinary, the group of young teachers are now facing a lot challenges in individuals development and survival conditions. How to improve the survival conditions is of vital importance not only to the problems of young teachers individuals development, but to universities futures.

Key Words: The young teachers in universities; The living conditions; Social change

北京城乡基本公共卫生服务“均等化”现状评估

刘金伟*

摘　要： 基本公共卫生服务“均等化”是国家“新医改”方案中近期实施的一项重要内容，其难点在于实现城乡基本公共卫生服务的“均等化”。北京作为国家的首都，提出要在全国“率先形成城乡经济社会发展一体化新格局”的目标。因此，评价北京城乡基本公共卫生服务“均等化”的现状，对北京市贯彻落实“新医改”方案和实现城乡一体化的目标具有非常重要的意义。

关键词： 城乡　基本医疗　公共卫生　均等化

2009年是中国的医疗体制改革年，国家“医改”方案经过多年的争论后，国务院发布了《关于深化医药卫生体制改革的意见》，标志着新一轮“医疗体制改革”正式启动。为落实“新医改”方案，国家发改委、卫生部、财政部等部门联合颁布了《2009～2011年深化医药卫生体制改革实施方案》，把“促进基本公共卫生服务逐步均等化”作为近3年改革的一项重要内容。北京市作为我国的首都，改革开放后卫生事业建设取得了巨大成就，但由于城乡“二元”结构的长期存在，城乡医疗卫生事业建设仍然存在很大差距。对北京城乡基本公共卫生服务“均等化”的现状进行评价，针对存在的问题采取有效的措施缩小差距，对北京市贯彻落实“新医改”方案和实现城乡一体化的目标具有非常重要的意义。

---

* 刘金伟，博士，北京工业大学人文社会科学学院，副教授，研究方向：社会发展与社会管理。

一　北京市实施城乡基本公共卫生服务“均等化”的背景

北京市经过新中国成立60年的发展，已经从一个纯消费性的区域中心城市，变成了一个经济社会全面发展的国际性大都市。2008年北京市成功地举办了“奥运会”，标志着北京的发展进入一个新阶段。2009年北京又成功举办了“国庆60周年”的大型庆祝活动。从最近召开的“两会”来看，北京未来的目标是通过“人文北京”、“科技北京”和“绿色北京”建设，成为一个世界城市。这说明无论从发展阶段还是未来的发展目标来看，北京都具备了统筹城乡经济社会事业建设，率先实现城乡一体化的条件。

（一）新医改方案的要求

为落实党的十七大提出的“2020年人人享有基本医疗卫生服务”的战略目标，经过多年的探索，我国的“新医改方案”最终出台。2009年国务院发布了《中共中央、国务院关于深化医药卫生体制改革的意见》。为配合“新医改”方案的执行，国务院又发布了《国务院关于印发医药卫生体制改革近期重点实施方案（2009～2011年）的通知》，明确了2009～2011年需要抓好的五项重点改革任务。这五项重点改革任务可以概括为“四个基本”和“一个试点”。第一，加快推进基本医疗保障制度建设；第二，初步建立国家基本药物制度；第三，健全基层医疗卫生服务体系；第四，促进基本公共卫生服务逐步均等化；第五，推进公立医院改革试点。

其中，第四项工作就是促进基本公共卫生服务逐步均等化。从2009年起，逐步按项目向城乡居民统一提供疾病预防控制、妇幼保健、健康教育等基本公共卫生服务。有效预防控制重大疾病及其危险因素。健全城乡公共卫生服务体系，完善公共卫生服务经费保障机制。2009年人均基本公共卫生服务经费标准不低于15元，2011年不低于20元。逐步提高服务效率和质量，缩小城乡居民基本公共卫生服务差距。

（二）适应奥运会后北京城乡关系的新变化

我国城乡关系的发展经历了不同的发展阶段，党的十七届三中全会有新的突破，提出“我国总体上已进入以工促农、以城带乡的发展阶段，进入加快改造传统农业、走中国特色农业现代化道路的关键时刻，进入着力破除城乡‘二元’结构、形成城乡经济社会发展一体化新格局的重要时期”。

为贯彻落实党的十七届三中全会会议精神，2008 年 12 月 25 日北京市委召开十届五次全会，出台了《中共北京市委关于率先形成城乡经济社会发展一体化新格局的意见》。提出了北京要在全国“率先形成城乡经济社会发展一体化新格局”的目标。

围绕率先形成城乡经济社会发展一体化目标，北京市确定了农村改革发展的基本目标和任务：到 2020 年，建立完善城乡一体的社会保障体系，城乡社会保障制度实现并轨，农村社会保障水平大幅度提高；实现城乡教育、文化、卫生等基本公共服务均等化，农村基础设施和社会事业取得长足进步；都市型现代农业体系日臻成熟，环境友好型实体经济全面发展，农村经济实力显著增强，农民人均纯收入比 2008 年翻一番，占农户总数 20% 的相对低收入户人均纯收入到 2015 年翻一番；生态质量和人居环境明显改善，生态服务功能显著增强，农村基层组织建设、民主法制建设切实得到加强，农村和谐社会建设取得显著成效。

这说明今后北京将从城乡一体化的角度来考虑农村和城市的关系，不再就农村而谈农村。

（三）适应经济社会发展新阶段的变化

2008 年，北京市经济总量已经跃过 1 万亿元大关，2009 年人均 GDP 突破了 1 万美元。以成功举办 2008 年奥运会、残奥会为标志，北京已进入从中等发达城市向发达城市迈进的新阶段。主要表现在以下几个特点。

首先，产业结构已升级为“服务型”。2009 年，北京第三产业的比重为 75.8%，居全国首位，服务业已经成为北京经济的主体。

其次，全球市场影响力扩大。目前共有 26 家全球 500 强企业总部设在北京，在全球各大城市中仅次于东京和巴黎，位居第三。目前跨国公司在北京设立的投资性公司已达到 165 家，占跨国公司在华设立的投资性公司总数的 40%。2009 年，首都国际机场旅客吞吐量达 6000 万人次，排名世界第 4 位，跻身世界前十大最繁忙机场行列。

再次，具有较强的创新能力。北京拥有丰富的创新资源：每万人科技人员比重、区域内拥有的国家重点实验室的数量等指标值都较高；拥有大量的科研机构和高等学校，研发活动集中于重大创新、系统性创新及尖端科技领域。

2009年，北京提出建设世界城市，这必然对北京提出新的更高的要求，也必然要求北京从大国首都的定位来思考和谋划北京的建设与发展。

二　北京市基本公共卫生服务“均等化”的现状评价

本研究中基本公共卫生服务均等化评价指标体系的设计依托卫生系统概念框架，基于筹资、（形成）服务资源、服务提供以及服务结果（健康结果）的结构。对于城市和农村的界定这里主要是指地域概念，传统的分类方法是北京18个区县中，城八区作为城市区域，远郊的10个区县作为农村区域。新的分类标准是把18个区县分成四类区域，城市功能核心区、城市功能拓展区、城市发展新区和生态涵养区。在这四类地区中，城市功能核心区是纯粹的城区；城市功能拓展区是以城市为主，包括部分城乡结合部的地区；城市发展新区是指城市和农村相对均衡的地区；生态涵养区是以农村为主的地区。在分析时我们主要以这“四类”作为分类标准。考虑到数据的来源，我们在分类中也使用了传统的“城郊”和“远县”的分类方法。

（一）城乡居民对基本公共卫生资源的可及性分析

卫生资源的可及性，也就是有没有方便的医疗机构供居民去看病，这主要取决于卫生资源的分布情况。包括以床位、医疗设备等为代表的物资资源和以卫生技术人员等为代表的人力资源。卫生资源的分布按照公平性的原则必须与区域常住人口的规模相一致。

从2008年北京市主要卫生资源的区域分布数量来看（见表1），各类卫生资源数量最多的是城市功能拓展区，其次是城市功能核心区，再次是城市发展新区和生态涵养区。如果仅仅从数量上看，我们看不出城乡存在多大的差别。如果我们把卫生资源进行细分就可以发现一些问题。特别是在卫生资源的质量上，城乡存在巨大差别。根据2008年的数据，北京市有“三甲”医院51所，其中分布在城区（指城八区）45所，郊区（指通州、顺义、昌平、大兴）6所，山区（指门头沟、房山、平谷、怀柔、密云、延庆）0所。如果进一步分析，北京城区45

所"三甲"医院之中，大部分分布在四环以内的城市中心区，近郊区聚集了大量从中心城区搬迁过来的人口和外来流动人口，而没有一家"三甲"医院，满足不了当地居民的需求。

表1　2008年北京市主要卫生资源的数量分布情况

	全市	城市功能核心区	城市功能拓展区	城市发展新区	生态涵养发展区
常住人口(万人)	1695.0	208.3	835.6	470.8	180.3
卫生机构(个)	6523	1053	2718	2040	712
医院(所)	517	77	277	125	38
实有床位(张)	86196	22864	33021	22421	7890
卫生人员(人)	193799	61444	82830	34728	14797
卫生技术人员(人)	149916	47122	63732	27123	11939
执业(助理)医师(人)	58773	17616	24904	11205	5048
注册护士(人)	55349	18240	24399	9094	3616

资料来源：根据《2009年北京区域统计年鉴》的有关数据整理，同心出版社，2009，第1版。

从卫生技术人员的分布情况看：2008年全市共有卫生技术人员149916人。其中城区（城八区）有110854人，占74%；郊区（远郊10个区县）39062人，占26%，数量上存在巨大差别。从质量上看，北京农村地区的卫生技术人员以低学历、年轻人和老年人为主。根据中国农工民主党北京市委员会的调查。2006年北京乡镇卫生院卫生技术人员总数10510人，其中：编制内7663人，占人员总数的72.9%。聘用编制外人员2847人，占人员总数的27.09%。镇级卫生技术人员中49.79%为中专学历，还有一部分是高中以下文化程度；初级职称占69.47%，中级职称占29.15%，高级职称仅占1.38%，部分乡镇卫生院人员尚未配齐。①

从村一级行政单位来看，2008年北京共有行政村3951个，而村卫生室只有3124个，还有827个行政村没有卫生室。卫生室主要以乡村医生和卫生员为主，在3649名乡村医生中，大专以上学历的只有165人，中专学历的有1464人，还有1262人是通过在职培训取得合格证者。（见表2）

---

① 中国农工民主党北京市委员会：《北京市农村卫生技术人员队伍建设亟待加强》，《北京观察》2007年第2期。

表 2　2008 年全市村卫生室基本情况

项　目	总　计	按设置/主办单位分				
		村　办	乡卫生院设点	联合办	私人办	其　他
机构数(个)	3124	2660	23	5	403	33
执业(助理)医师(人)	188	144	13		29	2
注册护士(人)	30	22	7		1	
乡村医生和卫生员(人)	3748	3270	29	7	411	31
乡村医生	3649	3187	19	7	405	31
其中:大专及以上学历	165	136	3		26	
中专学历(水平)	1464	1238	7	5	206	8
在职培训合格者	1262	1113	4	2	125	18
卫生员	99	83	10		6	

资料来源：北京市公共卫生信息中心网站，http：//www. phic. org. cn/tonjixinxi/。

卫生资源分布的均等化就是指按照人口的数量来配置卫生资源，因此城乡居民人均主要卫生资源的分布，更能看出城乡的差距。国际上一般用千人口住院床位和千人口医生的数量来代表一个地区卫生资源的水平。从各个区域千人口实有住院床位的数量来看，全市平均是 5. 09 张/千人，城市功能核心区最高达到 10. 98 张/千人，其余各个区域都低于全市的平均水平，并且城市发展新区和生态涵养发展区千人口实有住院床位的数量，高于城市功能拓展区。从千人口执业（助理）医师的数量来看，全市平均 3. 47 人/千人，最高的是城市功能核心区达到 8. 46 人/千人，是全市平均水平的 1 倍以上。其他三个区域都没有超过 3 人/千人。（见表 3）城市功能拓展区高于生态涵养发展区，生态涵养发展区高于城市发展新区。

表 3　2008 年北京市主要卫生资源的人均数量分布情况

	全市	城市功能核心区	城市功能拓展区	城市发展新区	生态涵养发展区
卫生机构(个/千人)	0. 3848	0. 5055	0. 3253	0. 4333	0. 3949
实有床位(张/千人)	5. 09	10. 98	3. 95	4. 76	4. 38
卫生人员(人/千人)	11. 43	29. 50	9. 91	4. 76	8. 21
卫生技术人员(人/千人)	8. 84	22. 62	7. 63	7. 38	6. 62
执业(助理)医师(人/千人)	3. 47	8. 46	2. 98	2. 38	2. 80
注册护士(人/千人)	3. 27	8. 76	2. 92	1. 93	2. 01

资料来源：根据 2009 年北京区域统计年鉴的有关数据整理，同心出版社，2009。

卫生资源必须转化为卫生服务的形式才能被利用，而利用程度取决于人群对资源的接近程度和接触密度。一般用到达最近医疗点的距离或时间来表示。对不同的区域来说，城区都有数量不等的各种不同类型的医院或卫生院。我们这里只是分析不同区域的行政村村民到达最近医院或卫生院的距离，来判断农村居民对卫生资源的可及性程度。一般认为 10 公里以上的距离对卫生资源的可及性比较差。根据北京市第二次全国农业普查的数据，从对三个区域的农村居民调查的情况看，生态涵养区的农村居民对卫生资源的可及性比较差，有 10.50% 的农村居民到最近医院或卫生院的距离达 10 公里以上，城市发展新区的农村居民只有 2.18% 离最近医院或卫生院的距离达 10 公里以上，而城市功能拓展区没有超过 10 公里以上的居民（见表 4）。

表 4　村到医院、卫生院的距离

单位：%

	北京市	城市功能拓展区	城市发展新区	生态涵养发展区
村内有医院、卫生院的	7.62	17.20	6.99	6.49
1～3 公里	55.51	71.97	60.64	44.13
4～5 公里	19.29	8.92	21.02	18.92
6～10 公里	11.60	1.91	8.81	17.96
11～20 公里	5.05	0.00	2.18	10.50
20 公里以上	0.93	0.00	0.36	2.00

资料来源：《农业普查数据资料汇编：北京市第二次全国农业普查主要数据分区县汇总资料》，北京市统计局网站。

从以上分析中我们可以得出这样的结论，城市功能核心区的卫生资源无论从质量上还是从数量来看都占有绝对的优势，是北京卫生资源最集中的地区。城市功能拓展区由于聚集了大量人口，虽然在质量上稍微比其他两个区域好，但在数量上没有优势。生态涵养区由于人口少，在人均数量上并不落后于其他两个区域，但由于其面积大，并且主要是山区，农村居民对卫生资源的可及性比较差，在质量上也是四个区域中最差的。城市发展新区考虑到未来会成为北京人口分流的主要区域，从发展趋势上看，无论从数量上还是质量上都需要加强。

（二）城乡居民享受到的基本公共卫生服务“均等化”分析

北京市开展基本公共卫生服务起步较早。主要包括两部分，一部分是基于社

区的卫生服务项目，另一部分是针对重点人群的妇幼健康服务项目，并制定了针对农村的基本公共卫生服务项目。

北京市社区卫生服务机构在居民自愿的基础上，为本辖区居民建立了健康档案。截至2008年底，居民健康档案建档率已达85%。结合建立居民健康档案，社区卫生服务机构对辖区65岁及以上老年人进行登记管理，并从2009年开始对未享受社会养老的60岁以上老年人进行每年一次的免费健康体检。在政府主导下，北京市搭建了社区慢性病管理平台，实施有效的社区慢性病干预。目前已建立分片包干、上门服务的社区卫生服务团队2443个，覆盖人口1352万人。健康教育已在社区广泛开展，“健康北京”活动从社会层面向居民提供了多种形式的健康教育。

自1996年起，北京市逐步规范并在全市开展孕产妇系统保健管理，2008年全市孕产妇系统保健管理率已达96.48%。从2007年开始，全市实行自愿免费婚检制度，2009年又建立了0~6岁儿童定期免费健康体检制度和新生儿免费筛查5种先天性疾病制度。2009年，根据国家实施重大公共卫生服务项目的要求，北京市开始对农村孕产妇住院分娩进行补助。还将在孕妇中实施增补叶酸预防神经管缺陷项目。适龄妇女乳腺癌、宫颈癌免费筛查项目经过试点，现已在全市18个区县推开。

针对农村公共卫生服务项目比较弱的现状，2008年3月，北京市委、市政府印发了《关于推进北京市农村基本医疗卫生制度建设工作的若干意见》，农村居民据此可免费享受30类122项基本医疗卫生服务。在北京市镇（乡）村两级基本医疗卫生服务30类122项免费项目中，镇（乡）级免费项目14类75项，均为公共卫生服务项目；村级免费项目16类47项，包括公共卫生服务10类32项，基本医疗服务6类15项。

应该说，从政策上来看，北京市城乡居民在基本公共卫生服务项目的享受权利上差别不大。特别是在免费的公共卫生服务项目上城乡差别不大。例如从2008年的统计数据来看，北京市常住人口儿童免疫接种率、妇女和儿童的监管率等公共卫生服务项目都不存在明显的城乡差距。但是在一些基本医疗服务项目上，由于受城乡居民的经济能力、医疗保险类型、医疗资源的可及性等原因的影响，城乡之间存在比较大的差距。

医疗保健支出的多少在一定程度上反映了不同家庭对基本卫生服务的利用情

况。从2008年北京市统计局对5000户城镇居民和3000户农民家庭消费性支出的调查数据中可以看出。2008年城镇居民家庭人均医疗保健支出1563元，占家庭人均消费性支出的9.50%；农村居民家庭人均医疗保健支出757元，占家庭人均消费性支出的9.9%。农村居民家庭人均医疗保健支出只有城镇居民的48.4%（见表5）。在城乡居民患病率不存在明显差别的情况下，城乡居民在医疗保健支出上的巨大差别，说明城乡居民在一些付费的基本医疗服务的利用上存在明显的不均等现象。

表5　5000户城镇居民家庭每人年消费性支出（2008年）

单位：元

项　　目	全市平均	低收入户20%	中低收入户20%	中等收入户20%	中高收入户20%	高收入户20%
消费性支出	16460	8985	12776	15380	19109	26589
食　品	5562	3780	4932	5601	6176	7407
衣　着	1572	810	1205	1432	1866	2601
居　住	1286	697	1001	1086	1565	2128
家庭设备用品及服务	1097	489	754	976	1381	1928
医疗保健	1563	971	1321	1736	1754	2056
交通和通信	2293	867	1331	1856	2625	4936
教育文化娱乐服务	2383	1086	1802	2133	2875	4113
其他商品和服务	704	285	430	560	867	1420

资料来源：北京市统计局：《2009年北京统计年鉴》，中国统计出版社，2009。

表6　3000户农民家庭平均每人年生活消费支出（2008年）

单位：元

项　　目	全市平均	低收入户20%	中低收入户20%	中等收入户20%	中高收入户20%	高收入户20%
食品支出	2629	1766	2228	2560	3047	3769
衣着支出	597	287	400	568	714	1111
居住支出	1291	666	1007	1288	1523	2133
家庭设备用品及服务支出	482	260	335	473	566	841
医疗保健支出	757	457	656	796	747	1207
交通和通信支出	887	392	625	692	979	1908
文教娱乐用品及服务支出	877	430	677	890	1063	1437
合　　计	7520	4258	5928	7267	8639	12406

资料来源：北京市统计局：《2009年北京统计年鉴》，中国统计出版社，2009。

我们根据2008年国家第四次家庭健康询问调查分析报告，进一步对北京市城乡居民享受的基本卫生服务项目进行比较。这里我们用对东城区居民的调查代表城市，用对密云县的调查代表农村，调查的户数都是600户，东城区1723人，密云县1690人。从调查的情况看，2008年北京市东城区和密云县被调查居民在公共卫生服务项目上，如5岁儿童计划免疫接种率、孕妇产前检查率、健康体检等方面不存在明显的差距。而在利用基本医疗服务上，如慢性病半年内治疗比例和两周患病的就诊率等方面存在明显的差别（见表7）。进一步分析表明，农村居民患病不治疗主要是由于经济原因造成的。

表7　2008年北京市东城区和密云县被调查居民疾病治疗情况

单位：%

	慢性病半年内治疗比例	两周患病就诊率	产前检查率	5岁以下儿童计划免疫接种率
东城区	93.4	20.3	100.0	100.0
密云县	86.3	13.9	98.2	100.0

资料来源：卫生部统计信息中心：《2008年中国卫生服务调查研究》，中国协和医科大学出版社，2009。

以上分析表明，北京市城乡居民在享受公共卫生服务上尽管质量上由于受城乡卫生资源分布的影响存在差距，但在数量上基本没有差别。在基本医疗服务上，由于很多慢性病和常见病都没有纳入基本医疗服务范围，需要居民自己付费，在经济能力和医疗保障水平存在差别的前提下，北京市城乡居民在享受基本医疗服务上存在明显的不均等现象。

（三）城乡居民健康水平“均等化”分析

国际上一般用居民平均预期寿命、婴儿死亡率和孕产妇死亡率等指标来评价某地区居民的健康水平。

从预期寿命上来看，北京市在新中国成立前后城区居民的平均预期寿命为52.84岁，到1964年上升到70.59岁，但这段时期没有相应的郊区数据，很难进行比较。一直到1976年“文革”结束时，才有了相关的统计。当时北京城区男性的平均预期寿命是71岁，女性的平均预期寿命是73.29岁，分别比全市的平均水平高2.44岁和2.86岁，当然比郊区居民的平均预期寿命高出更多。1981～

2003年有了连续的数据，城区无论是男性的平均预期寿命还是女性的平均预期寿命都高于全市的平均水平，从中我们可以推测城区居民的平均预期寿命肯定高于郊区的平均预期寿命。（见表8）

表8　不同时期北京居民预期寿命的变化

单位：岁

年份	全　市			城　区		
	合计	男	女	合计	男	女
1950				52.84	53.88	50.22
1964				70.59	69.77	70.98
1976		68.56	70.43		71.00	73.29
1981	71.57	70.31	73.34	73.51	72.01	74.98
1986	72.93	71.33	74.64	72.79	71.57	74.05
1990	72.47	70.86	74.20	73.84	72.47	75.22
1995	74.04	72.08	76.11	74.31	72.41	76.30
2000	73.81	71.87	75.88	74.14	72.23	76.19
2003	79.62	78.10	81.14	81.32	80.04	82.59
2005	80.09	78.36	81.76			
2006	80.07	78.36	81.82			
2007	80.24	78.47	82.07			
2008	80.27	78.46	82.15			

资料来源：根据北京志和历年北京卫生年鉴的数据整理。

以上只是间接的比较，直接的比较由于缺少连续的数据，我们只有两年北京市城郊和远郊居民平均预期寿命的比较。（见表9）2004年北京远郊县居民的平均预期寿命是76.80岁，男性为74.85岁，女性为78.88岁，平均水平同期比城郊低4.63岁。2005年，北京远郊区县居民期望寿命为77.46岁，男性为75.37，女性为79.69，平均比城郊居民低3.98岁。① 从预期寿命上看，北京市城市居民和农村居民还存在不小的差距。

测量健康水平的另一个指标是死亡率，包括居民死亡率、儿童死亡率和孕产妇死亡率。从死亡率的城乡比较看（表10），2004年北京市远县居民的死亡率比城郊高1.84‰，2005年高1.09‰，2007年高0.56‰。尽管差别是逐渐缩小的，但还是存在明显的差别。

① http：//www.bjpc.gov.cn/fzgh_1/guihua/11_5/11_5_zx/11_5_yb/200612/t148038.htm.

表 9　2004～2005 年北京市城市和郊区居民平均预期寿命的比较

单位：岁

	全市			城郊			远县		
	合计	男	女	合计	男	女	合计	男	女
2004 年	79.87	78.24	81.51	81.43	80.02	82.83	76.80	74.85	78.88
2005 年	80.08	78.47	81.76	81.44	80.08	82.83	77.46	75.37	79.69

资料来源：北京市公共卫生信息中心网站，http：//www.phic.org.cn/tonjixinxi/。

表 10　2004～2007 年北京城乡居民死亡率比较

单位：‰

	2004	2005	2007
全市	4.61	5.43	5.51
城郊	4.05	5.10	5.34
远县	5.89	6.19	5.90

资料来源：北京市公共卫生信息中心网站，http：//www.phic.org.cn/tonjixinxi/。

从 2003～2008 年北京市婴儿死亡率来看（表 11），除个别年份外（2003 年），远县的婴儿死亡率既高于城郊也高于全市的平均水平，特别是在 2006 年北京市远县的婴儿死亡率为 6.04‰，比城郊的 3.96‰高 2.08‰，比全市的平均水平高 1.38‰。

从新生儿死亡率来看（表 11），2003～2008 年北京市远县的新生儿死亡率一直高于城郊和全市新生婴儿死亡率的平均水平。差别最大的年份也是出现在 2006 年，远县的新生婴儿死亡率比城郊高 1.27‰，比全市的平均水平高 0.84‰。2007 年差别也比较大，2008 年差别有所缩小。

从孕产妇死亡率（1/10 万）来看（表 11），除了 2004 年和 2007 年远县的孕产妇死亡率低于城郊和全市的平均水平外，其余的年份均高于城郊和全市的平均水平。有的年份差别比较大，例如 2003 年远县的孕产妇死亡率为 31.35/10 万，而城郊只有 6.92/10 万，只是远县孕产妇死亡率的 22%。2005 年远县的孕产妇死亡率为 31.95/10 万，而城郊只有 7.33/10 万，是远县的 23%。2008 年远县的孕产妇死亡率与城郊差别也比较大。①

① 注：孕产妇死亡率的城乡差别变异性比较大，与测量单位比较大而样本量比较小有关系，导致个别年份出现偶然性几率大。

表 11　北京市主要健康指标情况（2003～2008 年）

单位：‰

项　　目	2003	2004	2005	2006	2007	2008
婴儿死亡率	5. 89	4. 61	4. 35	4. 66	3. 89	3. 70
城　郊	5. 91	4. 51	4. 08	3. 96	3. 5	3. 49
远　县	5. 83	4. 79	4. 84	6. 04	4. 72	4. 21
新生儿死亡率	3. 83	3. 49	3. 29	3. 42	2. 65	2. 45
城　郊	3. 56	3. 42	3. 03	2. 99	2. 31	2. 41
远　县	4. 33	3. 62	3. 79	4. 26	3. 39	2. 52
孕产妇死亡率(1/10 万)	15. 6	15. 19	15. 91	7. 87	16. 74	18. 52
城　郊	6. 92	17. 69	7. 33	7. 12	18. 92	15. 86
远　县	31. 35	10. 66	31. 95	9. 36	12. 1	24. 76

注：城郊包括东城区、西城区、崇文区、宣武区、朝阳区、丰台区、石景山区、海淀区、门头沟区、房山区；远县包括通州区、昌平区、顺义区、大兴区、怀柔区、平谷区、密云县、延庆县。

资料来源：参见北京市统计局《2009 年北京统计年鉴》，中国统计出版社，2009，第 1 版。

从以上分析可知，尽管在数据来源上存在一些局限性，但我们也可以通过分析得出这样的结论，新中国成立后北京市城乡居民的健康水平差别在逐渐减小，但是，由于城乡“二元”结构没有得到根本扭转，影响城乡居民健康水平的因素目前还存在，包括经济发展水平的城乡差距、卫生状况的城乡差距、文化教育水平的城乡差距，等等。最终导致北京城乡居民的健康水平目前还存在不小差距。

三　促进北京基本公共卫生服务“均等化”的对策和建议

造成城乡居民基本公共卫生服务“非均等”化的原因很多，从体制上看受长期城乡“二元”结构的影响，长期的城乡“二元”经济社会结构，导致政府对城乡投入和建设的“二元”化。在这里我们不从宏观上提出对策，主要针对以上分析中出现的问题提出具体的建议和对策。

（一）按照人口调整卫生资源的布局

卫生事业既要实现与经济社会的协调发展，也要实现城乡之间、区域之间协

调发展，还要实现卫生事业内部的协调发展。卫生资源的配置必须按照城市人口地理分布及不同层次的服务需求进行有效调整，提高居民对卫生资源的可及性。

近年来，随着北京城市建设速度加快，人口分布也出现了很大变化。出于保护城市中心区古城面貌的考虑，城市中心区人口逐渐外迁到四环以外的城乡结合部，再加上这里生活成本相对较低，交通方便，聚集了大量外来人口。因此，处于城乡结合部的朝阳、海淀、石景山、丰台成为北京市人口最多的地区。人口大量聚集使这里的卫生资源出现了极度缺乏。无论从质量上还是从数量上都不能满足新增人口的需求，需要北京市尽快调整卫生资源配置以利于这一问题的解决。

卫生资源需要加强配置的另一个区域是重点建设的新城区，包括通州、顺义、大兴、昌平等。这些新城原来作为县或区，具有相对独立的卫生系统。近年来随着北京房价的上涨，吸引了大量在城区工作的人口到新城区居住。从北京市的规划来看，这些新城区的一个重要功能是吸纳北京城区的人口，减少城区的人口压力。但是，结果却导致原来为本区域服务的卫生资源满足不了外来人口不断上涨的压力。

对于生态涵养区，由于人口较少，从未来的趋势看，人口也会出现不断减少的趋势。卫生资源从数量上看，已经不需要增加太多，但由于其面积大、山区多，人口比较分散，需要适当调整卫生资源的布局。这类地区需要重点解决的是卫生资源的质量问题，包括设备和人才。

城市中心区由于聚集了大量优质卫生资源，全市“三甲”医院和优质卫生技术人才主要集中在这里。随着本区域常住人口不断减少，相对于本区域常住人口来说卫生资源已经过剩。由于大量外地和区域以外的人口到中心城区看病，给中心城区带来巨大的交通压力，今后应积极引导密集的城市优质医疗卫生资源向城乡结合部和郊区县转移。

（二）加快农村卫生人才的建设

北京农村卫生人才缺乏的现象比较严重，特别是在远郊区和山区。2008 年全市共有卫生技术人员 149916 人，其中城区（城八区）占 74%；郊区（远郊 10 个区县）只占 26%。从质量上看，北京农村地区的卫生技术人员以低学历、年轻人和老年人为主。大部分是由原来的乡村医生经过短期培训转变过来的。

农村卫生人才缺乏的主要原因是农村收入低、环境差、发展机会少。根据国外的经验，政府可以在政策上进行引导，在收入和发展机会上向农村卫生人才倾斜。提高农村卫生人才的收入，利用经济杠杆的调节作用，吸引合格的医疗人才到农村基层卫生机构服务。在职称的评定上向农村卫生人才倾斜，或要求评定职称必须有基层服务的经历，等等。还可以根据农村需要，定向培养基层和农村需要的全科医师，或者充分利用北京市大医院支援农村的政策，免费或低费为农村培养人才。

对于农村卫生技术人员短缺的地区，现阶段可以采用组建巡回医疗队、强化卫生支农、推进乡和村一体化的方式解决眼前困难，提供巡回医疗和预防保健服务。没有卫生技术人员的山区村落，由乡镇卫生院提供巡回医疗和预防保健服务。完善城市医生下乡支农政策。政府制定优惠政策，把支农的医生分配到山区、半山区缺乏人员的镇卫生院或村卫生室，以蹲点服务的方式持续服务半年或一年。实践证明，这些政策效果都比较好，在改革开放前解决农村“缺医少药”的问题时，曾经发挥过重要作用。

（三）加大政府对基本医疗服务的投入

应该说北京市在公共卫生投入和建设方面已经走在了全国的前列。特别是2003 年 SARS 暴发期间，北京市重点对公共卫生服务体系进行了建设，扩大了公共卫生的免费服务项目。这些免费的公共卫生服务项目从政策上对城乡居民基本上是平等的。

相对于公共卫生服务项目，基本医疗的服务项目目前还比较少，比如常见病的治疗、慢性病的防治等项目。这类疾病对北京城乡居民的健康威胁更大，如果早期介入，会获得比较好的成本效益，也可以缓解大医院的压力。从我们目前调查的情况来看，基于社区的基本医疗服务项目很少，特别是针对老年人的上门服务项目更少。一些新建社区根本就没有开展。建议扩大基于社区的基本医疗服务项目的内容。

对于农村而言，常见病和慢性病的治疗还受家庭经济能力、医疗保障类型等因素的影响，导致农民的一些常见病和慢性病得不到有效治疗。建议政府在基本公共卫生服务项目中，扩大农村免费基本医疗服务项目的内容。通过免费或减免费用提高农民的支付能力，使农民在享受基本医疗服务上与城市居民对等。

新医改后，国家加大了对基本公共卫生的投入力度，2009 年人均基本公共卫生服务经费标准不低于15元，2011年不低于20元。北京市作为发达地区，经费标准应该高于全国的标准，服务所包内容也应该高于全国的9项内容。特别是在基本医疗服务的内容上可以借鉴国际标准和发达国家的做法。

（四）基本医疗服务向弱势群体倾斜

无论对城市居民还是对农村居民来说，都存在一些弱势群体，这些弱势群体可能是由身体原因造成的，也可能是由家庭原因造成的。按照公平的原则，基本公共卫生服务要向这些弱势群体倾斜。

对于一些基本的医疗服务项目，如常见病的治疗、慢性病的防治、健康体检等，一般收入的家庭成员可以负担得起，在他们的家庭消费支出中占的比例较低。但对于一些低收入群体，包括城市的低保户、农村的五保户等，一般疾病的治疗对他们是个沉重的负担。对于这些弱势群体，北京市政府要有专门的政策来支持，例如可以参照国外模式，对于低于一定收入水平的群体，可以通过平民医院的形式，免费或低收费为他们提供服务。最好的办法是在医疗保障中区别对待，提高这类群体的门诊报销比例，扩大免费项目，使他们在利用基本医疗服务的时候，不至于降低自己的生活水平。

对于有某种特殊身体疾病的弱势群体，例如智障、精神性疾病、身体残疾、等，这类群体在利用基本医疗服务上可能与一般群体不同，因此政府在制定统一的服务项目的同时，也要考虑这些群体的特殊性。为这些群体设计一些不同于一般群体的特殊服务项目。

总之，基本公共卫生均等化的最终目的是实现结果的均等化，即健康的均等化，这是一个理想，也是我们努力奋斗的目标。

参考文献

北京统计局：《2009年北京区域统计年鉴》，同心出版社，2009，第1版。

北京统计局：《2009年北京统计年鉴》，中国统计出版社，2009，第1版。

卫生部统计信息中心：《2008年中国卫生服务调查研究》，中国协和医科大学出版社，2009，第1版。

北京卫生年鉴编辑委员会：2003～2008年《北京卫生年鉴》，北京科学技术出版社。

北京地方志编纂委员会：《北京志．卫生卷．卫生志》，北京出版社，2003，第1版。

陆学艺：《北京社会建设60年》，科学出版社，2008，第1版。

谢垩：《城乡卫生医疗服务均等化研究》，经济科学出版社，2009，第1版。

刘金伟：《当代中国农村卫生公平问题研究》，社会科学文献出版社，2009，第1版。

刘金伟：《城乡基本公共卫生服务的现实差距及其“均等化”对策》，《消费导刊》，2009年11月。

常文虎、俞金枝：《北京市乡镇卫生院资源配置基本情况》，《中华医院管理杂志》2007年第4期。

北京市农工委：《北京市农村卫生技术人员队伍建设亟待加强》，《北京观察》2007年第2期。

Evaluation on Beijing Rural and Urban Public Health Care Service Equalization

Liu Jinwei

Abstract: The equalization of basic public health care service is an important content of "new public health care reform", and the difficulty is to achieve the equalization of rural and urban basic health care service. As the capital of the state, Beijing has put forward to achieve the goal, which is to form the new frame of rural and urban economic and society development integration. Therefore, to evaluate the status quo of Beijing urban rural basic public health care service equalization has great meaning for putting the new public health care reform in practice, and achieving rural urban integration.

Key Words: Urban and rural; Basic medical treatment; Public health care service; Equalization

北京文化创意产业集聚区建设与发展趋势分析*

王国华**

摘　要： 建设文化创意产业集聚区，以产业集聚的方式来推动文化创意产业发展，是北京市政府实现“人文北京、科技北京、绿色北京”社会建设目标的重要途径之一。北京文化创意产业集聚区建设为北京市服务产业的发展提供了新的运作模式和经营理念。但是，与国外成功的产业集聚区相比较，北京文化创意产业集聚区还存在着明显的差距。因此，只有严格按照市场经济规律、树立文化产业市场主体本位意识，落实“人才本位”的理念，促进产业集聚、培育骨干企业，才能克服弊端，推进文化创意产业集聚区的健康快速发展。

关键词： 产业集聚　文化创意产业聚集区　市场主体　产业链

建设文化创意产业集聚区，以产业集聚的方式来推动文化创意产业发展，是北京市政府实现“人文北京、科技北京、绿色北京”社会建设目标的重要途径之一。

从2006年起，北京市文化创意产业领导小组办公室汇集各方面的专家学者和著名企业家，细致引导，反复遴选，多方论证，截至2008年底陆续认定了21个北京市一级的文化创意产业集聚区：中关村创意产业先导基地（海淀区）、北

* 本文系北京市教委重点课题“首都文化创意产业人力资源整合机制的社会学研究”之结项报告。（项目编号：SZ200810005003）

** 王国华，教授，北京工业大学文化创意产业研究所所长，研究方向：文化产业、旅游业及文化社会学。

京市数字娱乐产业示范基地（石景山区）、国家新媒体产业基地（大兴区）、中关村科技园区雍和园（东城区）、中国（怀柔）影视基地（怀柔区）、北京市798艺术区（朝阳区）、北京市DRC（即设计资源协作 Design Resource Cooperation）工业设计创意产业基地（西城区）、北京市潘家园古玩艺术品交易园区（朝阳区）、宋庄原创艺术与卡通产业集聚区（通州区）和中关村软件园（海淀区）；北京CBD国际传媒产业集聚区（朝阳区）、顺义国展产业园（顺义区）、琉璃厂历史文化创意产业园区（宣武区）、清华科技园（海淀区）、惠通时代广场（朝阳区）、北京时尚设计广场（朝阳区）、前门传统文化产业集聚区（崇文区）、北京出版发行物流中心（通州区）、北京欢乐谷生态文化园（朝阳区）、北京大红门服装服饰创意产业集聚区（丰台区）、北京（房山）历史文化旅游集聚区（房山区）。

除了上述21家北京市一级的集聚区之外，还有诸多民间自发形成的集聚区，其产业类型几乎涵盖了文化创意产业的所有门类。各种类型的集聚区建设，极大地带动了北京文化创意产业的迅猛发展，取得了令人瞩目的成绩。根据市文化创意产业领导小组和北京市统计局的初步核算，2009年北京文化创意产业逆市飘红，全年实现产业增加值1497.7亿元，占GDP比重为12.6%，现价增速达11.2%，提前实现了“十一五”规划中确定的文化创意产业增加值占GDP比重超12%的目标。尤其是北京动漫网络游戏的产值，仅2009年一年就突破80亿元，占全国四分之一强；演出市场中仅61家营业性演出场所票房收入就达9.33亿元，比2008年增长了48.8%；电影票房8.1亿元，比2008年增长52.8%；古玩与艺术品交易产值125亿元，比2008年增长50%。根据2009年前三季度的统计，在文化创意产业九大领域中，软件、网络及计算机服务，广告会展，新闻出版业，广播影视业的产值位居前4名。而排名最末的文化艺术领域，2009年增速最快，表现出强劲的发展态势。截至2010年1月，北京已有各类文化创意企业5万多家，其中规模以上企业近8000家。文化创意产业已吸纳就业超过百万人，高端人才更是加速聚集在北京。

文化创意产业集聚区建设是近年来北京市经济建设的一个重要亮点，也是北京市经济发展的重要增长点。文化创意产业集聚区建设有一个很重要的功能，就是它的社会建设功能，因为文化创意产业集聚区本身就是一个社会的聚合体，也是一个社会的窗口，它不仅仅具有强大的经济功能，同时还具有巨大的社会影响功能和文化传播功能，是世界了解北京文化与北京社会特色的一个重要窗口。

成功的文化创意产业集聚区不仅是新型技术应用的示范基地，也是管理模式的示范平台，同时还是培育新的消费者，并为消费者提供参与和体验机会的新的市场空间。因此，分析北京市的文化创意产业集聚区的建设与发展趋势，将有利于透视北京社会建设的特征与走向。

一　北京市文化创意产业集聚区建设与发展现状

产业集聚既是现代产业发展的一个重要途径与趋势，也是一种普遍被采用的产业发展模式。产业聚集的最大特点就是整合产业的各种资源优势以达到资源共享，形成规模经济效应。早在20世纪80年代中期，我国为推进市场经济迅速发展，曾经出现过全国各地都在建设各种类型的产业集聚区（也称之为“开发区”）“建设热潮”。尽管学术界对全国各地“一窝蜂”地建设开发区现象有过许多批评，但是，应当承认，开发区的建设热潮是我国学习发达国家经济发展先进经验的产物，是政府对经济发展所进行的制度创新的产物，是政策驱动型的经济发展组织形式。我国开发区建设发展历程证明了这种经济模式对于中国经济发展起到了巨大的带动作用。第一，它以超常规的速度带动了我国高新技术的发展，孵化出了一大批高新技术企业；第二，它培养了一大批现代企业家，转变了过去的企业经营理念；第三，它极大地促进了我国传统产业的改造与升级，使得许多地域经济或流域经济得到了空前的发展；第四，开发区的建设已经成为我国社会进步、科技创新、制度变革的助推器和起飞平台。在某种程度上看，经济开发区是一种政策创新的“试验田”，也是一种促进经济模式和生产模式改革的工具；第五，各种形态的开发区建设（或工业园区的建设）为当地的社会建设提供了一个全新的建设平台，使得许多地方长久形成的农耕文化生活形态与生活方式在一定程度上开始向现代工业社会生活形态与生活方式转型，不仅提高了区域的经济发展水平，也大大提升了居民的生活水准，在一些发达区域，开发区建设一定程度上影响了社会结构的改变。

“文化创意产业集聚区”（有的称之为“文化产业园区”、“文化创意产业基地”或“文化产业示范区”等）一般是指将众多的文化企业集中到一个特定的时空范围内进行资源整合的一种产业发展平台，也是一种产业集群发展的经营模式。①

北京市政府自2006年起，就将文化创意产业作为北京市“十一五”规划重点发展的主导产业，并以人大立法形式确立了在北京建立“全国六大创意产业中心”，即全国文艺演出中心；全国出版发行和版权贸易中心；全国影视节目制作和交易中心；全国动漫和互联网游戏研发制作中心；全国文化会展中心；全国古玩艺术品交易中心。② 2006～2008年，北京市政府又先后确认了21个市一级的文化创意产业集聚区。已经建立的“六大中心”和“21个文化创意产业集聚区”以及一大批新的文化创意领域新业态，极大地促进了北京市文化创意产业迅猛发展，不仅使得北京市的产业结构得到了根本性的良好改变，悠久而丰富的古都历史文化资源得到了空前的重视，新北京的形象受到世界的瞩目，而且催生了一大批新兴的文化产业集群，创造了许许多多的大学生就业机会，涌现出了众多的文化创意新人，也使得文化创意产业的研究人才和应用人才备受青睐。

纵观北京市文化创意产业集聚区建设现状，我们发现它对北京的社会建设、经济发展以及产业转型和经济增长方式转变等，具有如下重要的促进作用。

（一）北京文化创意产业集聚区建设为文化体制改革提供了新的途径与方法

我国文化产业园区的建设与发展是和中国特有的文化体制改革的历史进程同步的。过去我们在文化产业与文化事业的区分方面经常争论不休、纠缠不清，除了缺乏独立的文化产业市场主体的培育之外，至少还存在着文化产业空间布局的缺失问题。而文化创意产业集聚区的建设，在文化产业空间布局、市场主体培育、文化产业经营资源集聚等方面，为我国的文化体制改革提供了新的路径和切实可行的独立运作空间。

北京市已确立的21个文化创意产业集聚区，为经营性的文化产业与公益性的文化事业提供了体制改革的样板和发展的基本路径。集聚区很快集聚了一大批文化产业的市场主体，客观上卸掉了一部分阻碍中国文化产业发展的历史包袱，

---

① 牛维麟：《国际文化创意产业园区发展研究报告》，中国人民大学出版社，2007。

② 《北京市文化创意产业集聚区认定和管理办法（试行）》，北京市首都之窗 www. beijing. gov. cn。

实现了文化体制改革的历史性制度变迁。尽管目前有些文化创意产业集聚区的企业还不是真正的市场化的文化企业或产业集团，在实际运行中不同程度地存在“官商两面、事企难分”的问题，毕竟他们都是在改制的过程中从传统的事业机构转型而来，但是，在集聚区这种独立的市场空间运作格局下，这些企业将会逐步转化为真正的文化产业市场主体。

（二）北京文化创意产业集聚区建设为北京市的产业结构转型探索出切实可行的路径

从北京市政府认定的21个文化创意产业集聚区的建设与发展趋势看，这种整合资源，集中人力、财力、物力，重点发展某一区域的社会经济及科学技术的集聚区模式是一条值得总结的文化创意产业发展经验，也是实现北京市产业结构调整与产业形态转型的一种有效途径。改革开放30多年来北京市的产业发展明显地呈现了产业结构调整的路径特征，即由重视重工业产品制造向重视现代服务业体系构建转型；由重视网络、电子、生物等高科技产品制造向重视文化产品与文化服务等内容创造转型。有专家分析，今天的北京正在出现“由科技中关村到文化中关村的历史转型”。北京文化创意产业集聚区的发展模式，符合全球化背景下中国产业结构调整和产业升级的需要，也正好契合了中国的经济增长方式和产业结构战略性调整的需要。尤其是在当前国际金融危机背景下，如何实现社会经济协调发展、如何寻找低碳经济发展之路、如何减轻日益严重的生存环境压力，这种发展模式为中国文化产业的发展提供了一条可资借鉴的探索性路径。

（三）北京文化创意产业集聚区建设为北京市服务经济发展提供了新的运作模式和经营模式

首先，在集聚区的形成模式方面，北京当前的文化产业集聚区大致出现了四种形成模式：1. 资源聚集自发形成模式。如宋庄原创艺术与卡通产业集聚区、潘家园古玩艺术品交易园区等；2. 原有资源改造利用模式。例如798艺术区；3. 依托原有资源提升模式。如中关村科技园区雍和园、北京数字娱乐产业示范基地、国家新媒体产业基地和中关村创意产业先导基地；4. 全新规划建设模式。北京市DRC（即设计资源协作，Design Resource Cooperation）工业设计创意产业基地等。

其次，在集聚区的产业内容确立和资源依托定位方面，北京市的文化创意产业集聚区大致有五种资源依托发展模式：1. 依托丰富的历史文化资源发展产业集群。例如，前门传统文化产业集聚区；2. 依托新兴创意内容为支撑的发展模式。例如，中国（怀柔）影视基地；3. 依托创意人才聚集发展模式。例如，中国（怀柔）影视基地，清华科技园；4. 依托优势环境和地理区位为支撑的发展模式。例如，顺义国展产业园；5. 依托自然生态环境为支撑的发展模式。例如，北京（房山）历史文化旅游集聚区等。

另外，在经营管理模式方面，北京文化创意产业集聚区显示了其独特的探索成就，比如，注重发挥产业的拉动效应；发挥产业链的价值延伸作用；进行名人效应开发以产生综合附加值等。例如，怀柔区的“中国（怀柔）影视基地”自2005 年 12 月 26 日建设以来，至 2009 年 11 月底，该集聚区共有文化创意企业2319 家，其中影视产业拥有企业 67 家，吸引了张纪中文化传播有限公司、北京胡玫艺术创作中心等多家知名影视公司来怀落户。2007 年共实现销售收入约21.5 亿元，实现地方税收 1178.2 万元，占同期地方税收的 5.9%，产业集聚效应初显，发展质量进一步提高，核心竞争力及发展后劲进一步增强。集聚区创造了一批优秀产品，如：红日影业公司拍摄的影片《我的母亲赵一曼》喜获中宣部第十届精神文明建设“五个一工程”优秀故事片奖和第十二届电影“华表奖”优秀故事片提名奖。君龙古风影视公司拍摄的 20 集“三农”题材电视连续剧《长城脚下是我家》，以怀柔实景、真实人物创业经历、区域发展过程为题裁对提升怀柔知名度和影响力起到极大的推动作用。怀柔影视基地在利用名人资源效应方面有两种运作方式值得借鉴：一种是紧紧盯着名人来进行品牌运作，把名人吸引过来；另一种是不断地塑造名人，在这个地方产生名人效应，使得很多新秀蜂拥而至，产生极大的人气指数。我们许多文化园区如果能够把在世界范围内有名的大腕吸引过来，并且用独特的方式让他们爱上这个地方，就可以把集聚区的品牌效益做足。实现“一个大腕带来一片天地”，“几个名牌带活一个领域”。

（四）北京文化创意产业集聚区建设为提升北京首都形象确立“开放的北京国际大都市”品牌起到了巨大的助推器作用

计划经济时代的北京，在国际形象方面较多的是一个以政治中心为主导的城市，而改革开放以来，北京的城市形象日益丰富多彩，“开放的现代北京国际大都市”品牌形象在世界人民的眼前日益丰满。文化产业聚集区的建设，为这个品牌形象增色不少。以798艺术区为例，我们可以清晰地看到文化品牌的打造对于区域形象的塑造与传播的巨大影响。2003年以来，世界各大新闻媒体纷纷对北京798艺术区进行了报道。一时间，以LOFT（仓库）式生活方式为主要标志的798在国内外声名鹊起。兼具LOFT和SOHO两大概念的798终被认定为中国“后现代主义艺术基地”、“民间艺术村”。有人认为，顺其自然发展下去，798很有可能成为像美国纽约SOHO那样的艺术核心区，即“艺术CBD”，成为中国当代艺术的浓缩点。

开放的北京还表现在它的包容性和多样性方面。例如，多种资本、多种所有制成分可以在北京的许多区域和谐共存。在北京还有许多没有被政府授牌为文化产业集聚区的民间文化园区，其影响力在某种程度上并不逊色于有政府背景的文化产业园区。例如，北京酒厂国际艺术区、北京北岸1292文化创意园等。北京酒厂国际艺术区是通过再利用来进行工业遗产保护的典型例子。他们借鉴德国鲁尔工业区的成功经验，如把钢铁厂改造成露天博物馆、艺术表演场地、景观公园、迪厅和音乐厅等，这些经验为我们改造旧厂房、保护工业遗产、建设新的文化创意产业园区提供了很好的创意思路，也为开发的新北京形象建立起到了很好的提升作用。

北京北岸1292文化创意园是北京锐创集团修建的一个创意产业园。在北京市朝阳区三间房乡政府的邀请下，北京锐创集团通过一年半的时间论证，决定把这里打造为集创业、创作、创意、商业休闲等功能于一体的创意文化产业园区。2009年5月，一个水泥构件厂厂区已被改造成为“北岸1292”三间房创意生活园。目前园区独立创作区六栋主体结构已全部封顶，北侧商业广场于6月底实现结构封顶，园区二期的华文国际传媒大厦A座、B座预计9月中旬结构封顶。北京锐创集团副总裁、锐创华文国际文化传媒有限公司总经理邹吉峰在接受记者采访时指出，国内多数产业园的背景都是国企或政府，有财政支持。锐创集团是民营企业，需要走市场化道路。邹吉峰说：“我们面临的问题在于投资回报。多数创意产业园土地权归属当地政府，开发者可以低价拿到土地，再以税收形式回报政府。劣处是，只能通过出租房屋获取收益，无法通过售卖房屋产权来快速回笼资金。”他考虑的问题是，怎样满足未来将要进驻的创意人群的需要，结论是必须创新。北岸1292想了很多办法，例如向周边高等院校，以及CCTV东迁带来的年轻客户群，通过集中推广独立创作区长租回报而缓解资金压力。从2008年底到现在，独立创作区“MINI STUDIO”全部823套已完成700余个人工作室或相关业户签约认租。邹吉峰认识到：“独立创作区的运营收益与4亿元投资额相比有很大差距，更多收益来自后期物业运营带来增值效益。”[①] 北京北岸1292文化创意园的建设为各种民间资本、国际资本进入北京文化创意产业集聚区提供了很好的范例。

显然，在促进中国文化产业的持续发展方面，北京的文化创意产业集聚区的建立起到了带头、示范、拉动以及窗口、辐射作用。作为目前中国最具活力的文化产业集聚区，不仅成为各城市或区域提升区域文化创意产业竞争力、拉动文化产业规模发展的重要措施，而且已经成为吸引外资最为集中的地区之一。

二　北京市文化创意产业集聚区建设的主要问题

由于文化创意产业集聚区在我国产业领域里还是一个全新的产业模式，与发达国家相比较，我国的文化产业集聚区起点低、起步晚，发展时间相对较短，集聚区的管理人才相对匮乏，集聚区的运行机制相对落后，尤其是在文化创意产业集聚区的经营理念、服务水平、市场拓展、产业链构建、品牌打造、资本运作、盈利模式等方面，与发达国家的文化产业园区相比较，我国的文化创意产业集聚区发展基础比较薄弱，还存在总量水平不高，对国民经济增长的贡献率有待进一步提升；缺乏骨干文化企业和知名文化品牌，文化产业的整体竞争力有待进一步增强；文化产业人才短缺，与文化产业发展的需求矛盾日益突出；融资难问题突出，保障文化产业发展的资金渠道有待进一步拓宽；产业配套政策不够完善，文化产业发展的外部环境有待进一步优化；文化贸易逆差仍然较大，中国文化产品和服务“走出去”的步伐有待进一步加快等问题。就北京市已确认的21个文化创意产业集聚区和许多尚未被认定的文化产业园区来看，目前主要存在如下突出的问题。

（一）市场化程度较低，创新能力及管理与服务水平较差

从目前北京市政府认定的21个集聚区来看，政府主导和园区管理者期望得

① 沈静：《民营企业探索文化创意产业新模式》，北京参考网，2009年9月3日。

到政府优惠政策支持是它们共同的特点。许多集聚区还是按照行政化的“科层管理”模式运行，行政级别（国家级、省市级、地市级、区县级）高低是其身份区别的主要标记。这自然会导致产业园区创新能力不够、市场化程度不高、管理与服务水平较低、园区的经营定位不准等缺陷。一些园区管理者的主要精力没有放在如何提升其管理水平与更新管理理念上，而是放在想方设法怎样最快速地获取政府的政策资源上。这必然使许多产业集聚区经济效益不佳，品牌意识缺失，企业成长困难。

发达国家的文化产业集聚区是一种介于政府、市场与企业之间的新型社会经济组织和企业发展平台，它通过提供一系列新创企业发展所需的管理支持和资源网络，帮助初创阶段或相对弱小的新创企业，使其能够独立运作并健康成长。而当前我国绝大多数的文化创意产业园区则更多的是政府意志的产物，秋风认为："中国之形成世界上最多也最繁荣的开发区、产业园区经济，不只是经济逻辑的结果，更多是政府操控的产物。”“可以断言：现在政府热衷于建设文化创意产业园区，其结果也未必能好到哪去。”① 尽管秋风的观点有些偏颇，但是对于依仗政府的政策力量、依靠权力意志主观设立的一些产业园区，其持续发展能力的确不容乐观。

文化创意产业集聚区的竞争力主要体现在它的创新能力上，而创新能力的具体表现在于其品牌产品与经营模式的创造上。培养集聚区的竞争力主要是充分吸纳优秀企业、优秀人才和创造品牌产品。集聚区应当在营造良好的市场竞争环境以及先进的盈利模式方面下工夫，而我们的许多集聚区却把大量的精力用在如何争取政府的优惠政策上。政府对于产业集聚区给予一定的优惠政策，似乎是我们过去对设立集聚区的一种惯用做法。表面看起来似乎可以鼓励各创意产业集聚区不断创新，尤其是鼓励它与其他经济开发区竞争，而实质上是一种权力主导而非创新能力主导的表现，其结果是让经营者围绕如何获取权力青睐而“创新”，并非围绕市场规律获取市场青睐而创新。政府对于不同层级的集聚区给予的是不同的政策和不同的经济补贴待遇，明显地造成各个集聚区之间的政策差异以及规则待遇差异，这必然会在开发区之间激发一种为争得某一优惠政策而进行非生产性、非市场性的竞争活动。这种非生产性的竞争往往是一种代价高

① 秋风：《开发区模式适合文化产业吗》，2009 年 5 月 21 日《南方周末》。

昂的人为的竞争。而且，在那些以政策来改变要素成本和保持这种差别的开发区，其资源的利用往往是不合理的。就像当年沿海的某些开发区，由于主张局部进口免税，很快就出现了免税商品转售到内地，从而以所谓的政策优惠而获得巨额利润。这种政策法规所带来的收益，很快导致了资源从生产性的努力转向人为的有利可图的行为方式上。因此，不同层级的创意产业集聚区政策待遇，绝对不会产生真正的创新，而只会人为地导致那种擅长追逐利益的官僚主义式的“创新”。

（二）缺乏市场主体建设意识，行政权力成为资源配置的主要力量

政府主导产业集聚区的模式最大的问题就是使得产业园区的市场主体缺位。市场主体（Market Eetity）是一个经济学的概念，它是指在市场上从事经济活动，享有权利和承担义务的个人和组织体。市场主体可以分为投资者、经营者、劳动者以及消费者几个类别。任何市场主体参与经济活动都带有明确的目的，以在满足社会需要中追求自身利益最大化为目标。目前许多文化产业集聚区基本上是政府为主体，存在着市场主体缺位、市场主体不强、市场主体责任不清、市场主体效益低下、市场主体社会地位不高等弊端。其突出表现在五个方面。第一，目前许多文化产业集聚区里有很多“转制”过来的所谓文化企业，其本质上还是所谓的“事业编制、企业管理”模式，计划经济时代的国有企业种种弊端在一些文化产业机构里依然严重存在；第二，在我国目前众多的文化产业集聚区里，文化产业市场主体的竞争力不强。到目前为止，我们没有出现一家像索尼、好莱坞、迪斯尼、时代华纳、维亚康姆、贝塔斯曼、新闻集团那样的产业集团；第三，在一些文化产业集聚区里，许多文化产业市场主体责任不清。目前的许多文化企业大多是政府的下属机构，少有或没有自主权，只不过是政府意图的忠实履行者，政府政策的严格执行者；第四，多数的文化产业市场主体效益低下，创造就业岗位甚少。改革开放以来，经济学界认为过去的计划经济时期国有企业普遍效益低下、投资回报率普遍较低。其根本原因是没有按照市场化规律运作企业。我们目前投资的许多政府文化产业项目大多收益低下，著名经济学家陈志武深刻分析了我们的奥运场馆建设的投资效益比，结果是这种国有基础设施的投资对于就业的拉动是非常有限的。像奥运场馆建设，其总投资大约为4000亿元，奥运会之后，这4000亿元投资大约创造了2000多个就业机会，差不多是花了2亿元

才创造一个就业机会。[①] 而重庆市的一家民营企业——富侨足疗公司，创业才几年时间就在全国开设了400多家连锁店，总共雇用了4万多人。根据它的投资额算下来，每2万元钱的投资就能创造一个就业机会，要比奥运场馆的效率高得多。当然，有人会说奥运场馆属于国家公益投资，不能按照企业投资来估算它的投资效益。按照这种逻辑来分析，我们依靠投资拉动就业也就成为子虚乌有的幻想了；第五，文化产业市场主体社会地位不高。目前许多集聚区里真正从事文化产业生产的主体依然是民营企业。国有企业虽然在数量、资金量以及经营领域等方面占据了主导地位，但是它们基本上属于事业性质的文化机构，还没有真正按照市场竞争机制来开展市场运作。而那些民营企业在享受企业贷款、项目审批、科研支持、土地及固定资产支持、政府投资补贴以及社会名望获取等方面，远不及国有事业单位。

集聚区的管委会本来是集聚区企业的服务机构，结果成为政府的代表，成为诸多社会资源的配置者与掌控者，众多的企业则是管委会的附属物，园区各级政府越俎代庖地包办一切，缺少市场自由竞争，其结果导致园区集聚力不够，吸引力不强，不能最广泛地调动园区多数人的积极性、主动性和创造性。

（三）经营管理理念与赢利模式落后

许多文化产业集聚区还是习惯于以行政命令方式来管理创意园区，在经营管理方面缺乏市场竞争意识。本来，文化产业集聚区的设立在国际上都有一定的设立标准与设立程序，北京市政府就颁布过文化创意产业集聚区的认定条件与认证程序，认定条件为：文化创意产业集聚区要符合七个条件：一要有科学的规划；二要有鲜明的产业特色和定位；三要有相当的产业规模；四要有先进的产业形态；五要有合理规范的管理机构和运营机制；六要有较完善的基础设施和公共服务支撑体系；七要有良好的产业发展前景。认定程序是：认定标准公开，实施自主申报、专业评审、市文化创意产业领导小组审定。[②] 但是，北京有些地区设立文化产业集聚区并没有按照市场规律和集聚区设立标准来建设，有些甚至是某些领导的“政绩工程”的产物，有些文化产业集聚区的设立实际上是“移花接

① 陈志武：《中国经济模式转型的挑战》，2009年7月6日《经济观察报》。

② 陈志武：《中国经济模式转型的挑战》，2009年7月6日《经济观察报》。

木”、“挂羊头卖狗肉”，借发展文化产业之名，大搞“圈地运动”、“大建房地产项目”。这些集聚区设立之后自然问题多多。其实，上述问题中最为突出的问题还是经营理念与赢利模式落后的问题。具体表现在：许多园区的市场定位不明晰，产品不具备品牌影响力，产业链意识缺失，赢利模式比较模糊。这类经营理念与赢利模式落后的集聚区其市场竞争力自然不强，其发展前景当然不容乐观。

（四）只注重园区的硬件建设而忽略园区的软件建设

有学者指出，当前文化产业集聚区建设进程中存在的主要问题表现在四个方面：“一个问题就是重视园区经济功能的建设，忽视园区社会文化功能的建设；第二点重视实体建设，忽视其无形网络的建设；第三个问题是重视主导产业的发展，忽视产业链的构建；第四个就是重视硬环境建设，忽视其文化氛围的建设。”① 概括来说，就是只注重聚集区的硬件建设而忽略甚至不太知晓如何进行集聚区的软件建设。

应当承认，产业集聚区内的那些“看得见、摸得着”的硬件建设往往比较容易完成，例如房屋、道路、电力、供水、绿化网络、电子通信网络等基础设施。而软件建设则主要指那些“看不见、摸不着，但时时刻刻都能感受到”的非物质的理念与制度系统，包括集聚区创立的基本理念、价值观以及经营方向、经营文化、经营道德、经营作风、经营模式等。它们是聚集区成功运作的灵魂所在，是文化产业集聚区赖以生存的原动力。硬件建设应当是在软件支撑或指导下建设的，集聚区的硬件环境建设如果没有先进的软件理论支撑，其特色风格或文化氛围往往难以显现。

国外成功的集聚区主要在于他们创造了一套独特的软件系统，形成了一整套卓越的管理文化。美国斯坦福大学亚太中心以及洪福研究所的欧文研究认为：美国高科技园区（硅谷）成功的要素主要有如下几点：第一是比较完备和有利的游戏规则；第二是制度创新；第三是员工的高素质和高流动性；第四是鼓励冒险和宽容失败的一种气氛；第五是开放的经营环境；第六是与研究型的高校密切结合；第七是高质量的生活环境与生活品质；第八是专业化的商业基础设施……这

① 张梅青：《关于文化创意产业园区建设的几点建议》，北京文化创意产业网。

些成功要素中绝大多数属于软件要素，它们对于我国建设现代文化产业创意产业集聚区无疑是具有借鉴意义的。

（五）知识产权保护不力，品牌意识缺乏

文化创意产业是生产文化产品、提供文化服务的产业。说到底，文化产业是一个在个人独特创意推动下而诞生的新兴产业，也是一个不断涌现创意人才的产业。文化产业的本质是创意价值实现的过程，这个过程是从一小部分特殊专业人才的涌现、通过知识产权等新的政策保护与扶植、创造出全新的社会价值和经济价值。在这个过程中不断地使得全体社会成员积极参与创意进程的扩散，这个创意进程的扩散价值在于促使、引领或鼓励普通大众积极参与各种创造性的活动，并使得人类的新知识不断增长、人类的新需求不断满足。①

显然，对于知识产权的保护是文化创意产业发展的前提。而我们许多聚集区缺乏知识产权保护意识，缺乏对知识价值的基本认知。许多产品被随意仿制、许多商标被随意克隆、许多创新型的经营模式被无偿模仿。“创意”在社会生活与生产管理中没有得到应有的重视，很多具有优秀的产业价值的创意往往被看成为一个随时可以想到的“新点子”而已。在一些集聚区领导看来，一份具有创意特点的商业计划书或者一个战略策划报告的价值，往往不如一份能够申请银行贷款的公文报告有价值。许多集聚区的决策者愿意花大价钱引进新设备新技术，往往不屑于对具有“战略咨询”、“经营诊断”、“财务分析”、“品牌评估”、“市场拓展”等能力的新型人才的引入。许多集聚区常常在前期的厂房、办公大楼等硬件建设方面花大价钱，而不愿意为聚集区的战略规划、产业规划、市场规划等软件建设花钱……本该在文化创意产业集聚区里最具价值、最具竞争力、最具引导性的各种咨询企业以及他们的各种创意报告、创意设计、创意策划等，往往成为集聚区最不挣钱的机构和最不挣钱的产品。

在发达国家的集聚区里，重视知识产权的保护、重视创意价值是聚集区发展的基本理念和基本前提，也是他们的集聚区赢取国外同行业者信任、吸引企业、人才进驻园区、投资园区的关键要素。也正因为如此，许多国民才会踊跃为获取知识而勤奋学习，而不是为获取虚名去造假、去钻营。

---

① 王国华：《文化产业振兴渴求创意人才》，2009 年 11 月 25 日《中国教育报》。

发达国家的创意集聚区还有一个基本经验值得我们学习：在全球的经济竞争中，产品的价格和质量已经不是竞争的核心要素，只有品牌才是企业获利之道。品牌的背后是文化，而文化的创造者和承载者是优秀的创意人才。只有独特的创意设计才能创造特色品牌，“发达国家的创意设计发展史表明，当人均 GDP 达到 1000 美元时，创意设计在经济运行中的价值就开始被关注。当人均 GDP 达到 2000 美元以上时，创意设计将成为经济发展的重要主导因素之一。当社会进入以创新领导实现价值增值的经济发展阶段时，创意设计就会成为先导产业，成为创新资源、增加社会财富、增强综合国力的重要组成部分。”① 北京的许多集聚区目前还处在产品生产与产品加工时期，尚未进入产品创造与品牌引领时期。而创意是企业品牌建设的重要因素。在世界经济竞争格局中，品牌建设与品牌竞争成为一股潮流，谁拥有品牌谁就拥有市场。品牌意识的缺失就是人才意识的缺失。

（六）管理人才匮乏，人才培养模式落后，园区建设等原创性理论研究滞后

文化创意产业集聚区是一种综合性、交叉性、混合性较强的新的产业平台，也是一种新的产业形态，它不同于一般的企业管理，也有别于行政管理，它既是一个产业集群，又是一个企业集群，有时候它还是一个巨大的企业孵化器。它不仅涉及企业管理、政府管理、公共管理等领域，还涉及广告、传媒、咨询、会展、设计、网络等新兴产业的管理。因此，要求集聚区的管理者往往都是复合型人才，既要具备扎实的政策法规知识和广博的相关知识，又要有扎实的专业知识；既要有很强的语言表达能力、应变能力和人际交往能力；又要有敏锐的洞察力、缜密的逻辑能力、发散式的思维能力和规范的组织能力。

在国外很多集聚区的管理者都是全社会广泛招聘的，要求管理者不仅仅具有广泛的专业知识与专业技能，往往都具有丰富的企业实践经验。他们了解市场动向、熟悉文化创意产业、知晓国际惯例、富有企业运作经验，他们中的很多管理者都受到过集聚区管理的专业训练。发达国家非常注重建立集聚区等新兴行业的管理人才培训体系，同时鼓励全社会创立基于新兴行业专门人才培养的专业培训

---

① 洛佳：《芬兰：工业设计引领创新》，2008 年 1 月 9 日《经济日报》。

机构。

而北京当前的许多集聚区管理者大多是从政府行政部门抽调进来的，大都没有接受过聚集区管理的专门培训，缺乏系统的集聚区管理知识和相应的操作技能。我们的高等教育与职业教育体系里尚未设立诸如集聚区等新兴产业管理相关专业，因而也就缺乏对该领域的深入研究和对于从业人员的专业训练，这是我们集聚区人才匮乏的重要原因之一。如不改革目前的教育体制，不尽早适应国际产业集聚区竞争的现实，我国的集聚区管理人才培养将会成为制约我国创意经济发展的巨大瓶颈。

尤其是在文化创意产业园区的理论研究方面，我们的理论创新方面严重缺乏原创理论，在理论体系构建方面存在严重滞后的现象。从集聚区的实际运作层面的理论建设来分析，我们缺少对各区域文化产业园区实际运作得失的评估机制（投入、产出、人才、资本、效率、园区空置率、可持续发展等）；对整个产业没有建立规范、统一、权威的统计方法和数据库（如文化产业占 GDP 的比例）。有人指出，全国创意产业没有核心的统计指标，没有行业协会，没有全国区域的协调，只是将指标下放到市里，会带来结构性的过剩，带来部分园区空置率的上升。①

华中师范大学张三夕教授认为，在纯理论研究层面，我们对于文化创意产业集聚区运营模式的理论研究相对薄弱。对于文化产业集聚区建设在整个文化产业发展中的地位、作用和未来趋势的理论研究比较欠缺。特别是对于文化产业集聚区与文化产业集聚区的发展及其与经济、知识和社会资本的积累关系的理论研究重视不够。我们应当承认，现在有关文化产业的理论主要来自西方。我们中国人对文化产业园区的理论研究乃至对整个文化产业的理论研究都很薄弱。这一历史性的思想任务，有待学界、政界和商界共同努力来解决。

三　北京市文化创意产业集聚区建设健康发展的对策

要克服北京文化创意产业集聚区发展过程中的种种弊端，我们提出如下对策性建议。

---

① 《论文化创意产业园的困惑与困扰》，搜房网，2009 年 6 月 19 日。

第一，集聚区的决策者应当要牢固树立市场本位、市场主体本位意识。用制度来保障创意者的尊严和权利，用制度来激励无数大学生踊跃创业。尽管集聚区发展成功与否，不仅仅在于集聚区决策者本身，还取决于政府与社会等方面的支持与理解，但是，集聚区的决策者与经营者是其成败的最关键要素。政府应当严格按照市场规律和市场需求来创立集聚区，在产品创意与生产制造过程中彻底摒弃把文化产品、文化服务泛政治化、泛意识形态化的倾向，转变过去长期实行的政府主导一切的经济体制。我们应当反思，为什么科学技术突飞猛进而我们的高品质文化内容的产品却如此贫乏？为什么我国公民终端文化产品消费能力日渐强大，而我们的文化产品原创生产能力却那么薄弱？我们一方面生产着那么多卖不出去的文化产品和文化服务，另一方面我们又大量进口国外的文化产品，根本的原因是我们没有树立文化产业市场意识和市场主体本位意识。实践证明，只有以文化产业市场为本位，让市场来配置资源，我们的文化产业才能真正振兴，我们才不会生产出那么多的卖不出去的产品！

第二，要彻底改变过去由政府包办文化创意集聚区的现象。当前我国文化产业发展不是资金的问题，更多是产业发展理念和产业主体竞争力的培育问题。有专家对当前地方政府一窝蜂地争取国家文化产业资金资助的现象提出疑问：“当国家真的动用巨大财力与人力来支持与发展文化产业的时候，会不会出现各地政府又拿着待批的各种项目，排着队到有关部委攻关，将文化项目变成批文，将批文变成当地的经济效益?”文化产业发展要走“小政府、大社会”的道路，政府要退出市场主体本位的角色，政府的专项基金应当着重用在产业规划、人才培养以及先进产业观念传播方面。

第三，在集聚区的建设与管理过程中，要制定切实可行的政策吸引文化大腕、文化大师、文化研究者和文化爱好者参与集聚区的文化产业经营，尤其是要以市场化的方式吸引、鼓励那些具有人文情怀的文化专家投身文化产业运作，改革高等学校的专门人才不出象牙之塔的局面；改变当前文化人不从事文化经营的局面。文化创意产业集聚区不能仅仅看着是一群企业老板的集聚，它同时也是各种社会资源的集聚，还是某种生活方式和生产方式的集聚，它在一定程度上实践并且互换着新的社会组织结构，连接着过去和未来。这是一种远比一般城市和村镇生活更有创意资源的优良的结构，活力的关键就是上下左右的贯通，也就是人和资源的默契配合。

历史经验证明，大凡文化艺术发达的时期，都是大量的优秀文化人投身文化艺术实践的时期。元杂剧的千古不朽，根本原因就是像关汉卿、白朴、马致远等真正的大文化人、大学者等投身于杂剧的创作、表演、推广、普及的过程之中。为什么人们常常戏称“现在许多文化公司从业者没文化”？为什么许多文化大家没有投身文化产业实践？根本原因是他们投身文化产业市场、参与市场竞争，不如他们呆在文化事业机构里没有市场竞争而又能享受种种利益。因此我们必须改变传统的激励机制，引导文化大腕大家投身文化产业实践。我们无法指望一个缺乏文化大家参与的文化产业市场主体能够拥有强大的市场竞争力。

第四，彻底打破那些完全应当进入市场竞争机构（例如各种艺术院团等）的政府供养制。改革各种政府变相垄断的学会、协会、基金会，让他们真正成为NGO（非政府组织），在经营机构与非经营机构关系处理上，应当厘清社会福利、社会服务、社会公益之间的相互关系。文化产业的根本任务是按照市场化的规律生产文化产品，提供文化服务，它既不是社会福利机构，更不是社会公益机构。它是按照市场规律进行社会服务的企业。这种服务是有偿的，也是要承担市场风险的。现在很多学会、协会、研究机构等都在一定程度上争抢文化产业市场主体的项目资源，但是它们又不像文化公司那样承担文化市场风险，这样不仅在一定程度上扰乱了文化产业市场秩序，而且将导致社会资源配置的不公正。

第五，要按照全球经济竞争规律创立一批文化创意产业示范园区。借鉴国际成功的园区建设经验，在经营理念、产业定位、盈利模式、品牌打造、形象传播等方面与“国际惯例”全面接轨，在处理政府与市场、政府引导与政策驱动关系上大胆创新，使之真正成为一个示范性强、就业拉动巨大、经济效益显著的模范园区。实践证明，成功的集聚区不仅要有较为先进而完备的硬件设施，更要具备某个产业领域的独到经营理念、良好的文化氛围、和谐的人际关系、宽容的多元文化环境和优雅的人文景观；成功的集聚区往往是独特的经营模式、构建良好的产业链、先进的经营理念和现代传播技术紧密结合的产物；成功的文化产业集聚区不仅要建设良好的生产系统，还要建立一个良好的高品质生活系统。要吸引高知识、高科技、高收入人群，其前提不仅仅是要营造良好的文化艺术氛围，建立宽松的社区文化环境与优惠的商业、税收体制，还要真正建设一系列完善的、高品质的、配套的现代生活系统，尤其是要建设优秀的公共娱乐休闲等“公共设施”。因为现代文化园区的特征之一就是要创造出大量的不可交换的、神圣的“公共物品”（包括公园、广场、戏院、博物馆、学校、医院等），它们是奠定现代文化园区自身基础的要素之一，也是用以维持现代文化园区优秀人才高品质生活的关键要素。这些高品质的服务、完善的现代生活设施以及大量的不可交换的“公共物品”建设，也是产业集聚区持续与和谐发展的凝聚力之一。①

第六，政府与行业管理部门应当切实为集聚区打破行业壁垒，降低文化产业准入门槛，广泛吸收社会各界资源支持文化产业集聚区发展。在集聚区建设模式上，应当形成多元并存的市场格局。国家《文化产业振兴规划》指出，“必须深化文化体制改革，激发全社会的文化创造活力。要降低准入门槛，积极吸收社会资本和外资进入政策允许的文化产业领域，参与国有文化企业股份制改造，形成公有制为主体、多种所有制共同发展的文化产业格局。要加大政府投入和税收、金融等政策支持，大力培养文化产业人才，完善法律体系，规范市场秩序，为规划实施和文化产业发展提供强有力的保障。”30 多年来的开放历程证明，凡是改革了以单一的公有制为主体的、以市场主体为核心的行业都是发展迅猛的行业，而强调保持单一“公有制为主体”的行业，往往都在艰难的跋涉之中。

综上所述，文化创意产业集聚区建设是一项长久而艰巨的系统工程，是实现创新型社会的重要载体。总结集聚区建设的成功经验，不断地探索聚集区建设的新路径新模式，将是文化创意产业领域今后一段时间所面临的重要任务。据媒体报道，2010 年，北京在实施重大文化创意产业项目带动战略和文化创意产业集聚发展与功能提升战略方面将出台一系列新的举措，如继续制定和投放促进文化创意产业投资、引导发挥集体创造力的文化经济政策，设立中国文化创意产业产权交易所，建立北京市文化创意产业投资基金，加快推动中国动漫游戏城、北京奥林匹克公园、中国星光影视节目制作基地、国家出版创意产业园区等的建设，促进 798 艺术区等市级文化创意产业集聚区向功能区的转型升级，办好中国北京国际文化创意产业博览会、北京国际图书交易博览会等一批国家级重点文化会展，精心打造颐和园水上公园、“印象长城”等一批大型骨干文化旅游项目，推动成立新兴文化创意行业协会等。2010 年底前再认定 9 个市级文化创意产业集

① 王国华：《城市化的关键是国民观念的现代化》，《城市化》，2008 年 2 ~ 3 月合刊。

聚区，届时，北京市市级文化创意产业集聚区将达到30个。可以预期，北京市的文化创意产业集聚区建设将会迎来更加美好的市场前景。

Analysis on Beijing Agglomeration Area of the Cultural and Creative Industries Building and Development Trends

Wang Guohua

Abstract: Building the agglomeration area of cultural and creative industries and pushing forward the development of cultural and creative industries with industrial agglomeration are the important approaches for the Beijing government to achieve the goals of constructing "humanities, technology and environmental". The construction of the agglomeration area provides a new business model for Beijing's service industry. However, comparing with the successful agglomeration areas from other countries, Beijing's still has a long way to go. We should obey the rules of the market economy and make the players of the cultural market act independently, follow the idea of people-oriented, promote the industrial agglomeration, and cultivate the core companies, only by these ways we can overcome the disadvantages during the development of agglomeration areas.

Key Words: Industrial agglomeration; The agglomeration area of the cultural and creative industries; Market players; Industrial chain

北京市城八区养老问题的困境与出路

周　艳*

摘　要：2009年，是北京市养老事业快速推进的一年，一年中，北京市新增养老床位数达15815张；北京市10个区（城八区以及房山、顺义）继续推行2008年开始的居家养老服务试点工作，并且出台了"北京市市民居家养老（助残）服务办法"（又称"九养"办法），在全国率先对居家养老服务进行规范。但是，目前机构养老模式仍存在供需之间的种种结构性矛盾，居家养老模式刚刚启动，仍存在诸多的问题和困难。如何走出城八区养老问题的困局，仍然需要漫长的探索与不懈的努力。本文旨在针对上述问题进行分析与讨论，尝试探寻北京市城八区养老问题的出路。

关键词：老龄化　养老模式　机构养老　居家养老

一　北京市城八区人口老龄化现状

人口老龄化是指人口总体中老年人口比例不断上升的过程。国际上通常是指当一个国家或地区60岁及60岁以上老年人口占总人口的比重达到10%或65岁及65岁以上老年人口占总人口7%，即意味着这个国家或地区人口年龄结构进入老龄化社会。北京作为中国的首都，早在1990年就已进入老龄化城市的行列，就城八区而言，老年人口基数大、逐年增长、高龄化状况明显等是其老龄化的现实特点，养老问题十分紧迫。

---

* 周艳，北京工业大学博士研究生，讲师，研究方向：社会管理。

（一）老年人口基数大

表1和表2分别显示了北京市2008年底老年人口状况以及北京市城八区2008年底老年人口状况。

表1 北京市2008年底户籍老年人口状况

分年龄段	人数（万人）	占总人口比例（%）
总人口	1229.9	100
60岁及以上人口	218	17.7
65岁及以上人口	162.2	13.2
70岁及以上人口	115.9	9.4
75岁及以上人口	65.2	5.3
80岁及以上人口	29.4	2.4
90岁及以上人口	1.9	0.2
100岁及以上人口	396（人）	—

数据来源：北京市老龄委：《北京市2008年老年人口信息和老龄事业发展状况报告》，2009.10。

表2 北京市城八区2008年底户籍老年人口状况

城市分区	60岁及以上人口（万人）	60岁及以上人口占总人口的比例（%）	80岁及以上人口（万人）	80岁及以上人口占总人口的比例（%）
首都功能核心区	45.7	20.1	8.6	3.8
东城区	11.9	19.3	2.2	3.6
西城区	15.3	19.7	2.9	3.7
崇文区	7	20.7	1.4	4
宣武区	11.5	21.3	2.1	3.9
城市功能拓展区	98.4	18.5	12.1	2.3
朝阳区	36.9	20.3	4.4	2.4
丰台区	21	20.2	2.7	2.6
石景山区	7.1	19.6	0.9	2.4
海淀区	33.4	15.9	4.1	2

数据来源：北京市老龄委：《北京市2008年老年人口信息和老龄事业发展状况报告》，2009.10。

通过表 1 可以看出：截至 2008 年底，北京市户籍人口中，60 岁及以上老年人口达到 218 万，占总人口的 17.7%；65 岁及以上老年人口为 162.2 万，占总人口的 13.2%；80 岁及以上老年人口为 29.4 万，占总人口的 2.4%。

通过表 2 可以看出：就城八区而言，老龄人口所占比例要高于北京市的平均水平，截至 2008 年底，首都功能核心区户籍人口中，60 岁及以上老年人口达到 45.7 万，占总人口的比例为 20.1%，高出北京市总体水平 2.4%；80 岁及以上老年人口占总人口的比例为 3.8%，高出北京市总体水平 1.4%。城市功能拓展区，60 岁及以上户籍老年人口数为 98.4 万，占总人口的比例为 18.5%，比北京市总体水平高出 0.8%；80 岁及以上老年人口占总人口的比例为 2.3%，基本与北京市总体水平持平。由上述数据可见，北京市城八区的户籍老年人口基数很大。

（二）老年人口呈逐年增加的态势

图 1 直观地展示了城八区 2006 ~ 2008 年户籍老年人口的增长状况。

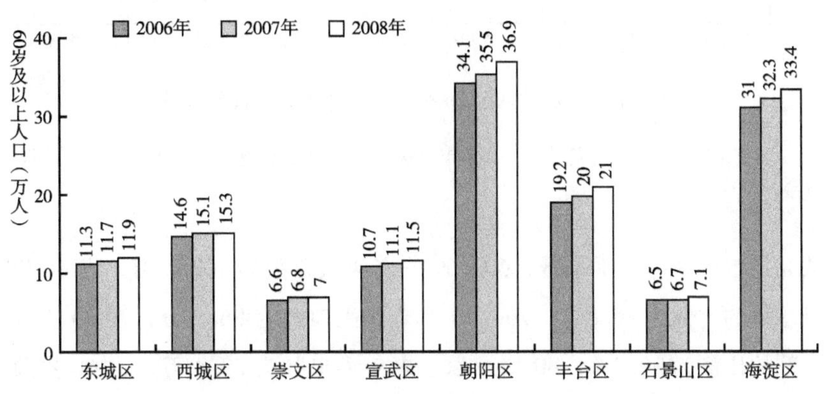

图 1　城八区 2006 ~ 2008 年老年人口增长状况

数据来源：北京市老龄委：《北京市 2008 年老年人口信息和老龄事业发展状况报告》，2009.10。

由图 1 可以看出，2006 ~ 2008 年北京市城八区 60 岁以上的户籍老年人口普遍呈现逐年递增的态势，其中朝阳区、海淀区和丰台区增幅较大，2008 年与 2007 年相比增加的老年人口数均超过了 10000 人。

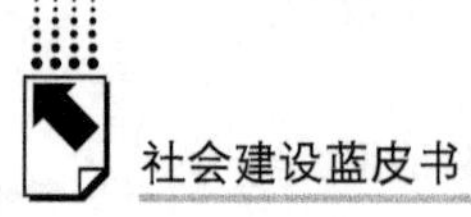

如果按常住人口计算，目前北京市老年人口数量已达到254万。根据预测，到2020年北京市老年人口数量将达到350万；到2050年，这一数据将达到650万的峰值，每3个人中就有一个60岁以上的老年人。

（三）老年人口年龄结构高龄化状况明显

图2为北京市2008年底户籍老年人口年龄结构及城八区2008年底户籍老年人口年龄结构的百分比堆积图，可以清晰地表明各年龄段老年人口的分布状况。

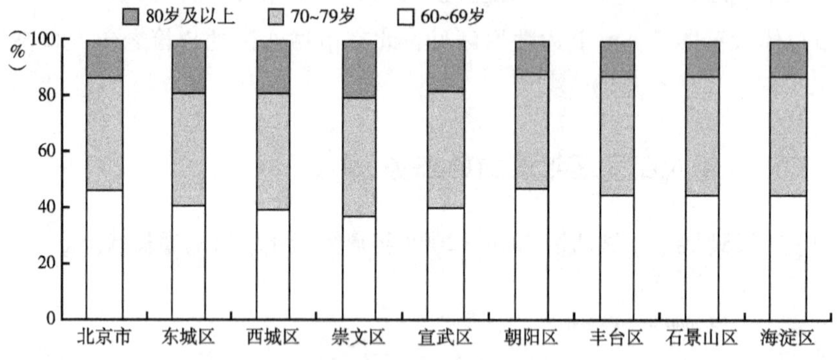

图2　北京市及城八区2008年底老年人口年龄结构分布

数据来源：北京市老龄委：《北京市2008年老年人口信息和老龄事业发展状况报告》，2009.10。

从北京市的总体水平来看，60~69岁老年人口数为102.1万，占60岁及以上人口总数的比例为46.8%，70~79岁老年人口数为86.5万，占60岁及以上人口总数的比例为39.7%，80岁及以上老年人口数为29.4万，占60岁及以上人口总数的比例为13.5%，呈现明显的高龄化态势。城市功能拓展区所辖四区（朝阳区、丰台区、石景山区、海淀区）与北京市的总体水平相差不大。首都功能核心区高龄化尤为严重，如崇文区，60~69岁老年人口占全区老年人口总数的37.1%，70~79岁老年人口占全区老年人口总数的42.9%，80岁及以上的老年人口占全区老年人口总数的20%。

另外，百岁老人的逐渐增多也可以反映出老年人口年龄结构的日趋高龄化。同样据老龄委数据，截至2008年底，北京市百岁老人共计396人，比上年增加了42人，每10万户籍人口中百岁老人数从2007年底的2.9人增加到3.2人。首都功能核心区、城市功能拓展区拥有了绝大多数的百岁老人，人数分别为121人、190人。

老年人口基数大、逐年增长、高龄化状况明显等是北京市城八区人口老龄化的现实特点。老年人口基数大，说明养老需求大，养老压力大；老年人口逐年增加，而且增幅较大，说明解决养老问题的紧迫性；老年人口年龄结构高龄化，说明需要特殊照顾的老年人群在不断增加，这无疑进一步加剧了都市养老问题的严重性与紧迫性。

二 传统家庭养老模式的养老功能日渐削弱

家庭养老是我国城市居民传统的养老模式。其独特优势在于老年人不仅可以从家庭成员中得到经济赡养和生活照料，而且还可以得到精神慰藉，这主要指尊重老年人和满足老年人的天伦之乐，并进而通过这种愉快的精神状态增进老年人的生活勇气和安全感。然而，由于种种原因，在北京市城八区传统的家庭养老模式正在受到相当大的冲击。

（一）“独子养老”时代来临，城市家庭的养老负担日益沉重

20世纪70年代末，面对严峻的人口形势，我国开始正式在城乡全面推行计划生育，控制人口增长的人口政策。严格执行的国策帮助中国成功地避免了人口的失控，但也给中国社会带来了一些显著的变化。变化之一就是随着计划生育的推行和家庭意识的变化，独生子女增多，家庭平均人口逐渐下降，家庭构成呈现小型化趋势。尤其在城市，“一胎化”的计划生育政策执行得更加严格，这也使北京市城八区的家庭人口小型化趋势更加明显。从表3可以了解到，北京市城镇人口中，两人户和三人户占据了家庭总户数的相当大比重，共计69%；而四人户占9.1%，五人及以上户仅占总户数的4.8%，两者加起来共占13.9%，远远低于乡村四人户、五人户所占28.1%的比例。

独生子女、家庭规模的小型化，意味着传统由多个子女共担养老经费、轮流进行照顾的养老局面将不复存在，取而代之的是所谓“4-2-1”的模式（四个老人，夫妻二人，一个孩子），一对均为独生子女的夫妇，不仅要承担孩子的抚养

表 3　北京市 2008 年家庭户规模

地　区	家庭总户数（户）	家庭户规模所占比重(%)				
		一人户	二人户	三人户	四人户	五人及以上户
城　镇	9060	16.8	33.3	36.0	9.1	4.8
乡　村	1534	14.7	29.1	28.1	15.7	12.4
全　市	10594	16.5	32.7	34.8	10.1	5.9

注：本表数据为 2008 年人口变动情况抽样调查样本数据。

资料来源：《北京统计年鉴 2009》，http：//www. bjstats. gov. cn/tjnj/2009 - tjnj/。

责任，还将背负赡养双方四个老人的义务。虽然城八区中绝大多数的老人享有退休工资、医疗保险（目前，本市退休人员门诊 1300 元以下的费用，由个人账户支付，超过 1300 元以上的部分，70 岁以下的报销 85%，70 岁以上的报销 90%，住院费用 1300 元起付线以下的由个人自付，1300 元至 7 万元的费用可报销 95% 以上，7 万～17 万元的费用可报销 85%。①）等待遇，可以在一定程度上减轻子女在经济赡养方面的负担，但当老人生病或需要长期生活照料时，生活照料则成为一个重要的问题。随着独生子女家庭的父母陆续进入老年期，"独子养老"时代已经来临，这样的家庭养老负担确实过于沉重。而高龄化则进一步加剧了家庭养老的负担，试想"4－2－1"家庭模式与高龄化的趋势相结合将会出现什么样的结果？"4－2－1"的家庭模式有可能转化为"8－4－2－1"的模式（当然这仅为一种"可能"），家庭中两代人同老，这将使家庭中的较年轻者不堪重负。

（二）"空巢"老人增多，无法依赖传统的家庭养老

子女异地求学、工作、定居，以及经济收入水平的提高和住房条件的改善等种种原因，使得"空巢"老人逐渐增多。表 4 为北京市城八区纯老年家庭人口情况，首都核心功能区纯老年家庭人口为 5.8 万，占 60 岁及以上老年人口的比例为 12.7%，城市功能拓展区纯老年家庭人口为 17.9 万，占 60 岁及以上老年人口的比例为 18.2%。可见，在城八区平均有将近 1/6 的 60 岁以上老人属纯老年家庭。考虑到城八区的特殊性，存在许多"人户分离"的情况，因此，

① 北京市老龄委：《北京市 2008 年老年人口信息和老龄事业发展状况报告》，2009.10。

笔者认为独立居住的“空巢”老人应该比表格中所统计的要更多，所占比例更大。

这些“空巢”老人，无法从家庭成员中获得生活照料，由于子女工作繁忙，即使回家探望也并非常事，从而使得老人亦无法从子女处获取较多的精神慰藉，享受“天伦之乐”并非易事。

表4　2008年北京市城八区纯老年家庭人口情况

	纯老年家庭人口数（万人）	60岁及以上老年人口数(万人)	占60岁及以上老年人口的比例(%)
首都功能核心区	5.8	45.7	12.7
东城区	1.6	11.9	13.4
西城区	2.2	15.3	14.4
崇文区	0.5	7	7.1
宣武区	1.5	11.5	13.0
城市功能拓展区	17.9	98.4	18.2
朝阳区	6.5	36.9	17.6
丰台区	3.4	21	16.2
石景山区	1.6	7.1	22.5
海淀区	6.4	33.4	19.2

注：纯老年家庭是指家庭全部人口的年龄都在60岁及以上的家庭，包括：①独居老年人家庭；②夫妇都在60岁及以上的老年人家庭；③与父母或其他老年亲戚同住的老年人家庭。

数据来源：北京市老龄委：《北京市2008年老年人口信息和老龄事业发展状况报告》，2009.10。

（三）年轻人面临生活就业压力大，赡养父母能力减弱

养儿防老，是中国人的传统家庭价值观。从某种程度上说，父母对孩子的养育是一种投资，到达一定阶段后就可以收到回报。但时至今日，这一观念正被前所未有地颠覆着。根据老龄科研中心的调查，中国有65%以上的家庭存在“老养小”现象，有30%左右的成年人基本靠父母供养，这些早该自立却因种种原因依然依靠父母的人被媒体称为“啃老族”。① 生活在北京这样的大都市，年轻

① 《啃老族：未来中国家庭“第一杀手”?》，http：//women. sohu. com/s2005/kenlaozu. shtml。

人的就业、生活、工作压力相当大，“啃老”现象在一定程度上存在。尤其在房价居高不下的今天，为了使年轻人买房结婚，往往需要三代人的共同努力，同时还要背负沉重的借贷负担。为了孩子能够幸福，父母倾其所有，甚至花费了多年积蓄的养老钱，可是当父母年迈需要儿女赡养的时候，他们又能否承担得起四位老人的养老重担呢？

总之，种种原因的存在，使得北京城八区相当多的老年人已经无法完全依赖传统的家庭养老模式安度晚年，必须寻找更加现实的养老途径。

三　养老院等机构养老模式存在供需之间的种种矛盾

在传统家庭养老模式的养老功能日渐削弱之时，入住养老院等养老机构成为许多老年人的期望选择，但是，就现状而言，养老院等机构养老模式存在着供需之间的巨大缺口与矛盾。

（一）北京市养老机构的基本情况

截至2008年底，北京市共有养老服务机构336所。其中，按举办单位性质分，政府办养老服务机构214所，社会力量办养老服务机构122所；按投资人类型分，市属养老服务机构4所，区属11所，乡镇办160所，街道办39所，单位、企业或社会团体办24所，个人办89所，合资、合作办6所，村委会（居委会）办3所。

全市共有养老服务床位39994张，比2007年增加了1914张，占60岁及以上老年人口的1.8%。其中，市属养老服务机构床位数1610张，区属机构床位数2169张，乡镇办机构床位数13149张，街道办机构床位数2017张，单位、企业或社团办机构床位数3931张，个人办机构床位数15226张，合资、合作办机构床位数1404张，村、居委会办机构床位数488张。全市全年养老服务床位使用数为25166张，平均床位使用率62.9%。①

2009年，北京市的养老机构建设进入了快速发展的新时期。2009年北京市新增养老床位数达15815张。除了在部分养老机构原有基础上扩建外，还新建了

① 北京市老龄委：《北京市2008年老年人口信息和老龄事业发展状况报告》，2009.10。

38 所养老机构，大约可提供 7000 多张养老床位。目前，“这些养老机构均已具备开业的条件，即日起就可接待老人入住。”① 故截至 2009 年底，北京市共有养老服务床位 55809 张。

按照北京市“9064”的目标，即在 2020 年之前，北京市要使 90% 的老年人享受居家养老服务，6% 的老年人通过政府购买社区服务养老，4% 的老年人入住养老服务机构集中养老。如按常住人口计算，北京市现在需要 10 万张养老床位，与现实的床位拥有数相比尚存很大缺口。但令人不解的是，现有的 4 万张床位（不包括 2009 年新建的 15815 张）的空置率却相当高。究其原因，一方面，“养儿防老”的传统观念仍然普遍存在，这使得一部分老年人不愿入住养老院，而子女们则视将老人送至养老机构为“不孝”，但笔者认为最主要的还是由于现有的机构养老供给与老年人及其家人的需求之间存在着比较大的矛盾与差距所造成的。

（二）机构养老模式存在供需之间的种种矛盾

1. 老人有限的退休收入与养老机构普遍收费较高之间的矛盾

北京市现有养老机构的运营模式主要采取“公办民营”、“民办公助”的模式，为了维持养老院的日常开支以及预留合理的利润空间，普遍存在着收费标准高于老年人退休收入和心理预期的现象。据了解，北京市一般退休工资为 1830 元，而目前城八区养老机构的收费（包括每月每个床位费、饭费，不包括护理费），平均为 1500 元左右，且社会上一些新建的养老机构一般收费都在 2000 元以上，甚至有的收费高达 3000 元或更高。绝大多数工薪阶层在经济上没有承受能力。收费因素成为许多有需求的老人不能入住养老机构的门槛之一。结果是少数收费较低而服务又相对较好的养老院需要排队等候，而很多养老机构却存在较高的床位空置率。

2. 老人就近入住的需求与养老机构多分布在城八区之外的郊区县之间的矛盾

目前，北京市养老机构的城乡拥有率和利用率差异很大。

由于笔者未获得 2008 年北京市分区县养老服务机构床位数及其使用率的详细资料，而 2008 年较 2007 年变化不大，故引用 2007 年的数据来说明北京市分区县养老服务机构的基本情况（见图 3）。

---

① 陈荞：《38 所新建养老机构投入使用》，2010 年 1 月 22 日《京华时报》。

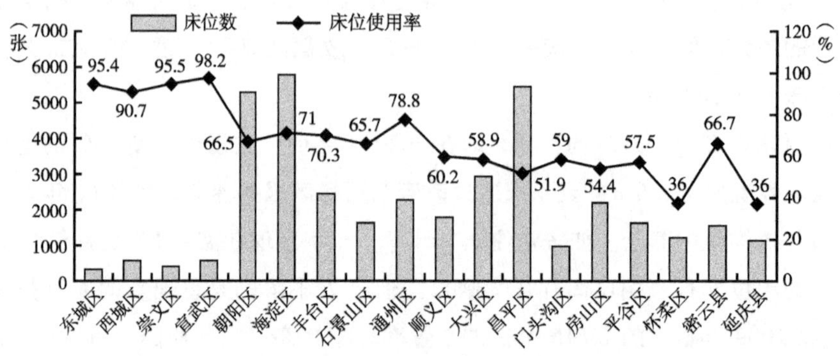

图3　2007年北京市分区县养老服务床位数及其使用率

数据来源：北京市老龄委：《北京市2007年老年人口信息和老龄事业发展状况报告》，2009.10。

由图3可以清晰地看到，城八区中，首都功能核心区拥有的养老床位相当少，4个区加起来的床位也不足2000张，如果按全区45.7万老年人口平均，则理论上可拥有床位的老年人不足0.5%；城市功能拓展区拥有养老床位15000余张，按全区98.4万老年人口平均，理论上可拥有床位的老年人占全区老年人总数的1.5%。而其他10个郊区县共71万老年人，共拥有剩余的2万多张床位，理论上可拥有床位的老年人占3%。

和床位拥有率相联系的是养老床位的利用率。由图3还可以看到，首都功能核心区养老服务机构的利用率均在90%以上，城市功能拓展区养老服务机构的平均利用率为68.4%，其他所有的区县养老服务机构的平均利用率仅为55.9%，其中利用率最低的怀柔区和延庆县尚不足40%。

由于养老机构分布的“郊区化”，与城八区老人就近入住的需求相矛盾，造成了一方面养老床位供不应求，另一方面却大量闲置的状态。这对有限的养老资源是巨大的浪费。

3. 老人对养老设施的要求与多数养老机构配套设施不健全之间的矛盾

现有城区养老机构有些是80年代采取见缝插针、因陋就简的办法，在无城市总体规划的情况下逐步兴建起来的。不仅房屋质量低，结构不尽合理，有的还缺少卫生间、医疗室及活动场地等，使得部分老年人不愿入住。

处于城八区之外的郊区县的许多养老机构，虽然兴建较晚，条件较好，但一方面离家较远，老人不愿意去，子女探望也比较麻烦，而更重要的一个问题是医疗机构等配套设施不健全。很多养老院只提供生活照料，不具备必要的医疗护理条件，很难满足老人的治疗需求。还有就是，处在郊区的都是小医院，据2008年数据，北京市有“三级”医院51所，其中分布在城区（指城八区）45所，郊区（指通州、顺义、昌平、大兴）6所，山区（指门头沟、房山、平谷、怀柔、密云、延庆）0所。一旦老人生病出现紧急情况，再往城八区里的大医院送将有可能贻误治疗和抢救时机。此外，医保不能接轨也是一个现实的大问题，虽然有些养老院配备了医务室，但目前取得医保定点资格的少之又少。由于不是医保定点机构，老人开药不能报销，即使患上感冒发烧的小病，也不得不去定点医院。这样，老人一旦生病，就需家属请假带他们去医院，患慢性病需定期就诊用药的老人们，还不得不经常挤公交、走远路，到定点医院就诊配药。这些现实中的种种不便，将许多有需求的老人拦在了养老机构的门外。

4. 老人需要得到很好的照顾与养老机构缺乏专业护理人才之间的矛盾

由于资金少、工资水平低，养老院中为老人服务的工作人员大多为下岗妇女或农民工。调查表明，北京市养老机构中的工作人员学历水平55%在初中及初中以下，他们缺乏相关岗位的技术培训，没有专业的医护知识。① 同时，有些养老机构及服务人员的服务意识比较淡薄，很难做到“老吾老以及人之老”。这一方面不能满足老人的照料需求，另一方面容易产生服务质量纠纷和事故隐患，还增加了老人及其子女的担忧，怕老人在养老院里“受罪”，从而不忍心将老人托付给养老机构。

5. 生活不能自理的老人渴望入住与养老机构希望接纳自理或基本自理老人之间的矛盾

体弱多病，生活自理困难的老年人是最渴望入住养老机构的群体，但是，现在的多数养老机构更愿意接收完全自理或基本自理的老人。原因是多方面的，养老院护理人才的缺乏是原因之一，由于不能很好地满足老人的照料需求，很多养老院往往不能接收需要长期照料的老人，而多接收一些身体状况较

① 王莉莉等：《北京市社区敬老院服务状况调查》，中国老龄科学研究中心老龄社会保障和产业研究，2004年9月29日，http：//www.ocan.com.cn/zjlt-sqfldcbg.htm。

好、没有太多照料需求的老人，从而不能满足那些由于缺乏家庭照料资源而需要住进养老院的老人的需求。其次，年龄较大、不能完全自理的老人发生各种意外的可能性也比较大，而由于目前相关法律、法规不健全，没有明确的责任与义务关系以及补救性的保险，老人一旦出现意外，家属和养老机构常常对簿公堂，这也使得许多养老机构为了规避风险，而更多地选择身体状况较好的老人。

值得说明的是，2009 年一年新建 15815 张养老床位，显示出政府已经认识到北京市养老问题的紧迫性，并且开始花大力气加快养老机构的建设和养老床位的供给。但是，上述供需间结构性的矛盾仍然在延续，需要引起高度的重视。

四 新型居家养老服务模式正在启动阶段

（一）北京启动居家养老新模式

居家养老是近年来在先期进入人口老龄化国家首先提出的一个新概念。这里的“家”是指养老的一种载体，与建立在家庭经济基础上的家庭养老是有本质区别的。因为这时老年人养老的经济来源不是依靠家人和子女，而是政府发给的退休金，生活照料和精神慰藉大部分也来之于社区和邻里所提供的各种服务。居家养老是发达国家社会保障有了充分发展的情况下提出的。这种居家养老并不是家庭养老而是社会养老的一种方式。

新型居家养老服务模式立足家庭、依托社区，以上门服务和社区日托为主要形式，为老年人提供日间照料、生活护理、家政服务及精神慰藉等综合服务，让老人们在自己熟悉的生活环境中实现养老。其基本运作方式是在社区创办老年人服务中心或服务站，提供定点和流动的服务。老年人可以直接去服务站获得就餐、清洁、娱乐或日托等服务；对于部分或全部丧失出户能力的老年人，由经过专业培训的人员上门提供服务。

北京市于 2008 年启动了居家养老服务试点工作，北京市民政局、财政局联合下发《关于深入开展居家养老服务试点工作的通知》和《北京市特殊老年人养老服务补贴办法（试行）》，在北京市 10 个区（城八区以及房山、顺义）统一推行居家养老服务和特殊老年人养老服务补贴政策。

2008 年 10 月 8 日，北京市老龄委公布了《关于加强老年人优待工作的办法》，实行 11 项更大力度的老年人优待政策，凡具有本市户籍的 60 周岁以上老人均属优待对象。

2009 年 10 月 25 日，“北京市市民居家养老（助残）服务办法”（又称“九养”办法）经市政府审议原则通过，并于 2010 年 1 月 1 日起施行，将先在各个区县试点，然后逐步全面推行。这是在全国率先对居家养老服务进行的规范化试点。该办法出台后，北京市此前推行的各项养老服务措施都将以制度的形式进一步确立。

政府希望通过这种为孤寡贫困老人购买社会服务的机制，整合社区资源，打造社区居家养老服务平台，推进养老服务社会化、市场化，让那些有居家养老意愿并且有经济实力的老人也参与进来，自费购买服务，最终为“居家养老”走出一条福利化和市场化相结合的道路。

可以说，这一模式投入少、资源利用率高、覆盖面大，与传统文化吻合，适合中国国情，是中国式的养老服务之路。① 目前，北京市的居家养老模式已经启动，但其发展还处在初级阶段，要实现到 2020 年 90% 的老年人在社会化服务协助下通过家庭照顾养老，6% 的老年人通过政府购买社区照顾服务养老，4% 的老年人入住养老服务机构集中养老，即“9064”养老服务格局目标，仍然有相当漫长的路要走，有很多现实的问题需要克服和解决。

（二）居家养老服务模式在运作中存在的问题和困难

1. 服务对象的覆盖面仍比较狭窄

自 2008 年 10 月居家养老服务试点开展以来，截至 2009 年 5 月，北京市已投入居家养老服务方面的经费约 4559 万元，其中市区民政部门投入约 3478 万元（不含特殊老年人养老服务补贴经费）、街道乡镇政府投入约 868 万元、社会各界投入约 213 万元。目前 10 个试点区已有 2405 个城乡社区启动了形式多样的居家养老服务，月服务约 70 万人次，其中开办老年饭桌或老年送餐服务的城乡社

① 《新型居家养老：应对我国老龄化问题的一个良策》，2009 年 10 月 26 日，http://news.xinhuanet.com。

区472个，月服务约9.8万人次。在10个试点区，已有4.5万老年人获得养老服务补贴资助，累计向20.5万人次发放补贴金额1207.8万元，服务达31.9万人次。[①] 从上述数据和笔者的走访调查可知，目前社区居家养老服务对象的覆盖面仍比较狭窄，仍有相当多的老年人未享受到居家养老服务，甚至许多老人称只是在电视新闻上听说过有居家养老服务，但并不知道自己所在的社区是否已经开展。

2. 服务内容有限

自居家养老服务试点以来，北京市立足社区、面向老年人的服务机制从无到有，取得了不小的发展。但是从服务内容角度来看，目前的居家养老服务还只是星星点点，服务能力薄弱。主要集中在家政服务和日间照料的就餐服务方面，而对老年人的精神慰藉服务和医疗保健服务等还很欠缺。由于可以选择的服务项目太少，老人手里的“养老服务券”花不出去，甚至出现将居家养老服务券变成“购物券”的现象,[②] 违背了政策原有的初衷。

3. 合格的专业服务人员严重缺乏，服务质量有待提高

目前北京市社区居家养老服务队伍主要是由本社区“4050”人员以及外来务工人员组成。服务人员的专业素质普遍不高，缺乏基本的老年保健、护理、康复知识和技能。有的社区受资金不足的限制，上岗前没有对服务人员进行培训，而服务人员的工作主要也就是帮助老年人做家务而已。

4. 运行机制不健全

居家养老服务是一项新兴的事业，新的养老服务市场正处在萌芽时期，运行机制尚不健全。从供给的角度来讲，目前主要处在政府扶持推动的阶段，无论是建设服务设施、成立服务机构、设立服务项目都是由政府来完成的，而民间资本参与动力不足。同时还存在基层社区工作人员少、任务重，无力顾及养老服务以及为老年人服务积极性不高等情况。从需求的角度看，老人们是有居家养老的需求的，但一方面由于刚刚开始试点，绝大多数人对这种养老模式并不十分了解，另一方面老人们又有着差异化的需求和自身预算约束的限制，潜在需求尚未转化为现实需求，从而造成有效需求不足。

---

① 北京市民政局社会福利管理处：《北京市2009年以来养老服务事业发展情况》，2009.7。

② 《居家养老服务券缘何变成购物券》，2009年12月19日，http://www.qianlong.com。

五　对策建议

通过上述分析，北京市城八区的养老事业虽然取得了不小的成绩和快速的发展，但较之于经济建设、城市发展以及人口老龄化的速度仍滞后很多，存在不少的困难和问题。为了保证经济社会的协调发展，政府及社会各界需要付出巨大的努力，加快社会建设的步伐，构建适合的、完善的养老模式体系。

（一）对老年人群体进行细分与合理定位是大前提

老年人群体的差异化程度很大，因此对养老模式与养老服务的需求也存在着相当大的差异，不能一概而论，不能用相同或相似的方式解决所有老年人的养老问题。前述机构养老模式和居家养老服务存在的许多问题，都与没有对老年人群体进行合理细分与定位有关。

对老年人群体细分的主要变量包括以下几个：年龄与身体状况、空巢状况、丧偶状况、经济状况等。具体而言，刚刚退休的低龄老年人，其身体健康状况通常较好，不需要过多的生活照料，而是如何调整好心态，适应退休后的生活状态，排解空巢后的心理失落感，重新找到生活的重心，即精神方面的需求；随着年龄的逐渐增大，身体机能的日益下降，老人对生活照料和医疗护理的需求将会渐渐增加，将更多地需要子女的扶助以及社区的居家养老服务，也有一部分老年人会考虑入住养老机构；当老人在夫妻双方均无法自理或丧偶的情况下，将会依赖子女或考虑寻求养老机构的帮助。另外，老年人的经济状况也决定其对养老模式的选择，经济状况良好的老人对养老服务的质量有更高的要求，而经济状况较差的老人则可能受制于预算约束的限制而不能满足基本的养老需求。

只有摸清城八区老年人口的详细情况，对老年人群体进行细分，才能为养老供给提供合理的定位，这是解决现阶段城八区养老问题的大前提。

（二）分层次、分类别构建全方位、立体型的养老模式体系[①]

在对老年人群体进行细分与合理定位的基础上，应做好规划，分类别、分层

① 参考首都社会经济发展研究所课题组《完善北京市养老模式体系政策研究》，《前线》2009年第9期。

次构建全方位、立体型的养老模式体系，使供需能够充分对接，减少本来稀缺的养老资源的浪费，切实解决关乎民生的养老问题。

1. 分层次、分类别建设和管理养老机构

政府投资建设基础性、保障型养老服务机构，以低收入老年人为服务对象，实行政府定价；政府通过政策扶持社会力量建设一般性、舒适型养老服务机构，以一般工薪老年人为服务对象，实行政府指导价，使多数普通老年人愿意住且能住得起；此外，还应有完全市场化运作的高档型养老服务机构。这些机构的比例分布需要经过严谨而完整的调研来确定。

同时，养老机构还应在行业内逐步形成专业化分工，建立起老年公寓、护理型养老院、老年康复院和临终关怀院等不同级差的机构，对老年人提供不同层级的服务；亦可专门建立能收养痴呆老年人等的专业机构。

2. 大力发展社区中的小型养老院

小型养老院是指利用街道或社区闲置房产或自有住房，以家庭成员或招聘专业服务人员为员工，为入住的老人提供日常照料服务和护理服务的小型养老机构。社区小型养老院可以充分利用社区内的闲置资源，避免了修建专门养老机构的高昂成本，还可以满足城八区老年人就近入住的需求，弥补养老机构分布不合理的缺陷，应该大力发展。

3. 整合社区资源，进一步完善和推进居家养老

基层社区的建设是未来政府工作的重点之一。应充分调动起基层社区工作人员为老年人服务的积极性，将社区所有老人的自然状况资料和健康状况资料都建立起电子档案，在社区为社区老人建立起管理和服务的机构以及信息沟通系统；创建完备的居家养老服务体系，充分整合社区资源，全面覆盖不同年龄阶段、不同需求层次、不同情趣爱好、不同服务对象的老年人群；为老年人的老有所管、老有所养、老有所乐、老有所为、老有所医、老有所安提供全方位的服务，使老年人尤其是多数普通老年人不出社区就能享受到低偿、微利的基本的休闲娱乐、精神慰藉、生活照料、疾病预防、治疗、康复、护理等服务。

（三）政府应明确角色与职责，引导和促使社会各界共同努力，推动老龄事业健康发展

养老本质上是一种社会公共事务，应依靠政府来引导，纳入社会管理和公共

事务管理范畴。在完善养老模式过程中，政府应明确自身的角色与职责，既要克服政府职能缺位的现象，又要避免“越俎代庖”，这样才能理顺机制，引导和促使社会各界共同努力。

政府应当承担的职责主要包括以下方面：对养老模式体系进行合理的规划；对困难老人进行保障；健全养老服务的规范和标准；监督养老服务的质量和服务的水平；引导相关法律法规的制定；保障和维护老年人的权益；完善近郊、远郊区的医疗设施建设；推进养老院的医疗服务与现行医疗保障制度的衔接；加快养老服务人才队伍的培养；建立保障社区居家养老服务顺利运行的长效机制；充分调查和了解实际情况，出台切实的激励政策鼓励社会各界、各种社会资源和市场主体从事为老服务；对照料高龄老人的照料者给予适当的关爱与照顾；营造全社会敬老爱老的氛围等。

总而言之，致力于老龄事业的政府职员、学者、社会工作者和企业家如能对老龄群体进行深入细化的研究，齐心协力、共同努力，对不同层次的老年人提供有针对性的养老服务，北京市城八区的养老事业的发展将会更加健康、快速，“9064”的目标将能顺利实现，“老有所养”的理想亦将变为现实。

Difficulties and Countermeasures of Beijing Urban Endowment Problem

Zhou Yan

Abstract: As early as in 1990, Beijing had already entered the ranks of the aging city. Old-age problems are particularly urgent in Inner Eight districts. The characteristics of aging mainly in three aspects: 1) There are a large number of elderly people; 2) The elderly population growing year by year; 3) The aging of the aged is obviously. However, the traditional mode of providing for the aged by family have gradually weakened. In 2009, the old-age care of Beijing has made rapid progresses. During the year, elderly bedspace increased by 15, 815, and the "Beijing Citizens Old-Age (Disabled) Home Care Service Approach" (also known as "Nine-Support"

Approach) has issued. But at present, there are still all kinds of structural contradictions between supply and demand in the mode of institutional providing for the aged; the elderly home care mode has just started, there are still numerous problems and difficulties. How to go out of the plight of the old-age issue, still needs long exploration and unremitting efforts. This article aims to analyses and discussions the above problems, try to solute the old-age problems of the Eight districts in Beijing.

Key Words: Aging; mode of providing for the aged; Institutional providing for the aged; The elderly home care

2009年北京推行“新农保”带来的新变化

杨桂宏*

摘　要：2009年，北京市实现了城乡一体化的养老保险改革，农村居民可以和城市居民一样拥有养老保险。本文回顾了北京市农村养老保险改革的历程，对现行农村养老保险模式、养老保障的功能、多种养老保险制度的运行特点进行分析，指出北京市农村养老保险制度存在的问题，并提出逐步完善的建议。

关键词：新农保　保障模式　城乡一体化

2009年，北京市农村养老保险制度改革实现了跨越式发展。北京市在全国率先建立城乡居民养老保险制度，实现了城乡居民全覆盖。城乡居民养老保险实现了统一的保险制度、统一的缴费标准、统一的保险待遇、统一的衔接办法。城乡居民尽同样的义务，享受同样的待遇，打破过去市民养老保障按城镇和农村分类的两线格局。① 在2010年初，各大新闻媒体网络纷纷报道北京市城乡居民养老保险制度改革实现了城乡养老保险制度的一体化。那么，北京市农村养老保险制度是怎样走过这一历程的？作为在农村养老保险制度改革方面走在全国前列的地区，北京市现行的农村养老保险制度有哪些鲜明的特点？在推进改革的过程中是否还存在一些问题？这些问题如何改进？北京市农村养老保险改革为全国范围推行养老保险改革提供了哪些可资借鉴的经验？课题组通过对北京市农村养老保险制度改革及其实施情况的调研，对北京市农民养老保险制度模式、特点及其在

---

* 杨桂宏，北京工业大学副教授。

① 2009年1月6日《新华日报》焦点新闻A3。

推进的过程中取得的成就和问题进行了分析，并通过与全国“新农保”政策比较分析，提出其对全国“新农保”工作推进的借鉴意义以及进一步完善的建议。

一　北京市农村养老保险制度改革

20 世纪 90 年代，随着农村劳动力人口的转移、家庭结构的变化和土地保障功能的下降，农民的养老问题成为农村社会保障制度建设面临的首要问题。因此，早在 1987 年、1991 年初北京市就确定顺义、大兴为首批农村社会养老保险工作试点区县。1992 年，在海淀、石景山、房山、顺义、通县、延庆等 6 区县的各个乡镇全面推开农村社会养老保险。1995 年，北京市政府发出《关于加快建立农村社会养老保险制度的通知》（京政办发［1995］107 号），全面推开农民自愿参加，以个人缴费为主、集体补助为辅、国家给予政策扶持的个人储蓄积累式农村社会养老保险模式。到 1998 年，北京市所属 14 个区县，243 个乡镇，34.5 万农民参加了这项制度，积累养老保险基金近 2 亿元；1905 人领取了养老保险金，支出养老保险金 65 万元，人均 340 元左右。1998 年，根据国务院的部署，这项业务从民政部门移交给劳动和社会保障部门，1999 年实现了平稳过渡。2000 年，参保的农民已经达到 40 万人，积累基金 4 亿元。由于“老农保”实行完全储蓄积累的个人账户模式，养老保险账户的基金主要用于银行储蓄和投资国债，1996 年后银行利率多次下调，导致基金保值增值功能难以实现。同时由于各县区经济发展水平不平衡，养老保险又采取自愿的原则，因此，在“老农保”实施阶段，养老保险覆盖率一直没有达到预期的效果。

在城乡差距不断扩大，农村养老现实问题日益突出的情况下，如何推进农村养老保险制度改革就成为迫在眉睫的问题。因此，党的“十六大”提出有条件的地区积极探索建立农村社会养老保险制度。为了克服旧制度的不足，推进农村养老保险制度的改革，北京市在 2002 年以后，先后在怀柔、密云、大兴和通州进行了筹资模式的改革试点、失地农民参加社会养老保险的试点和农村社会养老保险制度全面改革完善的试点。在筹资模式改革试点中，增加了政府在筹资方面的责任。2005 年底北京市人民政府发出《北京市农村社会养老保险制度建设指导意见》，明确了建立农村社会养老保险制度的指导思想和基本原则、制度模式、适用范围、资金的筹集、缴费机制、保险待遇、农村养老保险与城镇保险的衔接、基金的管理和监督、管理服务机构、具体措施等十个方面的内容。围绕探索建立新型农村社会养老保险制度进行了一系列创新，规定市、区两级财政从次年起对参加社会养老保险的农民进行政府补贴。2006 年起，市财政对参加农村社会养老保险的农民实行补贴，按照平原地区农民每人 25 元、山区每人 35 元的标准，通过分税制财政管理体制落实专项资金。各区县财政均按照年龄大的多补、年龄小的少补的原则，以多种方式对参保农民进行补贴。北京市在对“老农保”改革中增加了政府在筹资方面的责任，为此后展开的北京市新型的农村养老保险制度改革奠定了基础。

2007 年 12 月 29 日，北京市政府下发了《关于印发北京市新型农村社会养老保险试行办法的通知》，标志着北京市“新农保”制度的确立。“新农保”确立了个人账户和基础养老金相结合的制度模式，这与“老农保”中的完全个人储蓄积累式的保障模式不同，其中新增的基础养老金部分主要由政府的财政来承担。此外，“新农保”还进一步明确了政府在管理服务、资金保值增值等各个环节的责任。与此同时，北京市还下发了《关于印发北京市城乡无社会保障老年居民养老保障办法的通知》，标志着北京市覆盖城乡居民的养老保障体系基本建立。至此，北京形成了企业职工基本养老保险、城乡居民养老保险、福利养老金和机关事业单位退休金制度新格局。但是，在这些制度之外还有两部分人群未被养老制度覆盖。一部分是劳动年龄内无固定收入的大龄城镇居民（包括农转居人员），另外一部分是超过劳动年龄的城乡女性居民（城镇 51 ~ 59 岁、农村 56 ~ 59 岁）。因此，2009 年初，北京市又在“新农保”框架基础上新建了“城乡居民养老保险制度”。城乡居民保险制度采用弹性缴费办法（最低标准为农村居民上一年度人均纯收入的 9%，最高标准为城镇居民上一年度人均可支配收入的 30%），居民可在缴费标准的上下限之间，按照各自缴费能力选择。这是北京首次打破城乡界限，建立城乡统筹的居民养老保险制度。至此，北京市农村养老保险在保险制度、缴费标准、保险待遇、衔接办法及基金管理五个方面与城区实现了统一。在全国范围内，北京市是首个在省级范围内实现了城乡统一的养老保险制度的城市。

在农村养老保险制度改革过程中，改革进度与制度本身的设计密切相关。这一点可以从北京市历年农村养老保险参保率的变化与制度改革的关系中看出。表 1 显示的是 1993 ~ 2009 年 8 月底北京市养老保险历年参保情况的变化。从中我们可以看出，1995 年北京市“老农保”确立起来以后，农民的参保情况曾有过一个较快的发展阶段。但是到2000年以后，农民参保率一直停滞在25%左右。直到2006年，参保情况才有了进一步的发展，这与北京市各级政府给予参保农民个人账户进行补贴的制度规定密切相关，这一发展持续到2007年底。到2008年后，由于制度规定中增加了由政府承担的基础养老金部分，推动了养老保险参保率飞快发展。仅一年的时间参保率就从36.6%直线上升到84%。到2009年8月底，农村居民的参保率提高到90%。由此可见，农村养老保险制度的推进速度与农村养老保险制度本身的规定密切相关。

表1　北京市农村社会养老保险部分年度参保人数、参保率

年　度	1993	1995	2000	2003	2004	2005	2006	2007	2008	2009/8
参保人数(万)	7.8	15.6	38.5	33.7	35.1	40.6	44.8	49	110	138.1
参保率(%)	5	10	25	24	25	25.5	29.3	36.6	84	90

资料来源：梅阳、吴凤：《论北京市农村社会养老保险制度改革》，《北京社会科学》2006年第3期；北京市相关年度的国民经济和社会发展统计。

在全球许多国家和地区的养老制度越来越趋于私有化的趋势下，中国的农村养老保险制度从启动之初就带有这种明显的时代特征。但是，制度改革推进进程的缓慢和农村对养老保险的迫切需求之间形成鲜明的对比。在贫富差距、城乡差距日益扩大的同时，农村的老龄化、空心化、留守老人与留守儿童等各种现实的问题都在呼唤着农村养老保险制度的改革。因此，在中国的农村养老成为越来越突出的社会问题的背景下，政府必将在养老保险制度的改革中承担更多的财政责任。但我们不能就此说中国的农村养老保险制度改革逆世界历史潮流而行，这只能说明中国政府在社会转型过程中具有大局意识，责任意识。

二　北京市新型农村养老保险制度特点

北京市“新农保”制度改革是沿着促进社会公平正义、破除城乡二元结构、逐步实现公共服务均等化的社会政策方向进行的。因此，在制度的设计上，不仅体现了社会保障制度的公平性原则，也从城乡统筹发展的大视角出发，推进北京市城乡养老保险的一体化，促进城乡经济社会的协调发展。因此，北京市农村养老保险制度的改革更新了原有的保障模式，实现了多种制度之间的顺利转接，使养老保障的社会功能得到进一步强化。

1. 保障模式更新

新型农村养老保险制度确立了以个人账户与基础养老金相结合的制度模式。与原来的“老农保”制度相比，“新农保”在建立个人账户的基础上，增加了基础养老金部分。相对于原来“老农保”制度的完全累积式个人储蓄保障模式，“新农保”制度确立起来的个人账户+基础养老金的保障模式更多地体现了养老保险制度的公平性和普惠性原则。

现代养老保险制度的建立就是为了解决工业化过程中出现的养老的社会问题而建立的。因此，该项制度刚一建立就具有社会性、互济性和大数法则等这样一些特点。虽然早期养老保险制度大多实行现收现付制，但由于实行的是强制性缴费原则，因此从其建立之日起就解决了当时的养老问题。尽管西方农村养老保险制度的发展大都晚于城市职工养老保险制度，但西方工业化的发展与我国路径不尽相同。因此，在农村养老这一问题上，我国与西方国家面临的实际情况并不相同。在工业化过程中，中国农村面临现实的养老问题要远比西方农村社会突出得多。西方在工业化、市场化的过程中，社会的弱势群体和贫困群体大都积聚在城市。而我国相反，收入微薄的普通农民或者城市化淘汰下来的老弱病残群体大多集聚在农村。在传统的家庭养老和土地养老功能越来越弱的情况下，农村养老面临的问题越来越突出。因此，在农村养老保险问题上，我们不能完全模仿西方，完全根据现代西方养老保险改革的潮流脱离实际地进行制度创建。

在进行农村养老保险制度构建的过程中，我们曾经试图让农民自己承担起养老保险的完全缴费责任，但是中国社会发展的现实与这样的制度设计完全不符。因此，“老农保”的实践证明没能取得成功。在政府增加了基础养老方面的经济投入之后，农保制度的推行取得了明显的进展。这样的模式设计不仅体现了在城乡收入差距不断扩大的社会现实条件下，社会保障在国民收入的二次分配过程中发挥了缩小贫富差距的作用，更好地体现了养老保险的普惠制原则。以前的城乡养老保险制度设计，政府对城市居民所承担养老保险责任要远远多于农村居民。这样，养老保险制度改革不仅没有缩小城乡差距，反而加大了二者间的差距，致使养老保险政策的社会功能走向了制度预期的反面。因此，近些年来，以中国社会科学院景天魁研究员为代表的一些学者倡导养老保险改革要做到底线公平。从北京市目前的养老保险制度改革的进程来看，“新农保”制度中政府承担基础养老金的财政责任，实现了参保农民平等享有。这不仅体现了养老保险制度的公平性、社会性和普惠制原则，也充分说明北京市建立起了经济社会发展成果的城乡共享机制，体现了政府在推动城乡经济社会均衡发展方面所作出的努力。

2. 制度转接顺利

新型农村养老保险建立了城乡养老保险制度相互衔接的新通道。“新农保”制度规定，城乡居民养老保险与城镇职工基本养老险之间可以相互转接。农民转成城镇居民参加城镇基本养老保险时，农保缴费可按相应年度城镇基本养老保险缴费折算缴费年限。制度规定：在城乡居民养老保险和基本养老保险都有缴费记录的人员，达到退休年龄时，不符合基本养老保险按月领取条件的，可将其转入其户口所在地的城乡居民养老保险个人账户，其基本养老保险每满一年的缴费年限视同城乡居民养老保险一年的缴费年限。① 例如：参加城镇职工养老保险的农民工到达领取年龄时不符合按月领取条件的，可按一次性待遇的政策，将资金转入农保经办机构，建立农保个人账户，按农保规定享受待遇。参加“老农保”的农民在制度改革以后，“老农保”的缴费依然有效，直接计入其个人账户。这样，“新农保”制度不仅实现了新老农保制度之间的转接，还实现了城乡养老保险制度之间以及“新农保”与农民工养老保险制度之间的转接。

“新农保”制度衔接通道畅通是与该项制度设计密切相关的，“新农保”制度在制度框架结构和缴费机制上的设计为多种制度之间的顺利对接奠定了基础。首先，从保障模式来看，原来单一的个人账户制度模式不利于城乡养老保险制度的对接。但是“新农保”增加了基础养老金部分以后，与城镇养老保险的制度框架基本相同，都是社会统筹 + 个人账户。尽管“新农保”没有明确的社会统筹账户，但由于账户资金全部来源于财政，并列入财政预算，形成了一个虚拟账户，并向受益人发放均等的基础保障养老金。因此，基础养老金部分相当于城镇社会统筹账户支付的基本养老金，尽管城镇社会统筹账户的资金来源是多元化的。制度框架的同构有利于城乡养老保险关系的转移接续，从而促进了城乡劳动力的流动和城乡统一的劳动力市场的形成。其次，在缴费标准的设计上，制定了既统一又灵活的缴费标准。政策规定：养老保险的最低缴费标准为农村居民上年

① 《北京市城乡居民养老保险实施细则》，北京市劳动保障网，http：//www.bjld.gov.cn/LDJAPP/search/fgdetail.jsp？no = 11013。

人均纯收入的9%，最高缴费标准为城镇居民上年可支配收入的30%。最低和最高缴费标准的制定，体现了养老保险的统一性；同时在下限和上限之间参保农民又有自由选择的权利，这充分体现了制度设计的灵活性和充分人性化考虑，即不同参保人的缴费能力不同。这为城乡养老保险一体化和多种制度的对接提供了条件。

3. 养老功能增强

判断一项制度建设的成功与否，一个最重要的衡量标准是看这项制度是否完成该项制度设计的功能目标，农村养老保险制度也不例外。

“新农保”与“老农保”制度比较，在满足养老需求方面，养老保障功能明显增强，主要体现在以下几个方面。

首先，“新农保”比“老农保”更好地解决了即期老年农民的养老问题。“新农保”政策规定，2008年12月31日前男满45周岁、女满40周岁的人员，不受15年缴费年限的限制，只需按年缴纳保险费，达到领取年龄，就可按月享受城乡居民养老保险待遇。这也就是说，一位59岁的男性农民，或者54岁的女性农民，只要交上一年的养老保险，就可以长期享受政府的基础养老基金。虽然北京市在此之前实行了福利养老金制度，但是基础养老金的数额要高于福利养老金。这不仅大大地激发起不满15年缴费期农民参保的积极性，也很好地解决了这一群体的养老需求。在“老农保”制度中，老年农民尽管养老需求强烈，但或者苦于不能一时拿出大量资金进行趸交养老费，或者考虑到养老保险与自己储蓄养老的区别不大，因此参加保险的积极性并不高。也就是说，“老农保”并没有解决即期老年农民的养老问题。从解决现实社会养老问题的角度来讲，“新农保”进一步增强了养老保障功能，这对缓解农村家庭养老的压力和改进家庭关系等都有着重要的现实意义。在社会调查过程中我们发现不论是领到福利养老金还是养老保险金的农村老人，他们对北京市农村养老改革都“非常欢迎”，表示“自己的手头较以前更宽松了”，“有时还能给孙子一点零花钱”，“媳妇看咱也顺眼了”。

其次，“新农保”比“老农保”领取的养老金明显提高。按照北京市“老农保”政策的规定，农民领取的养老金主要根据个人账户的积累情况按月领取。从当时参保农民选择的缴费基本情况和领取情况来看，参加“老农保”达到领取条件的农民每月领取的养老金为100元左右。但是“新农保”制度改革以后，农民领取养老金不再完全依靠个人账户的积累，每月280元的基础养老金已远远超过个人账户领取的平均水平，二者加在一起，基本会达到400元左右，已经高于北京市最低生活保障的水平。同时，基础养老金部分还确立了稳步的增长机制，会随着北京市社会经济发展状况逐步进行调整。养老金大幅度提高对农村老人的养老保障而言，其保障的经济功能有了明显增强。

再次，从养老保险的覆盖面来讲，养老保险覆盖率越高，该项制度的养老功能越强。尽管新老农保都实行的是自愿缴费原则，但是由于制度不同，农民自愿参保的积极性也不同。"新农保"增强了政府在农村养老保险方面的缴费责任，农民感受到制度对自己养老方面的好处。因此，农村养老保险制度改革之后，保险的覆盖率明显提高。从2007年到2008年，仅一年的时间参保率就从36.6%直线上升到84%。参保率的明显提高，为该项制度养老功能的充分发挥奠定了基础。

三　北京市农村养老保险制度改革存在的问题

作为我国的首都，北京市在农村养老保险制度的改革无疑是走在全国的前列的，这不仅仅反映了党和国家对这一问题的重视，也为全国的农村养老保险改革提供借鉴经验。但在研究的过程中，我们发现北京市的农村养老保险在取得突出成绩的同时，也还存在一些问题。

1. 年轻人参保动力不足

在调研的过程中我们发现，面对"新农保"制度，农民参保的积极性与参保农民的年龄成正比关系，年龄越大，参保的积极性越高。反过来，越是年轻人，越是对"新农保"的参保积极性不高。甚至一些在"老农保"时期已经缴费的年轻人在"新农保"实施后，不再续保。2009年12月课题组对大华山镇的调查显示：2009年，大华山镇男（45～60岁）、女（40～55岁）这一参保群体占总参保群体的比例为69%。但是如果这一参保群体与当年总参保人数相比，其比例竟高达87%。在参保人群中除去这一群体，剩余的参保群体，也是越年轻参保的比例越低。这一点，从刘瑞旋和张大勇在昌平区沙河镇老牛湾村的调查中也可以得到印证。2008年3月，昌平区沙河镇老牛湾村参加"新农保"的152人中，30岁以下9人，占参保总人数的6%；30～45岁46人，占参保总人数的

30%；46~59岁97人，占参保总人数的64%。[①]

在调研过程中，通过对年轻人的访谈，我们发现了年轻人对“新农保”参保积极性不高的原因。他们不参加“新农保”并不是因为他们对“新农保”制度本身有什么看法，或是持批评性的意见，他们主要是从以下几个方面考虑这一问题。首先，他们对养老保障的需求并不强烈，“养老还是很多年以后的事”。其次，“新农保”制度规定，缴费只要累积满15年，就可以享受养老保险，但是“我们距离到老还有好多年呢”、“现在不急”。再次，农村养老保险这几年一直在改革，而且改革的趋势是在加强政府在农村养老方面的财政责任。因此，年轻人还有疑虑，他们担心“政策将来会不会再变”、“现在缴费会不会吃亏”等。还有一点就是他们对自己的未来预期也很不明确。尤其是刚刚步入社会、工作时间不长的20多岁的年轻人，他们在快速城市化的社会转型过程中，每个进城就业的工作机会都会影响他们对养老保险的参与。一旦他们进入城镇就业，企业就会承担他们在养老保险上的主要缴费责任。更何况社会发展的现实是越来越多的年轻人进入城镇就业。“村里哪还有20多岁的年轻人在种地呢?”在这样的心理预期下，年轻人把参与“新农保”的任务留在了以后。但是为什么原来一些年轻人愿意参与“老农保”呢?这就是“老农保”与“新农保”制度规定的不同所导致的。“老农保”实行的是完全个人账户积累的模式。而且，在改革的后期，北京市各级政府增加了对个人账户的补贴。在当时的制度预期下，更多的责任是社会个体。因此，能够更多地得到政府补贴，积累自己的个人账户是当时年轻人参保的主要动力。虽然现在“新农保”也规定每年政府会给予30元的补贴，但是规定补贴年限不超过15年。这与原来的制度引导不同。所以，才出现了一些参与了“老农保”的年轻人面对“新农保”不急于参加的现象。

尽管在西方早期养老保险制度实施过程中，也曾出现过年轻人参保积极性不高的问题，但是其性质和解决办法与我国现在农村养老保险并不相同。在现收现付制的养老保险模式下，没有个人账户的积累，个人养老如何并不与自己养老缴费相关，而是受当时就业者的人数和国家经济社会发展的整体状况所决定的。因此，年轻人缴费的动力不足。当时的社会保障制度推行主要是通过强制性的缴费

① 刘瑞旋、张大勇：《京郊新农保参保状况分析——对北京市昌平区沙河镇老牛湾村的调研》，《乡镇经济》，2009年第5期。

办法或者通过社会保障税收来解决的。而目前北京市农村养老保险制度中的年轻人参保积极性不高主要的问题是制度引导问题。因此，如果想提高年轻人的参保积极性，还要在制度设计上作必要的调整。

2. 农民缺少制度建设层面的参与

一项制度成功与否，很重要的一点在于制度主体的积极参与。但是，目前我国农村养老保险制度建设基本上都是自上而下进行制度构建的。尽管在制度建设的过程中也有社会调研、地方试点，但是，这并不能简单地说我国养老保险制度的改革已经尽善尽美了。任何一项社会制度都是社会关系的一种构建，如果没有关系主体的参与，这种关系的形成就是单方面的。农村养老保险制度也是一样。养老保险制度建设没有农民的参与，这项制度具有的调适我国阶层关系、缩小城乡差距和进行收入再分配上的功能就要大打折扣。农民参与养老保险制度建设也是培养农民对社会公共事务的参与意识，提高他们维护自身权益的自觉性以及更主动地对社会政策进行监督等都是大有裨益的。在调研的过程中，我们发现农民在维护自身利益上非常理性，也很积极。比如在农村养老保险制度改革和实践过程中，绝大多数农民对这一政策都很关心。“新农保”制度改革过后，基层社保工作人员并没有做太多的宣传，农民都已通过电视网络等媒介详细地了解了这项政策，因此推行起来很顺利。同时，通过不同年龄的人对参与新老农保的态度上，我们也可以看出农民对自身利益的关心。但是，他们的这种选择仅仅停留在对自我利益的维护上，很少关心为什么会制定这样的制度，能否有更好的方案，应该怎样才能更好等这样的问题。这说明了农民缺少对社会公共事务的关心。当问及“新农保”怎么样时，有些农民认为“只要给了就比不给强，给多少都可以”。但是至于为什么给、应该给多少、养老金从何而来等问题他们很少关心。甚至连一些基层政府的公务人员，由于年龄大或是知识水平有限等原因也没有体现出更高的觉悟和思想意识。当问及他们各级政府是如何承担养老保险的财政经费问题时，他们表示不知道，而且认为“只要钱给了，发下去，完成任务就可以了”。

面对北京市农村养老保险制度的发展，当然应该看到它从无到有，从低覆盖率到绝大部分人都有了养老保险的巨大成绩。但是，我们不能仅仅满足于社会保障覆盖率达到一个多高的水平。因为当我们细观农村养老保险制度建设的过程时，仍然会发现通过行政命令和指标化的手段来推行养老保险制度，也会看到有

些地方还是把它当做地方政绩的一个重要招牌，而农民还没有参与到制度建设中来。当然肯定有人会认为这是由于我国特殊的历史文化传统，农民在对社会公共事务上的关心极少，总是等待和期望政府出台政策，而很少有农民自觉地对公共社会事务发表建议和意见。也有人会用“现在的农民都在忙着自己挣钱，谁会有工夫参与这事?”等现实中的困难来反驳。但是，我们不能因为存在这些困难就放弃对农民现代权利意识的培养，这本身也是一种社会建设。因此，北京市农村养老保险制度的推广只是完成了这项工作的第一步。制度建设的初级目标——养老保障的社会功能实现后，还要实现农村养老保险制度的更高层次的目标，提高农民在社会建设过程中的参与意识，增加农民对社会公共事务参与的自觉性。

3. 制度建设的可持续性堪忧

2009 年 6 月，国务院常务会议明确了新型农村社会养老保险制度的基本原则，即“保基本、广覆盖、有弹性、可持续”。北京市农村养老保险改革在“保基本、广覆盖、有弹性”三个方面都已基本完成，但是能否做到健康持续发展呢？从制度建设的目标来看，“可持续”是指要加强农村社会养老保险的体制和机制建设，使得制度能维持自身财务平衡，实现自我完善与发展。保障制度维持本身的财务平衡是这项制度能否持续的一个最重要的因素。因此，我们首先分析一下北京市农村养老保险资金的可持续问题。

农村养老保险最重要的资金来源有两个，一个是北京市财政支持，另外一个重要的来源是农民自身的缴费。目前，从参保的情况来看，养老保险的覆盖率明显提高，但是农民在缴费上体现出的一个鲜明特点就是按照最低标准缴费和最低年限进行缴费。调研中也发现，尽管鼓励多缴费，80% 的村民仍然只缴纳政策规定的最低费用，多缴多得的层次性并没有很好地体现出来。养老保险制度的弹性缴费方式的设计，本意是为了吸引有能力的农村劳动力更多缴费，但是现实变成了最低缴费标准成为最终的缴费标准，这有点类似国家对劳动关系中的最低工资标准的制定。如果按照这样的缴费方式发展下去，农民个人账户的缴费就几乎可以看成年龄在男 50 岁、女 45 岁以上人的养老保险制度，而低于这个年龄的劳动者等于没有纳入进来。我们乐观地估计，如果按照目前的增长速度发展下去，北京市财政投入不是一个大问题。但是如果农民的缴费跟不上，个人账户只成为基础养老金的一个装饰，那么农村养老保险制度有可能变成全民低保制度。

其次，农村养老保险基金的保值增值也是保障制度可持续性发展的一个重要条件。农村养老保险模式中最重要的一个组成部分就是个人账户设计。个人账户作为基金积累制，保值增值问题就是这项制度设计的题中应有之义。但是资金要保值增值，必须要有相应的投资手段。实行以个人账户为主的基金积累制模式与基金投资是一对“孪生兄弟”。那么养老基金的保值增值能否实现呢？从城镇企业职工基本养老保险“统账结合”的制度模式改革的经验中，我们可以看出农村社会养老基金未来也将面临通货膨胀等风险。加之现在的农村养老基金的管理模式和治理结构还没有改革到位，基金的投资和运营中还缺少基金安全的基础性保障。因此，从保值增值这个角度看农村养老保险的可持续性问题前景也堪忧。

再次，在加强农村养老保险制度建设的机制和体制改革以及制度的自我完善和发展方面，也存在很多的困难。

四　关于北京市农村养老保险改革的思考

作为全国的首都，北京市在“新农保”制度的探索和提高农民养老保障水平方面都走在了全国的前列。这不仅体现了北京在调整社会结构，及农村养老保险的社会建设方面为全国起到了示范作用，也为全国的农村养老保险改革提供了很多值得借鉴的经验。同时也应看到，在全国其他地方的农村养老保险改革，同样也取得了许多宝贵的经验。这些试点地区的养老保险改革为北京市农村地区的养老保险工作的进一步改革和发展提供了可资借鉴的经验。

1. 北京市农村养老保险改革对全国的借鉴意义

首先，在进行农村养老保险制度改革过程中，北京的最大特色就是加大了财政投入，实行普惠制的城乡一体化养老保险制度，体现养老保险的公平性原则，这对缩小城乡差距，统筹城乡社会发展，完善养老保险制度建设等都有着极其重要的意义。因此，北京市农村养老保险制度改革为今后在全国范围推行“新农保”工作提供了发展方向。

目前，全国范围的“新农保”改革试点与北京市农村养老保险在制度模式、普惠制原则等方面基本是一致的。但是从统筹的角度来看，北京市作为一个行政区划范围内的城乡养老保险制度一体化改革，与全国范围内各地经济社会发展非常不平衡的条件下进行城乡统筹，或是全国范围的农村统筹都存在不可比拟性。

在农村养老保险的基础养老金方面，全国范围的55元基础养老金，即使在东部发达地区，如果没有地方财政的更多支持，或是没有集体经济的补助，“保基本”的制度目标都不可能实现，更不要说在落后地区，即使国家财政对基础养老金的55元全部给予支持，地方财政在个人账户上的每人每年的30元补助也会很难支付。也许对东部发达地区来说，地方财政根本就不存在问题，但是对于西部，对于地方财政拮据甚至负债的情况下，如何保障这笔资金的来源，还是一个重要问题。再从个人缴费来看，在北京这样的地区，农民缴费都要选择最低缴费标准和最低缴费年限的保险项目，在偏远落后的农村，农民收入如果剩余很少，甚或没有剩余的情况下，是否能够缴费都还是个问题。再有就是其他地区的农民与北京市的农民相比，对养老保险这项新生的社会政策关注程度会更少，他们主要是通过“老农保”来认识“新农保”的，但是在“老农保”推行过程中的不成功又进一步影响了农民对“新农保”制度的认识。因此，在全国如何解决农民对这项制度的接受和认同以及全面推行，要比北京市做更多的工作。

其次，多种制度之间的衔接问题。北京市和全国面临的困难也不一样。北京市目前养老保障制度体系比较完善，不仅在养老保障制度体系内部的各种制度之间的衔接问题基本解决，而且与低保、计划生育家庭生活补助、生育补助、五保户等其他社会福利制度之间作“加法”，增强了各项制度的社会功能。但是，在全国范围内，养老保险统筹层次参差不齐，地方社保制度模式各异，想要实现这些制度之间的顺利转接，或者在地方财政有限的情况下多种福利制度作“加法”等做法较之北京市改革要困难得多。

再次，从农村养老保险的管理来讲，北京在推动城乡居民养老保险制度过程中，逐步建立了一套较为完善的管理体系。北京市不仅制定了业务管理规程、基金财务管理办法和会计核算办法等管理制度，使工作的进行有章可循，而且还建立了方便、快捷、准确的信息系统，对农民“服务一生、记录一生、保障一生”起到了非常好的作用。就全国来讲，在农村养老保险不再提管理费的情况下，这样完善的管理体系建立不仅仅需要信息管理技术的支持，也需要投入更多的人力和财力。在经济落后的农村地区，增加一个人员编制都存在很大的经费困难，要地方财政来解决建立完善管理体系就会更难。但是如果没有专职社保工作人员，仅靠一些临时的行政推动，这个事情做起来就有困难。因此，这样的管理工程在全国范围内建立起来决不会像北京市那样顺利。

2. 完善北京市农村养老保险改革的建议

年轻人是否参保，是否能够连续参保是“新农保”制度能够持续发展的一个重要条件。因此，全国各地“新农保”的试点纷纷采取了具有半强制性质的捆绑式缴费机制，即年满60周岁老人要想领到国家基础养老金，其子女应该参保。北京市在缴费办法中没有进行这样的规定，大大提高了制度对现有老人的养老保障功能。但是前面也谈到，年轻人的参保积极性不高。那么如何提高年轻人参保的积极性呢？课题组认为，北京农村养老保险还要在政策的引导上进行相应的改进。首先，应该加强对农民积极缴费的政策引导。目前北京市农民参保大都选择最低缴费标准和最低缴费年限，缴费机制的多层次性没有体现出来，主要是制度对多缴费的激励强度不够。例如，关于补贴，不论选择哪一个缴费层次，都是30元；不论缴费多长时间，都是补贴15年。在这样的制度引导下，尽管农民也晓得多缴费将来自己养老金也会高，但是对于个人账户基金的保值增值心存疑虑，或是对制度未来发展的可持续性上农民还缺少信任，要求他们积极缴费实在是缺少动力。

年轻人参保积极性不高，主要是因为他们养老需求并不强烈，在成家立业阶段他们更多的需要是资金。因此，选择不参保或者是推迟参保的年龄，可能是他们自我利益最大化的一种理性选择。但是，如果我们在制度设计上能够充分考虑到这一点，相信政策的引导效果会加强。目前，新疆呼图壁县和四川通江县的做法值得借鉴。这两个县采取的方式都是：银行委托贷款的对象必须是农村社会养老保险的参保农户，质押物是农村社会养老保险证，只是出质的对象有所不同，新疆呼图壁县允许农户借证贷款，四川通江县要求必须本人持证件贷款。从养老保险制度结构上看，都增强了个人账户的功能。除了用于养老外，还允许参保人借支用于支付大病住院费，或以保险证质押进行小额贷款，用于生产、生活。这不仅实现了美国华盛顿大学社会福利政策研究者迈克尔·谢若登教授在《资产与穷人》中提出的资产社会政策的理论，[1] 也可以变“死钱”为“活钱”，创新农村金融，实现基金保值增值。在当前我国政府财政支持与金融机构小额信贷相对有限的条件下，积极探索农村社会养老保险基金质押贷款的管理方式具有重要的现实意义。

---

① 〔美〕迈克尔·谢若登：《资产与穷人－－一项新的美国福利政策》，商务印书馆，2005。

同时，在引导年轻农民积极参保上，可以参照陕西省宝鸡市等地的做法，相应降低缴费标准，减少缴费压力。目前北京市农民参保的最低缴费标准已经从原来的农民上年人均纯收入的 10% 降到了 9%，但是这对于一些收入低的农民来讲似乎还存在困难，能否相应再降低一些，可以规定：凡是符合参保条件的农民，在前 15 年缴费期内，通过强制性缴费方式，保证农保资金的可持续发展。在强制性缴费期满后，农民可以进行自愿选择。在自愿选择阶段，以激励延长缴费期限和缴费层次的政策引导农民积极参保，比如累积式政府补贴政策等。

农民缴费通过强制性的规定也好，通过政策的引导也罢，这是保证农民养老保险制度可持续发展的一个重要条件。但是如果政府在农民养老基金的管理上，或是资金的保值增值方面做不出成绩来，北京市农村养老保险政策的可持续发展依然没有保障。

目前，改进农村养老保险基金管理最重要的两个方面是如何保证基金保值增值，如何进行基金管理和监督。在资金的保值增值方面，尽管前面谈到新疆呼图壁县和四川通江县的投资方式，但是那些做法主要是为参保农民提供保障，对于养老保险基金的保值增值问题考虑不多。在需要专业技术很高的金融投资领域，要想让资金实现保值增值，最重要的方式是委托投资管理型基金管理方式。目前北京市的养老保险市级统筹为实现这种基金管理方式提供了便利条件。因此，北京市农保经办机构作为受托人和（或）账户管理人，应该尽快将养老保险基金的投资管理权和托管权分别委托外部竞争性商业机构进行管理。北京市级农保经办机构、基金管理服务机构在从事个人账户养老保险基金管理服务过程中必须进行政务公开，接受来自媒体、社会以及社会保障基金监管机构和金融监管机构的监督。

Beijing New Rural Endowment Insurance Brings New Changes, 2009

Yang Guihong

Abstract: In 2009, Beijing achieved the integration of urban and rural the pension insurance reform. Rural residents have the pension insurance as urban residents. This paper describes Beijing's history of rural pension insurance reform, and analysis the current model of rural pension insurance, old-age security features, switching a variety of pension insurance system, pointing out that Beijing's rural pension insurance system existed problem during the operation issues and make recommendations gradually improved. At the same time, this paper presents experiences of Beijing's rural pension insurance reform to be used for reference in China.

Key Words: New rural pension in surance; Model of rural pension insurance; Integration of urban and rural

2009年北京交通建设新亮点

——地铁4号线

朱 涛*

摘 要： 2009年，北京的轨道交通建设发展迅猛。新开通的4号线是国内第一条以公私合营模式（即“PPP”模式，Public Private Partnership）建设的地铁线路，它的投入运营给北京地铁运营机制的转变带来了契机，同时对政府在社会建设中的角色定位也提出了新的问题。

关键词： 4号线 北京交通 社会建设 政府角色

随着2008年北京奥运会的落幕，2009年北京的经济社会发展正式步入了后奥运时代。交通建设是社会建设的重要组成部分，那么奥运后的第一年，北京的交通建设发生了什么变化，又有哪些新的亮点？本文拟从2009年新开通的北京轨道交通（以下简称“地铁”）4号线入手，分析2009年北京交通建设的新成就及其面临的新机遇。

一 后奥运时代的北京轨道交通建设

作为首都，北京是全国重要的交通枢纽，集中了国内最多的交通资源。北京的交通建设涉及公路、轨道交通（主要是地铁）、铁路、民航等诸多方面。2009年北京的交通建设取得了可喜的成就，其中轨道交通运营里程为228公里、在建里程达280.2公里。六环路、京承高速全线贯通，高速公路总

* 朱涛，博士，北京工业大学社会学系讲师，研究方向：城乡社会学、交通社会学。

里程达到884公里，公共交通年客运量达到65.9亿人次，公交出行比例提高到38.9%。[①] 而本文之所以重点关注轨道交通，主要基于如下两点现实背景。

（一）北京轨道交通建设的迅猛发展

2000年之前，北京只有1号线、2号线两条地铁，长度仅有42公里，共31座车站。随着2001年北京申办2008年奥运会成功，北京的轨道交通迎来了前所未有的发展机遇，发展轨道交通成为方便市民出行、缓解地面交通拥堵的希望。"一年一条新地铁"正成为北京交通建设的新现象。

根据《北京轨道交通建设规划（2004～2015）》，北京地区将于2015年完成轨道交通线路19条，形成"三环、四横、五纵、七放射"总长561公里的轨道交通网络，[②] 将有望超过纽约，成为全球地铁线路最长的城市。届时，北京四环以内平均步行1公里就可达到一个地铁站，而二环内轨道交通网络密度将达到每平方公里1.08公里，五环内线网密度将达到每平方公里0.51公里。具体来说，北京轨道交通建设在2004～2015年间分为三个阶段。

第一阶段：2004～2008年，建成3条线：10号线一期（含奥运支线）、5号线、机场线，累计运营里程达200公里。

第二阶段：2009～2012年，建成8条线：4号线、6号线、8号线、9号线、10号线二期、亦庄线、大兴线、顺义线，累计运营里程达407公里。

第三阶段：2013～2015年，建成5条线：7号线、14号线、大台线、昌平线、房山线。累计运营里程达561公里。[③]

可见，2009年是轨道交通建设第二阶段的首年，是一个重要的轨道交通建设标志年份。事实上，2009年北京有13条轨道交通线路同时建设，具体如下。

建成1条：4号线，北起海淀区安河桥北站，南至丰台区公益西桥站；

在建6条：6号线，西起海淀区五路站，东至通州东小营；8号线，北起回

---

① 2010年1月25日《北京市政府工作报告》。

② 三环：2号线、10号线、13号线；四横：1号线、6号线、14号线一期、7号线；五纵：4号线、5号线、8号线、9号线、14号线二期；七放射：机场线、顺义线、昌平线、大台线、房山线、大兴线、亦庄线。

③ 由于10号线分两期建设，上述三个阶段实际建设15条线。需要注意的是，规划中的线路和最后实际建成的线路可能不完全一致。

龙观，南至美术馆东街，其中一期（奥运支线）已运营；9 号线，丰台区郭公庄至白石桥站与 4 号线衔接；10 号线二期，巴沟到劲松（南面）；亦庄线，起于宋家庄，到达京津城际铁路亦庄车站；大兴线，起点在 4 号线马家楼站南侧，终点大兴新城南部南兆路。

开建 6 条：昌平线，北起十三陵，南至城铁 13 号线西二旗站；房山线，起点房山良乡城南长虹西路和苏庄大街交叉口，终点在郭公庄与地铁 9 号线衔接；西郊线，北起香山，南至 10 号线巴沟站；7 号线，西起北京西站，东至朝阳焦化厂；14 号线，西起长辛店东河沿路，东至朝阳区来广营；15 号线，西起西苑，东至顺义河东。

上述 13 条线路分布在北京城区的各个方位，地铁建设已经与北京市民的现实和未来生活紧密联结起来。因此，将观察 2009 年北京交通建设发展的视角聚焦于轨道交通，也符合 2009 年北京交通建设的现实重点。

（二）轨道交通对北京经济和社会发展的“发动机”效应

2009 年之前，北京的经济和社会发展重点围绕着奥运会展开。在奥运会准备过程中，奥运投资效应对北京经济增长贡献明显。国家统计局北京调查总队、北京市统计局国民经济核算处提供的报告显示，在 2005 ~ 2008 年的“奥运投入期”内，北京市 GDP 的年均增长速度达到 11.8%，较“十五”期间提高了 0.8%，其中 2007 年受奥运影响 GDP 的拉动幅度增长最大，达到 1.14%，2008 年则为 0.85%。[①] 2004 ~ 2008 年间，奥运因素共拉动北京 GDP 增加 1055 亿元，平均每年拉动北京 1% 的 GDP 增长。

奥运之后，特别是 2008 年下半年，受国际金融危机影响，中央政府及时调整宏观经济政策，提出扩大内需保持经济增长，进一步加大基础设施建设力度，各地方政府纷纷出台相应的政策规划。北京市计划在 2009 ~ 2010 年两年内投资 1200 亿 ~ 1500 亿元拉动内需，投资项目包括轨道交通及外部连接线、公路网、新城基础设施、生态环境保护项目等，其中轨道交通是主要“发动机”。[②] 在 2009 年，北京轨道交通投资达到 518 亿元，投资规模首次超过 500 亿元。据估

---

① http：//news. sohu. com/20080728/n258415655. shtml.

② http：//www. ocn. com. cn/reports/2008547beijingguidaojiaotong. htm.

算，1公里轨道交通建设（约需5亿元）能够带动1万个施工生产岗位，同时拉动5000个配套服务就业机会，1亿元轨道交通建设投入可拉动2亿～3亿元高新技术、制造业等相关产业发展。

此外，随着城市化建设步伐的加快，北京市中心城不断向周边辐射，轨道交通建设成为城市拓展的先锋力量。按照规划，北京轨道交通将支持新城发展：昌平、顺义、门头沟等7个新城均有轨道线路与中心城相连，从而促进北京城市空间结构和功能布局的调整和优化。同时，轨道交通也将改善北京的交通出行结构：2015年公共交通出行比例将由30%提高到45%以上，其中轨道交通日客运量从现在220万人次增加到800万人次以上，占公共交通客运量的50%，承担总出行比例由6%上升到23%。车站总数从71座增加至420座，大大方便市民出行。

可见，轨道交通已经并将进一步给北京的经济和社会发展带来深刻的影响，可以说北京市民的生活每一天都离不开轨道交通。

二　轨道交通建设模式的转变

如上所述，轨道交通在北京交通建设中占据着重要地位；而在2009年，新建4号线的开通无疑又是轨道交通建设的亮点。4号线给北京市民带来的不仅仅是舒适出行的新体验，其与生俱来的“PPP”模式也在静悄悄地改变轨道交通建设的原有格局。

（一）4号线基本情况

4号线于2009年9月28日正式通车，代表色为青绿色，其正线全长约28.2公里，北起海淀区安河桥北站，南至丰台区公益西桥站，共设24座车站，除安河桥北站为地面站外，其余均为地下站，全程行车时间大致为47分钟。4号线沿线设换乘站9座（5座待建），主要集中在城市中心区，分别与现有的1号线、2号线、13号线、10号线以及规划中的9号线、6号线、7号线、12号线、14号线相连接。4号线一经开通，日客流量就达到了60万人次。在地理上，4号线穿越了人口密集的丰台、宣武、西城、海淀等4个行政区，沿途经过大型居民生活区、学术文化浓厚的科教区（北大、清华、人大等）、有“中国硅谷”之称的高科技园区（中关村）、繁华的商业区（新街口—西单—菜市口）以及旅游名胜区或风景点（颐和园、圆明园、动物园、陶然亭等），是一条极具特色的线路。4号线开通后，大大缓解了城区西部南北向的交通压力。

与既有线路相比，4号线在建设和装修风格上都体现出独特的个性。“水榭”式车站设计、记忆历史的艺术壁画、时尚新锐的五屏环……这些都体现出4号线与众不同的面貌。4号线在8个重点车站设置了艺术壁画，设计理念为“记忆历史文脉，彰显城市文化，突出地域标志”，强烈地突出了当地的文化特色。在乘坐方面，4号线的弧形扶手、凹型座椅都突出了它“以人为本”的服务理念。

4号线也具有很强的科技含量，是全国首条采用综合减震降噪技术的“安静”地铁，共有6种减震降噪技术，其中梯形轨减震枕道床技术是首次在国内的地铁建设中大规模使用，使用里程近8公里，占全部减震降噪里程的近60%。[①] 在4号线的列车上，司机室前端疏散乘客的“逃生门”在北京也是首次应用。此外，列车每扇车门上方都有一个实时动态显示运行的地图，可以显示运行方向等信息，还有一盏灯专门提示乘客即将到站时开启哪扇车门。而当遇到火灾等极端意外情况时，工作人员凭钥匙开启站台上的“紧急停车按钮”，隧道中行驶的车辆会收到信号并及时停车，不再进站，以免事态扩大。地铁4号线的站台和车厢内共安装了2588块多媒体屏幕，一旦遇到列车故障、车辆停运、晚点等突发情况，液晶屏会将故障原因向车上、站内的乘客进行及时播报。

（二）4号线的“PPP”（公私合营）模式

从2009年到2015年，北京轨道交通计划新建约360公里，按照每公里5亿元投资计算，约需1800亿元的资金，如此巨额的资金需求对传统的地铁投融资模式提出了空前的挑战。为缓解轨道交通建设资金的困境，北京市放开政策，政府号召外资和民营企业进入轨道交通建设领域。与之前已经在北京运营的地铁线路不同，4号线是第一条引入民间资本投资建设并引入社会运营商运营的轨道线路，同时也是国内第一条以公私合营模式（即“PPP”模式，Public Private Partnership）建设的地铁线路。2005年2月，北京市基础设施投资有限公司

---

① http：//www. nxnet. net/caijing/cjzx/200909/t20090925_ 662227. htm.

（BIIC）、北京首创集团公司（BCG）和香港地铁公司（MTR Corporation Ltd.）签署了北京市地铁4号线特许经营项目三方合作经营协议，共同出资组建PPP模式的公司——北京京港地铁有限公司（以下简称“京港地铁”），期限30年。

根据京港地铁和北京市政府协议，4号线工程分为A、B两个部分，总投资153亿元，其中70%由北京市政府出资，30%由特许经营公司出资。其中A部分主要包括车站、区间土建及轨道铺设，投资107亿元，由北京市政府筹资建设并拥有产权。B部分主要包括车辆、通信设施等机电设备购置及安装，总投资约46亿元，注册资本15亿元，京港地铁获得的是B部分。京港地铁中，香港地铁公司和北京首创集团公司各占49%的股份，北京市基础设施投资有限公司占2%的股份。这三家特许公司组成的京港地铁在30年的特许经营期内负责4号线的运营和管理。经营期间，政府不提供运营补贴，京港地铁每年缴纳A部分租金，并通过票款收入与站内商业经营收入等回收投资。政府将通过特许经营协议，对企业提供的服务质量、效益状况等进行考核，以采取相应的激励与约束措施。30年运营期满后，京港地铁将项目设施无偿地移交给北京市政府。这就意味着京港地铁按规定只有30年的时间来实现投资收益。

在“PPP”模式下，4号线的融资、运营和管理三项分开，分而治之。4号线的融资是由北京市政府主导，直接投资额70%占大头，同时第一次引入社会力量，吸引民间资金进入地铁建设，但政府在出资方面保持控制力。在运营上，新组建了京港地铁“特许经营”4号线前30年的运营，一方面这是引入香港地铁先进、成功的运营经验来提升北京地铁的运营质量；另一方面也是按照投资收益的设想，希望京港地铁获得运营收益。在管理上，4号线“特许经营”期内具体的经营管理由京港地铁负责，但由于4号线是北京整个地铁体系中的一个重要组成部分，因此其整个管理权仍然掌控在北京市政府手中。

可见，2009年开通运营的4号线，在北京轨道交通的历史上具有特别的意义，它被视为打破地铁垄断经营，引入竞争机制，加快北京地铁运营管理体制改革，提升整个地铁网络运营管理水平的契机。那么，4号线这种“PPP”模式能否在未来的北京轨道交通建设甚至更大范围内的北京交通中推广？4号线特许经营能否为轨道交通打开盈利之门，吸引社会力量进一步投入公共交通建设中来呢？为了解开这些疑团首先应该剖析4号线的社会效应。

三　轨道交通建设的社会效应

4 号线建成运营，宣告跨越 40 年历史的北京地铁首次出现新的运营主体，北京地铁运营有限公司、北京京港地铁有限公司将在今后地铁的经营中形成适度竞争格局。作为北京第一条引入社会力量参与运营的地铁，事实上早在 4 号线开通之前，市民中间就存在着诸多的疑问：4 号线会和其他地铁线路一样实行全程 2 元票价吗?① 4 号线会不会成为破冰 2 元低票价的一个转折点？地铁会实行计程收费吗？对此，北京市政府和京港地铁方面均表示 4 号线开通后仍将和其它市区地铁实现同网同价，即尽管运营公司不同，4 号线仍与其他地铁共享一个收费区，乘客由其他地铁线换乘 4 号线并不需要另行购票，依然是 2 元一票到底。尽管如此，市民始终存在着“低票价能持续多久”的疑问，特别是 4 号线，京港地铁能在 30 年运营期内收回成本，甚至盈利吗？这就需要结合 4 号线带来的社会效应综合予以考虑，需要进一步思考政府在交通建设中的角色定位问题。

（一）作为准公共物品的 4 号线

地铁一方面具有公共物品的特征，即由全社会共同使用的产品和服务，具有消费的非竞争性和一定的排他性，其投资、运营需要政府补贴，经营时应注重社会目标，而不能单纯追求利润最大化。另一方面，地铁又具备私人物品的特点，因为它拥有票务收入而具有一定的营利性特征，可以像纯私人物品那样由私人部门通过市场来提供并操作经营。可见，从地铁本身的特点来看，地铁可以被视为准公共物品，它既可以由政府直接提供，也可以在政府给予补助的条件下，由私人部门通过市场提供。这为“PPP”模式提供了理论上的支持。但是，“PPP”模式能否在中国，在北京的交通建设中生根、发芽，仍需要考虑其他诸多因素。

① 2007 年初，北京市根据《关于优先发展公共交通的意见》，确定 447 条公交线路的票价实行在现有基础上普通卡 4 折、学生卡 2 折的收费优惠。同年 10 月 7 日北京市轨道交通全路网实行单一票制，票价为每人每次 2 元。实施新的票价政策后，北京已成为全国公交、地铁票价最低的城市。

2008 年 7 月 19 日开通的机场线，主要担负机场交通任务，服务对象有其特殊性，一开始实行的就是与市区内地铁不同的票价，单程 25 元。因此，本文讨论的轨道交通是指市区内开通运营的线路。

从世界各国特别是发达国家大城市的地铁发展经验来看，地铁项目虽然具有一定的营利性，属准公共产品，但因其投资大、运营成本高、政府定价、公益性强等突出特点，全世界地铁行业普遍存在运营亏损。香港地铁是全世界唯一实现营利的地铁，4 号线这次也是希望通过合作，引入香港地铁成功的运营和管理经验，为北京地铁带来新的生机和活力。香港地铁在多年的发展中形成了“轨道＋物业（土地）”的捆绑经营模式。地铁在开发建设时，同步买下沿线土地进行物业开发。这样一来，一方面政府可以从土地出让中获益，另一方面地铁也可以从物业增值中获得大量利润。土地开发是香港地铁成功的重要经验。但是目前移植到北京的香港地铁模式有其特殊性，京港地铁的收益主要得依靠票务收入，且票价还必须由政府来定，即目前和北京市区其他地铁实行同网同价；同时 4 号线站内商业经营的收入目前还只是限制在广告方面，尚禁止进行大规模的商业开发。如此来看，京港地铁在短期内尚难以实现盈利。

京港地铁实际运营 4 号线，但北京市政府对 4 号线运营目标的控制力在其投资结构中体现出来。按“PPP”模式组建的京港地铁出资额占 4 号线总投资的 30%。这 30% 的投资由三家完成：北京首都创业集团有限公司占 49%，它是北京市国资委所属的特大型国有集团公司；北京市基础设施投资有限公司占 2%，它是由北京市国资委出资并依照《公司法》成立的国有独资公司，这两部分组成的政府投资商控股 51%。余下 49% 则是香港地铁公司投资。这么来看，香港地铁公司投资额占 4 号线总投资额的比例约为 14.7%。而香港地铁公司本身的股权结构中，76% 的股份是政府股，24% 是公众股。因此，4 号线的股权结构中，政府股特别是北京市政府背景的股份占有绝对的控制力。4 号线尽管短期内难以盈利，但对香港地铁公司来说，港铁的参与提升了香港政府在内地以及中央的形象，另一方面，香港面积有限，港铁在香港的业务相对饱和，而内地市场非常广阔，因此港铁有意愿到内地来投资和发展。正如京港地铁公关部工作人员所说：“目前实行的 2 元票价是政府的一个惠民政策，京港地铁在这方面将会配合政府执行好。”①

（二）4 号线的社会效应

作为北京城区西部南北方向的交通大动脉，4 号线途经的风景区、高科技园

① http://www.thefirst.cn/1365/2009-09-29/374537.htm.

区、商业区都将给其带来稳定的客流，这也是吸引香港地铁公司等社会力量投资的重要因素。但从本质上讲，目前政府对 4 号线的考虑主要还是在社会效应方面，即关注其公益性的公共服务特征，关注其对北京交通顺畅、市民出行便利的作用上。

2 元票价是超越商业的政府行为，依靠票价收回投资在短期内是难以实现的，这势必使京港地铁面临很大压力。实行地铁 2 元票价，北京市政府希望吸引市民少用私家车，缓解交通拥堵和环境污染。近几年，北京市的城市机动车飞速增长，2003 年全市机动车保有量还仅有 212.4 万辆，2007 年 5 月 26 日，全市机动车保有量突破了 300 万辆，到了 2009 年 12 月 18 日，全市机动车保有量达到 4001426 辆，突破 400 万大关，这对北京市地面交通是一个巨大的挑战。根据中国社会科学院数量经济与技术经济研究所测算，北京市因为堵车造成的社会成本损失达到每天 4000 万元，相当于每年 146 亿元。同时，拥堵使车辆运行速度下降，造成运输资源浪费和运输效率降低，给城市经济和社会效益带来巨大损失。从环境污染角度来看，北京市汽车排放的一氧化碳、碳氢化合物、氮氧化合物已占总排放量的 40% ~50%。而随着车速的增加，汽车排出的有害物质浓度是逐渐降低的，堵车状态下汽车排出有害物质的浓度比在正常行驶时高出 5 ~6 倍，因此能否有效地解决交通拥堵问题也就成为解决城市污染的核心问题之一。同其他交通工具相比，轨道交通在减少空气污染方面优势明显，轨道交通运营过程中形成的污染仅为机动车污染的 5% ~10%，① 在低碳经济、低碳出行方面具有明显优势。

2 元地铁票价是为了引导市民更多地选择地铁出行，以缓解地面交通拥堵，政府将其作为惠民、便民的一大举措。在京港地铁与北京市政府的协议中，地铁票价的定价权仍然是由北京市政府来掌控。政府对公共交通，包括地铁的态度很明确，就是强调公共交通的公益性特点：公交优先的发展战略不会变化；低票价的公交政策取向不会改变；通过低票价调节交通流量、鼓励市民优先选择公交出行的方针不会改变；通过公交低票价造福广大市民的改善民生的政策取向不会改变。这“四不”就是当前北京地铁 2 元低票价的政策背景。

4 号线作为北京城区西部第一条贯通南北的地铁线路，打通了西部地区南北方位的多个区域，对北京城市空间结构和功能布局产生了重要的影响。在北边，4 号线有 6 座车站均在中关村地区，自南向北依次为国家图书馆站、魏公村站、

① 李志勇：《轨道交通缓解北京的拥堵和污染》，《瞭望新闻周刊》2008 年第 14 期。

人民大学站、海淀黄庄站、中关村站、北京大学东门站，通过交通分流，有效缓解了中关村的交通紧张状况；在南边，4 号线连接了北京南站，火车旅客出站后可以直接换乘 4 号线进入市区。4 号线直接助力北京南站从一座火车站升级为北京南部的交通枢纽。此外，与其他地铁线路一样，4 号线为沿线带来了巨大的经济效应①和活力。4 号线连接了马家堡、宣武门、西单、西直门、新街口、双安六大商圈，使沿线的商铺、写字楼、居民住宅的价格获得了不同程度的上涨。进一步分析，4 号线为北京南城的大开发铺垫了交通基础。数年来，北京城市总体发展都呈现“重北轻南”之势，随着北城规划布局的逐渐成熟，其发展空间和居住格局越来越显“饱和”，而南城却蕴含充足的土地资源，4 号线势必助力北京南城发展，并逐步影响整个北京房产建设和人口的重新布局。

四　政府在轨道交通建设中的角色定位

轨道交通和公共利益关系紧密，在北京每条地铁的建设过程中，政府都扮演着重要角色。自“PPP”模式引入 4 号线建设以来，政府的角色有何变化，政府的用意又何在？未来是否还有更进一步的发展方向？

（一）轨道交通的投融资模式

目前，轨道交通在投融资过程中存在两种模式。

一是政府投融资，是指政府为实现调控经济的目标，依据政府信用为基础筹集资金并加以运用的金融活动。政府的投融资活动要通过特定的政府投融资主体展开，实行“政府职能、企业运作”的政府投融资模式。政府投融资模式的最大优点是能依托政府财政和良好的信用，快速筹集到资金，操作简便，融资速度快，可靠性大。缺点主要是对政府财政依赖太大，政府还债压力大，垄断经营缺乏有效激励机制和利润动机。②

二是市场化投融资，又称为商业化投融资，是指企业以获取盈利为目的，以

① 地铁经济效应是由于地铁的开通，带动周边经济的发展。以地铁线为中心，受到地铁辐射的路段、人群增多，消费市场扩大，消费引发投资，消费大，投资也大。超市、商店、学校、医疗等机构相继建立，或从别处转移到此处，升值空间最大的除了商铺，还有楼盘。

② 秦凤华：《揭密北京地铁 4 号线 PPP 模式》，《中国投资》2007 年第 9 期。

企业信用或项目收益为基础，以商业贷款、发行股票等商业化融资为手段，筹集资金并加以运用的金融活动。非国有独资的公司制企业是市场化投融资主体，自主进行投融资活动，独自承担相应的责任。市场化投融资最大的优点是可以吸收其他投资者参与项目建设，减轻对政府财政的依赖，完成投资主体多元化的股份制改制，转换企业经营机制，引入先进的管理和经营模式。缺点主要是融资量小，速度慢，操作过程较为复杂。

轨道交通因其承载巨大的公共利益，世界各国政府大都在地铁的投融资过程中发挥主导作用，即通过政府投融资体系直接为地铁建设提供资金。但是，近年来各国政府为解决地铁建设资金短缺及效率问题，从地铁具有的一定经营性出发，在政府投资为主的基础上，尝试进行市场化投融资的改革，即政府采取相应优惠政策等方式，为地铁进行市场化融资创造必要条件，通过组建合资公司或项目融资等方式吸引其他投资者参与地铁建设，“PPP”模式就是一种典型的方式。

从北京的情况来看，4 号线之前的轨道交通线路基本采用政府投融资模式，即轨道交通全部由政府投资，经营上由国有企业（实际是公共部门）垄断经营，依靠政府财政补贴来达到盈亏平衡，政府不提供或很少提供沿线土地开发权等政策支持。[①] 但是随着北京轨道交通建设的飞速发展，这种模式的弊端越来越明显：（1）政府财力往往无法满足地铁发展的资金需要。如因缺少 10 亿元的资金，以前北京地铁 13 号线与 2 号线在西直门和东直门的地上换乘设计给乘客带来了不便，这一直为人们所诟病；北京地铁 1 号线复兴门到八王坟线路，即平常所说的“复八线”，因资金短缺从 1989 年到 1999 年耗时 10 年才完成。[②]（2）政府补贴长期存在，运营企业缺乏有效的激励机制，运营效率和服务水平较低。北京地铁最初的这种政府全部投资建设模式，急需进行体制改革，即如何向地铁这样一个长期靠国家补贴的行业引入社会资本，这正是“PPP”模式被政府引入 4 号线的背景所在。

（二）“PPP”模式在 4 号线的意义

4 号线利用“PPP”模式在国内的地铁投融资中第一次引入民间（私人）资

① 王玉国、王嫁琼：《城市轨道交通投融资模式比较及演变》，《北京交通大学学报（社会科学版）》2004 年第 3 卷第 4 期。

② 李志勇：《北京地铁巧解难题》，《瞭望新闻周刊》2008 年第 14 期。

本。采用“PPP”模式建设项目，首先要考虑的一个问题就是如何平衡政府部门和民间部门的不同利益及要求，因为这两个部门分别具有不同的目标指向。政府一般要求民间部门参与的地铁工程及服务要达到相应的质量和安全要求，且公众的利益要得到相应保障，政府担心挨纳税人、市民“骂”；而民间投资者则希望通过取得政府对项目的适当支持和协助，确保从其所投资地铁项目中取得稳定和适当的投资回报，简单地说就是盈利。因此，“PPP”模式的关键是在不损害项目经济平衡的前提下，根据政府和民间各自不同的风险管理能力来分配项目风险。但是，我们决不能将“PPP”模式视为公用事业的私有化，两者的区别主要在于民间和政府投资在项目中的参与度和主导地位存在差异。私有化的项目运作完全通过市场由民间资本主导，政府在其中起的作用非常有限，政府投资是消极的，而民间投资则是积极的；而在“PPP”模式的运作过程中，政府始终在项目运作中占据重要的地位，往往不仅是项目的投资者，而且还是项目建成后运作中的监督者，政府投资是积极的，而民间投资是消极的。① 可见，在4号线的建设过程中，既要平衡利益，又要和私有化区别开来。

为了和私有化区分开来，政府就要保持绝对控股，在保持控制力的同时，吸引、带动民间资本投入，而要吸引、带动民间资本，还要讲利益平衡。在4号线运营初期，其公益性的项目特征决定了不可能靠票务收入实现盈利。因此，就需要政府继续对4号线进行适当的补贴。但是，这种补贴和以前的地铁行业补贴相比，其意义是不一样的，原因就在于：引入民间资本参与运营后，有了竞争，打破了原来国有地铁企业垄断的局面，政府对地铁补贴有了参照、比较的标准。在原来的体制下，地铁公司以公益性为由，向政府要补贴，而政府由于信息不对称，不知道究竟要补多少，为减少补贴，只能采取限制企业工资的手段。福利水平和管理水平低，使地铁公司员工流动频繁，而企业为留住人才不得不变相搞福利，产生权力寻租，内部经营成本进一步扩大，这就形成了一种恶性循环，政府越补越多，企业却越来越亏损，② 年年补，年年亏。可见，原有的政府投资、政府经营体制浪费极大，建设和运营成本控制不住，经营不善就要补贴，公用事业往往变成政府的包袱，改革是必然的。引入“PPP”模式，政府就有希望规范对

① 王灏：《城市轨道交通项目PPP模式的结构分析》，《中国投资》2004年第7期。

② 秦凤华：《揭密北京地铁4号线PPP模式》，《中国投资》2007年第9期。

地铁的补贴。除了竞争机制，4 号线通过“PPP”模式正在引入香港地铁现代化的经营理念和管理经验，通过管理降低成本，以优质服务吸引客流。

可见，对政府来说，“PPP”不仅仅是一种投融资的模式，其功能除了筹资，还要通过市场化方式进行地铁运营机制的转变，提高公共投资的运营效率。因此，“PPP”模式在未来北京甚至全国的地铁建设中都是一种很有潜力，应鼓励的发展模式。当然，考虑到各地具体情况的差异，“PPP”模式的应用范围和广度可以再具体充分论证并进一步完善，或者同时运用其他的投融资模式。对北京来说，由于地铁的安全稳定运行对首都的安全稳定具有极其重要的作用，因此，北京地铁的“PPP”模式重点在于引入运营竞争机制，提高地铁运营水平，并吸引更多的市民通过公共交通出行。

（三）政府的角色定位

在“PPP”模式中，合作各方的角色和责任会随项目的不同而有所差异，但政府的总体角色和责任——为大众提供最优质的公共设施和服务——却是始终不应改变的。“PPP”模式是提供公共设施或服务的一种比较有效的方式，但并不是对政府有效治理和决策的替代。在任何情况下，政府均应从保护和促进公共利益的立场出发，负责项目的总体策划，组织招标，理顺各参与机构之间的权限和关系，降低项目总体风险。政府也需要制定有效的监管框架，在 4 号线开始运营之后，按项目进度跟进监管，保证地铁公益服务的本质。同时，政府对“PPP”模式带来的竞争体制也要作充分的风险估计，地铁一旦投资建成就难以变动，在保证地铁运营同时，也要为运营者提供可持续的竞争环境，不应轻易改变竞争规则和竞争格局。

正是由于轨道交通的公益性特征，使其有理由成为当前社会建设的重要组成部分。在公共交通建设，甚至更大范围的社会建设中，政府应当在建设中保持主导角色。这包含两层意思：一是主持，政府要创造条件吸引社会力量、带动民间资本投入到建设中来，同时保持对所建事业的控制力。这种控制力，在“PPP”这样的公共交通建设模式中，可以通过股权的控制力来体现。二是引导，要将社会力量引向正确的投资建设方向，引向民众关心、有利于提高民众福利的建设项目中去，引入竞争机制，打破公用事业的垄断，优化公用事业的体制。

总之，当前北京的交通建设还处在体制转轨时期，在公共交通建设中依然需要强调政府的主导地位。但这种主导应不同于以往的政府垄断经营，它需要政府在主持中保证公用事业的公益性，在引导中运用竞争机制增强公用事业的生命力。

New Bright Point of Beijing Traffic Construction, 2009

——Subway Line 4

Zhu Tao

Abstract: In the year of 2009, metro construction developed very rapidly in Beijing. The newly opened line 4 is the first metro of public-private partnership model (that is, "PPP" mode, Public Private Partnership). Line 4 not only brings opportunities for changing metro operation mechanism in Beijing, but also raises new questions on the role of government in social construction.

Key Words: Metro line 4; Transportation in Beijing; Social construction; Role of government

北京地区农民文化需求变化分析

丁 云*

摘 要：随着北京地区农村经济和社会的快速发展，农民的文化需求发生了巨大变化：农民从追求物质满足转向渴望文化愉悦，需求从单一和单调转向多样化和现代化，农民从被动接受转为主动参与和自发兴办文化活动。北京农村公共文化服务体系建设成就卓著，总体水平位居全国前列。但是仍然存在一些问题，突出表现为：在文化设施方面，重硬件建设，轻运营服务；在文化活动方面，重大型文艺活动，轻普惠化、细节化的文化服务；重政府送文化下乡，轻农民文化参与和创造等。建议北京农村公共文化服务要从“自上而下”的被动接受型向“自下而上”的主动需求型转变，进行农村文化机构建设和文化服务机制创新，不断提高农村公共文化服务的质量和水平。

关键词：农民　文化需求　农村公共文化服务　北京

随着北京地区农村经济的快速发展，农民对精神文化生活的渴望越来越强烈，农民的文化需求正在相应地发生变化。① 只有及时准确地把握当前北京农民文化需求的特点，才能有针对性地制定出相应的农村文化发展对策，进一步提高北京农村公共文化服务的质量和水平，不断满足农民群众日益增长的精神文化生活需求，促进繁荣、文明、和谐、宜居的首善之区的建设。

一　当前北京地区农民文化需求的变化及发展趋势

当前，北京地区农民的文化生活不再停留在原来的“打打牌听听戏，天天

---

* 丁云，女，1970 年出生，博士，北京工业大学副教授，研究方向：中国文化史。

① 研究表明，当人均 GDP 达到 1000 美元、1600 美元、3000 美元时，文化消费的需求会大幅度增长。陈威：《公共文化服务体系研究》，深圳报业集团出版社，2006，第 28 页。

守台电视机”的低水平、单一的层次上，他们的文化需求发生了很大变化，呈现新的趋势。

（一）农民的文化需求旺盛，文化消费水平不断提高

随着人们物质生活水平的普遍提高，农民从追求物质满足转向渴望文化愉悦，文化需求旺盛，文化消费水平不断提高。

继彩色电视机普及后，影碟机、数码照相机、家庭电脑等新型文化耐用消费品在近年来也广泛进入普通农家（见表1）。2008年统计数字显示，北京地区农村电视综合覆盖率已达到99.97%。每户家庭拥有彩色电视机1.37台；照相机、影碟机等文化消费品拥有率分别达39%和49%；52%的家庭拥有家用电脑。每户拥有固定电话机和移动电话机的分别达到1.13部和2.01部；[①] 报纸、期刊等文化产品人均消费支出逐年增长。而且在一些高收入的家庭中，对现代媒体的档次和水准要求也越来越高，视听设备更新换代非常之快，几乎不落后于城市家庭。这为广大农民享受现代文化成果提供了便利，直接促进了北京地区农民文化层次和享受品位的提升。

表1　1999～2008年北京地区平均每百户农民家庭主要文化耐用消费品拥有量情况

单位：台

年份	彩色电视机	影碟机	照相机	家用计算机
1999	101		29	
2000	107	23	26	7
2001	112	27	29	12
2002	116	30	32	16
2003	116	34	32	22
2004	119	39	35	27
2005	129	49	37	36
2006	131	50	38	41
2007	134	47	37	46
2008	137	49	39	52

资料来源：根据2000～2009年《北京统计年鉴》数据整理。

农民人均文教娱乐用品及服务消费支出不断提高。2008年该项支出为883.35元，在全国各地区居首位，是全国平均水平的2.8倍（见图1），占全部

① 北京统计信息网：http：//www. bjstats. gov. cn/tjnj/2009 - tjnj/。

生活消费支出的12.1%，比上海高2.8个百分点。① 2009年该项支出为959元，同比增长9.4%。② 调查问卷显示，73.8%的北京农民表示对文化的需求“很强烈”或“较强烈”。

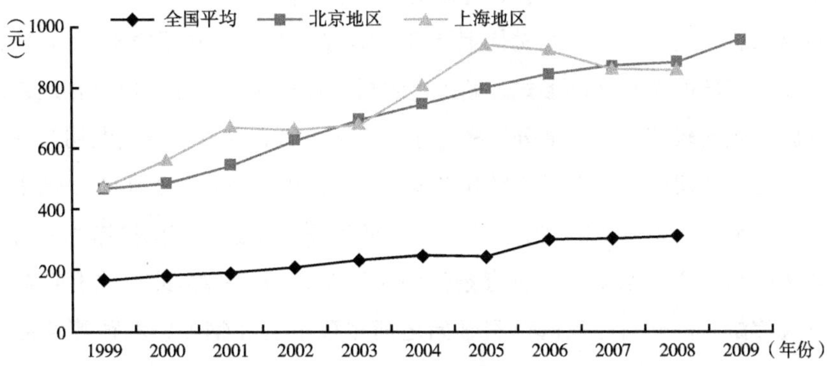

图1　1999～2008年北京与上海及全国农民人均文教娱乐用品及服务消费支出

资料来源：根据2000～2009年《中国统计年鉴》数据整理。

（二）农民文化活动的形式和内容趋向多样化和现代化

随着物质条件的改善和视野的开阔，农民的文化品位已经越来越高，农民文化活动由过去那种少数文化积极分子的单纯以兴趣爱好为主，转变为广泛的“求乐、求知、求美、求新”多样化和现代化的需求。

在求乐方面，休闲文化受到农民青睐。各区县农民利用闲暇时间开展了秧歌、曲艺、歌舞和棋牌类等自娱自乐的文化活动。这些活动受场地设施、时间、人员等因素的限制较小，门槛较低，群众喜闻乐见，形式灵活，参与方便，吸引力强；集聚性的文化活动，如农村“文艺演出星火工程”③、“周末演出计划”、“农民艺术节”等由政府文化部门定期举办的大规模文化活动，成为丰富和活跃

① 国家统计局编《中国统计年鉴2009》，中国统计出版社，2009，第1版，第343页。

② 北京统计信息网：http://www.bjstats.gov.cn/sjfb/bssj/jdsj/2009/201001/t20100121_164286.htm。

③ “文艺演出星火工程”是北京市新农村文化建设的重点工程之一，其核心内容是：每年在全市各个行政村安排4场文艺演出，其中3场是民营职业演出团体和农村业余文艺团队的演出，1场是专业团队的演出，俗称“3+1”演出。该活动于2007年在全市13个涉农区县全面推开。北京市设立专项资金给予参加演出的文艺团体一定补贴。

京郊农村文化生活的重要形式。

在求知方面，农民需求更迫切，层次也有所提高，求知需求呈现多元化和现代化。他们不仅需要掌握一些农业科技知识，还需要产品营销信息、计算机和网络知识、旅游、烹饪、子女教育、健康卫生知识等。

总体来看，北京地区农民文化生活日趋丰富，以下两方面的变化比较明显。一是互联网等新的文化活动形式开始走进农村。如前所述，家用电脑在北京郊区农民家庭已经比较普及，大部分家庭配置了上网电脑，农民们开始利用互联网进行学习、交易和娱乐。不少村已经开设了自己的网吧。一些居住地离乡镇比较近的年轻农民也喜欢到镇上的网吧上网。二是听音乐、旅游、书画摄影等较高层次的文化休闲活动逐年增多。一些有条件的村不定期地组织农民到城里或者其他地方参观旅游；一些富裕家庭已经开始定期将孩子送往钢琴、舞蹈等各种培训班学习。

（三）农民展现自我需求旺盛，参与和兴办文化活动的热情很高

各种送演出、送电影等活动对农民来说更多是一种“喂食”式的欣赏活动，农民在文化的表现形式和产品种类上选择余地不大，时间一长，新鲜感一过，参与这些文化活动的热情也就不高了。相比而言，农民更喜欢参与式、互动式的文化活动，参加文艺团体和兴办文化活动的热情很高。农民从被动接受开始转为主动参与和自发兴办文化活动。

相关调查显示，农民对本村文艺团体的情况更为熟悉和关注。73.5%的村民知道自己村有文艺团队。当问及“你周围的人有参加某些文艺演出或比赛活动吗?”时，回答有参加的村民占到87.1%，回答没有的只占12.9%。（见图2）而在问及看外来演出的人数时，有33.3%的人回答“不知道”（见图3）。这说明有很多人并不关注外来演出的情况，但对本村文艺团队的发展都表现出很高的关注度。这说明在活动形式上，农民更喜欢参与式、互动式、能融入其中的文化活动。

目前北京各区县的农村文艺团队数目相当可观。笔者调研发现，平谷区现有450支业余文艺团队，其中综合性文艺表演团队75支，业余剧团34支，民间花会101档，书画影协会8个，约2.5万人参加。密云县有518支文化队伍，主要组成有秧歌队、剧团、舞蹈队、合唱队、鼓乐队、时装表演队、健身操队等。门

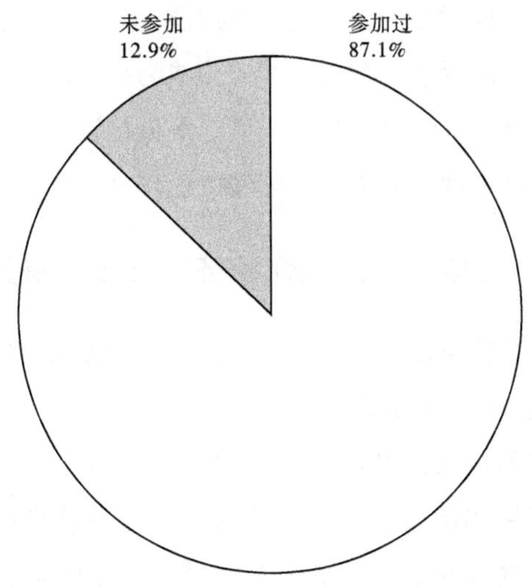

图 2　村民对周围人参与文艺演出和比赛的认知

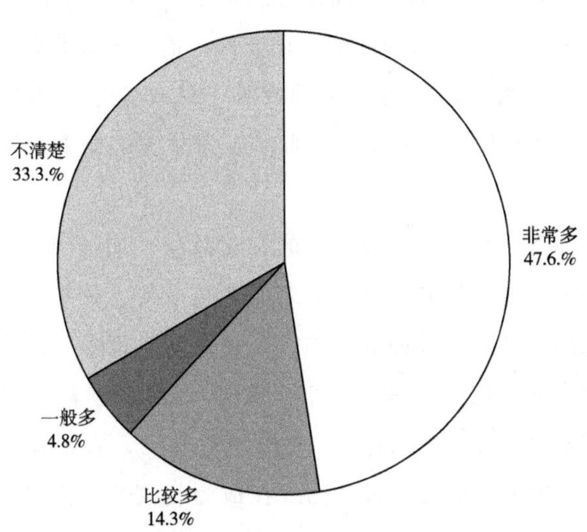

图 3　村民对看外来演出人数的认知

头沟区达到 200 多支。有的一个村就有 10 余支文艺队伍。农村的文艺团队大多是由有文艺特长的村民或是退休的文教系统人员、文化站退休老职工带头组织的。最初主要是在节庆或农闲时自娱自乐，随着“文艺演出星火工程”等活动的开展，为农村文艺团队的发展提供了广阔的平台和很大的上升空间。为了在演出市场中更具竞争力，同时也为了提高自身素质，一些具有正式表演资格的农民业余团队对培训提出更高要求，致力于专业化成为他们的一大需求。他们羡慕和需要专业的服装和道具，呼唤专业管理人员，渴望接受专业培训，欢迎专业创作人员帮助他们挖掘整理本地文化资源，创作特色作品。

（四）民俗性文化活动与区域性经济的结合日益紧密

文化是经济发展的软动力，经济同样是文化发展强有力的保障，二者的紧密结合是北京农村文化活动发展的重要趋势。

在北京市各级政府的支持和广大农民群众的参与下，各区县形成一批地方特色鲜明、民族传统突出的民俗性文化活动，享有一定的知名度和影响力，一些民俗活动成为非物质文化遗产，成为农民展示自身形象的文化名片。北京门头沟区西斋堂村山梆子戏、密云县蔡家洼村五音大鼓、延庆县永宁镇的南关竹马、怀柔区喇叭沟门满族乡帽山村的二魁摔跤、丰台区王佐镇米粮屯的高跷等，不仅是当地农民自娱自乐的传统文化节目，而且成为京郊旅游的亮点，吸引了众多外来游客。大兴区庞各庄镇的武吵子队作为京郊农民文娱队伍的代表，还参与了国庆60周年群众联欢表演，成为国庆庆典上全国瞩目的一道风景。

目前北京很多郊区县已经形成自己的文化品牌，如：门头沟的永定河文化节、延庆的冰灯节、平谷的桃花节、大兴的西瓜节等，往往是文化搭台，经济唱戏，民俗文化活动和区域性经济的结合日益紧密。很多民间文艺团体在满足农民精神文化需求的同时，也获得了相对殷实的经济利益，因而活动更加频繁，要求参与的农民也在不断增加。“农忙下地种田，农闲登台演戏”本是农村文艺能人们祖祖辈辈的生活方式，而现在成为北京郊区很多农民增收致富的重要途径。①

（五）贴近农村实际的文化活动最受农民欢迎

尽管北京郊区农村总体上比较发达，但是农村的环境毕竟与城市不同，农民

① 温来升、高海燕：《怀柔八百“农民明星”靠演出增收》。京报网：http://www.bjd.com.cn/bjxw/bjqx/jjzfj/，2009年11月23日。

生产生活习惯与城市居民也存在差异。因此，一些贴近农村、贴近农民生产生活的文化活动最受农民欢迎和喜爱。

在活动时间上，农闲时节的活动农民更欢迎。农民在十一月、十二月、一月、二月比较空闲；四月、五月和九月、十月最忙，因此提供文化服务时应考虑在农闲季节开展，那样农民才有参与的时间和可能。另外，传统节假日对文化活动需求旺盛。调查还发现，京郊农村青壮年去城里务工的比例很高。一年中的大多数时间，农村需要的主要是面向老人、妇女和儿童的文化活动；而在假期，特别是传统节日期间，大部分的村民回到家中，并且闲暇时间较多，因此需要面向各类村民的文化活动。

在科技文化活动方面，农民希望与农业生产相协调。问卷和座谈中反映，农民普遍喜欢各种专业性质的农业知识讲座，农民很需要科技人员对农业生产活动的指导。只是有时会出现“花开过了才来讲授粉”，“正收果子呢却来讲培育”的局面。农民希望各种专业讲座能与农业生产的步调一致，真正达到现场农业教学的效果。

在文艺作品的内容方面，反映农村生活题材的节目会让他们感到自己能融入其中、体会其中的情感变化。农民最喜欢看的是讲述他们自己生活的小剧，例如大兴区的某剧团曾创作了一个反映农村婆媳关系的剧本，一经演出得到农民的广泛好评。农村题材的电影和电视剧也广受农民的欢迎。另外，与高雅文化和专业文化活动相比而言，农民更喜欢本地土生土长的扭秧歌、踩高跷、舞龙狮、跑旱船等民俗性文化活动。

二　当前北京农村公共文化服务体系建设的成就与问题

公共文化服务是公共服务的一种，如同医疗卫生服务、教育服务一样，是现代政府的重要职责。简而言之，公共文化服务体系就是为满足公民的公共文化需求，由公共组织机构使用公共权力和公共资源，向公民提供公共文化产品和服务及其相关制度与系统的总称。其核心是文化服务普惠化、福利化。

当前，北京市农村公共文化服务体系建设既取得了巨大的成就，也存在一些突出问题。

（一）当前北京农村公共文化服务体系建设的成就

2006年10月发布的《北京市“十一五”文化事业发展规划》提出要在5年内年基本建成覆盖城乡、惠及全民的公共文化服务体系。2008年3月，北京市人大常委会讨论通过了《关于加强北京市公共文化服务体系建设的实施意见》，提出要力争使首都的公共文化建设水平走在全国前列。2008年11月中共北京市委提出要率先实现首都城乡教育、文化、卫生等基本公共服务均等化。这些重要的决策都为建设和完善北京农村公共文化服务体系提供了政策指导，指明了发展方向。

近年来，北京市政府十分重视农村公共文化服务体系建设，各区（县）利用上级的拨款与自筹款相结合的方式，基本建立健全了区（县）文化馆、图书馆—乡（镇）文化服务中心（站）—村文化大院（室）三级农村公共文化服务网络。截至2009年底，全市共建设完成乡镇、行政村多媒体综合文化中心3859个，行政村覆盖率达99.4%，[①] 除个别待拆迁和城转居的村子外，可以说提前达到了《北京市“十一五”时期文化事业发展规划》中提出的行政村文化活动室100%覆盖的规划目标。这些综合文化中心以农村综合数字影厅建设为依托，集科普教育、文化信息、图书报刊、文艺演出、数字放映等内容于一体，成为为农民提供文化服务的基本载体。互联网在北京农村迅速发展，北京市文化信息资源共享工程[②]网络体系到2009年底已经覆盖到绝大多数乡镇，基本实现“村村通”。2007年以来，北京市文化局推出了“文艺演出星火工程”、“周末演出计划”等专门面向京郊农村的大型文艺演出活动，每年给予上亿元专项资金支持。这些措施在满足农村群众的文化需求方面发挥了重要作用。

对于目前的北京农村公共文化服务，北京大学社会调查研究中心2008年5月的抽样调查显示，八成农民表示“满意”或“比较满意”，认为“一般”的占

---

① 北京市文化局：《2009年工作完成情况》，见北京文化热线：http://www.bjwh.gov.cn/6/index.htm。

② 文化信息资源共享工程是利用先进技术提供文化服务的工程，是对优秀的文化资源进行数字化的整合，通过互联网、卫星、数字电视、移动硬盘等载体为基层提供服务。它被列入我国《国民经济和社会发展第十一个五年规划纲要》中的重点文化共享工程。

15%，只有5%的农民表示“不满意”。事实证明，北京农村文化服务体系建设的成就巨大，其总体水平位居全国前列。

（二）当前北京农村公共文化服务体系建设中存在的问题

与构建和谐社会的要求及农民群众日益增长的文化需求相比，北京农村公共文化服务体系建设中仍然存在着一些问题，突出表现为：在文化设施方面，重硬件建设，轻运营服务；在文化活动方面，重大型文艺活动，轻普惠化、细节化的文化服务；重政府送文化，轻农民文化参与和创造等。具体表现在以下几个方面。

1. 公共文化设施、设备利用不足，缺乏配套措施，管理不善

调查显示，北京地区农村的公共文化事业建设虽然在硬件上已经达到了较高的水平，但是利用率明显不足，很多文化设施、设备闲置导致了巨大的资源浪费，“重硬件建设，轻运营服务”的现象比较严重。

农村图书室的普及率已经很高，但利用率不高，即便乡镇文化站也同样是利用率很低。某区乡镇文化站一位工作人员介绍，“乡镇图书室每天4个人次借书”，虽然乡镇具体情况各有不同，但总体借阅率都不高。有的村图书室经常是“铁将军”把门。另外，某些村庄的文化大院很少开放或者根本没有开放；某些村庄的文化设施、设备只向村庄里某些人开放，甚至出现了文化设施、设备成为村干部私人用品的情况。

有些文化设施、设备往往由于缺乏配套资金和运营经费而利用率不高，用农民的话说就是“有了马，配不上鞍”，“舞台车的维护保养，不给钱，就是一堆废铁”。在一个县文化馆，上级部门配备的一辆设备运送车，因为交不起养路费，牌子都上交了，停置在文化馆院子里。市里给的流动演出车，因为缺乏专业人才操作，基本上没有用过。

2. 文化工作人员不足，缺乏文化专业人才

公共文化服务需要大量提供服务的文化工作人员。但是现实中，由于人员和编制错位，往往导致文化工作人员不足。各乡镇名义上都配备了文化站管理人员，但有的在编不在岗，有的身兼数职，无暇从事文化工作。很多文化站干部从事乡镇中非文化站业务，如计生、妇联、社保等工作，不能很好地履行组织引导和文化辅导的本职工作，出现“种别人的田，荒自己的地”的难堪状况。村内无专职文化工作人员，一般由负责计生和妇联的工作人员或大学生村官兼任，通常并不能满足正常的文化工作需要。

另外，农村文化工作人员的学历普遍不高，专业化程度较低。从职称来看，2008 年北京 182 个乡镇文化站共有从业人员 672 人，其中具有高级职称者只有 12 人，占全部人员的 1.8%，仅仅略高于全国 1.6% 的平均水平。而天津和河北分别是 2.8% 和 3.4%。[①] 图书馆、图书室也存在类似的情况。从学历来看，大专以上学历的文化工作人员主要集中在区县一级的文化部门，乡镇和村级高学历的工作人员较为短缺。以昌平区为例，2007 年区文化部门大学本科、大专学历的人员比例占 60% 左右。而乡镇文化部门的人员，大专以上及以下的两个人群的比例基本持平，各占 50% 左右（见图 4）。近几年，大学生“村官”大多参与村镇文化工作，使这一情况得到很大改善。

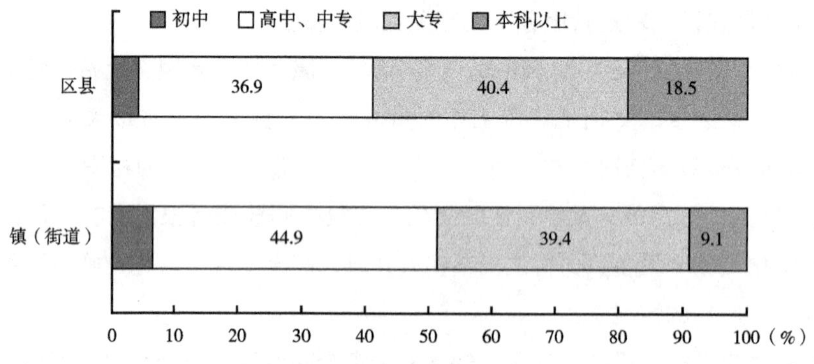

图 4　北京昌平区 2007 年文化机构人员学历构成

在发达国家，即使是小型社区图书馆，馆长和工作人员也是图书馆学的专业人员，这样的专业人士设计出的图书馆服务，是以多种形态和多元方式提供给社区居民的，其人文底蕴、丰富多彩以及提供服务和帮助的意识是融于细微之中的。重视公共文化人才的培养，制定吸引人才、帮助人才创造出业绩的良好人才制度是当务之急，解决了人才问题才能真正保障公共文化的服务质量。

① 文化部财务司编著《中国文化文物统计年鉴（2009 年）》，国家图书馆出版社，2009，第 1 版，第 338 页。

3. 文化供给与农民实际文化需求存在一定差异

政府专项资金重点支持的文化项目在结构上与农民的需求存在一定差异。基层的群众性文化活动，尤其到乡镇和村，更多的是集中于文艺表演方面。北京市文化部门对农村“文艺演出星火工程”等大型文艺演出活动十分重视，每年给予数亿元的专项资金支持。但是，与此同时，对于更加普遍化的、自发的农民文艺活动却重视不够。

农民喜欢看文艺演出，也喜欢参加文艺表演。农村文艺爱好者们自发组成了民间文艺团体，但是他们缺乏小型设备、服装、道具和日常活动经费，他们希望政府在这些方面能够给予更多的支持。很多区县反映，举办文化活动时，小型音响、照相机、摄像机作为基本的设备，没有配备，影响了活动的开展。而流动舞台车等一些大型设备由于操作过于复杂、能耗量大等原因不能适应当地实际，因而未能发挥出应有的作用。很多农民对政府大力支持的图书室和数字影院等文化设施，并不是特别感兴趣。一些中老年村民明确表示不喜欢看书，认为到数字影院看电影不如回家看电视；一些喜欢看书的年轻农民则认为村图书室的书比较陈旧，更新太慢，数字影院的电影常常过时。

4. 各区县文化投入地区和城乡差异大

文化投入上的地区差异主要表现为：各地区由于经济发展程度不同，对文化工作的资金投入量也不一样。富裕的区县、镇、村各级对文化工作的资金支持力度大，较为贫困的地区则对文化工作的资金投入较少。以地区经济比较发达的D区为例，区文化活动中心（包括图书馆、文化馆、影院）建设投资2.6亿元，加上后期设备投资突破了3亿元，其中，区财政拨付5000万元；D区Q镇投资建了镇剧院，总投资1亿元左右；D区H镇HX村投资130万建了独立的文化大院。而经济比较落后的地区，如M区和Y县，图书馆、文化馆都还是原来面积小、建筑结构不合理的老馆，已经不能满足使用需要。

城乡之间的不平衡主要表现在，为满足城镇居民文化需求而建设的图书馆、文化馆、文化广场等设施，占用了各区县大部分的公共文化开支。区县文化工作资金投入只有小部分用到了农村基层文化建设上。

5. 地方文化建设资金来源渠道单一，过于依赖政府扶持

北京自1985年开始办文化节庆活动，无论是各种文化节、旅游节还是庙会，大多是各级政府的宣传部门或者文委牵头来办。各级文化事业建设基本上都是由政府出资，很少有从社会渠道筹集资金的情况。无论是各区县带有地方特色的文化活动，还是市政府专项资金支持的主题活动，都是以公共财政出资支持文艺团队进行表演的方式进行的。即使是农村自娱自乐的民间文艺团队，也越来越多地要求政府给予资助。这种过分依赖政府投入文化建设的做法，没有充分调动社会力量，给政府财政造成很大负担，也不利于文化事业的长久健康发展。

三 完善北京地区农村公共文化服务的对策和建议

北京作为全国的文化中心，公共文化资源十分丰富，在构建公共文化服务体系的过程中具有无可比拟的优势。如何将优势转化为农民群众真正需要，并且能够享受得到实实在在的文化产品和服务，是完善农村公共文化服务体系的重心所在。目前我国政府职能正在从“传统的管制型”向“现代服务型”转型，农村公共文化服务体系建设也必须适应农民文化需求的变化，从“自上而下”的被动接受型向“自下而上”的主动需求型转变。

（一）加大对农村文化活动的投入力度，实现从“重视硬件”到“软硬兼顾”的转变

公共文化设施设备作为硬件建设，是开展农村文化活动的前提条件。相比于城市，农村文化设施建设相对滞后。因此，设备的投入和设施的建设仍将是较长时间内农村公共文化服务体系建设的重点。但同样值得注意的是，设施设备是农村文化活动的载体，是以活跃农村文化为目的的。因此，在提供设备、投入设施的同时，需要加强后续服务，加大对动态项目的支持力度，扶持好各项文化活动，实现开展活动和提供设施设备的“软硬兼顾”。

针对一些文化设施与农民需求脱节、设施设备的适用性不强、利用率不高的问题，要完善政府采购，加强后期管理维护。首先，在政府采购前，必须注重和听取基层的实际需要，先调查后采购；其次，要注意地方差异尤其是贫富地区、平原山区的不同需求，避免“一刀切”；再次，设备使用不可避免带来磨损，车辆的使用需要一系列养护和燃油费，要注意后续资金的投入，保证设备的维护和正常使用；最后，需要加强对设备的管理和检查，防止公共资产流失。在设备发

放时，要保证责任到人，签订“责任书”。发放后进行检查监督，确保设备真正为农民群众服务。

（二）完善机构建设为核心的文化队伍建设，提高文化工作人员整体素质

首先，推动文化工作人员的专职化进程，努力实现区县、镇的文化编制归位和村级专门负责人的设立。针对目前农村文化干部编制混用、占用情况突出，“在编不在职，在职不在编”等农村文化队伍体系“空壳化”的诸多问题，理顺文化管理体制成为当务之急，这就需要努力实现区县和乡镇的人员与编制归位，让文化干部专职专用，全身心投入文化事业。同时，在村级，可以参照司法局和社保局的模式，设立专门文化工作负责人，取消兼职。同时要充分发挥大学生“村官”在农村公共文化服务中的作用。

其次，要对文化干部从业资格进行认定，对在岗的文化干部进行业务和技能培训，提高专业素质，更好地适应农民越来越高的文化需求。同时，要改革薪酬制度、职称评定机制和考核机制，发挥北京文化人才济济的优势，吸引素质高、专业能力强、对文化活动感兴趣和乐于服务农村的文化人才充实到农村文化工作队伍中来。

（三）发挥农民和农村文艺团体的主体作用，实现从“送文化”到“种文化”的转变

目前对农村的文化投入很多还仅仅停留在“送文化”的层次，造成了“人来热闹、人走茶凉”、“输血式”的农村文化发展状况，优秀文化未能在农村生根发展。要真正活跃农村文化，满足农民参与和兴办文化活动的文化需求，就需要变“送文化”为“种文化”，依靠民间文化能人和农民文化团队的作用，挖掘农村本土文化资源，使地方和民族特色的优秀传统文化得到保护、传承发扬，同时文化活动的载体和手段不断创新，形成乡土文化、传统文化、新农村文化“百花齐放”的繁荣格局。这样才能让农民唱主角，调动农民在文化建设中的积极性，形成农村文化发展的内生动力。

由于资金的限制，政府不可能支持所有的农民文化团队，这就需要政府在扶持时首先进行合理选择，清晰定位，哪些是农民的自娱自乐，哪些是值

得重点扶持的文化团队和文化能人。在评判标准上，一要考虑文化活动的独特性和传承性，独一无二、传承困难的濒危文化需要保护和扶持；二要考虑文化团队自身的组织性和影响力，组织基础好、影响力大，不仅在村庄，而且在县镇有较大名声的团队，可以扶持向专业化方向发展，争创地方特色文化品牌。

（四）建立健全文化援助机制，鼓励多种社会力量参与和兴办农村文化事业

通过建立健全文化援助机制，鼓励企业、城市专业文化团队及个人多种社会力量参与和兴办公益性文化事业，实现从政府“单一力量”到社会力量“多方参与”的转变，将有利于形成政府引导、社会参与、全民共享的文化格局，既能减轻政府负担，又能进一步活跃和发展农村文化事业。

第一，在整体层面上，需要建立城市反哺农村的长效文化机制，推进城乡一体化进程。与农村地区相比，城市的文化基础雄厚，设施先进，现代化气息浓厚。北京作为首都更是拥有得天独厚的文化资源，因而，城市对农村的反哺会极大促进农村地区的文化发展。为此，一方面，公共文化建设要向农村地区倾斜，在公共文化服务体系建设上也应积极实施“以工促农、以城带乡”的新农村战略。另一方面，加快实现城乡一体化进程，将城市文化资源逐步引向农村，在区县内资源流动的基础上，积极引导城市图书馆、博物馆和电影院等文化资源向农村流动，改变目前资源较为单一的现状。

第二，政府要引导和促成企业单位和专业文化团队与农村文化团队“结对子”，实现双赢。企业单位拥有较雄厚的经济资源，可以很好地扶持民间团队的发展；同时，部分民间文化团队在农村拥有较高声望，表演期间流动性较强，可以通过冠名或者宣传的方式，提高企业在农村的知名度。而专业文化团队通过与基层团队“结对子”，可以培训和指导农村文化团队骨干，帮助创新节目，提高团队的表演创作水平。而专业团队也可以通过与民间文化能人和文化团队的接触交流，汲取具有民族和地方特色的第一手素材。

第三，要加快京郊文化志愿者队伍建设，大力开展文化志愿者活动。农村公共文化服务体系严重缺乏专业工作人员，农村基层急需大量的知识型、文艺型专业人才，而由于编制和资金等的限制，政府管理体制内又不能在短时期内解决这

一问题。因此，建议北京市政府加快京郊文化志愿者队伍建设，弘扬奥运志愿者精神，发动和引导大学毕业生、退休文艺工作者以及首都艺术院校在校学生到京郊参加公共文化志愿服务活动。同时制定出相应的奖励和激励政策，使这项工作得以持续发展。

（五）把农村公共文化服务纳入政府的考核评估体系，并建立监督机制

目前，北京市相关部门在农村公共文化服务体系建设的规划与政策法规的制定方面成效显著，特别是通过“北京文化热线”、“北京文网”、《北京日报》等媒体的建设提供了一定的评估和监督渠道。但是，在政府工作考核体系中，尤其是区县和乡镇一级的政府工作中，缺乏对农村文化服务的硬性考核指标，对农村公共文化服务专项资金的监督和评估制度也严重滞后。这是造成上述诸问题的重要原因。建议在北京市政府文化部门内部的上下级之间，以及政府和各类设施运营者之间订立绩效管理合约，健全从预算制定到运营开支公示的全程审计监察制度。要赋予农民参与运营管理和监督的权利，建立由文化需求表达机制和制度保障机制构成的问责机制，建立满意度指标体系，将农村公共文化纳入各级政府尤其是区县和乡镇政府的考核和监督体系中，并和奖惩机制直接关联，强化农村文化专项资金的使用效率和农村文化政策的执行力度，提高农村文化工作者进行文化服务的积极性。

主要参考文献

1. 北京市统计局编《北京统计年鉴（2009 年）》，中国统计出版社，2009，第 1 版。
2. 国家统计局编《中国统计年鉴（2009 年）》，中国统计出版社，2009，第 1 版。
3. 文化部财务司编著《中国文化文物统计年鉴（2009 年）》，国家图书馆出版社，2009，第 1 版。
4. 李景源等主编《中国公共文化服务发展报告（2009）》，社会科学文献出版社，2009，第 1 版。
5. 陈威主编《公共文化服务体系研究》，深圳报业集团出版社，2006，第 1 版。

Analysis on Beijing Peasants Culture Needs Change

Ding Yun

Abstract: Along with rapid economical and social development in countryside in Peking, cultural need of the peasants has taken place huge variety : the peasants pursues from material to satisfy to desire culture to dulcify, their cultural need from one and monotonous to direction diversification and modernization, from passively accepting to to actively participating and holding cultural activity with themselves. Outstanding achievements of Peking's construction of village public cultural service system have been obtained, it's total level resides national ex-row. But there are still some problems, for example: In cultural facilities, the government values hardware construction, depise conduction and service; In cultural activities, the government values large literature activities, depise the detail cultural service for all peasants; value government's giving culture to the countryside, depise peasants' cultural participation and creation etc. We suggest that village public cultural service system in Peking should change from the passive accepting type of "from top to bottom" to an active demanding type of "from bottom to up". The government should carry on construction of village cultural organization and innovation of cultural service mechanism, continuously raise the quality and level of village public cultural service.

Key Words: Peasants; Cultural need; Village public cultural system

2009年北京地区大学生就业状况分析

白素霞　张彦军*

摘　要： 大学生就业是关系到经济发展和社会稳定的大事，解决好大学生就业对于促进经济社会发展具有重要的现实意义。全球性金融危机爆发以来，不少企业缩减用人计划，给本来就严峻的就业市场雪上加霜，同样给大学毕业生带来了更大的就业压力。本文描述分析了北京地区大学生就业状况和就业中存在的问题，提出了解决问题的建议，可以为高校的就业指导和政府制定相关政策提供依据。

关键词： 大学生就业　就业压力　就业政策

2008年爆发的全球金融危机给我国大学生就业市场带来了一定的冲击，一方面是用人单位的人才需求相对减少；另一方面大学生供给数量还在不断上升，高校毕业生就业压力不断加大，大学生就业再次成为人们关注的焦点。北京是全国的高等教育中心，目前有172所高校和科研院所，每年毕业的大学生数量庞大。据统计，2009年北京市有20.4万名大学毕业生，其中本科生10.4万人，专科生（含高职）4.3万人，研究生5.7万人，毕业生数量为历年最高，占全国高等院校毕业生总数的3.34%。做好北京地区大学毕业生就业工作，无论是对首都社会经济的发展，还是对全国大学毕业生就业工作，都具有十分重要的现实意义。

面对2009年严峻的就业形势，北京市政府对高校大学毕业生就业工作达到前所未有的重视程度。为了减轻大学生的就业压力，及时出台了促进高校毕业生

---

* 白素霞，北京工业大学博士研究生；张彦军，北京工业大学招生就业处副处长、毕业生就业服务中心主任。

就业的 15 条政策，包括应届毕业生升学扩招 1 万人；从优秀的应届高校毕业生中招聘 3000 名中小学教师；选聘 2000 名高校毕业生到社区工作；在应届高校毕业生中招聘大学生“村官”；鼓励高校毕业生到中小企业和非公有制企业就业；鼓励和支持高校毕业生自主创业和灵活就业；鼓励用人单位招收就业困难的高校毕业生，招收企业享受岗位补贴等。这 15 条政策的贯彻和落实，增加了岗位需求，拓宽了大学生的就业渠道，使 2009 年首都地区高校毕业生的就业难度有所降低，就业结果远远好于预期，就业率达到 96.4%。[①] 但是，大学生的就业状况与往年相比出现了一些新变化，就业过程中还出现了一些新问题，同样也增加了就业难度。

一　2009 年北京地区大学生就业状况分析

通过对大学生就业情况的研究分析，我们发现，2009 年北京地区大学生就业主要呈现如下特点。

（一）毕业生就业率与去年同期基本持平，就业情况相对乐观

目前关于就业率的统计，是将就业（包括被雇用和自主创业）、升学、出国的人数除以全部毕业生人数。据有关部门统计，截至 2009 年 8 月 31 日，北京地区大学毕业生全员初次就业率为 95.41%，比 2008 年提高了 1%，其中研究生就业率为 93.98%，本科生就业率为 95.23%，高职专科层次毕业生就业率为 97.74%，已就业毕业生签约率（签订三方协议人数加上升学和出国人数除以毕业生总数）为 75.96%，也比 2008 年提高 1%。按照劳动经济学基本原理，[②] 升学和出国的毕业生已经退出了我国劳动力市场，都不再算入就业率统计，根据国家统计局北京调查总队、北京市统计局于 2009 年 5 月至 6 月对北京地区 8 所高校的应届毕业生进行的调查显示，截至 6 月，在打算就业和积极寻找工作的大学生中有 71.5% 的毕业生已经签约或有签约意向，应该说在全国就业形势紧张的情况下，北京地区大学生的就业情况相对比较乐观，这要得益于政府对高校毕业

① 北京市政府工作报告，http：//news. sohu. com/20100125/n269807903. shtml。
② 袁志刚：《失业经济学》，上海人民出版社，1997，第 97、100 页。

生就业工作的重视及对就业工作的加强，及时采取了有力的措施，开辟新的就业渠道。2010 年北京地区大学毕业生数量还将进一步增加，但随着中国经济逐渐回暖，促进大学生就业政策的进一步落实，严峻的就业形势会有所缓解。

（二）企业提供的薪资待遇下降　毕业生收入减少

从国内外大环境看，金融危机造成全球经济不景气，企业受投资下降、生产减少等不利因素影响，不得不通过减薪、裁员等措施缩减成本以度过“寒冬”，一系列举措都直接影响和降低了毕业生待遇。根据我们对北京某高校毕业生的调查①（如图 1 所示），2009 年居低工资区间 1000～3000 元的毕业生人数占被调查人数的比例为 78.51%，比 2008 年增加了近 17%；而高工资区间 3001～6000 元以上的毕业生人数占被调查人数的比例比 2008 年同期明显降低，尤其是 5000 元以上的工资区间差别更为明显，比 2008 年同期减少了 5.87%。经计算，2009 年大学毕业生的平均实际薪资为 2521 元，而 2008 年大学毕业生的平均实际薪资为 2989 元，下降幅度为 16%。另外，根据麦可思②《2009 年北京市大学毕业生就业报告》显示，北京市 2008 届本科毕业生毕业半年后平均月收入为 2746 元，而 2007 届为 3080 元，大学生平均月收入下降了 11%。大学生的收入下降，直接影响了他们的就业质量。由麦可思与人民网联合组织的一项针对 2009 届已就业大学毕业生的最新调查显示：在当前工资水平下，有 22% 的已就业大学毕业生成为月月吃光喝光的“月光族”；还有 8% 的毕业生成为“负翁”，要继续“啃老”才能维持生活。

（三）毕业生就业压力增大，考研读研人数大幅增加

迫于 2009 年严峻的就业形势，毕业生就业压力增大，纷纷选择考研读研来

① 笔者于 2009 年 9～11 月对北京某高校毕业生的就业情况进行了调查，发放问卷 832 份，收回 736 份，同时还对 400 多家用人单位进行了调查，包括国企、事业单位、私企、外企和政府机关等。

② 麦可思（MyCOS）公司是中国专业的教育数据咨询公司。从 2007 年开始，每年一度对毕业半年后大学生的就业状态和工作能力进行全国性研究，连续三年面向社会公开发布《中国大学生就业报告》，引起国际国内广泛关注。同时还与腾讯教育频道合作推出“2009 大学毕业生就业跟踪调查”，推出月度调查报告。《2009 年北京市大学毕业生就业报告》是麦可思基于对北京市 2008 届大学毕业生半年后的调查研究，本次调查覆盖了北京市本科院校与高职高专院校中的 93 所。

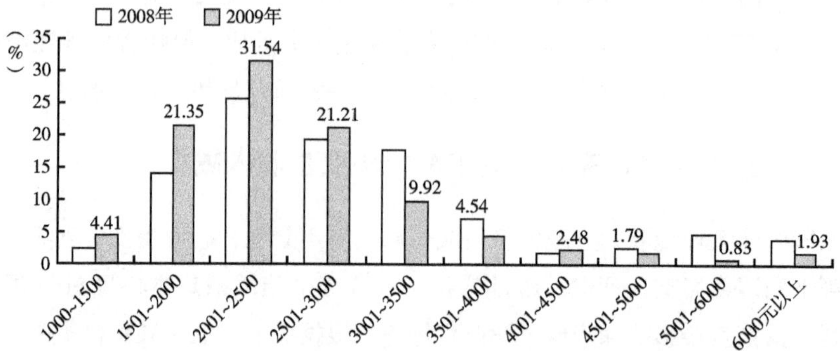

图1　北京某高校毕业生2008年和2009年实际薪资对比

数据来源：笔者对北京某高校毕业生就业情况的实际调查。

减缓就业压力。根据我们对北京某高校毕业生的调查（如图2所示），2009年该校选择读研的人数占毕业生总人数的比例为9.7%，比2008年同期增加了1.27%，读研人数在连续两年下降后首次“探底回升”。而对于读研究生的原因，其中有70%的受调查者表示是为了躲避就业问题。据有关部门统计，2009年报考北京地区研究生人数比2008年增加11199名，增幅为5.2%，也是自2007年、2008年连续两年研究生报考人数出现下降后首次强劲反弹。报考研究生人数增多的原因一方面可能与扩招有关，但最重要的还是面对就业压力，越来越多的人选择了考研来延缓就业。

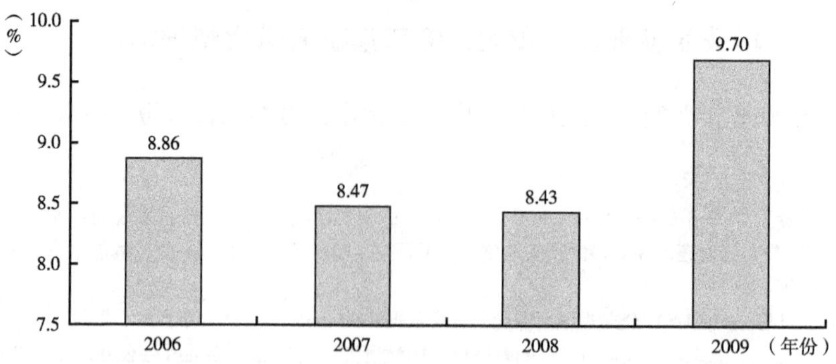

图2　北京某高校近四年读研人数统计

数据来源：笔者对北京某高校毕业生就业情况的实际调查。

（四）民营私营企业就业比例大幅增加，成为吸纳毕业生的主力单位

根据我们对北京某高校毕业生的调查发现，如图 3 所示，2009 届毕业生在民营私营企业就业的比例为 25.57%，比 2008 年同期增加了 12.01%；据麦可思《2009 年北京市大学毕业生就业报告》显示，2008 届北京地区本科生的就业单位性质为民营私营企业的最多，所占比重为 46%，是应届大学毕业生的主要就业渠道，比 2007 届的 34.7% 有明显增加。据《北京统计年鉴》数据显示，截至 2008 年底，北京市私营企业、个体工商户累计达到 115.75 万户，占全市各类市场主体的 85.66%，从业人员达 360 万人，占全市就业人口的 70% 以上，反映出私营民营企业正蓬勃发展，人才需求量越来越大，再加上 2009 年国家采取减税和补贴等优惠政策鼓励非公有制企业积极吸纳毕业生，所以在私营民营企业就业的大学毕生的比例大幅增加。

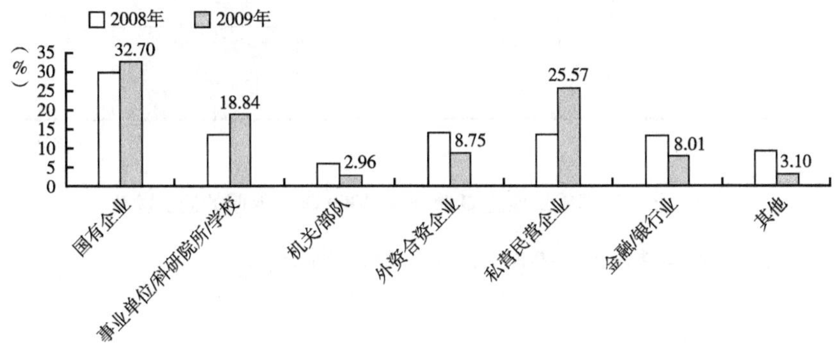

图 3 北京某高校毕业生 2008 年和 2009 单位流向对比

数据来源：笔者对北京某高校毕业生就业情况的实际调查。

（五）毕业生薪资期望降低，对实现就业起到积极作用

面对严峻的就业形势，大学生普遍感受到了较大的就业压力，对薪资的期望值有所降低。根据对北京某高校毕业生的调查显示，如图 4 所示，2009 届大学生的平均期望薪资为 2655 元，比 2008 年同期降低了 453 元，降幅约为 15%。另据麦可思《2009 年北京市大学毕业生就业报告》显示，北京市 2008 届本科毕业

生的期望月收入为1862元，比2007届期望月收入降低了144元，降幅为7%。国家统计局北京调查总队、北京市统计局于2009年5月至6月对“2009年北京高校毕业生就业意向调查”显示，毕业生希望雇用单位付给他们理想月薪多数集中在1501~3000元，占调查总体的66.6%，而在2008年的同期调查中期望月薪多数集中在3000元以上，占调查总体的66.7%。① 可见，在金融危机影响下一方面用人单位提供的实际薪资待遇在下降；另一方面，北京地区大多数毕业生对薪资有着理性的判断，对待遇的期望有所降低。大学生薪资期望降低对实现就业起到了积极的作用，因为根据工作搜寻模型，② 大学生期望工资水平越低，找到工作的可能性就越大，就业就越容易，否则就越困难。

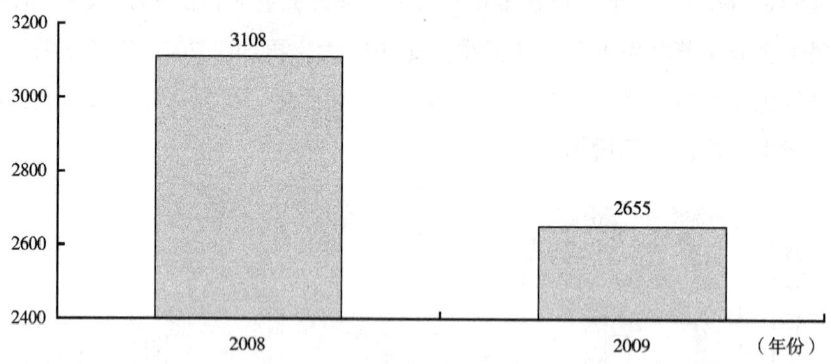

图4　北京某高校结业生2008年和2009年对入职的期望薪资

数据来源：笔者对北京某高校毕业生就业情况的实际调查。

二　当前北京地区大学生就业过程中存在的问题

（一）供需矛盾突出，就业难度增加

1. 总量供需矛盾突出

近年来，随着高校在全国范围内扩大招生规模，大学生人数在短期内急剧增

① 黄敬宝：《2008年北京地区大学生就业状况调查》，《中国青年研究》，2009年1月。

② 赖德胜：《劳动力市场分割与大学毕业生失业》，《北京师范大学学报》，2001年4月。

加，而由经济发展规模所决定的人才需求总量增长速度有限，最直接的后果就是造成大学生就业形势越来越严峻。统计显示，2008 年北京地区大学毕业生人数为 20.2 万，而北京市能提供给大学毕业生的就业岗位大约为 13.88 万个，[①] 需求与供给能力比例为 1∶0.69，供需矛盾非常突出。2009 年北京地区需要就业的毕业生人数比 2008 年有大幅增加，而从国内外大环境看，金融危机造成全球经济不景气，就业岗位减少。据统计，北京地区 2009 年前三季度经济增长与 2008 年同期相比出现不同程度的下降，尤其是第一季度生产总值增长 6.1%，比 2008 年同期下降了 5.2%，为 1993 年以来的最低水平，[②] 经济对就业的拉动能力减弱，就业需求减少。根据我们对用人单位的调查显示，有 64.1% 的用人单位受到了金融危机的影响，其中有 32.3% 的用人单位减少了招聘岗位，与往年相比，参加招聘会的企业数量在减少，用人需求也相应减少，供需矛盾更加尖锐。在 2009 年北京地区毕业研究生专场供需见面会上，就出现了 4 万多名研究生争夺 1.4 万个就业岗位的局面。就业岗位不足，让毕业生就业压力越来越大。通过我们对北京某高校大学毕业生调查发现，2009 年有 44.52% 的毕业生感觉就业压力很大，完成求职活动有困难，比 2008 年上升了 14.51%。

2. 人才供求结构矛盾也非常突出

有些热门专业招收人数过剩，造成人才供过于求，据麦可思《2009 年北京市大学毕业生就业报告》显示，北京市 2008 届本科毕业生，毕业半年后失业量最多的 10 个专业失业人数占本科失业量的 44.0%，法学、工商管理、计算机科学与技术、英语、信息管理与信息系统等 5 个专业是 2007 届失业最多的专业。其原因是有些高校的专业设置不完全适应经济社会发展需要，致使专业人才的产出与需求不成比例。

（二）大学生就业意愿过于集中增加了就业难度

1. 在就业地区选择上，北京地区大学生择业意愿主要集中在北京市，毕业后愿意到外地工作的比例较低

面对就业压力的加大，虽然大学毕业生可以降低薪资期望，却不愿离开北

---

① 杨河清、李晓曼：《北京地区大学毕业生需求分析及对策探讨》，《中国人才》，2008 年 7 月。

② 北京经济信息中心：《2009 年北京市经济形势分析及 2010 年展望》，http://www.beinet.net.cn/fxyj/topnews/200912/t499683.htm。

京就业。国家统计局北京调查总队、北京市统计局于2009年5月至6月对北京地区8所高校的应届毕业生进行的调查显示，有74.5%的毕业生表示希望能在北京市就业，还有近二成的人选择了上海、广州、深圳及东部沿海经济发达地区；据麦可思《2009年北京市大学毕业生就业报告》显示，北京地区大学生最愿意去的是直辖市和副省级城市，最不愿意去的是区县和地级城市。可见，绝大多数毕业生选择在工资水平高、工作和生活环境好的大城市就业，尤其是像北京这样的大都市。在严峻的就业形势下，毕业生可以降低薪资期望，却不愿离开北京就业。究其原因是大学生择业时注重职业发展前景，渴望实现自己的人生价值，而我国经济发展不平衡，北京由于经济和科技发达，总体来看会有更多的发展机会，成为他们的首选；而在经济欠发达地区、中小城市及广大农村虽然急缺人才，但由于工资收入、发展机会、流动性等问题，会增加发展风险和转换成本，吸引力远远不足。现实情况是北京地区毕业生数量庞大，再加上每年有大量外地高校毕业生来京就业及外地高校北京生源学生返京就业，就业竞争异常激烈，如北京地区2008届大学毕业生最愿意在北京就业的比例为63.10%，实际在北京就业的比例为48.4%，①意愿和实际相差了14.7%，就业意愿集中导致毕业生失去了很多求职机会，错过了不少工作岗位，增加了就业难度。

2. 在就业单位选择上，毕业生就业意愿主要集中在国有企业、事业单位和政府机关及外资企业

国家统计局北京调查总队、北京市统计局于2009年5月至6月对“2009年北京高校毕业生就业意向调查”显示，对于最希望的就业单位性质，38.5%的受访毕业生选择国有企业，22.4%的毕业生选择机关事业单位，18.6%的人选择外资企业，只有6.5%的毕业生选择民营企业，可见有接近八成的毕业生选择了国企、政府机关、事业单位等体制内单位，以及以高工资为特征的外资企业，他们到私营民营企业就业积极性不高。如前所述，私营民营企业正蓬勃发展，人才需求量越来越大，已经成为大学毕业生的主要就业渠道。毕业生不愿去私营民营企业的原因是一些私营企业管理不规范，制度不健全，工作稳定性和工作条件与其他单位相比要差一些，工资福利待遇要低一些，难以吸引和留住毕业生。据麦可

① 黄敬宝：《2008年北京地区大学生就业状况调查》，《中国青年研究》，2009年1月。

思《2009 年北京市大学毕业生就业报告》显示，本科生对私营民营企业的满意度最低，总体满意度为66%，远低于“政府机构/科研事业”的81%。大学生就业意愿和现实的矛盾，增加了就业难度。

（三）大学生缺乏实践经验、个人能力与用人需求不相适应导致求职困难

当前，大学生就业市场处于“买方市场”，用人单位对毕业生的要求不断提高，不仅需要扎实的专业知识，还看重实践经验及个人综合能力。个人综合能力主要指毕业生的表达能力和沟通能力，其次为外语能力、专业能力、适应能力和合作能力等。而我们对用人单位的调查发现，在招聘过程中，有 18.6% 和 13.6% 的用人单位把综合能力作为招聘时重点考察的因素。而我们对北京某高校毕业生的调查发现，在求职过程中有 49.50% 的毕业生认为自己由于缺乏实践经验、缺乏对岗位专业知识的了解而导致求职困难，有 21.40% 的毕业生由于自己能力不足、不善于处理人际关系、缺乏求职技巧等个人素质方面原因导致求职困难。国家统计局北京调查总队、北京市统计局于2009 年 5 月至 6 月对北京地区 8 所高校的应届毕业生进行的调查显示，43.9% 的受访者认为毕业生缺少实际技能与工作经验是影响大学生就业的最主要问题。由此可见，毕业生缺乏实践经验，个人综合能力与企业需求不相适应成了他们实现就业的主要障碍。

（四）大学生缺乏职业生涯规划，导致求职的盲目性

当前对大学生就业而言，做好职业生涯规划，可以使他们在就业时把初次就业当做职业生涯的一个点而不是终点，从而不再去过分计较短期内的利益得失，把眼光放得更为长远。根据调查发现，用人单位认为大学生就业前最应该做的准备就是要有明确的就业方向，确定自己适合的职业后再进行简历投递。虽然很多高校意识到这一点并开设了职业生涯规划课程，但效果并不理想。对北京某高校毕业生的调查结果显示，2009 年只有 14.96% 的毕业生有明确规划，清楚自己应该找什么样的工作；85.04% 的毕业生基本没有规划，职业目标和定位不明确；根据北京社科院对“北京高校北京籍大学毕业生就业调查”发现，有非常明确的职业定位和职业发展目标的同学只有 25.6%，一般明确和不明确的占 74.4%。

职业生涯规划的缺乏，使得大学毕业生没有一个可供参照的职业选择计划，同时由于对自身的价值、兴趣、个性等问题考虑不成熟，对自身所处内外部环境的把握不够准确，对自己优劣势的分析不到位，往往使毕业生在寻找工作时不知何去何从，容易随波逐流，盲目投递简历、报考研究生或公务员，无形中增加了求职成本和难度。

三　促进大学生顺利就业的对策

针对大学生在就业中存在的诸多问题，促进大学生顺利就业不仅需要在短期内见效快的政策，更需要国家、政府、学校和大学生从长规划，创造岗位需求，改善大学生供给质量，转变就业观念，以此更好地促进供需匹配。

（一）加强政策创新和落实，拓宽大学生就业渠道

1. 优化经济结构，增加大学生岗位需求

当前北京市应充分利用首都财政金融等经济决策和信息平台的独特优势，加快发展金融服务、商务服务、科技服务等高端服务业，促进生产性服务业与现代制造业的融合，创造更多适合高校毕业生的就业岗位。

2. 创新体制机制，积极开拓就业渠道

政府可以考虑建立人才预测机制，实施人才供求宏观调控；有条件、有选择地开放垄断行业，购买公益性岗位，提供基层公共服务就业岗位；采取税收、财政等优惠政策，激励用人单位增加对高校毕业生的需求量；在高校里设立大学生创业园和创业启动基金，从资金政策和硬件方面予以支持，让有创新意愿和能力的大学生在学校阶段就能够得到施展自己才华的机会；鼓励骨干企业和科研项目单位积极吸纳和稳定高校毕业生就业；鼓励毕业生到中西部地区和城乡基层工作，同时落实好就业补贴、考研加分、学费返还、选聘招录等优惠政策；鼓励大学生自主创业，为有创业意愿的大学生提供小额贷款、项目引导、技能培训、专家指导、法律援助等公益性服务，帮助创业企业的成长和发展，使创业大学生无后顾之忧。

3. 加强大学生就业市场建设

政府需对人事、劳动和教育部门的有关信息资源进行整合，构建高效的人才

供需信息服务平台，通过建立北京青年就业创业见习基地，强化大学生就业岗前培训；对以灵活方式就业的毕业生，在劳动关系、社会保险关系接续等方面提供支持和帮助。

（二）以社会需求为导向，改革人才培养模式，提高大学生就业能力

在毕业生就业市场体系中，高校既是生产厂家，又是销售厂家，为使大学生这种“产品”能够“销路”畅通，就要按社会对能力和知识需求来改进大学教育，以推动高校的专业设置、课程设置和教学方式紧跟社会需求，培养出社会需要的劳动力。一方面高校要建立“招生－培养－就业”的联动机制。招生、培养、就业部门要及时沟通信息，注意社会的需求态势和反馈信息，形成联动，并根据社会对人才的实际需要和毕业生的就业状况，及时调整大学的专业结构和课程设置，对于就业比较困难的专业，针对不同学校的具体情况对其规模加以限制，减少或停止招生；另一方面高校要全面提高大学生就业能力，不仅要重视知识的传授，更要重视观念、能力、素质等方面的培养。高校应在保证学业质量的前提下，给大学生在校期间安排更多的社会实践和培训机会。教学要以提高毕业生的综合素质为目标，培养学生的创新意识、创造能力，提高学生动手能力，并把提高学生的沟通能力、表达能力贯穿在大学四年的教育中。这方面德国的经验值得借鉴，即大学生除了接受严格的学校教育外，还要直接和企业接轨，接受师傅指导。学生一边在学校学习，一边在工厂实习，毕业后都有工作经验，且动手能力、实践操作能力较强，受到雇主欢迎。①

（三）建立专业的就业指导队伍，加强大学生就业指导

随着就业压力的增加，学生在步入就业市场时需要准备的就业知识和技能越来越丰富。这就需要建立一支专业化和专家化的就业指导队伍，向学生提供个性化、专业化、全程化的就业指导。高校大学生就业指导的专业化和专家化，要求高校就业指导人员除掌握国家政策法规、有较强的工作能力和责任心之外，还必

① 王保义：《大学生就业难问题与对策的深层次分析》，《黑龙江高等教育》，2007年12月。

须具备扎实系统的经济学、教育学、社会学、管理学、人力资源管理、心理学等基础知识，具有较强的协调能力、应变能力、语言表达能力等，利用他们丰富的知识和经验对大学生进行就业思想教育，引导大学生树立正确的择业观，帮助大学生进行职业生涯规划，提升他们的求职技巧。就业指导工作不应是突击性的，而是要贯穿学生的整个大学生涯。

（四）改变就业观念，对职业生涯有准确的定位

面对机遇和挑战，大学生应改变计划经济条件下的思维定势，要看到企业、城市社区和农村基层能够提供大量的就业机会，就业前景广阔，对于毕业生自身能力的提升、阅历的增长，都大有裨益。应该规避向优势地域、高薪岗位集中的“就业扎堆”观念，改变就业“一步到位”的观念，降低自身期望值，做好从蓝领、灰领干起的心理准备，走“先就业，再择业；先生存，再发展”的就业道路。另一方面，大学生自身要有一个职业生涯规划，包括自己喜欢做什么，适合做什么，能够做什么，并围绕职业生涯设定重塑个人价值。然后利用见习、实习、社会考察、社会实践等机会主动与用人单位接触，了解劳动力市场，掌握就业信息，并在就业过程中，按照自己的职业规划主动出击。

主要参考文献

1. 袁志刚：《失业经济学》，上海人民出版社，1997，第97、100页。
2. 黄敬宝：《2008年北京地区大学生就业状况调查》，《中国青年研究》，2009年1月。
3. 赖德胜：《劳动力市场分割与大学毕业生失业》，《北京师范大学学报》，2001年4月。
4. 杨河清、李晓曼：《北京地区大学毕业生需求分析及对策探讨》，《中国人才》，2000年7月。
5. 北京经济信息中心：《2009年北京市经济形势分析及2010年展望》，http://www.beinet.net.cn/fxyj/topnews/200912/t499683.htm。
6. 王保义：《大学生就业难问题与对策的深层次分析》，《黑龙江高等教育》，2007年12月。

Analysis on Employment Conditions of University Students in Beijing, 2009

Bai Suxia Zhang Yanjun

Abstract: The graduate employment is a great issue concerning the national economic development and the social stabilization, to solve the problem of graduate employment is significant in promoting the economic and social development. Since global financial crisis broke out, many enterprises reduce employment plan, even many jobs have been cut, surely adding misery to the tough job market and bringing more pressure to graduate employment. Under the circumstances, this article will bring up some suggestions to solve the problem by analyzing the state and the problems of graduate employment in Beijing area, in order to offer employment guidance to universities and provide evidence for government policy making.

Key Words: graduate employment; tesions of employment; employment policy

社会管理篇

REPORTS ON SOCIAL MANAGEMENT

北京公益性社会组织案例分析*

曹飞廉**

摘　要： 改革开放30多年来，中国在经济社会发展取得举世瞩目的成就的同时，伴随着工业化、市场化和城市化进程的加速，涌现出越来越多的社会问题。在社会稳定和可持续发展的前提条件下，国家出台了一系列政策以缓解这些问题。与此相对应，在社会领域中各类公益性的社会组织以各个项目和活动的形式培育现代社会公民所应具有的美德和参与精神，倡导社会的公正，在行动与实践的基础上协助政府探索公共服务供给的有效途径和模式。本文通过对北京市公益性社会组织的定性研究，描述和分析了此类组织在中国的特大城市和经济发达地区的现状、功能与困境，并提出了相应的政策建议。

关键词： 公益性　社会组织　社会建设

---

* 本文的写作得到了北京市民政局社团办基金会管理处石怀淼处长、北京市协作者文化传播中心李涛先生、北京市惠泽人咨询服务中心翟燕女士、北京市西部阳光农村发展基金会梁晓燕女士的大力支持和协助，在此一并表示感谢。

** 曹飞廉，北京工业大学社会学系博士后，研究方向：公民社会、中产阶层。

1978 年至今，中国走过了改革开放 30 多年波澜壮阔的伟大历程，经济社会发展取得了举世瞩目的伟大成就。经济体制改革的不断推进，使我国成功实现了从高度集中的计划经济体制向充满活力的社会主义市场经济体制的重要转型；对外开放的不断扩大，使我国成功实现了从封闭半封闭社会到开放社会的历史转折；坚持以经济建设为中心，使得我国综合国力迈上了新台阶，30 多年来国内生产总值年均增长达到世界发展史上罕见的 9.8%；与此同时，我国的政治体制改革不断深化，社会主义民主政治得到了稳步的发展。

然而，伴随着中国工业化、市场化和城市化进程的加速，涌现出越来越多的社会问题，如贫富悬殊现象的出现，城乡差距的拉大，农民工及其子女的城市化问题，社会伦理道德和价值观的混乱等。在社会稳定和可持续发展的前提条件下，国家出台了一系列政策以缓解这些问题，如农村义务教育阶段的“两免一补”政策，全面取消农业税，农村养老保障体系的建立以及推进城乡一体化建设等。与此相对应，在社会领域中各类公益性的社会组织发展迅速，如今这些组织已广泛分布于扶贫、慈善、科研、教育、文化、卫生等各个领域，以各个项目和活动的形式培育现代社会公民所应具有的美德和参与精神，倡导社会的公平与公正，努力协助政府探索公共服务供给的有效途径。

本文通过对北京市公益性社会组织的个案研究，探索此类组织在中国的特大城市和经济发达地区的现状、功能与困境，并提出相应的政策建议。

一 北京市公益性社会组织的概况

公益性社会组织具有两个主要特点：首先，主要是站在社会的立场协调公民与国家和市场的关系；其次，面向社会公众提供志愿服务或有偿但不以营利为目的的公益性服务。此类组织包括社团类中的慈善组织、环保组织、扶贫组织、维权组织；公募与非公募基金会以及从事社会服务与公益慈善的民办非企业单位（以下简称“民非”）。除此以外，工会虽然目前仍然属于人民团体范畴，要充当党和国家与工人阶级之间桥梁和纽带的角色，但在市场化过程中，它的职能转型正在成为一种特别强烈的时代要求。①

① 陆学艺主编《当代中国社会结构》，社会科学文献出版社，2010，第 361 ~ 363 页。

到2009年底，在北京市民政局登记注册的社会组织共6768家，其中社团有3148家，“民非”3506家，基金会114家（其中公募基金会26家，其余均为非公募基金会）；此外，在社区备案的社会组织有11683家。在这些组织中享有公益性捐赠税前扣除资格的社团为2家，基金会为80家，所有“民非”均不享有此种资格。北京市社团办基金会管理处处长石怀淼告诉笔者，在这些社团和“民非”中从事公益性活动的不会超过200家，而所有的基金会从理论上来讲，都是具有公益性质的。由此笔者可以得出北京市公益性社会组织占所有社会组织的比重仅为4.6%。这一比例对于像北京这样一个中国特大型城市而言显然是偏低了。

从目前北京市三类性质的社会组织的整体发展态势看，发展得最快的是非公募基金会，近几年均以20%的速度持续增长。就社会的需求而言，在未来“民非”会有一个较大的发展以承接从事业单位中转移出来的部分职能；此外，那些扎根于社区的社会组织也会在政府购买服务的大环境中逐步增长。

如今公益性社会组织的发展所面临的挑战是：面对小政府、大社会的发展趋势，由于部分社会管理者的思想观念不够解放，以及政策扶持的力度不够（这里主要指双重管理政策、税收政策和公共财政政策），导致政府职能转移没有到位。各种因素交互作用使社会组织在发展的过程中面临诸多制度障碍。

为了深入了解北京市的公益性社会组织的具体状况，笔者走访了一家公益性社团，两家公益性“民非”，两家北京市非公募基金会和两家全国性非公募基金会，并与机构负责人进行了深度访谈。在下文中，笔者将对其中的一家社团、一家民非和一家北京市非公募基金会进行个案描述，并在此基础上对北京市公益性社会组织的现状、功能和困境展开分析。

二　个案描述

（一）北京市协作者文化传播中心

北京市协作者文化传播中心（以下简称“协作者”）成立于2003年，是一家为流动人口提供志愿公益服务的机构。“协作者”为中国社会工作协会社会公益委员会注册的公益团体会员，为二级社团。协作者共有9位全职员工，其中有2位中级社工师，4位初级社工师。

协作者的服务项目主要有以下几个方面。

1. 能力建设

“协作者”成立“劳工家园”，针对进城务工青年的需求，利用节假日为在京打工青年开展就业生活技能、文化教育、职业安全与健康、普法宣传等志愿服务活动，使打工青年在参与中提升自我服务与服务社会的综合能力。

2. 探访服务

为丰富打工者业余精神文化生活，“协作者”组织打工青年组成文艺探访队，自编自演各类反映打工生活的文艺节目，将法律、健康、创业等知识融入文艺表演中，定期到工地、社区等场所开展文化演出活动，促进和谐社区建设。

3. 心理辅导

针对打工青年在城市生活中的困惑，“协作者”开展义务咨询辅导服务，涉及生命危机干预、劳动权益保护、心理辅导、就业政策、婚姻家庭等不同层面。

4. 普法援助

组织专家志愿者开展义务普法宣传活动，向打工者普及容易被忽视的劳动政策法规、职业安全知识，提高流动人口维护自身合法权益做知法守法的新市民的法律意识；协助劳动部门、法律援助中心开展法律援助活动。

5. 志愿者培训

“协作者”将城市青年志愿者与打工青年志愿者联合起来，尝试建立“法律”、“健康”、“文学”、“文艺”等社工互助小组，参与志愿服务活动，开展志愿者培训。

6. 调查研究

“协作者”先后开展了“西部贫困地区农民科技信息技术调查”、“非典时期流动人口生存与需求调查”，“珠江三角洲——三峡库区流动人口职业安全与健康状况调查”、“京粤青三地流动人口基本生存与发展状况调查”等系列调查活动。“协作者”推出“协作者文库”，通过系列出版活动，还原打工群体鲜活的群体生命，促进流动人口与城市居民间文化的沟通与融合。

7. 专题研讨

2004 年 6 月，会同国家安全生产监督管理总局政策法规司、《中国安全生产报》共同主办了“全国流动人口职业安全与健康权益保障研讨会”；2004 年 11 月，会同《经济日报》（农村版）合作，在京共同召开了全国“流动人口社会公共政策改革与服务创新研讨会”。

8. 公民教育

编排民众戏剧“一个民工的美丽期待”；举办《农民工流动在边缘》图片展。

“协作者”通过这样一些项目的开展身体力行倡导服务于社会公益事业的志愿精神，推动中国的城乡一体化发展，成为了沟通政府与城市社区农民工群体的桥梁和纽带，促进中国和谐社会的建设。

（二）北京市惠泽人咨询服务中心

北京市惠泽人咨询服务中心（以下简称“惠泽人”）成立于 2003 年，2008 年 8 月以“民非”身份注册成立了“北京市东城区惠泽心理健康服务中心”，主要致力于志愿服务能力建设。机构如今有全职员工 6 人，其中 2 人为专业社工，长期兼职志愿者 5 人。

“惠泽人”的服务项目主要有以下几个方面。

1. 西部志愿服务能力建设项目

该项目由“惠泽人”与英国海外志愿服务社（VSO）发起在中国西部 6 省开展志愿服务活动实践，培养志愿者专业技能方面的发展。

2. 社区志愿服务项目

主要包括社区青少年心理援助和社区心理健康服务。

3. 友成扶贫志愿者管理项目

动员、资助和组织友成基金会扶贫志愿者在贫困地区直接参与各项扶贫工作的行动计划。这个行动计划，一方面，要为农村贫困地区的政府扶贫办及其他扶贫机构提供技术支持、能力建设等服务，为提高当地贫困人群的生存能力、发展能力创造条件和机会；另一方面，要为政府和民间公益组织实施的各种扶贫项目搭建沟通平台，对其所开展的扶贫项目提供服务与帮助，促进形成政府指导、民间公益机构组织实施、各类企业大力支持的工作格局，最终达到让全社会关注贫困、共同参与扶贫济困的目的。“惠泽人”的执行主任翟雁女士目前还兼任友成基金会志愿者中心主任。

4. 赈灾能力建设项目

在世界银行的资助下，“惠泽人”发起成立了 5·12 赈灾志愿者“E”学习

中心项目，通过网络教学远程支持奋战在灾区第一线以及其他志愿者朋友们。

5. 公民社会之声项目

该项目旨在通过案例研究，政策建议报告，为草根公民社会组织发展创造更好的社会和政策环境，从提高民间组织与政府的沟通能力等方面提升民间组织在相关立法和政策制定中的参与度，宣传民间组织在应对社会发展问题之中的积极贡献，并且增强民间组织与政府和公众的沟通能力。

6. 社区生态志愿者项目

该项目是由北京万通公益基金会资助、“惠泽人”具体执行的生态社区综合试点项目。项目的总体目标是通过多方机构合作，对三个试点社区的生态及社区投入，提升试点社区居民参与程度及其能力建设，推动社区生态理念与技术的应用和社区环境的改善，促进人与自然关系的进一步和谐，并实现生态可持续发展。

此外，正在执行的项目还包括：受北京市团市委委托开展的“春芽项目”，其目标是促进奥运志愿服务的遗产转化，其中包括课程开发、培训以及 TOT（对培训者的培训），资金提供方为联合国志愿组织（UNV）；以及世博会志愿者培训项目。

“惠泽人”通过为志愿者和志愿者组织提供培训、组织发展咨询和社会心理支持等服务，开发和研究中国志愿服务管理机制，倡导和传播志愿精神，以提高志愿服务对中国公民社会发展的贡献。通过推动志愿服务减少贫困和歧视，最终促进当地社区和弱势群体的发展。

（三）北京市西部阳光农村发展基金会

北京市西部阳光农村发展基金会（以下简称“西部阳光”）成立于 2006 年。而早在 2002 年“西部阳光”行动就开始启动了，其目标是致力于改善西部农村教育和促进社区发展。目前机构共有 6 位全职工作人员，以及 10 多位志愿者。

1. 农村学校教育质量提升综合项目

基金会秘书长梁晓燕认为，自从实行“两免一补”的政策以来，农村教育最缺乏的不是物质资源而是教学质量的综合提升。因此，机构目前最主要的项目是农村学校教育质量提升综合项目。该项目的主要内容包括：和地方教育主管部门充分合作，帮助改善地方教育政策；各类校长、教师专业培训——为校长提供

短期学校管理和发展规划的培训、为教师提供新课改后的教材通识及教学技能培训；组织教师参加专业技能大赛，进行本地优秀教师公开课巡讲等活动；对27所学校的教学硬件状况进行评估，资助建立完善文体活动设施；推动因地制宜的音体美课程，培训专业教师速成执教；为当地多所学校选取适合的图书及提供图书管理与体育设施使用的短期强化培训；招募并派驻志愿者参与当地社区文化建设，为当地社区发展提供支持。

目前机构的多数项目都是与该项目配套实施，如农村教师针对性培训与支持、各类图书馆建设与读书推动、农村幼儿教育探索、贫困学生教师资助以及小型基础设施建设。目前这个综合性的项目在甘肃省宕昌县和甘肃省成县两地实施。

2. 农村幼儿教育探索

在贫困的社区中，建立半公益性质的幼儿园。招募与培训当地中师毕业生担任教师，开发适合当地使用的教材及课程；并通过家长学校、村医服务等形式，把儿童学前教育和社区发展结合起来。

3. 大学生志愿者假期支教

每年25支队伍，约300名大学生参与西部支教活动。

4. 长期志愿者支教

每年约25人，去西部贫困山区的学校义务支教一年。

5. 西部农村教育论坛

主办了农村教育布局调整政策研讨会、农村寄宿制学校发展研讨会、以及2009年教育类公益组织分享交流会等。

国家近年来对西部农村教育的关注是前所未有的，采取了费改税、两免一补、新课程等许多措施的改革，使农村教育在很多方面得到了很大的改善。但是西部占国土的3/4，西部地区仍有372个县没有实现“两基”目标。政策的制定和贯彻执行大多数是自上而下进行的，一些政策不符合西部农村的实际情况，导致了农村教育问题无法得到有效缓解。“西部阳光”所做的一切正是搭建一个平台，让一线的教育与教育专家和政府官员进行交流和互动，为西部农村教育的发展建言把脉，倾听农村的声音，关注当前西部农村教育的热点、难点和焦点。

三　个案分析

（一）北京市公益性社会组织的现状

从笔者此次访谈所获得的资料来分析，目前除了非公募基金会以外，许多公益性的社会组织在成立之初均是以工商注册，在开展了4～5年活动后，并获得政府的信任的基础上，才能逐渐转为民非注册，而以社团注册则几乎不可能。即便如此，依然有许多组织由于找不到主管单位而长期以工商注册或社区备案的形式开展工作。

这些机构基本上均有完整的组织架构。全职员工人数多数都在10位以内。与企事业单位和政府机构相比，科层化的特征较弱，因此机构文化都比较民主，而且一人多职的现象也比较普遍。这些机构虽然都在北京市民政局或工商局注册，但其服务的区域并不局限于北京地区，而是遍布全国各地，有的机构的服务则是以西部经济欠发达地区为主。

就这些组织的资金来源来看，除了非公募基金会的多数资金来自促成该基金会成立的企业外，其他机构的项目与组织运作资金来源则以国际捐赠为主，例如“协作者”为75%，“惠泽人”为50%，其次来自企业和非公募基金会，而政府采购所占的比例比较小，基本上都在10%以内。

在这些接受采访的机构中，除了部分非公募基金会的秘书长及副秘书长的工资较高以外（在8000～10000元之间），笔者采访的这些机构从执行层到管理层员工工资基本上在2000～5000元之间，都有“四险一金”的福利待遇。机构基本上都会为员工提供各种培训的机会，这在很大程度上成为了员工的一种激励机制。从访谈中发现，这些机构的负责人普遍认为自己及其员工的工资与事业单位相比属中等偏下，他们认为目前的收入水平与他们的付出和对社会产生的效应比偏低了些。

大多数公益性社会组织都有长期的志愿者在为它们提供无偿或低偿的工作。这些志愿者基本上都是一些在大学中就读的本科生或研究生，以及一些在企事业单位中从业不久的年轻人（或者我们通常所说的“小白领”）。这些志愿者中很少有来自富裕阶层的，近些年逐渐开始出现一些边缘与弱势群体本着“自助助人”的理念开始成为志愿者。

（二）北京市公益性社会组织的功能

从自上而下的视角来看，北京市公益性社会组织与全国其他地区的公益组织一样，其最核心的功能是对政府公共服务职能的拾遗补缺。无论是对农民工生存技能培训及其子女的关怀，社区心理咨询与生态环保志愿服务，还是对西部贫困县的综合教育水平的提升，这些服务项目都在一定程度上推动与完善了国家出台的相关政策，如缩小城乡差距继而实现城乡一体化政策，环境保护与可持续发展政策，教育均等化政策的落实等。同时，这些组织利用其身处首都的地理优势，将其服务范围延伸至中国经济发展相对较落后地区，或是希望将在北京社区服务中探索出的经验移植到全国其他城市（比如"协作者"已将其经验成功移植到了南京和珠海）。在这一点上他们发挥了其他地区的公益组织所不具备的功能。

此外，这些公益性社会组织还扮演着政府与民众尤其是社会底层民众之间对话沟通的桥梁的角色。改革开放30多年来，在取得巨大经济成就的同时，也产生了社会阶层分化，下岗失业人员与农民工构成了一个城市社会的底层；城乡二元结构与户籍制度使农业劳动者尤其是中西部地区的农业劳动者成为了整个中国社会分层架构中的中下层与底层。① 而这些公益性社会组织正是服务于转型中处于社会底层的民众，将政府的相关政策传递给他们，也将他们的声音传递给政府，缓解社会矛盾促进和谐社会建设，成为社会的安全阀。

从自下而上的视角来看，这些公益性的社会组织通过其开展的项目和活动促进了社会资本的产生，培育了现代社会的公民美德与参与精神，倡导了社会公正的理念。首先，从笔者所采访的这些机构可以发现，他们通过4～5年扎根于基层社区的工作与政府、企业、学术机构以及其他公益组织建立起了非常密切的合作关系网络，这种互信的产生和合作关系的建立是基于对该公益组织的目标和使命的认同，这也标志着社会资本的形成，而这种社会资本又成为此类组织进一步获得和整合人力与资金资源的基础；② 其次，从前文的个案描述中我们了解到，在这些公益组织中，通常都有大量需要志愿者参与的项目，这些项目设计背后的

---

① 陆学艺主编《当代中国社会阶层研究报告》，社会科学文献出版社，2002，第9页。

② 关于社会资本的论述可参见曹飞廉、陈健民《当代中国的基督教社会服务组织与社会资本——以爱德基金会和上海基督教青年会为个案》，《第三部门学刊》（台湾）2008年第9期。

理念就是希望借此培育现代社会的公民美德和参与精神，而现代社会公民的美德无外乎关爱、正义、参与、宽容等品质，而这些组织开展的各种活动正是在有意识地培育公民的这种品德；再次，改革开放的30多年中，由于国家注重的是经济效率的提升和GDP的快速稳定增长而往往忽视了社会的公正，比如由于户籍制度的存在，而使农民工始终无法享受与城市居民同等的待遇，从而引发一系列的社会问题；又如城乡二元体制的存在，而使教育与医疗的均等化之路步履艰难。如果说政府是通过一系列的社会政策，学者通过著书立说在推动社会向更加公正的方向发展的话，那么这些公益性的社会组织则是以活动和项目动员社会各阶层的公民参与的形式倡导社会的平等与公正。

（三）北京市公益性社会组织面对的困境

从访谈中获得的信息来分析，笔者发现这些公益性社会组织面对的最大困境就是合法性的问题。由于我国尚未有一部“社会组织法”，公益性社会组织的注册困难重重，许多公益组织由于无法找到主管单位而只能在社区备案或是以工商注册，致使公益性社会组织的合法性长期以来受到政府和社会公众的质疑。如今非公募基金会的迅速发展虽然可以在一定程度上缓解这一困境，但社会组织及其从业人员依然无法在整个社会评价体系中获得相应的位置。

公益性社会组织除了面对外部制度层面的合法性困境以外，其自身在组织发展上也面对诸多挑战。首先，由于我们的整个教育设计中缺少公民教育，因此人们在理念上没有公民意识，公益性社会组织在建设和成长的过程中，先需要对团队的成员进行公民理念的培育；其次，社会组织的管理不同于企业和政府，参与式的民主化管理模式在中国完全是新鲜事物，因此一切都还在习得的过程中；再次，许多公益组织如今都是项目导向，这也就意味着组织的生存完全依赖于项目，因此组织的员工时常面对巨大的压力，而无法专注于业务的精专和能力的提升；最后，现今公益组织所处的阶段相当于20世纪80年代私营企业所处的阶段，组织的发展在很大程度上取决于组织领导人的德行、意志、能力和胆识，而兼具这些才能的领导者在公益界依然屈指可数。

公益性社会组织发展所面对的制度性障碍主要有以下几点。①

① 何增科：《公民社会与民主治理》，中央编译出版社，2007，第137~141页。

（1）注册困境

首先，登记注册的资金门槛提高，1988 年颁布的《基金会管理办法》规定建立基金会必须有 10 万元的注册基金。而新颁布的《基金会管理条例》规定全国性公募基金会的原始基金不低于 800 万元，地方性公募基金会的原始基金不低于 400 万元，非公募基金会的原始基金不低于 200 万元，原始基金必须为到账货币资金。

其次，找“婆家”（业务主管单位）的要求，提高了准入成本，导致大量民间组织不愿或无法注册登记，以“协作者”为例，从成立至今一直为工商注册，主要原因就是无法在北京找到“婆家”（南京和珠海的“协作者”均为“民非”注册，两市的民政局为其业务主管单位），另外在“婆家”拒绝履行审查许可职责时，社会组织缺乏权利救济手段。因此，有些社会组织由于担心业务主管单位的随时变更，而宁愿选择工商注册或仅在社区备案。

再次，一些相关政策规定不利于社会组织的发展。例如：在同一行政区域内已有业务范围相同或者相似的社会团体和民办非企业单位而没有必要成立的，将不予批准筹备或登记以及禁止设立分支机构或代表机构的政策性规定，人为地赋予某些社会团体或民办非企业单位以垄断地位和特权，这样使其他同类组织无法注册，从而公益性社会组织就无法在一个开放的环境中公平竞争。而如今的社区发展正呼唤大量的公益性社会团体和“民非”的产生，于是在制度设计与社会需求之间产生了一定的张力。

（2）资金困境

来自政府、企业和国际基金的资助均很缺乏，资金严重不足。政府采购虽已逐步开始惠及公益性社会组织，但在北京市能获得政府采购的组织数量并不多，而且资金只包含服务本身，并不覆盖执行项目的人员经费。企业捐款的减免税规定不明确，现今也只有一部分社团和基金会获得捐赠税前扣除资格，所有的“民非”都不享有此资格，在北京市登记注册的社会组织中享有该资格的社团为 2 家，基金会为 80 家，仅占北京市公益性社会组织的 1/4。非公募基金会的设立和运作由于时间较短、尚不成熟而依然面临多方面的限制。对于港台和海外的基金会，一方面政府对其缺乏信任，另一方面随着中国综合国力的提升，一些国际的基金会也开始逐渐将项目撤出中国。依照发达国家和港台地区的经验来看，公益性社会组织的资金主要来自政府购买和公募，还有一部分来自企业和个人的捐赠，由此可见我国的此类组织的资金匮乏与政策的制约息息相关。

（3）人才困境

除了部分的非公募基金会以外，大多数公益性社会组织的工资待遇与企事业单位和政府部门相比还是较低的，办公条件比较差，同时由于前文所述的合法性的问题，致使职业发展前景不明，对优秀人才吸引力不强，从而影响到公益组织的整体素质和能力的提高。

公益性社会组织在发展上存在这样一些困境的关键因素是：国家的相关利益部门在权力和财政上不愿意作出让步。这种不让步，一方面是来自利益的考虑，另一方面也来自政治上的担虑，害怕他们会发展成为体制外的异己力量挑战政府的权威。这也是我国政府在建构社会组织发展的制度环境时，采取监管控制与培育发展并重方针、选择性支持与选择性限制并举的重要原因。

随着市场经济的发展以及政治与社会的变革，公益性社会组织的发展是大势所趋，因此政府应该如何对待此类组织？与之形成何种关系？制定出何种相应的法律法规？成为社会建设领域越来越迫切需要解决的问题。

四　对北京市公益性社会组织发展的政策建议

在改革开放30多年的时间中，我国在经济领域取得了一系列举世瞩目的成绩。然而，民政部统计数字显示，在第三产业2007年产生的附加值中，社会组织所占比例可谓是微不足道，只有0.3%。而且，非营利组织尽管也能提供就业机会，尤其能为日益增多的求职大学生尤其是社工专业的毕业生提供岗位，但它对服务行业就业率的贡献也只有区区0.3%——大约是世界平均水平的1/30。与这些数字相呼应的情况是，近来社会捐款数量虽然在增加，但我国社会组织的资金规模只占到国内生产总值的0.35%，而美国非营利组织占GDP的比例高达2%。

就税收政策而言，在我国的社会组织中只有22%符合全额免税的条件。这也就意味着绝大多数社会组织所要缴纳的税额与企业所得税的税率是一致的。另外，根据2007年颁布的《中华人民共和国企业所得税法》，企业发生的公益性捐赠支出，在年度利润总额12%以内的部分，准予在计算应纳所得税时扣除，这对公益组织而言应该说是一个喜讯。然而，就在北京市民政局登记注册的社会组织而言，享有公益性捐赠税前扣除资格的社会组织为82家，仅占总数的

1.21%，而若加上在社区备案的组织这个比例就更小了。

应该说政府和社会组织都肩负着一项共同的使命——改善社会福利、促进发展以及推动实现社会和谐。这两者在实现目标的过程中，都有各自的强项和弱项，所以两者在资源分配上若能寻找到一个平衡点，就可以显著地优化效能。①

基于以上对公益性社会组织功能的认识及其困境的分析，笔者认为政府如今最需要做的就是解决社会组织尤其是公益性组织的合法性问题，只有社会组织在社会领域中获得了相应的身份与地位，它们才能在一个健康的制度环境下生长发育，上文所述的三大困境也就能有所突破。此外，有鉴于我们整个教育体系中公民教育的缺失，使得公益组织很难获得社会公众的认知与认可，因此笔者建议将公民教育纳入整个国家的基础教育体系中。

具体而言，笔者认为可以从以下几个方面寻找政策制度上的突破。

首先，双重管理体制作为我国社会组织管理的核心制度，其指导精神和实际运作已经严重不能适应我国社会组织蓬勃发展的现实要求，也不符合当前我国积极扩大公民有序政治参与、大力建设服务型政府和构建社会主义和谐社会的新形势。从政府与社会组织之间建立合作伙伴关系的角度，顺应政府单一中心管理向多中心协同治理的转变趋势，改变目前正在实施的控制型社会组织监管体制。②从采访中可以发现，如今许多公益性社会组织之所以无法在民政部门注册，而选择以工商登记注册，主要就是因为无法找到主管单位。因此，在笔者看来，应逐步改革双重管理体制并降低公益性社团和“民非”的登记注册门槛。只有这样公益组织才能在公平的竞争中实现优胜劣汰。其实在这一方面部分省市已经开始在进行改革试点。近期，深圳市就凭借其在社会组织领域的管理创新而获得了第五届“中国地方政府创新奖”。③

2006年底，深圳市将行业协会服务署和市民政局民间组织管理办公室合并，组建市民间组织管理局。从此，深圳市实行行业协会由民政部门直接登记的管理体制，在全国最早也是最彻底地实现了行业协会民间化。2008年9月，深圳市加大改革步伐，出台了《关于进一步发展和规范我市社会组织的意见》，规定对工商经济

---

① http：//www.chinadaily.com.cn/china/2009-12/30/content_9244132.htm，Erik Nilsson：Let's change lens to see nonprofits，12月30日《中国日报》英文版。

② 黄晓勇主编《中国民间组织报告（2008）》，社会科学文献出版社，2008，第49~53页。

③ http：//www.chinainnovations.org/showNews.html？id=6DAA6123978C388C1A5493DD21A4073D.

类、社会福利类、公益慈善类社会组织实行由民政部门直接登记管理的体制。在此基础上，配合行政管理体制和事业单位改革，加大政府职能转变力度，重新厘定和规范政府、市场、社会三者的关系，着力从发展规范、职能转移、财政扶持等方面，加强社会组织建设。笔者认为此举值得北京以及其他发达地区的城市借鉴。

其次，我国社会组织法律体系亟待健全和完善，已成为学界的普遍共识。许多学者建议根据《宪法》保障人权和结社自由的宗旨和当前社会民间组织发展的现实情况，研究制定“社会组织促进法”或“社会组织法”之类的统一法律，为制定相关的管理法规和政策提供基本的法律依据。在实施步骤上，可以在逐步修订完善具体政策法规的基础上，加大经济发达、社会组织相对成熟的地区地方性立法探索的力度，为制定一部统一的民间组织管理基本法律创造条件。[①] 例如，长久以来关于公益性社会组织的税收法规政策就一直存在争议，新近由国家财政部和国家税务总局发布的两项财税新规就引发了中国红十字基金会等9家基金会的联署质疑，[②] 这一事件的发生可以说就是社会组织基本法的缺位造成的。只有当社会组织获得了合法性地位，这一行业才能为社会公众普遍认可，从而能为在这一领域的从业者“正名”。

再次，新公共管理和新公共服务理念的传播，以及服务型政府的建设目标，使公共服务类社会组织进一步面临着广阔的发展空间。深圳、上海等经济发达地区，在借鉴国外成功经验的基础上，在社区社会工作服务、公益服务和居家养老服务等领域，逐步进行了用政府公共资金采购公共服务的探索尝试，并且取得了良好的效果。以深圳为例，2008 年全市社工机构共获得市、区两级政府购买社工服务的经费达到5000 多万元，社工岗位从最初的33 个增加到734 个，服务领域从民政扩展到教育、司法等10 多个领域；各社区老年人组织通过“老有所乐”和“居家养老”项目获得的资助达8966.4 万元。2006 年至今，共有17000 名老人享受到“居家养老”社会组织的服务。[③] 这种向公益组织购买公共服务的新型实践，已经在全国范围内得到了响应和尝试推广，也极大地解决了部分社会组织的资金来源问题。[④] 我们知道，在西方许多发达国家的社会服务组织的资金主要来自

---

① 黄晓勇主编《中国民间组织报告（2008）》，社会科学文献出版社，2008，第49～53页。

② http：//www.eeo.com.cn/industry/small_med_firms/2009/12/22/158690.shtml.

③ http：//www.chinainnovations.org/showNews.html？id＝6DAA6123978C388C1A5493DD21A4073D.

④ 黄晓勇主编《中国民间组织报告（2008）》，社会科学文献出版社，2008，第49～53页。

政府，这可以使公益性社会组织获得资金保障，使组织的领导者能将更多的精力投入组织人才的招聘与培养上，这也就使得人才与资金困境同时得以突破。

最后，政府与民间组织建设合作伙伴关系，在从财政和税收等方面加大力度扶持民间组织发展的同时，也要加强对民间组织的评估和监督，建立公益问责和公共部门的社会问责制度。① 在这一点上笔者认为可以引入科研院校和媒体作为评估和监督的主体。这样既能相对客观地了解项目实施的具体成效，又能监督公益组织在财务上保持公开与透明。

从2008年社会组织的数量变化来看，农村专业协会、基层社区社会组织以及非公募基金会得到快速发展，其中的原因，一方面是得到了专项的政策支持和专门扶助；② 另一方面也显示出社会与公众有此需求，无论是农村社区、城市社区还是商业机构都有组织起来解决自身所面临的经济与社会问题的意愿。由此可见，社会组织的形成与发展是一个国家经济与社会发展到一定水平的自然产物，政府的相关决策部门，如民政部/局，财政部/局和税务总局/局等，只有正视和顺应这一客观发展规律为北京市的社会组织尤其是公益性的社会组织开创一个健康的政策与制度环境，此类组织才能在一个良性秩序中公平竞争、稳步发展，在中国从农业社会向工业社会，从传统社会向现代社会的转型中，培育国民的现代公民品格，扮演好变革震动中的“安全阀”和“减压器”的角色。

众所周知，30年前，在经济改革初，“放权让利”的政策思路使得市场经济得以迅猛地发展起来；30年后的今天，我们也可以用同样的政策，激活社会体制的改革，让社会组织生发出蓬勃的生命力。

Case Analysis on Beijing Public-welfare Social Organizations

Cao Feilian

Abstract: Since the open policy, China's economic and social development has

① 黄晓勇主编《中国民间组织报告（2008）》，社会科学文献出版社，2008，第49～53页。

② 黄晓勇主编《中国民间组织报告（2009～2010）》，社会科学文献出版社，2009，第10页。

obtained big achievements during these 30 years. Meanwhile, with the acceleration of industrialization, marketization, and urbanization, more and more social problems have arisen. In the social sphere different kinds of public-welfare social organizations cultivate civic virtue and participation spirit of modern citizens by the items and activities. They advocate the social justice and help the government to explore the effective path and model of public service based on their activities and practices. Through the qualitative research, the article unfolded the situation, function and difficulties of the organizations in metropolises and economic developed areas. I will put forward the policy suggestions in the end.

Key Words: Public-welfare; Social organization; Society building

2009年北京社区服务站建设新进展

杨荣　孙志祥*

摘　要： 北京市大力开展社区规范化建设，其中的核心任务之一是加强社区服务建设，并将之作为承接社区公共服务职能、提高服务型政府执行能力、实现便民利民目标的重要载体。2009年北京市社区服务站工作在加强自身建设、规范职责任务、细化操作流程、积极开展服务等方面取得了重要进展，同时社区服务站与居委会的职责分工也进一步明确。本文分析了当前北京社区服务站建设存在的突出问题及其发展趋势，并就推进社区服务站发展提出了对策建议。

关键词： 社区服务站　社区服务

社区服务站是北京市创新社区服务体系、提高公共服务效能、重构基层社区治理结构的一项尝试。北京市同全国其他城市一样，在社区普遍设立了基层群众性自治组织，并按照《中华人民共和国居民委员会组织法》的有关规定，由居委会“办理本居住地区居民的公共事务和公益事业；调解民间纠纷；协助维护社会治安；协助人民政府或者它的派出机关做好与居民利益有关的公共卫生、计划生育、优抚救济、青少年教育等项工作”，事实上承担了社区服务的职能。

在社区建设过程中，居委会的辛勤工作和不懈努力，为社区服务奠定了良好的发展基础，也赢得了广大居民群众的信任。但随着社会发展进步和形势变化，居委会直接承担社区服务呈现越来越多的弊端：一是社区服务的领域不断拓宽，卫生、教育、就业、保险、救助、维稳等，居委会有限的人力捉襟见肘，承担这

* 杨荣，北京工业大学人文学院社会工作系副教授，主要从事社会工作教育与社区研究；孙志祥，北京市委社会工作委员会、市社会建设工作办公室社区建设处处长，主要从事社区建设与社会工作实际工作与研究。

些公共事务力不从心；二是社区服务的专业化要求不断提高，居委会的传统工作方式和人员素质与此很不适应；三是社区服务的执行情况需要政府持续地监测评估，而街道对居委会的指导关系无法完全实现这一目标；四是社区服务的纠错机制要求政府强化执行能力，而居委会的性质决定了其奖惩、罢免权在居民不在政府。为从根本上解决这一难题，北京市以贯彻落实国家发展改革委员会、民政部于 2007 年颁布的《“十一五”社区服务体系发展规划》（发改社会〔2007〕975 号）为契机，大力推行社区服务站建设，通过创新社区管理体制、优化社区服务流程、强化各项政策的执行力，努力推动社区服务体系向覆盖广泛、服务多元、群众满意的方向发展。

一　北京市社区服务站的发展现状

2007 年召开的中共“十七大”提出要加快推进以改善民生为重点的社会建设。北京市在贯彻“十七大”精神过程中，对基层社区公共服务问题进行了认真思考，并于 2008 年 9 月召开了全市社会建设大会，先后下发了《北京市加强社会建设实施纲要》、《北京市社区管理办法（试行）》、《北京市社区工作者管理办法（试行）》等文件，就进一步推行并规范社区服务站建设工作进行了安排部署。

2009 年北京市以落实上述有关文件精神、推动社区服务站规范化建设为重点，主要围绕以下三个方面开展了社区服务站建设工作。

（一）社区服务站建设的主要工作

1. 制定实施方案、发布建设标准

2009 年 4 月，北京市社会建设工作领导小组办公室转发了由市委组织部、市委社会工委等 10 个部门研究制定的《关于推进社区规范化建设试点工作的实施方案》，在全市选择 600 个社区进行社区规范化建设试点工作，重点在社区服务站建设、社区工作职能、社区运行机制、社区志愿服务、社区工作者管理、社区基础设施配置、社区经费投入等 7 个方面进行规范。方案对社区服务站的面积、配套服务设施、志愿者配备等方面都提出了明确的建设标准。比如，要求试点社区的办公和服务用房要相对独立，“一门式”服务用房面积不低于 50 平方

米；社区服务站实行一口受理、首问责任、分办落实等制度；工作人员“逢进必考”，年龄40岁以下，学历大专以上等。

2. 积极开展试点、适时总结经验

在社区规范化建设试点工作带动下，西城区、东城区等开展社区服务站建设较早的城区按新的设施和服务标准进行了规范；一些非试点城区，如崇文、宣武、丰台等，也本着成熟一个、开办一个的原则，积极开展社区服务站建设。北京市社工委、市社会办、市民政局等相关部门不断组织经验交流、考察观摩等活动，分别从推进社会建设和完善基层社区建设等方面提出要求，不断扩大社区服务站建设经验的影响。预计2011年北京市所有社区将初步完成社区服务站建站工作。

3. 不断吸纳人才、充实队伍建设

人才特别是专业社工人才是社区服务站的基础。根据北京市委、市政府《关于加强社会工作人才队伍建设的意见》（京发［2007］27号）的要求，社会工作者将成为今后社区工作的主要承担者。自2008年全国举办首次社会工作者职业水平考试以来，北京市共有22189人报名，18360人参加考试，共有4235人考试合格，其中有相当一部分是社区工作者。2009年，通过“大学生社工计划”首次选聘2100多名高校毕业生和服务期满的“村官”到社区工作。城八区面向社会选聘了2233人到社区工作。据北京市社工委负责人介绍，今后3年，北京市具有社工师职称的社区工作者比例将由2009年的6.8%提升到50%以上。① 同时，北京市将为社区服务站制定更为详细的“准入”条件。素质的标准化和“持证上岗”的要求将加快社区服务站工作人员的职业化步伐。

加强社区服务站规范化建设是北京市创新社区服务体系的一次努力。尽管上海、深圳等地已经有了相对成熟的经验，本市西城区、东城区、朝阳区等地以前也进行过有益的探索，② 但从承接政府公共服务角度建立非营利性质的社区服务站，并且从理论上厘清与社区党组织、居民自治组织和社区其他组织之间的关系，找准并塑造自己的社区角色，还需要在实践中加以检验和完善。

① 北京9907名考生参加2009年社会工作者职业水平考试，http://www.shegong.org.cn/news/difang/2980705.html。

② 北京市西城区早在2003年就探索建立社区工作站，2007年东城区探索设立社区居民事务办理站，朝阳区设立居民事务代办站。

（二）社区服务站建设工作进展

根据制定方案、推行试点、总结经验、全市普及的推进逻辑，2009 年北京社区服务站建设以推行试点为主，在加强自身建设、规范职责任务、细化操作流程、积极开展服务等方面都取得了明显的工作进展。

1. 加强社区服务站的自身建设

首先，改善办公用房和硬件设施。这是社区服务站建设的基础。2009 年全市共审核批复 350 个社区用房规范化建设试点项目，建筑面积 12.2 万平方米，总投资 11 亿元（市政府固定资产投资支持资金 4.7 亿元，区县投资 6.3 亿元）。朝阳区从抓职责划分、抓工作衔接、抓总结推广入手，从办公服务用房、硬件设施、岗位设置等方面提出了明确的标准和要求，使绝大多数服务站的办公用房都达到了要求；崇文区不断加大投入，在全市率先完成全部 70 个社区办公和服务用房达到 350 平方米标准的建设任务；顺义区采取改造废弃锅炉房、购房等形式提高社区的办公和服务用房面积，13 个规范化试点社区服务用房面积达到 640 平方米。

其次，配齐配强工作人员。社区服务站的领导层，主要经过报名推荐、业务考核、组织考察等程序，从社区党组织或居民自治组织中选任。崇文区龙潭街道办事处共有 6 个社区试点建立社区服务站，全部由社区居委会主任兼任服务站站长。服务站一般工作人员则面向社会公开招考，聘用人员一般年龄在 18 周岁以上、40 周岁以下，具有国家承认的大专以上学历（应届毕业生大学本科以上），能熟练操作电脑。一批拥有社会工作、心理学、公共管理学等专业证书，以及持有社会工作师、助理社会工作师职业水平证书、北京市社区专职工作者职业资格证书的人员陆续进入社区服务站工作。

再次，加强人员素质培训。为使招录人员尽快熟悉服务站职责和业务流程，各区普遍加大了培训力度。岗前培训内容一般包括社区情况、工作职责、工作方法等。

2. 规范社区服务站的职责

规范职责范围是社区服务站成立后的首要任务。各试点社区都通过建章立制的方式对社区党组织、居委会和社区服务站的职责进行了细化和规范。比如，崇文区龙潭街道光明北里社区服务站成立后，在街道统一部署下，详细规定了社区党组织承担的30项工作项目、社区居委会承担的6大类85项工作项目和社区服务站承担的6大类100项工作项目。其中，社区服务站承担的职责又分别划定到人口计生专职工作者岗20项、社会福利与劳动保障专职工作者岗（含残疾人专职委员、劳动协管员）36项、社区环境保护专职工作者岗8项、社区治安综合治理专职工作者岗7项、社区公共文化与公共卫生专职工作者岗16项、社区综合事务专职工作者岗12项。为便于协调、统筹利用社区资源，几乎所有的社区服务站都采取了由居委会主任（或社区党组织书记）兼任站长、居委会副主任兼任副站长的做法。

3. 明确社区服务站的服务规程

社区服务站成立后，本着“便民、利民”的原则，对日常事务办理程序进行了规范。一是推出一站式服务模式。朝阳区团结湖街道中路北社区服务站，在大概50多平方米的房子内，设立了6个一站式服务窗口，即“人口计生与公共卫生”、“社区环境环保”、“社区综合事务”、“社区福利与劳动保障”、“社区治安与综合治理”、“社区公共文化”等服务窗口。居民办残疾证、救助申请等事务，不需要再跑街道，在社区服务站内就可以解决；二是推行首问负责制。当居民前来服务站办事或者来电咨询有关事务时，服务站第一个出面接访的人即为相关责任人，必须给予来访者热情接待，回答所提的问题和事项，并负责给予必要的指引、介绍、答疑等服务；三是制定工作人员守则、分办落实及限时办结等制度。比如崇文区龙潭街道光明北里社区服务站规定，对职权范围内事项，及时办结；对需上级审批事项，按规定给出明确的办结时间；对不符合办理条件的，说明理由，并及时告知服务对象。对于涉及内容广泛的事项，社区还制定了社区工作联席会议议事规则，明确了联合议事的范围和时间，规定了联合议事的方式和程序，进一步加强了社区服务站的服务能力。

4. 提升社区服务站的服务能力

社区服务站设立的最终目的是提高政府惠民政策的执行力，为广大居民提供优质、高效的社区公共服务。从试点服务站运行情况看，基本达到了预期目的。由于办事人员增加、分工更加明确、人员素质提高，社区服务站得到了广大居民群众的认可。如朝阳区一社区居民手有残疾，两年前为办一个残疾证，跑了街道办事处、区残联、医院等不少地方，有些地方还不止跑一次。这次换发第二代残疾证，她将材料准备好，交给社区服务站专职工作人员，“自己就一切都不用管了。”她说，“真是太方便了，现在许多事儿不出社区就能办好了。”①

二　新形势下社区服务站的职责及功能的发挥

《北京市加强社会建设实施纲要》要求充分发挥社区的基础作用，进一步加强公共服务体系建设，保障和改善民生，并首次明确规范了社区服务站的职能。根据《纲要》，“社区服务站是政府在社区层面设立的公共服务平台，在街道办事处的领导和政府职能部门的业务指导下开展工作，接受社区党组织的领导和社区居委会的监督。主要职能是代理代办政府在社区的公共服务，协助社区居委会办理社区公共事务和公益事业，开展便民利民服务。社区服务站与社区居委会既要职责明确，又要相互配合。社区服务站要朝着专业化、社会化方向，逐步与社区居委会职能分开，逐步配备专职工作人员，逐步提高工作水平，按照‘依法、公开、高效、便民’的工作原则，为居民提供优质服务”。

《北京市社区管理办法（试行）》对新时期基层社区的组织体系、治理机制、服务支持、运行保障和队伍建设等作出详细规定，是北京市全面改革社区治理结构的规范性文件。根据《办法》，社区组织包括社区党组织、社区自治组织、社区服务站以及社区各类社会组织等。其中社区党组织是社区各类组织和各项工作的领导核心；社区居委会是社区居民自我管理、自我服务、自我教育、自我监督的基层群众性自治组织，由本居住地区居民依法选举产生；社区服务站是政府在社区层面设立的公共服务平台，在街道办事处的领导和政府职能部门的业务指导下开展工作，同时接受社区党组织的领导和社区居委会的监督。《办法》同时要求，各区（县）现有的社区工作站、社区居民事务办理站、社区事务代办站等社区事务办理服务机构，应逐步整合过渡为统一的社区服务站，并逐步在全市形成统一形象标识、统一项目设置、统一运行流程、统一服务规范、统一资源调配的公共服务网络。

《北京市社区工作者管理办法（试行）》对社区工作者的定义、基本职责、选任招录方式、薪资待遇、日常管理等提出了明确的要求。根据规定，在社区党

---

① 2009年8月31日《人民日报》。

组织、社区居委会和社区服务站专职从事社区管理和服务并与街道（乡镇）签订服务协议的工作人员统称为社区工作者。社区服务站配备的专职工作人员，纳入社区工作者队伍管理。

这三个文件是在总结近年来北京市社区体制改革经验的基础上，进一步规范、完善社区治理结构，加快社区服务体系改革创新的指导性文件，其核心是建立健全社区服务站，统筹开展社区服务工作。因此，从制度设计上看，作为非营利性公共服务机构的社区服务站，承担的主要是社区公共服务职责。从 2009 年实践看，社区服务站主要在以下四个方面承担并履行了相应的职责。

一是搭建承接社区公共服务的“平台”。“党委领导、政府负责、社会协同、公众参与”是党的“十七大”提出的社会管理基本格局。与此相适应，健全多元治理机制，理顺和规范社区组织之间的关系，提高社区公共服务效率，是新时期北京市社区体制改革的核心。这就要求必须推动建立以社区党组织为核心、以社区自治组织为基础、以社区服务站为依托、以社区社会组织为补充、驻社区单位密切配合、社区居民广泛参与的现代社区治理结构。在这一治理结构中，社区服务站的建立是重要环节。因为它向上受街道和社区党组织领导，向下直接为居民群众提供服务，中间接受社区居委会的监督。社区服务站的建立，为内容日益拓展、范围不断扩大的、内容持续丰富的公共服务提供了落实的平台和基础。根据《北京市社区服务站主要职责（试行）》的规定，社区服务站主要从事社区劳动就业、社会保障和社会事务管理工作；参与社区治安维护工作；提供社区法律服务；协助开展社区健康管理与服务工作；做好社区计划生育服务；配合开展社区教育和文化体育活动；组织开展社区公益服务，组织开展社区便民服务；畅通民意诉求渠道；协助开展社区基础管理工作等 11 类 36 项工作。当然，具体到某一个社区服务站，其具体职责会因时、因地而不同。比如 2009 年朝阳区试点社区，将社区服务站职责规定为 6 大类 100 项任务，除常规职能外，还包括开展重大动物疫情防疫；办理各类困难群体临时救助；社区绿地、树木管理监督与报告；出租房屋、流动人口登记管理；社区文化活动室设置与建设等。总的说来，凡服务型政府要求提供的公共服务，几乎都需要由社区服务站这一平台来承担。

二是为社区居民委员会“减负”。在没有成立社区服务站的社区，公共服务和便民、利民服务工作主要由居委会承担。按照法律规定，作为基层群众性自治组织的居委会主要任务是办理居民自治事务，同时也“协助政府部门在社区开展各项与居民相关的工作”。事实上，由于公共服务的强制性、紧迫性、时效性等特点，居委会不得不把主要精力用于协助政府开展工作。再加上在社区建设过程中，为了提高管理效率，北京市对社区规模进行了调整。调整后的社区居委会，辖区面积更大，服务的群众更多，涉及的内容更广泛，但居委会组成仍然是法律规定的 5～9 人。这使得居委会疲于应付街道和上级政府部署的各种工作，对于居民自治事务特别是居民需求和公共服务办理绩效关注得较少。准行政化的居委会在角色扮演上呈现两个特点，一是“自治”缺位，二是“服务”越位。“自治”缺位是指居委会没有很好地履行作为居民自治组织的“自我监督、自我教育、自我管理”职责；服务越位是指居委会承担了大量不擅长的公共服务职能，远远超出了自己的承受能力。通过建立社区服务站，实现“居社分离、议行分设”，既减轻了社区居委会的负担，又促使其回归自己的“自治”角色，还可以代表居民对公共服务绩效实施有效的监督。

三是推动传统社区服务向现代社区公共服务的转型。传统社区服务是指由民政部门倡导推行的以民政工作对象为主，面向全体社区居民的服务，可以分成三个层次：初级形式是针对孤老、残疾人、生活困难家庭等民政对象；中级形式是指针对某一类居民开展的服务，比如日间照料、社区托老等；高级形式则是面向全体社区居民的综合服务。传统社区服务具有明显的地域性特征，而且很多是可以通过商业化或准商业化运作来满足社区成员需求的。受构建服务型政府思想的指导，党的“十七大”以来我国政府加大了社会建设方面的投入，社区卫生、社区教育、社区救助、社区就业、社区福利以及社区文化和社区体育等，凡与改善民生有关的公共事务都得到政府公共财政的支持。由政府开展的、面向全体的或部分社区居民的公共服务具有一定的普惠性质，而且不太可能实现商业化运作，这就需要建立专门的机构，以保证真正落实到位。因此，北京市在试点社区服务站之初，就将其职能定位于“代理代办政府在社区的公共服务”。从试点实践看，社区服务站实际承担的工作既包括政府提供的公共服务，也包括传统社区服务的内容，它与北京公共服务平台、96156 社区服务热线以及街道一站式服务大厅一起，构成了市区－街道－社区之间功能互补、信息共享、资源整合的公共服务网络，成为新型社区公共服务体系的基础。

四是优化提高社区公共服务的效能。根据《北京市社区管理办法（试行）》

和《北京市社区工作者管理办法（试行）》的规定，社区服务站原则上按每500户居民配备1名专职工作人员的标准招聘人员。社区服务站一般设站长、副站长各1名，可以专人设置，也可由社区党组织或社区居委会负责人兼任；社区服务站工作人员按照专业化、职业化的要求，由各区（县）依据“公开、平等、竞争、择优”的原则，面向社会公开招考；社区服务站工作人员与街道办事处签订服务协议，纳入社区工作者管理，其工作绩效接受社区居委会和居民群众的监督评议；社区党组织、社区居委会相关人员与社区服务站工作人员可视情况适度交叉任职。从实际情况看，社区服务站工作人员的年龄结构、文化结构、专业结构都有了明显改善，一大批应届社工专业毕业生、往届毕业生、大学生村官进入社区服务站工作，这对于推进社区服务的专业化、规范化必将产生重要影响。

三　当前北京市社区服务站建设存在的突出问题

从目前试点看，北京市社区服务站在提高政府惠民政策执行能力、为广大居民提供优质、高效的公共服务方面，取得了很大的成绩，赢得了广大居民的普遍赞誉。当然这一新生事物还存在一些需要进一步完善和改进的地方。下面以一社区为例进行说明。

百子湾社区是一个经济适用房小区、高档商品房小区及老旧小区混杂的社区。共有楼房94栋，平房300余间。辖区居民结构复杂，现有居民户数8993户，常住人口2万余人，户籍人数2939人，流动人口2800余人。其中低保家庭22户，残疾人55人，老年人992人，生育高峰人群6311人。社区内有一个社区卫生服务站、一个警务站、一个残疾人康复室、中央单位和产权单位共12家、三家物业公司、两所幼儿园、一所高中、3家便利超市，各种门店及餐饮店84家。

作为社区规范化建设试点之一的百子湾社区，社区服务站成立于2009年，在办事处协调下，解决了新的办公用房，总面积达934.6平方米，其中一层“一站式”服务办公大厅即社区服务站108平方米。目前，服务站配有统一的灯箱、门头、服务指示牌等形象标识，站内设有咨询台、功能引导牌、宣传咨询架；办公用具齐全完备；专职工作人员服务内容及职责上墙，方便居民前来办理咨询各项事务。目前服务站内共有专职工作者23名，平均年龄33.7岁，其中，大专以上学历20人，占87%，取得《社会工作师资格证书》及《社区工作者资格证书》的共有4名。服务站分设6个专职工作岗位，即人口计生与公共卫生、社会福利与劳动保障、社区环境与环保、社区综治安全与民调、社区公共服务与社会组织和社区综合事务等专职管理岗位，每岗一人，专职负责。同其他多数社区一样，百子湾社区服务站采取由社区党委书记兼任站长（有的社区由居委会主任兼任）、居委会副主任兼任副站长的做法。

在工作推进上，百子湾社区服务站实行居站共建、密切协调联动的机制，即居委会与服务站合理分工、职责明确。居委会保持原有6个委员会，即社区共建和协调发展委员会、社区治安和民事调解委员会、社区服务和社会福利委员会、社区环境和物业管理委员会、社区医疗和计划生育委员会、社区文化教育科普和体育委员会。分别与服务站的6个专职化工作岗位相对应，服务站人员重点做好政府层面下沉的公共服务工作，居委会努力做好对居民宣传教育组织发动工作，重点做好居民自治工作。从运行模式看，在社区党委统筹下建立社区居委会和社区服务站各有侧重、相互衔接、互为补充的社区工作联动机制。服务站实行“一口受理，分办落实”的工作方法，主要完成街道办事处下沉应完成的公共服务、公益服务和便民服务；居委会协助做好居民的组织发动和宣传教育工作。具体操作办法是：每次服务站人员到办事处开会领回任务后，要作出书面的会议纪要上报党委书记，即服务站站长，由站长负责召集服务站副站长、工作人员及居委会主任、相关工作委员会召开碰头会，分解工作任务，由服务站副站长和居委会主任负责检查分解工作的完成情况，向党委书记进行汇报，每周定期召开服务站与居委会工作协调会，使得社区居委会的工作与服务站的工作有机结合，形成密切协调联动状态；实行服务站与居委会共同入户走访，服务站与居委会人员共同划片包区等工作方法，共同了解民情，解决居民的切实问题，架起政府行政管理与社区服务的桥梁和纽带，使居民反映的急难热点问题能够快速反馈，及时解决。

从社区服务站的运行情况看，这一尝试确实是对北京市社区服务体系的一大创新，已经取得了较好的成绩。但由于服务站成立时间短，在社区结构中的地位、与街道及居民群众的关系、开展工作的方式方法等，都还处于探索完善阶

段，仍存在着一些问题，需要认真研究解决。主要问题如下。

一是“议行分设”的目标尚未完全实现。在居委会主任兼任社区服务站站长模式下，“行”的能力有所提升，但“议”的能力没有体现出来。不同组织有不同的目标和要求，采取的工作方法和工作手段也不同。居委会主任身兼数职，角色错位难以避免。

二是社区服务站工作人员的工作方法有待改进。新型社区服务既不同于纯粹的政务工作，也不同于商业服务。政务工作仅强调政策的执行和落实，商业服务则以满足顾客需求为目标。社区服务具有公共性和服务性双重特征。这就要求社区服务站工作人员在为居民提供服务的同时，有义务答疑解惑，解释政策；在落实有关政策的同时，还要负责反映居民的意愿和请求，督促政府调整策略，制定更有针对性的惠民政策。社区服务站的工作人员还要有专业服务意识，掌握社会工作方法。因此，社区服务站要走进居民，获得居民的认可，仅仅停留在“办理或代办有关事务”是不够的。

三是能否留住人才是对社区服务站的严峻考验。社区服务站的设立不仅提高了社区公共服务质量，而且有利于促进大学生就业。但如果待遇问题不解决，即使能招来人才，能否留住人才也是一个关键。2009 年选聘的高校应届毕业生应发工资为平均每月 1630 元，扣除“五险一金”后平均月收入为 1265 元，当月实发工资为 1000 元左右（另有年终一次性发奖金 3600 元）。崇文区一社区服务站负责人称，服务站原来招了 3 个大学生，但有两个已离开，可能也跟工资低有关。因此，她呼吁政府有关部门加快提高他们的收入。[①] 对此问题，北京市委、市政府高度重视，有关部门正在研究提出规范社区工作者工资待遇的政策方案，有望近期出台，届时社区工作者工资收入较低的问题将得到有效解决。

四　北京市社区服务站的发展趋势及政策建议

自党的“十七大”以来，社会建设成为与经济建设、政治建设和文化建设并列的社会主义事业总体布局中的重要一环。北京市确定的社会建设总体要求是，“要在为人民群众提供更多更好的公共产品和公共服务的同时，加快推进社

① 2009 年 10 月 10 日《新京报》，http://news.bjnews.com.cn/2009/1010/46552.shtml。

会管理体制创新和工作机制创新，力争用 3～5 年的时间，初步建立起具有时代特征、中国特色、首都特点的社会建设新格局的基本框架”。① 为此，《北京市加强社会建设实施纲要》要求进一步发挥党委领导、政府主导、市场调节、社会协同作用，有效整合公共服务资源，形成完善的公共服务体系；同时要加快构建社会组织管理体系，进一步建立健全社会工作专职队伍和志愿者队伍，形成政府服务到位、多方利益表达、不同组织共同参与的新型社区服务体系。

（一）未来社区服务站工作新进展

在未来一个时期，特别是在国家“十二五”规划纲要实施期间，预计北京市以社区服务站为核心的新型社区服务体系将在以下方面取得新的进展。

1. 政府公共服务将进一步向社区下沉

随着国家在民生事业方面投入的不断加大，面向全体居民或特定居民的公共服务类别将进一步增加，内容将更为丰富。同时由于国家对政府公职人员编制的限制，政府部门无力具体承办这些服务，将不得不依托社区，通过“购买服务”的形式向社区转移。因此，社区承担更多的公共服务将成为一种趋势。

2. 社区服务站的功能和服务将进一步加强

随着政府特别是街道对社区服务站的依赖性逐步增强，社区服务站的功能和服务将越来越突出。表现在三个方面：一是职责更加明确。作为政府设在社区的综合服务平台，其职能定位将更为准确，与居委会等其他社区组织的职责边界将更为清晰；二是居民更为认可。社区服务站建在社区，立足服务，为居民享受公共服务提供了便利，自然会得到居民的认可；三是弥补了政府不足。由于服务内容宽泛，居民群众众多，即使街道这样的政府派出机构也无力承担所有的公共服务职能，社区服务站功能的加强，就等于政府公共服务能力的加强，自然会得到重视和扶持。

3. 社区工作者的职业化步伐将进一步加快

职业化是指某一工作类型的标准化、规范化和制度化，主要包括职业技能、职业道德、职业意识。社区服务站不是政府机关，其提供服务的方式、方法也不同于一般政务。社区服务站的工作人员将进一步提高职业化和专业化的程度。

---

① 《北京市加强社会建设实施纲要》(2008 年 9 月 14 日)。

4. 社区服务的专业化程度将进一步提高

随着社区服务类型的多样性，社区服务站在人员招考方面将会优先考虑符合要求的具有社会工作专业教育以及其他相关学科背景的人才。比如提供救助服务，需要社会保障专业或社会工作专业人才，提供心理咨询需要心理专业人才，提供社区卫生服务需要卫生行政人员，提供残疾救助服务则需要一定的社会工作专业知识和康复知识等。人才的专业化将会大大促进社区服务的专业化。

（二）推进社区服务站建设应着力的方面

对北京市社区管理及社会建设而言，社区服务站还是一个新生事物，还需要在实践中不断发展和改进。在推进社区服务站建设，不断创新完善北京市社区服务体系方面，今后应着力做好以下四方面工作。

1. 进一步明确定位，理顺与社区其他组织的关系

服务站既要避免成为街道派驻社区的一条“腿”，与其他社区组织形成“隔离”关系；又要与社区居委会保持一定的“距离”，并定期接受居委会、居民代表大会等居民自治组织的监督。在条件成熟的社区，应实行社区服务站站长与居委会主任分设的机制，同时可从社会人员中招考社区服务站站长、副站长。

2. 进一步整合资源，与各类服务组织协同共进

社区服务站要加强与社区内外社会组织的合作，掌握各种服务资源信息，并在调查了解居民服务需求的基础上，为这些组织进入社区开展服务提供便利和支持，从而使社区服务的效益最大化。

3. 对社区服务站工作人员进行统一管理，分类使用

凡进入社区服务站工作的人员，无论是选任人员，还是面向社会招考的社区助理，抑或是协管员，① 都应该逐步统一身份，强化对服务站的认同感。要根据实际情况，借鉴国外经验将社区服务站人员划分为专业社会工作者、社会服务工作者、社区志愿者等类型，如服务站的正副站长是社会工作者，服务站的工作人员是社会服务工作者，同时培育和吸纳大量的志愿者。针对不同类型进行目标专一的管理和使用。同时，还应根据工作人员的专业背景和知识结构，开展职业能力、专业技能和工作技巧方面的培训。

---

① 协管员是指接受政府购买的公益性岗位，从而实现就业的困难人员。

4. 对社区服务的内容进行分级与分类

在开展社区服务过程中，社区服务站要根据市区、街道、社区等不同层级政府提供的不同服务内容和要求，从提供服务的主体、动员资源的能力、辐射服务的范围等方面进行分类，努力把公共服务平台与一站式服务、一门式服务等相结合，形成“根据内容定方法、同类事项一并办”的服务格局。

5. 不断改进社区服务站工作模式

社区服务站要学会利用资源扩大服务能力的方法，要学会并灵活使用个案、小组、社区工作等社会工作专业的方法和技巧。对于常规性服务内容，应摒弃传统的单一服务方法，多采取社会服务项目管理等新方法，学习社会工作专业工作模式和工作方法，最大限度地调动工作人员的主观能动性；对于自身有可能做不好的服务内容，可以探索向专业社会组织购买服务，最大限度提高服务质量。

New Progresses of Beijing Community Service Station, 2009

Yang Rong　Sun Zhixiang

Abstract: The community standardization which focuses on the community service center is Beijing improved. Community service center will carry on the public service and improve the capability of the government. Community service center has been developing very quickly and making great progress in 2009. This paper analyses the current situation, development direction and give some suggestions to the construction of community service center.

Key Words: Community service center; Community service

北京社会工作职业化与专业化建设研究

魏　爽*

摘　要： 社会工作职业化、专业化是社会分工的要求，是社会服务规范化的要求，也是社会现代化的要求。2009 年北京从加强组织机构建设和完善相关政策入手，推动了社会工作职业化、专业化的发展。但是，从发展的角度看，北京在快速推进社会工作职业化、专业化的进程中还有大量的工作要做，报告提出了发挥政府主导作用，建立完善的制度保障体系等若干政策建议，以进一步推进社会工作职业化与专业化的良性发展。

关键词： 社会工作　职业化　专业化　政策建议

社会工作是一项崇高的事业，在协调社会关系、预防和解决社会问题、提高社会管理服务水平、维护社会和谐稳定等方面具有十分重要的作用。2009 年，北京在快速推进社会工作的职业化、专业化建设方面进行了大胆的改革与创新，成立了专门机构，出台了相应政策，拓展了工作领域，制定了人才队伍建设规划，发展了专业教育，加强了学术研究，通过多种渠道广泛吸纳社会工作人才，提高专业化社会服务水平，建立起"政社分开"的社会管理与社会服务新格局，为推动北京的社会发展与进步，维护社会的和谐与稳定，满足市民日益增长的社会服务需求，提高各级政府的执政能力都具有十分重要的意义。

一　社会工作职业化与专业化

社会工作是经济社会发展到一定阶段的产物，并在不断应对社会问题和社会

---

* 魏爽，北京工业大学人文社会科学学院副教授，研究方向：社会工作。

发展需要的过程中逐步迈向专业化和职业化目标。长期以来，中国的实际“社会工作”既不是专业化的，也不是职业化的，而是“行政性、半专业化”的社会工作。这种状况与中国当时的计划经济体制相适应。随着经济的发展与社会的进步，中国开始走上了现代化的发展道路。现代化的一个重要特征就是专业化的社会分工，这种分工同样适用于社会服务领域。因此，可以这样说，中国社会工作职业化、专业化的发展是社会分工的要求，是社会服务规范化的要求，也是社会现代化的要求。

职业化是一个与社会工作的专业化相辅相成的历史过程。职业并不等于专业，职业化也不等于专业化。具体到社会工作来说，社会工作的职业化与专业化二者之间既存在相互联系，也存在差异。社会工作职业化指的是社会工作或社会服务作为社会分工体系中的一个组成部分存在并得到发展的过程。社会工作专业化指的是从事社会工作的人是否具备专业素质、持守专业理念、运用专业方法进行服务的问题。从这种意义上说，社会工作职业化是专业化的基础，当社会工作还没有成为一种职业的时候，专业化无从谈起。社会工作的职业化并不一定导致专业化。当社会工作被认为可以由未受过专业训练的人充任时，当社会工作并不认为需要专门的技巧和方法时，社会工作可以成为一种职业，但并不一定成为一个专业。

当前，社会工作职业化的核心问题是要合理设置社会工作岗位，把社会福利服务中需要社会工作专业训练的职位跟不需要社会工作专业训练的职位区分开，给予专业工作者相应的薪酬待遇和职业生涯发展空间。因此，社会工作岗位设置作为社会工作人才培养、评价、使用、激励政策措施中的重要一环，已经正式提上了政府的议事日程，受到社会的高度关注。设置社会工作岗位是一项崭新的工作，也是一项社会系统工程，既要借鉴国外及港台地区的先进经验，又要全面分析研究我国相关各类社会管理和社会服务机构的特点，掌握其对社会工作者的需求，区别对待，科学、合理地设置。

二　北京社会工作职业化、专业化发展现状

北京作为国家的首都和政治、经济、文化中心，社会工作的职业化、专业化建设离不开政府的正确领导与大力扶持。目前，北京市的 GDP 逐年增加，经济

发展势头强劲，但同时也产生了人均收入差距逐渐拉大，人口资源环境压力不断增大，以及儿童保护、老人照顾、青少年辅导、精神健康、行为矫治等一系列社会问题，解决这些社会问题需要专业的社会工作者，同时需要不断地提高社会工作的专业化水平。综观2009年北京社会工作职业化、专业化的发展状况，可以概括为以下几点。

（一）成立专门机构

北京市委、市政府高度重视以改善民生为重点的社会建设。为创新社会管理体制，整合社会管理资源，提高社会管理水平，健全“党委领导、政府负责、社会协同、公众参与”的社会管理格局，2007年12月，北京在全国率先组建了职能完备的省市级社会建设专门机构——北京市委社会工作委员会、北京市社会建设工作办公室，负责统筹协调全市社会建设工作。成立市委社会工委（市社会建设办），将加快推进首都现代化建设步伐，有利于党和政府加强对社会工作的领导，也有益于形成“党委领导、政府负责、社会协同、公众参与”的社会管理格局。北京市委社会工委（市社会建设办）的主要任务是：着力搭建宏观管理平台，研究制定首都社会建设的总体规划；着力加强基层基础工作，加强城市社区建设；着力扩大载体，积极培育各类社会组织；着力加强“两新”组织①党的建设、加强社会工作者队伍和社会志愿者队伍建设；着力加强社会建设的薄弱环节。

为了创新社会管理体制，北京市开始从以传统的行政手段为主的单一体制向动员全社会共同参与社会建设管理的公共治理结构转变。按照“党委领导、政府负责、社会协同、公众参与”的整体要求，逐步建立起在党委领导和政府主导下，以社区为基础、以社会组织为载体、以市场为依托、以社区和“两新”组织党建为保障，动员全体社会成员和广大社会志愿者以及社会工作者广泛参与的

① “两新”组织系指新经济组织与新社会组织。新经济组织是指私营企业、外商投资企业、港澳台商投资企业、股份合作企业、民营科技企业、个体工商户、混合所有制经济组织等各类非国有集体、独资的经济组织；新社会组织是指社会团体和民办非企业单位的统称。社会团体包括学术性社团、行业性社团、专业性社团和联合性社团等。民办非企业单位包括企业事业单位、社会团体和其他社会力量以及公民个人利用非国有资产举办的社会组织。一般新社会组织都是非营利性社会组织。

社会新体制，加快社会建设的步伐。与北京市社会工作委员会（市社会建设办）相对应，18 个区县相继成立了区一级的社工委（社建办），从而使社会工作在全市范围内形成了完整的组织网络，使全市社会建设的各项工作得以有效延伸与对接。

（二）出台相应政策

2008～2009 年的两年间，北京市相继出台了一系列旨在推进社会管理与社会建设的政策性文件，即“1 +4 + X”系列文件，为北京社会工作的快速发展提供了方向性指引和政策性保障。北京市委九届十二次全会审议通过的《中共北京市委关于构建社会主义和谐社会首善之区的意见》，要求加强社会建设管理的统筹协调，健全完善领导体制和工作机制。2008 年 9 月，召开了全市社会建设大会，先后下发了《北京市加强社会建设实施纲要》、《北京市社区管理办法（试行）》、《北京市社区工作者管理办法（试行）》、《关于加快推进社会组织改革与发展的意见》等一系列文件，部署和安排全市社会建设体系创新工作。“1 + 4”系列文件标志着北京社会建设的基本框架初步形成，即社会公共服务体系、社区管理体系、社会组织管理体系、社会工作运行体系、社会领域党建工作体系。

近期陆续出台 10 个（X 系列）政策性配套文件包括：《关于推进社区规范化建设试点工作的实施方案》、《关于构建市级“枢纽型”社会组织工作体系的暂行办法》、《关于确认第一批市级“枢纽型”社会组织的通知》、《关于加强和改进市级社会组织设立工作的实施办法（试行）》、《关于选聘高校毕业生到社区工作的实施意见》、《北京市社会工作者培养、评价、使用、激励工作实施办法》、《关于进一步加强和改进志愿者工作的意见》、《关于建立健全政府购买社会公共服务体制机制的实施意见》、《关于开展社会领域党建试点工作的意见》、《关于建立健全全市社会建设工作协调机制的实施意见（试行）》等。

《北京市加强社会建设实施纲要》要求充分发挥社区的基础作用，进一步加强公共服务体系建设，保障和改善民生，并首次明确规范了社区服务站的职能。《北京市社区管理办法（试行）》对新时期基层社区的组织体系、治理机制、服务支持、运行保障和队伍建设等作出详细规定，是北京市全面改革社区治理结构的规范性文件。根据《办法》规定，社区组织包括社区党组织、社区自治组织、社区服务站及社区各类社会组织等。其中，社区党组织是社区各类组织和各项工作的领导核心；社区居委会是社区居民自我管理、自我服务、自我教育、自我监督的基层群众性自治组织，由本居住地区居民依法选举产生；社区服务站是政府在社区层面设立的公共服务平台，在街道办事处的领导和政府职能部门的业务指导下开展工作，同时接受社区党组织的领导和社区居委会的监督。《办法》同时要求，各区（县）现有的社区工作站、社区居民事务办理站、社区事务代办站等社区事务办理服务机构，应逐步整合过渡为统一的社区服务站，并逐步在全市形成统一形象标识、统一项目设置、统一运行流程、统一服务规范、统一资源调配的公共服务网络。《北京市社区工作者管理办法（试行）》对社区工作者的定义、基本职责、选任招录方式、薪资待遇、日常管理等提出了明确的要求。根据规定，在社区党组织、社区居委会和社区服务站专职从事社区管理和服务，并与街道（乡镇）签订服务协议的工作人员统称为社区工作者。社区服务站配备的专职工作人员，纳入社区工作者队伍管理。这三个文件是在总结近年来北京市社区体制改革经验的基础上，进一步规范、完善社区治理结构，加快社区服务体系改革创新的指导性文件，其核心是建立健全社区服务站，剥离居委会的公共服务职能，统筹开展社区服务工作。

（三）拓展工作领域

“两新组织”、“枢纽型社会组织”、“社会领域党建”、“商务楼宇社工”、“社会工作事务所”这些崭新的名词，2009 年在北京的社会工作和社会建设领域被广泛提及，并且逐步成为社会工作的主要内容。

2009 年，北京市社会工作委员会在社会领域党建工作中进行了一系列富有开拓性的试点工作：在街道建立社会工作党组织试点；在“枢纽型”社会组织中建立社会工作党组织试点；在商务楼宇区域建立社会服务站（党建工作站）试点；在新经济组织中创建一批党建工作示范点。

目前，北京市注册的“两新”组织共有 109.5 万个。其中，新经济组织 106.7 万个，包括非公有制企业 31.7 万家，个体工商户 75 万户，占整个市场主体的 85.1%；新社会组织 2.8 万个，包括社会团体 2831 个，基金会 76 个，市场中介机构 2.26 万个等。“两新”组织共吸纳近 420 万人就业。在“枢纽型”社会组织中，北京市大力开展社会工作党组织建设试点。目前，北京市在首批确认的 10 家“枢纽型”社会组织中选择 2 ~ 3 家党建工作基础好的开展试点。试点工作中，北京市委组织部、北京市委社会工委选定试点单位，加强分类指导，不断完善社会组织党组织职责、审批办法和工作流程，引导“枢纽型”社会组织党组织围绕推动发展、协调利益、化解矛盾、规范服务，加强社会组织党的建设，创新“枢纽型”社会组织党建工作机制和工作方式。试点开展以来，北京市在“两新”组织中新成立基层党组织821个，新发展党员1832名，基层党建工作不断加强。北京市将以试点为基础，争取经过2～3年努力，形成比较健全的社会领域党建工作管理体制，比较完善的党建工作体系和比较规范的工作机制。

随着城市现代化进程加快，北京商务楼宇日渐增多，在全市1237座商务楼宇中汇集了6万多家企业，40多万从业人员。针对商务楼宇内单位多、情况复杂、流动性强的特点，北京市开展商务楼宇党建工作站试点。依托楼宇物业，在每栋楼宇成立集党建、工会和公共管理为一体的服务站，招聘专职党建和社会工作人员，定期组织楼宇所有企业、公司的党员开展活动，探索构建商务楼宇党建工作体系和公共服务体系。目前，北京市在商务楼宇中成立党建工作站646个，覆盖了4万多家商户、22万名从业人员，覆盖面达到52%。2010年，北京市将在1237座商务楼宇中全部建立党建工作站，实现全覆盖。

“社会工作事务所”的出现对于北京的老百姓来说绝对是件新鲜事儿。2009年，北京市首家社会工作事务所——“北京市东城区助人社会工作事务所”正式挂牌营业。该事务所是在中共东城区委社会工作委员会、东城区社会建设工作办公室的支持下，经北京市东城区民政局批准成立的非营利性的民办非企业机构。事务所的服务宗旨是整合社会资源，搭建社会工作服务人才平台，开发社工服务项目，为政府和社会提供优质的专业社会工作服务。

（四）规划人才队伍

据统计，北京市现有各类社会工作人员30余万人，广泛分布在民政、劳动、卫生、司法、工青妇、社区等各类社会管理和社会服务领域。自2008年以来，全市共有4235人通过社会工作者职业资格水平考试。据北京市社工委负责人介绍，今后3年，北京市具有社工师职称的社区工作者比例将由目前的6.8%提升到50%以上。[①] 2009年8月3日至9月15日，北京地区组织了首次社会工作者

① 北京9907名考生参加2009年社会工作者职业水平考试，http://www.shegong.org.cn/news/difang/2980705.html。

职业水平证书登记工作，全市近2700名社会工作者进行了登记。截至目前，全市2685名社会工作者进行了登记，登记率达90%。其中，助理社会工作师2306人，登记率为90%；社会工作师379人，登记率为94.5%。（根据北京市民政局信息汇总整理）

社区是吸纳社会工作人才的大市场，也是近两年北京市进行社会工作人才队伍职业化、专业化建设的主阵地。2009年4月，北京市社会建设工作领导小组办公室印发了《关于推进社区规范化建设试点工作的实施方案》，决定选择朝阳区、海淀区20个街道的600个社区进行社区规范化建设试点，主要目标是规范社区服务站建设。2009年，全市共审核批复了350个社区用房规范化建设试点项目，总投资11亿元。① 在社区规范化建设试点工作带动下，西城区、东城区等开展社区服务站建设较早的城区按新的设施和服务标准进行了规范；一些非试点城区，如崇文、宣武、丰台等，也本着成熟一个开办一个的原则，积极开展社区服务站建设；预计2010年北京市2500余个社区将全部完成社区服务站建站工作。根据《北京市社区管理办法（试行）》和《北京市社区工作者管理办法（试行）》的规定，社区服务站原则上按每500户居民配备1名专职工作人员的标准招聘人员。社区服务站一般设站长、副站长各1名，可以专人设置，也可由社区党组织或社区居委会负责人兼任；社区服务站工作人员按照专业化、职业化的要求，由各区（县）依据“公开、平等、竞争、择优”的原则，面向社会公开招考。一批拥有社会学、心理学、公共管理学等专业证书，以及持有社会工作师、助理社会工作师职业水平证书、北京市社区专职工作者职业资格证书的人员陆续进入社区服务站工作，这对于推进社区服务的职业化、专业化必将产生重要影响。

根据2009年4月的北京市社会建设工作会议精神，北京市从2009年开始实施“大学生社工计划”，连续3年共选聘5000名首都高校应届毕业生到城市社区工作，实现全市平均每个社区有两名大学生专职社会工作者。2009年，北京市选聘了2000名首都高校应届毕业生到社区党组织、社区居委会、社区服务站、商务楼宇社会工作站等领域工作，2010年、2011年分别再选聘2000名、1000名，这三批社区服务岗位将全部由北京市财政和相关区财政支付购买。

---

① 《2009年区县社会建设工作全面推进》，http：//www.bjshjs.gov.cn/78/2010/01/06/23@883.htm。

（五）发展专业教育

2009年，北京的社会工作专业教育也实现了快速发展。目前，不仅有专科、本科的专业学历教育，还有6所高校及研究机构获得了教育部学位办批准的招收社会工作硕士的资格，标志着社会工作专业教育正在向更高的层次迈进。

目前，全市共有16所院校设有社会工作专业，师资逾百人，在校学生数千人，每年毕业生500余人。相对全国其他地区，北京社会工作专业院校最多，培养学生最多，师资力量也最雄厚。2009年，全国共有33所高校获得教育部学位办授予的招收社会工作硕士资格，其中，北京有6所教育与研究机构榜上有名：北京大学、北京师范大学、清华大学、首都经济贸易大学、中国人民大学、中国社会科学院研究生院。

在构建和谐社会、建设一支庞大的社会工作者队伍的良好政策环境下，北京的社会工作专业教育者们乘势而上，结合自身的学科优势，瞄准社会建设与社会服务领域的发展需求，创造性地将专业教学与社会工作实务相结合，加快了职业化发展步伐。在社区社会工作、医务社会工作、学校社会工作等领域进行了大胆开拓与尝试，逐步探索出一条“产—学—研”一体化的社会工作实践教学模式新路。

（六）加强学术研究

为了更好更快地推动北京社会工作职业化、专业化建设，2008年北京市委社会工委先后与清华大学、中国人民大学、首都师范大学、北京市社会科学院和中国青年政治学院合作共建5个社会建设研究基地，2009年又与北京师范大学和北京工业大学合作共建社会建设研究基地。至此，共建社会建设研究基地7家：清华大学北京城市发展与社会建设研究院、中国人民大学北京社会建设研究院、首都师范大学首都新农村社会与文化建设研究中心、中国青年政治学院北京社会工作人才发展研究院、北京市社会科学院北京社会管理研究中心、北京师范大学北京公共服务政策研究院、北京工业大学北京社会建设研究院。在一年多的时间里，这些研究基地充分发挥自身的学科优势，在政策倡导、科研成果转化、重大课题研究等领域取得了丰硕的成果，这些研究基地的建立推动了政策理论创新和首都社会建设。

三　北京社会工作职业化、专业化发展中存在的问题及政策建议

（一）存在的问题

1. 社会工作职业化制度体系尚未完全建立

虽然近两年北京相继出台了一系列旨在推动社会工作职业化、专业化发展的政策，但是涵盖岗位设置、任职资格、登记注册、职业等级、薪酬待遇、岗位职责、在职培训、绩效评估等问题的社会工作职业化制度体系尚未完全建立，有些政策之间存在着重复、矛盾甚至相互冲突的地方，致使许多工作的开展阻力重重，难度很大。在我们调研的一些具体的社会工作岗位上，不乏存在着“多个婆婆”的现象。这说明，一方面在当前推动社会工作职业化、专业化发展的过程中尚有一些关系没有理顺，政府的相关部门之间没有形成联动机制；另一方面政策的出台缺乏实施细则的跟进，可操作性不强。这样，就容易在政策具体实施的过程中出现误读和偏差，导致实际社会工作不扎实、不细致，流于表面。

2. 专业社工人才培养与市场需求不匹配

近年来，民政部门出台了老年人、残疾人、儿童社会福利机构基本规范，例如《家庭寄养管理暂行办法》、《加强流浪未成年人工作的意见》、《加强孤儿救助工作的意见》等。这些政策都对聘用专业社会工作者及其资格提出了规范性的要求，如《儿童社会福利机构基本规范》（2001 年 9 月实施）要求主要管理者应接受社会工作类专业知识培训，对工作人员的专业要求是，城镇地区和有条件的农村地区，至少应具备 1 名大专学历以上、社会工作类专业毕业的专、兼职社会工作人员。《规范》为社会工作人才的培养和使用提供了政策依据，对于社会工作职业化、专业化建设具有重要的推动意义。

在社会工作专业教育中，当前还普遍存在着重理论、轻实务；重西方、轻本土；重模仿、轻创新的现象。虽然，在学校中普遍开设了老年社会工作、儿童青少年社会工作、婚姻家庭社会工作、社会福利与社会保障等专业课程，但是这些课程更多地是在讲理论，缺乏与我们本土的实务工作的衔接与整合。因此，在我们的人才培养与市场需求之间似乎出现了一条鸿沟。一线的实务工作者认为社会工作专业的学生是“花拳绣腿”、“本本主义”，解决不了实际问题；而社会工作专业的学生又认为一线工作者的工作随意性强，行政色彩浓厚，缺乏专业价值观及理论方法的支撑，服务效能低。目前，当务之急是要认真研究专业社会工作人才培养与市场需求的衔接问题。从专业课程设置、实习安排、职涯教育等几个方面入手，深入研究和梳理我们现行的教育体系，真正实现教育与市场的“无缝对接”。

3. 专业化的社会服务组织发育不理想

坚持政府主导，并不意味着政府部门包办或承揽所有的社会服务，政府应在确保财政投入和实施宏观管理的同时，积极扶持和鼓励社会力量广泛参与、合理介入，把政府不便提供、市场不愿或不能提供的社会服务主动让渡给社会组织，切实发挥社会组织的作用，实现共建共享。在社会工作发育成熟的国家、地区，服务类民间组织的服务范围和服务领域遍及社会福利、文化教育、社会服务、医疗卫生等方方面面，已经成为提升人类福祉、促进社会安定团结的重要力量。例如，2006 年，香港非政府组织承担了整个香港地区 70% 以上的社会工作，在 12354 个社工岗位中，八成以上属于非政府组织或其他机构。台湾在 2004 年底从事社会工作的专职人员为 3370 人，其中服务于民间机构的为 2289 人，占 67.9%。目前，北京的各类民间组织工作人员虽然达到 42000 余人，但从事专业社会工作的极少，其大部分活动仍游离于政府政策视野之外。因此，积极培育和发展民间组织尤其是服务类民间组织，大量承担和提供社会服务，既是完善社会建设管理体系，更好地满足社会服务的需要，也是提供更加宽广的社会工作人才成长发展平台的具体措施，是推进社会工作人才队伍建设的重要力量。我们在调研中了解到，一些专业社会工作服务机构的生存和发展状况令人堪忧，政府购买服务的方式能否持续，社工的工作热情能否保持，社会服务效能的评估是否客观科学等问题都还是未知数。

4. 薪酬待遇低，社工人才流失现象严重

据调查，在北京有近 90% 的社会工作专业毕业生改行从事其他行业，如人力资源管理、市场营销、文秘等。另外 10% 的毕业生虽然进入了社区或社会福利机构工作，也因工资待遇偏低、社会认同较差和职业前景渺茫等因素而逐渐流失。目前，北京社区服务站招考人员见习期工资是 800 元，转正后是 1050 元，这样的工资对于在北京这样一个生活成本较高的城市中生活来说是相当低的，许多在校即将毕业的大学生也因此望而却步。在个案访谈和实地调研中我们了解到，辛勤工作于第一线的社会工作人员，一般月薪在1000元至1900元之间。与自己所承担的繁重的工作量相比，他们的付出与所得显得很不相称。由于社会地位不高，社会认同度低，他们不满意自己的工作状况，有较多怨言。这种状况不利于充分调动社会工作者的工作积极性，同时，也会给社会一个负面的启示：社会工作不是一个有价值有前途的职业。这样的现实也就是为什么有90%的社会工作专业毕业生改行从事其他工作的真正原因。“薪水待遇太低，这个职业目前没有让人看到前景，所以大多数同学最终选择了放弃。”一位毕业生介绍说，北京市社会工作者的工资在每月1400～1500元之间；上海杨浦区公共服务见习岗位的工资为每月1500元。“这样的工资在当地连生存都很艰难，较高的薪资水平和优惠政策才是吸引高素质人才的关键。”

5. 社工在职进修培训需求缺口大

目前，在一线从事社会工作的人员结构比较复杂，有公务员、事业编制、下岗后再聘、退休后返聘、临时工、协保、民办非企业等单位诸多类型。抽样调查显示，在北京有近一半（42.5%）的社会工作从业人员是高中或中专及以下学历，且大多数没有受过系统的社会工作专业教育培训，专业社会工作者或注册社会工作者非常少。由于不同社会群体的利益诉求趋于多样化，各类社会矛盾日益复杂，仅仅依靠热情和耐心已经不可能化解所有社会矛盾和解决所有社会问题，必须借助于专业化的社会工作技能和方法来消除不和谐因素。社会工作在我国尚处于起步阶段，还没有从政府、社会团体等行政性工作中完全分离出来，社会工作的专业水平相对较低，工作理念、专业技术手段和方法也较落后，限制了社会工作效能的发挥。社会工作缺乏良好的职业认同，对社会工作人才的吸引力不大。社会工作从业人员的能力素质不高、总体水平良莠不齐，难以适应现代社会工作对专业技能的要求，难以适应首都城市功能定位和城市发展需要，难以适应构建和谐社会首善之区的更高要求。社会工作人才要想被社会接受和认同，树立起社会工作的职业威望和社会地位，就必须不断加强自身建设，提高能力素质。因此，对于现有人员的在职在岗培训迫在眉睫。

2009年10月1日，为推进社会工作者继续教育工作，根据人事部、民政部《社会工作者职业水平评价暂行规定》（国人部发〔2006〕71号）要求对国家有关专业技术人员进行继续教育规定，国家颁布实施了《社会工作者继续教育办法》，由民政部负责全国社会工作者继续教育管理工作。该办法共18条，其中第7条明确规定：助理社会工作师在每一登记有效期（3年）内接受社会工作专业继续教育的时间累计不得少于72小时。社会工作师、高级社会工作师在每一登记有效期（3年）内接受社会工作专业继续教育的时间累计不得少于90小时。第8条明确规定了社会工作者继续教育包括专业价值观和伦理等在内的主要内容，并由举办单位出具相关证明。参加社会工作专业学历教育，取得学历或者学位的，以学历（学位）证书作为证明；未取得学历或者学位的，以单科成绩单和学校出具的面授课时表作为证明。同时，对于举办社会工作者继续教育机构应符合的条件与资质也作出了明确的要求。如何落实好每年70～90个小时的社会工作者在职培训工作，是各级管理部门和从事社会工作专业教育的院校共同研讨的课题。

（二）政策建议

1. 发挥政府主导作用，建立完善的制度保障体系

北京社会工作的专业化和职业化发展迫切需要有相应的政策和制度规范，需要有一个良好的发展环境。笔者认为，较为完整的社会工作专业化、职业化制度体系至少应包含以下内容：社会工作者职业资格认定制度、社会工作者管理制度、社会工作者岗位设置制度、社会工作者薪酬制度、社会工作者培训制度、社会工作者考核评估制度、社会工作者督导制度等。各项制度串联起来就是一个有机的整体，制度与制度之间不能断线，更不能相互矛盾。

2. 合理设置社工岗位，提高社会工作者工资待遇

北京社会工作专业化和职业化的发展要大力发挥政府的主导作用。从全国社会工作专业化、职业化发展的情况来看，哪个地方政府的支持力度大，哪个地方社会工作专业化和职业化的发展速度就快，水平就高，效果就显著。当前，我们的社会福利提供方式面临着一个巨大的转型，即从过去的救济型社会福利提供转变为综合型社会服务提供。由偏重救济扶贫工作转向更高层次的专业社会服务，全面提供老人赡养、子女教育、家庭关系、矛盾调解等诸多社会领域的服务，实现预防性、发展性、支援性和补救性的全面社会服务。在设置社工岗位的过程中要综合考虑下列因素：①以需求为本，细分服务对象；②确定配置社工的标准；③区分管理岗的社会工作和服务岗的社会工作；④明确社会工作岗位的职责任

务；⑤制定社会工作岗位的任职资格和职级要求；⑥制定社会工作服务标准。

3. 进一步解放思想，积极培育服务型社会组织

实施《社会工作者职业水平评价暂行规定》等政策后，需要为源源不断的专业社工提供就业场所。根据国外和港台地区社会工作职业化、专业化发展的经验，大量专业社工机构的存在是吸纳、发展社工的基础。例如，美国有专业社工65万人，每千人有2.3个社工，按2‰的比例计算，我国至少需要260万名专业社工，北京至少需要3万名专业社工（国家统计局2008年数据，北京常住人口1633万人）。香港目前有注册社工1.2万人，在社会福利署总部及其下属社工机构的只有1700多人，在民间社工机构的有7600多人，占注册社工总数的60%以上。当然各级政府办的各类社会服务机构也会吸纳不少专业社工，但比起社会的需求还远远不够，这表明还需要大力发展民办社工机构。

4. 立足本职岗位，加强在职培训

继续教育是提高社会工作人才队伍整体素质的有效途径，要整合教育培训资源，合理使用党校、行政学院以及各类社会培训机构，广泛开展形式多样的社会工作专业教育培训活动。鼓励各种类型的社会工作人才参加进修、短训、函授等学习，不断增强专业技能，提高工作水平。研究制定社会工作人才继续教育规划，加大继续教育培养力度，持续开展继续教育活动，保证社会工作人才及时掌握新理论，学习新知识，紧跟时代发展，适应构建社会主义和谐社会的更高要求。笔者认为，对在职人员进行的培训应该分层次、分专业进行。分层次是指大专、专升本或研究生等学历教育；分专业是指要根据被培训人的实际工作领域分门别类地进行培训，即单科进修。北京市目前已经在社区工作者层面明确规定了每年不少于40小时的进修时间，可以在学习的方式上有所设计和创新，比如网络学习、函授学习等。

5. 完善专业教育，努力培养高层次社会工作人才

目前，北京虽然有16所高等院校设有社会工作专业，每年培养社会工作专业毕业生近千人，但仍不能满足首都社会工作发展的需要。因此，在学科建设上要支持首都高校发展社会工作专业教育，科学设置课程，确保社会工作教育符合社会建设管理实际的需要。在师资培养上，要注重开发利用具有社会工作实践经验的兼职师资，承担教学任务和开设专题讲座，突出培养学生的社会工作实践能力。在课程设置上，要在强化社会工作基础理论教学的同时，加大社会工作实践教学比重，坚持学习与实践相结合、培养与使用相结合，妥善处理社会工作学术理论与专业实践教育的关系，重视社会工作专业实践教学。当前，最缺乏的是既掌握相关领域专业知识，又熟悉社会工作专业技能方法的高层次复合型社会工作人才。各级部门要立足提高社会工作人才的专业化服务水平，突出层次特点，努力提高现有社会工作人才的能力水平。通过有计划地组织研修学习、进修深造等人才培养活动，使更多社会工作人才尽快成长为社会工作领域的高层次人才。加大社会工作骨干的培养力度，不断扩大社会工作领域的对外交流与合作，支持学习借鉴国外社会工作先进经验，进一步开扩视野，提高水平。支持鼓励不同类型的专业技术人员参与社会工作，接受社会工作专业教育培训，培养既掌握相关领域专业知识，又熟悉社会工作专业技能方法的高层次复合型社会工作人才。

Research on Occupationalization and Professionalization of Beijing Social Work

Wei Shuang

Abstract: Professionalization and Specialization of social work is requirements of social division of labor, standardization of social service, and modernization. Great progresses have been made in establishing special agencies, formulating the policies concerned and other fields, and those have advanced professionalization and Specialization of social work. Of course lots of work will be done in advancing professionalization and Specialization of social work. To advance professionalization and Specialization of social work the report gives some suggests, such as establishing and improving institution by playing government-dominant role, etc.

Key Words: Social work; Professionalization; Specialization; Suggestions

2009年北京社会治安状况分析

张 荆*

摘 要：奥运盛会的成功举办和新中国成立60周年大庆全面提升了北京的社会治安基础设施建设和管理水平，并积累了社会治安建设的宝贵经验。2008年以来犯罪立案数连续两年下降，这主要得益于北京市对社会治安形势的科学判断和治理，扎实的社会治安的基层基础建设，以及应对和驾驭突发性事件能力的提升。北京市社会治安在取得重要成就的同时，也面临不少挑战，户籍制度改革、改善流动人口的生存环境、扩大社会福利的辐射面，以及进一步建立和完善保障首都社会稳定的长效机制等都是需要着力解决的重要方面。

关键词：社会治安　基层基础建设　长效机制建设

2009年是北京社会治安建设面临新考验的一年。2008年北京成功举办了举世瞩目的奥运盛会，借奥运东风北京社会治安基础设施建设和管理水平得到了全面的提升，并为进一步完善北京社会治安机制提供了许多宝贵经验。不过，2008年底开始的国际金融危机对北京的经济、民生、就业的冲击是明显的，给首都的社会稳定带来挑战，能否在国际经济危机的大背景下成功举办新中国成立60周年庆典，能否保障北京的社会秩序长期稳定和有序发展，让北京的社会治安建设再上新台阶，北京市面临的治安建设的任务是艰巨的。一年过去了，在市委、市政府的领导下，在全市治安系统及全市人民的共同努力下，北京交出了一份令人满意的答卷。

---

* 张荆，博士，北京工业大学人文社会科学学院教授，中国青少年犯罪研究会常务理事，研究方向：法社会学。

2009 年，北京刑事案件立案数继 2008 年大幅下降之后再度下降。据统计，2008 年北京的刑事犯罪立案数为 90045 起，与 2007 年相比下降了 29.3%；[①] 2009 年刑事立案数为 8 万余起，与 2008 年相比下降 11% 左右。其中杀人、抢劫、强奸、伤害致死、绑架、劫持、爆炸、放火等 8 类严重暴力刑事案件立案数比 2008 年下降了 13.3%；一般治安案件比 2008 年下降了 12.3%。在一般刑事立案数、严重暴力刑事立案数、一般治安案件数全面下降的同时，侵财类案件数有小幅上升，为近 6 万起，比 2008 年上升了 5% 左右。对于侵财案件，2009 年北京市公安系统一直保持“严打”态势，共抓获侵财犯罪嫌疑人近 1.8 万名，打掉犯罪团伙 973 个。[②] 2010 年 1 月 1 日，北京市公安局召开了 2009 年度打击系列侵财犯罪工作总结会，会议再次强调在社会治安建设方面继续以涉及人民群众切身利益的多发性侵财犯罪为主要治理对象，确保实现诈骗案件、街头抢劫、抢夺案件发案数的下降，遏制入室盗窃案件的上升势头。[③]

2009 年，新中国成立 60 周年盛典的成功举行激发了全国人民的爱国激情和建设强大国家的信心，而北京市刑事案件的持续下降，保障了国庆盛典的成功举行，展示了北京社会治安建设的巨大成果。

一　首都社会治安建设形势的基本判断

2009 年，根据中央和北京市委、市政府关于“保增长、保民生、保稳定”、“建设平安北京、宜居城市”的要求，北京市在社会治安建设方面，认真总结奥运会筹办过程中的经验和教训，分析社会治安建设的新特点和新形势，制定进一步完善社会治安建设的新举措，使北京的社会治安建设工作有的放矢。

（一）社会治安整体形势明显好转，但关系民生的刑事案件仍逐年上升

近年来，北京市的总体刑事案件发案，特别是严重暴力刑事案件，如杀人、

---

① 北京市统计局：《北京统计年鉴 2009》，中国统计出版社，2009，第 1 版，第 441 页。

② http：//www.fawan.com/Article/ShowArticle.asp? ArticleID =254150.

③ http：//www.bjgaj.gov.cn/web/detail_ getArticleInfo_ 252511_ col1168.html.

强奸、伤害致死、绑架、劫持等案件数下降明显。但是在关系到基本民生的一些刑事案件上，如入室盗窃、诈骗、抢劫、抢夺等多发性侵财类案件在全部发案中的比例仍逐年上升。此类案件由于在打击过程中从侦破难度、警力投入、法律施用和综合治理等方面来说，较其他严重暴力刑事案件存在较多制约，已经逐渐成为影响首都社会治安建设的突出问题。

（二）社会形势的变化对社会治安建设手段提出新要求

过去社会治安建设的主要手段是入户调查、高度集中的组织化管理、严格限制人口流动，并以此支撑公安部门对人口的了解工作。随着社会的进一步开放和人口的大流动，现在的社会治安建设中对人的管理必须在保障公民依法自由流动的前提下进行，需要更多地利用现代信息网络技术对人们的行动轨迹、社会关系及流动过程进行动态掌控，与传统的限制人口流动的社会治安管理方式相比有了重要的变化。从2009年的统计分析看，在北京市公安局登记在册的流动人口共计872万人，在京的常住人口中人户分离的现象也很突出，以致传统的条块分割的社会治安管理模式很难实现对流动的“关注人群”行为轨迹的掌控，同时对“关注人群”的财、物的流动情况，也缺乏必要的法律法规和管理制度予以支持，治安基础工作还不能很好地适应当前人、财、物大流动的实际状况，在一定程度上为犯罪活动的实施“提供”了空间。

过去的社会治安管理公安机关处于社会管理者的地位，主要是靠行政管理来强化公安基础工作。现在的公安基础工作既要靠行政管理手段，更要通过为社会提供服务等途径来实现社会治安的有效管理。

传统的社会治安管理，公安基础工作没有统一的规范化要求，主要依赖于基层民警的自觉性和积极性，通过深入群众摸清情况，建立基础台账，积累基础数据，基本上属于手工劳动、人工记忆。现在的公安基础工作在信息时代的背景下，必须按照规范化的要求进行，既要调动民警的积极性和主动性，更要利用信息网络技术把在基层工作中掌握的各类情况及时录入信息系统，变基层民警的“头脑信息”、“口袋信息”、“纸带信息”为全警信息，共享共用。

（三）经济收入的差距仍是激化社会矛盾、影响社会稳定的突出诱因

经济收入的差距与刑事犯罪立案数的变化关系主要体现在以下三个方面：一

是每万人刑事发案与各区 GDP 的比率关系；二是 GDP 增长率与发案增长率的关系；三是环北京周边地区与北京地区 GDP 差额比较对北京地区社会治安的影响情况。调查表明，GDP 增长快、收入差别大的地区社会不稳定因素突出，刑事犯罪数增加。因此，公安系统的文明执法是缓解社会矛盾的重要手段，但通过政策调整，缩小经济收入的差距、扩大社会福利等“二次分配”的辐射面更是从根本上缓解社会矛盾、增强社会稳定的重要条件。

（四）流窜犯罪仍是影响北京社会秩序的突出问题

一方面，以同籍、同乡、同亲为主要纠集方式的跨区县、跨省市作案仍是严重影响首都社会治安形势的主要表现形式，并形成了家族化的犯罪经营模式，显示出在特定地区、特定人员、特定行业、特定犯罪类型的明显地域性划分，如东北籍流氓恶势力团伙、福建漳州诈骗团伙等；另一方面，新的通信手段进一步降低了流窜作案成本和风险性，使流窜作案出现了全新的犯罪表现形式，依托信息手段进行的流窜违法犯罪活动日益明显，如网络嫖娼、网络讨债、网络贩卖枪支和毒品等，特别是电信类诈骗活动已经明显呈现远距离跨地域甚至是跨边境作案。打击流窜犯罪已经不是一家或几家公安机关联手处理所能控制的，而是需要金融、电信、交通等多部门的共同参与。

根据对北京社会治安建设形势的基本判断，2009 年北京市着重实施了社会治安的基层基础建设、科技强警、增强警察驾驭突发事件的能力等措施，使社会治安建设再上新台阶。①

二　首都社会治安基层基础建设的完善

根据公安部关于“抓基层、打基础、苦练基本功，坚持不懈，一抓三年”的指示精神，2006 ~ 2009 年北京市公安系统以稳定社会秩序的基层基础建设为中心全面展开各项工作。

① 北京市公安局编《2007 北京公安年鉴》，2008，第 1 版，第 1 ~ 11 页。北京市公安局编《北京公安年鉴 2008》，2009，第 1 版，第 1 ~ 4 页。

（一）确定警情常量标准，规范日常警务管理

从2006年开始，北京市公安系统每年都要确定一个涵盖18个分县局每月主要打击防范任务的基础常量和常态浮动值，明确各地区警情警示、平稳和良好的等级标准，以此监测分析各单位、各地区的治安形势，以及“高发案件类型、高发案件地区、高发案件时段”，在此基础上确定勤务级别、警力投向和投入，推行三级值班领导上一线指挥勤务工作，使警力投入的控制圈与犯罪分子活动圈最大限度地重合，做到“警力跟着警情走，领导跟着警力走”，形成用常规措施、制度化手段维持社会稳定的长效警务运行机制。

2009年下半年，北京市电信类诈骗案件迅速攀升，频发期间一周内，全市接到电信诈骗案件“110”警情7340余起（12月16～22日）。① 电信类诈骗的主要手段为电话退税诈骗、网络交易诈骗、电话欠费诈骗、网络中奖诈骗、网络冒充熟人诈骗、短信中奖诈骗等。

2009年11月3日上午，海淀区的张女士报案称自己被人以电话欠费为名骗走人民币1000万余元。11月17日，事主马某报案，以同样手段被骗35万元。作案的主要手段是冒充警察告知个人信息被盗用，犯罪者正利用其信息办理了银行卡，从事违法犯罪活动，必须将其账户资金汇入指定账户予以保护。北京市警方根据“高发案件类型、高发案件地区”迅速投入警力，在地方警方的协助下12月底将两个由台湾籍人员组成的犯罪团伙侦破归案，有效抑制了电信诈骗的蔓延。②

（二）建设以“四张网”为中心的社会秩序防控体系

从2003年起北京市全面推动“四张网”建设，即以“巡逻网、社区网、治安网、内保网”为框架的社会秩序防控体系，至2009年这项社会治安建设工作初见成效，有效地提升了首都社会治安基础防范功能。

“巡逻网”基础建设主要是通过不断调整和规范全市的巡区、巡段和卡点，

① http：//www. bjgaj. gov. cn/web/detail_ getArticleInfo_ 251131_ col1169. html.

② http：//www. bjgaj. gov. cn/web/detail _ getArticleInfo _ 251865 _ col1169. html； http：//www. bjgaj. gov. cn/web/detail_ getArticleInfo_ 251868_ col1169. html.

增强巡逻工作的规范化、科学化，拓宽了社会控制面，提升对突发性事件的控制能力。

“社区网”建设的主要内容是通过人口管理系统，加快社区动态巡逻防控、静态安全防卫、重点人控制、信息监测系统建设，进一步规范派出所的勤务运行模式和民警的职责任务，实现社区警务资源配置结构最优化和效益最大化。

在“治安网”建设方面，主要是加强对各类特种行业的管理。2009 年 2 月，北京市召开了“打黄打黑”暨文化市场管理工作会议，加大打击从事非法印刷复制活动企业的力度，加大网络扫黄的力度。同时利用信息网络技术，对北京市的歌厅、舞厅、酒吧等 13 类 9000 余家娱乐场所全部实施网络化管理，有效监控犯罪多发场所。以海淀区为例，2009 年，全区公安、文化、工商、城管等部门共出动执法人员 1 万人次；检查各类歌舞娱乐场所 1100 余家，网吧 1000 多家次，拘留制贩盗版、淫秽物品人员 616 名,[①] 有效地规范了北京文化市场的经营活动，起到了预防犯罪的作用。

旧货交易市场和废品收购站属于另外一种特种行业，也需要建立“治安网”，进行有效地管理。2009 年北京市继续贯彻市公安局、市工商行政管理局、城市管理综合行政执法局《关于整顿规范旧货交易打击销赃违法犯罪行为的通告》（2008 年）精神，规范旧货交易，整治重点区域，严厉打击收、销赃的违法犯罪活动，收到了良好的效果。从犯罪学的角度看，职业性买卖赃物在盗窃等侵财犯罪世界里扮演着极为重要的角色，在各种类型的盗窃、抢劫、抢夺及诈骗犯罪者中收赃者是最邪恶的，如果没有他们协力购买偷来的、抢来的或诈骗来的赃物，侵财犯罪者必然无法在该行业中生存。因此，必须严厉打击盗窃等侵财犯罪者的“丰富而安全”的销赃市场，这是从源头上抑制侵财犯罪的重要手段之一。

在“内保网”建设方面，科学界定新形势下的内保单位管辖范围，整合内部防控资源，提高了对内部治安问题的控制能力。

（三）警力下沉，优化配置

北京市在社会治安建设方面，运用科学的管理方法，测算警力，公安机关的警力最大程度地向一线派出所、刑警队、巡警队倾斜，确保对社会基层警力的投

① http：//www. bjhd. gov. cn/zf/jrhd/xwxs/201001/t20100111_ 177728. htm.

人，继2006年市局和分县局机关调整下沉警力4103人之后，2009年继续分层下沉警力，将机关警力充实到治安情况复杂、工作任务较重的基层一线实战单位。同时构建“扁平化的勤务指挥模式”和“基层一线作战单元组织形式及警探长设置”，简化指令传递层次和环节，指令可按指挥程序直接下达至基层一线最小作战单位，提高公安系统的快速反应能力，为人民群众提供有效、及时的安全保障。

（四）加快基层的正规化建设

2009年，北京市公安系统在继续加强基层队所的正规化建设上，主要做法是：①规范基层警务运行，明确基层警务单位的职责和任务，按职责分工，依法履行职责；②规范基层队所的依法执勤，努力按照社会主义法治建设的需求，在规范执法、文明执法方面对基层一线执法工作进行全面探索，从解决薄弱环节入手加强基层正规化建设，从源头解决“不作为”、“乱作为”等群众反映强烈的问题；③规范基层的绩效考核制度。建立健全有利于基层基础建设的绩效评估体系，在监督检查、考核评比、奖励晋升等方面强化基层工作，调动基层民警工作的积极性、主动性和创造性。

三　北京科技强警战略的实施

在信息时代，大力推进科技强警战略、加强治安网络信息化建设是新时代公安改革的必然选择，是公安工作跨越式发展的重要途径。2009年，北京公安系统在公安基础业务数据信息的规范采集、资源共享和警务实战方面继续加大工作力度，基本实现了“基础工作信息化、信息工作基层化”。具体做法是：以市局和分局两级信息中心运行为依托，从市局职能部门、分县局和派出所三个层次入手，从人、地、物、事、组织等基础数据信息产生的源头抓起，把民警日常警务工作与信息采集录入工作紧密结合起来，各警级、各警种联动，建立涵盖各部门、各警种、各单位所有基础业务数据的海量信息库。同时确保全局各类数据库之间的信息共享、同步互动，实现了公安基础数据信息跨警种、跨部门、跨地区的关联查询，为基层民警提供了手段丰富、形式多样、快捷便利的网上信息查询服务，如网上侦查、网上追逃、网上管理、网上服务、网上办公等，基本实现了信息技术与警务实战的有机结合。

北京市在社会治安建设方面注重建立统一的社区警务信息工作平台。全市已在2074个社区警务工作站配备了计算机并连入了公安网，提升了社区警务的信息化水平，通过公安控制的网络系统在实施初年（2006年）就抓获嫌疑人844名，发挥了网络在基础治安工作中的支撑、保障和服务功能。

在交通方面，运用现代科学技术进一步完善了“机动车图像监测识别系统”，实现对城区交通主干道和进京重要路口的全天候监控覆盖，提高了机动车的控制范围和对违法车辆处罚的准确性。研制新一代酒精测量仪，同时对酒后驾车实施“零容忍”治理，2007～2009年北京市的拘留所共关押了10890名酒后驾车司机，对酒后驾车的治理初见成效。目前，北京市机动车已达409万辆，驾驶员达574万名，两者数量的增加是空前的，而交通事故死亡人数却在逐年减少，这与北京市对酒后驾车的治理有关。据北京市交通局统计，2006年，北京市交通死亡人数1373人，其中375人因酒后驾车事故死亡，占死亡比例的27.3%。2009年，北京市交通死亡人数下降至981人，比2006年减少了28.6%；酒后驾车事故死亡人数158人，占交通事故死亡总人数的16.1%，比2006年下降了57.9%。①

在科技强警过程中，北京市公安局研制开发了串并案管理信息平台，实现了串案并案工作由手工操作向网络管理的飞跃，2006年利用“技术串并”打击财产犯罪取得了显著成效，全年共破获侵财案件41139件，与2005年相比上升了17%。② 同时，DNA数据库和指纹比对技术进一步完善，成为侦查破案新的突破口。面对新型的违法犯罪活动，北京市在社会治安建设方面，积极依托高科技手段，探索侦查破案的新模式，拓宽工作手段和视角，实现了精确打击各种新型违法犯罪行为的目的。

四　首都公安驾驭突发性案件能力的增强

在开放的、人口频繁流动的社会环境中，公安机关掌控社会治安局势特别是

① http://www.bjgaj.gov.cn/web/detail_getArticleInfo_254655_col1169.html.

② 北京市公安局编《北京公安年鉴2007》，2008，第1版，第10页。

突发事件的能力和水平，在很大程度上取决于对人、地、物、事、组织等公安基础工作对象实施控制的深度和广度，也是“整体防控、精确指导、精确打击”工作思路的重要保障和前提条件。北京市注意加强对人、地、物、事、组织的动态控制，提高了对社会治安形势的驾驭和掌控能力，主要把握好以下三个环节。

第一，突出控制重点。①对人的控制方面，以常住人口中的重点人口、流动人口、高危人群和境外在京人员为重点；②对地的控制方面，以重点地区、治安复杂地区、公共繁华场所、重点行业经营场所为重点；③对物的控制方面，以危险物品、违禁物品、涉案赃物为重点；④对事的控制方面，以影响政治稳定和社会稳定的各类事件、各种事故为重点；⑤对组织的控制方面，以影响国计民生的重点单位，关系社会稳定的各种虚拟组织，带有政治目的的各种宗教组织、社会团体、研究机构、在华境外非政府组织等为重点，实施层级化控制。2007 年，通过对人、地、物、事、组织等有效控制，妥善处置了多起涉及奥运会、“藏独”的敏感案件，妥善处置各类上访人员 24 万余人次。铲除聚众斗殴、欺压百姓、称霸一方的恶势力团伙 106 个，查获涉恶成员 1176 人,[①] 最大限度地消除了影响首都安全的隐患。2009 年北京市公安系统继续强化对人、地、物、事、组织等的有效控制，确保新中国成立 60 周年盛典的顺利举行。

第二，规范控制责任。明确市局、分县局和派出所在加强人、地、物、事、组织等基础工作对象管理上的职责分工、控制标准，形成分层次与整体性动态控制相结合的工作格局，实现动态控制的日常化、勤务化、程序化。

第三，依靠信息网络技术实施动态控制。公安机关运用信息网络技术的水平决定了新时期公安机关的动态控制水平，充分利用信息网络技术，做到数据全、底数清、情况明、信息灵，实现对各类违法犯罪活动的有效防控和精确打击。[②]

五　加强北京社会治安建设的相关建议

在充分肯定近年来北京社会治安建设成就的同时，我们必须清楚地认识

---

① 北京市公安局编《北京公安年鉴 2008》，2009，第 1 版，第 4 页。

② 北京市公安局编《北京公安年鉴 2007》，2008，第 1 版，第 1 ~ 11 页；北京市公安局编《北京公安年鉴 2008》，2009，第 1 版，第 1 ~ 4 页。

到 2008 ~ 2009 年北京市犯罪率的持续下降并不意味着保障北京长治久安的社会建设工程已大功告成，为确保“奥运”和“60 年庆典”的成功举办，国家和北京市投入了大量的人力、物力和财力，使首都处于一种超常规的社会治安管理状态。在 2010 年北京进入常态的社会治安管理阶段后，能否继续保持社会稳定，保持犯罪率的平稳下降，仍是一个有待观察的未知数。社会治安的稳定需要社会治安系统和全市人民的继续努力，以及社会治安建设体系的进一步完善，应当说仍任重道远。因此，围绕首都社会治安建设本文提出以下建议。

（一）信息网络技术对人口的动态管理与户籍制度改革

通过信息网络技术对人口特别是流动人口实施动态管理成为近年来北京社会治安建设的一大亮点，但仍未脱离传统的“管控”基本思路。我们认为，在全面实施对人口的信息化管理的同时，还应当进一步推进管理观念的转变，以及原有户籍制度的改革。传统的人口管理方式是“以证管人”，即通过管理户籍，进而管理人的衣食住行，管理社会治安，“以证管人”是新中国成立以来的基本做法，并且管理的主体是公安派出所。改革开放 30 多年来，随着市场经济的繁荣和人口大量且频繁流动，户籍管理原有的粮油布配给功能、限制人口迁入迁出功能已丧失，户籍或“暂住证”仅成为城里人与城外人的一种身份符号，成为警察管理人口、预防犯罪的手段。由于户籍管理功能单一化和警察作为户籍管理的主体，影响流动人口申报“暂住证”或“居住证”的积极性。目前，来京不申报者的比例相当高，以海淀区为例，2004 年的调查表明，办理“暂住证”的人数为 26 万人，仅为实际应申报人口数（64 万人）的 1/3。因此，来京不申报者的高比例增加了北京市对流动人口管理的难度。

最近，广州市开始了户籍制度改革的试点工作，其改革的基本思路是从过去的“以证管人”过渡到“以房管人”。但传统的“管人管治安”的基本思路依然没有变化。2009 年 10 月，上海出台的户籍制度改革方案开始考虑户籍管理与社会福利的联动。我们认为，上海的改革更具有方向性。我们应当破除“户籍与人口管控”的传统观念，户籍管理应当逐渐与公安的治安防控相分离，与政府服务于百姓的福利制度相结合，与居民和流动人口的权益和福利保障相结合。也就是说，户籍制度与流动人口的医疗、职业培训、就业、子女就学、升学、住房、社会福利等民生和教育问题相结合，使流动人口的户籍申报工作由现在的被迫申报转变为主动积极申报，因为申报的目的不是为了接受“管控”，而是为了让自己和家庭享受所在地区为其提供的更多的社会服务。

实际上，完成户籍与流动人口权益的联动光靠公安机关一家是无法完成的。北京可以借鉴发达国家城市管理的经验，将公安机关管理户籍逐渐转变为由市区政府内设的户籍管理部门管理。这一管理机制转变一方面容易实现与区域社会福利和社会教育的联动，有利于密切政府和民众的联系，也使户籍管理更加人性化；另一方面，户籍管理与警察治安管理相分离，更有利于首都公安系统集中精力做好犯罪的预防和控制，提高警察系统的专业化和快速反应能力，提高破案率。

（二）管控流动人口与改善流动人口的生存环境

据统计，2008 年北京常住外来人口已达 465.1 万人,[①] 他们是北京城市化建设的重要组成部分。同时也必须看到，外来流动人口的犯罪问题严重，已占北京犯罪人口总数的 70%，这一数据向北京敲响了警钟，如此大比例的外来流动人口的犯罪，从一个侧面反映出北京在为流动人口提供的生活环境、工作环境、教育环境等方面存在着严重的问题。我们必须善待外来流动人口和农民工，从“管控”向改善其生存环境方面转变，克服长期以来由“城乡二元结构”造成的城里人对农村人的歧视。通过发展政府廉租房等手段，帮助农民工改善居住条件，使他们摆脱“贫民窟”式的生活方式。因为“贫民窟”式的生活环境容易形成与城市主流文化相抗衡的亚文化，增大外来人口融入北京的难度，甚至滋生犯罪价值观，带来区域性犯罪的增加。

北京市应当积极地接纳外来常住人口的子女，特别是农民工子女就近入学，享受义务教育，让农民工能够安心地把妻子和孩子接到北京，过上正常的家庭生活。这既是一种人本主义的关怀，也是抑制流动人口犯罪的重要手段。另外，目前农民工大潮已制造出 7000 万农村“留守儿童”，并且每年还制造出 15 万人次的流浪儿童,[②] 他们正成长在缺少父爱和母爱，缺少良好的家庭教育的环境中，

① http：//www. bjstats. gov. cn/tjnj/2009 - tjnj/.

② 陆学艺主编《北京社会建设 60 年》，科学出版社，2008，第 1 版，第 864 页。

如果不采取有效的措施，在不远的将来，我们的社会将为此次城市化付出沉重的代价。北京应为减少农村“留守儿童”和“流浪儿童”的数量承担起相应的社会责任，为农民工子女能够接受国家的义务教育提供条件。这是功在当代、利在千秋的大事。

（三）扩大社会福利的辐射面与控制犯罪增长

改革开放30多年来，我国的经济实力得到了空前的增强。此时拿出资金投入社会建设特别是社会福利制度建设是适时和必要的。现代社会的福利制度既有扶助贫困，缩小经济差别的功能，也有控制由于“绝对贫困”引发刑事犯罪的功能。北京市应当在地方财政允许的范围内，扩大福利事业辐射的范围，让更多的社会群体受益。构建福利社会，最大限度地减少因贫困引发的犯罪，是现代社会预防和控制犯罪的“治本”方法之一，较之投入大量的人力物力进行“严打斗争”和建造监狱更具有持久的稳定社会的功效。

北京市应在国家大的法律框架下，积极地建立具有北京特色的地方福利法规，构建科学的地方福利体系，并能在未成年人、流动人口、流浪儿童、刑满释放人员的社会保护方面体现北京的特色，北京地方福利制度的构建和相关政策的实施，将会有效地抑制犯罪，并逐渐形成以福利制度为依托的预防犯罪的长效机制。

（四）科技强警与注重人权保护

近年来，北京市运用科学技术增强警察实力方面取得了长足的发展，特别是利用信息技术控制社会面，加强警察系统的快速反应能力方面走在了全国的前列。但是，随着区域探头数量迅速增加，一些新的问题正在产生。探头具有一功多能的作用，一方面它能监视犯罪者的行为，增强破案的准确率和警察的快速反应能力；另一方面他也会损害公民的荣誉权、隐私权、肖像权等基本人权。因此，探头设置的范围、探头安装的审批单位、探头资料采集时间、录像录音资料保管和销毁、允许安装探头的公共空间界定等都需要有严格的法律、法规的规定。特别是内保系统的探头安置更应当考虑对本单位工作人员的人权尊重。否则，探头的安置会与宪法的自由条款相抵触，北京也会在社会秩序稳定的同时，成为一个不宜居住的城市。

（五）强化公安基层基础建设与创立起新型的“群防群治”体系

在社会治安的管理体制上，新中国成立初期我们强调“群防群治”，现在我们强调“综合治理”，两者有什么区别呢？“群防群治”是以企业、行政事业单位、街道、村落的治保委员会为基础，广大群众的积极参与治安管理的一种方式，被称为预防和治理犯罪的“人民战争”，尽管人力资源的成本较高，但有实效。

目前“综合治理”强调在各级党委的统一领导下，组织各部门分工协作，条块结合，以块为主；政法各部门各司其职，密切配合等，① 似乎是一个面面俱到的治安管理方式，也强调群众参与社会治安管理。但从几十年的实践看，“综合治理”更强调党委对治安工作的统一领导，公检法司各司其职和治安工作的“以块为主”的单位责任制。改革开放以来，特别是20世纪90年代后期开始，具有“群防群治”特色的人民调解委员会的数量在减少，1997年全国的人民调解委员会为98.5万个，人民调解员1027万人；2005年人民调解委员会降至84.7万个，比1997年减少了14%，人民调解员降至59.7万人，比1997年减少了94.2%，人民调解工作逐渐被专职司法助理员（2005年61666人）、律师（2005年153846人）等法律专职人员所替代。② 1988年全国有治安联防人员190余万人，2004年9月公安部发出通知，用3年的时间将实施了40年的“治安联防”制度逐渐取消，传统的“治安联防”逐渐被保安公司提供的专职治安保卫所替代。2003年全国保安公司已发展到1400家，保安人员突破60万人。

但是，随着社会治安管理专业化和职业化程度的提高，以及群众“自我保护”意识的增强，群众与警察，群众与治安管理机构的关系却在疏远，群众参与犯罪治理和预防的积极性在降低。其中，最明显的变化是群众对犯罪的举报率降低，并带来破案率下降。1998年和1999年北京一般案件的破案率分别降至22.9%和32.4%。无论是发达国家还是发展中国家，也不论国家警察的装备先

---

① 中国社会科学院法学研究所法学词典编委会《法学词典》，法律出版社，2004，第1版，第570~571页。

② 中国法律年鉴编辑部：《中国法学年鉴》，中国法学年鉴出版社，2006，第1版，第1001页。

进和机动程度多高，群众对犯罪行为的检举都是警察立案和破案的重要前提，也是治理和预防犯罪的基本手段。

北京在建设现代都市的过程中，必须考虑如何建立起一个市民与治安机构的新型关系。让群众更多地了解警察、法官及其他治安管理人员的工作性质、工作流程等。社会治安建设的专业化和职业化如果变成了神秘化，变成了普通百姓无法接近的东西，我们的社会治安建设工作就会脱离群众，检举率无法提高，犯罪率难以控制，综合治理工作也无法达到最佳效果。

2008 年奥运会期间，北京有 170 万志愿者参与奥运服务；2009 年新中国成立 60 年庆典活动中又有 95 万名志愿者积极参与，其中大量的社会治安志愿者积极参与社会治安建设，对于维护北京的社会稳定，预防犯罪起到了重要的作用。2008 年侵财案件的破案率为 56.1%，比 2006 年增加了 15.4 个百分点，2009 年侵财案件的破案率高达 67.5%，比 2008 年增加了 11.4 个百分点。[①] 侵财破案率的大幅提高，与奥运会和国庆盛典筹办过程中志愿者积极参与社会治安建设有关。我们应当借鉴“奥运会”和“60 年国庆”志愿者活动的经验，建立起一个动员、组织北京社会治安志愿者的长效机制。

（六）进一步强化城市治安的快速反应能力

传统的将派出所建在非闹市区的“深宅大楼”里是改革开放前地域封闭，人口流动缓慢，以住地居民的户籍管理为核心，以证管人、管治安工作模式的产物。这种做法已经不适合大规模人口流动的现代都市管理。派出所是分局的派出机构，应当减小机构规模，增加机构数量和机动性，将“治安阵地”前移，建在人口流动量最大的地方，如主要车站、闹市区、娱乐场所周边等，派出所与派出所之间的设点距离，应以自行车的速度计算在 20 分钟之内可到达现场为最佳距离，要将全市警察到案件现场的平均速度提高到 8 分钟以内，以符合国际大都市的治安要求，全市应建立起以 110 报警服务台为指挥中心，派出所为据点和前沿阵地，在点与点之间以巡警的频繁巡逻为补充的、具有快速反应能力的社会治安体系。

在世界警务的“四次革命”（即职业化、专业化、机动化和社区警务）中，

---

① http：//www. bjgaj. gov. cn/web/detail_ getArticleInfo_ 252511_ col1168. html.

北京警察需完成“第三次革命”，即适应北京大都市的快速发展的需要，把警力放在街面上，增强警力机动性和装备现代化，进一步提高警察的快速反应能力。一是为了震慑犯罪；二是为了高效地解决人口频繁流动中地点和时间不确定的各种民事纠纷、冲突、街头犯罪以及突发事件等。

（七）强化社区和家庭建设

在增强警力机动化的同时，北京市社会治安建设应进一步推进社区警务和新型社区建设，增强警察与社区的联系，提高警察参与社区管理和社区服务的水平。在新型社区建设上要通过社区服务、社区咨询、社区讲座、社区培训、社区庆典等多种方式改善社区的人文环境，鼓励社区组织积极参与对家庭关系和解、子女教育的指导，推进家庭教育的改善，预防社区青少年犯罪。

2009 年底，北京市大兴区连续发生了 3 起“杀亲灭门”案，震惊了京城乃至全国。11 月 27 日，大兴区清澄名苑小区北区 14 楼的男主人李磊持刀杀害其父母、妹妹、妻子和 2 个儿子等 6 人，潜逃三亚被捕；① 12 月 27 日，同是清澄名苑小区的南区 3 号楼男主人张武力持刀杀死妻子及 10 岁的儿子，并在墙壁上写下血书“为了人民”后，拨打 110 电话自首；② 12 月 31 日，大兴区旧宫清欣园小区 11 号楼张伟杀死友人申某后，又杀死女友和申先生的妻子及岳父母等 5 人，报警后自杀未遂。③ 此外，还有 2009 年底的云南陈文法杀死父母等 6 位亲属，湖南安化县刘爱民杀死、烧死父亲、堂叔等 13 人案件等，连续的“杀亲”案件提醒我们：我们的社会细胞——家庭出了问题。细胞的病变会带来整个机体的病变，必须引起我们的高度重视。杀害父母禽兽不如！为什么这些年轻的犯罪者会不断突破法律，甚至伦理底线呢？分析一系列“杀亲”案件的原因，主要包括家庭财产纠纷、家庭关系积怨太深、犯罪者有精神病史等。因此，在北京的社会治安建设中必须迅速采取措施，使家庭细胞健康起来。①建立健全以社区为依托的调解家庭纠纷特别是财产纠纷的社会机制；

---

① http：//www. scol. com. cn/focus/zgsz/20091202/200912274200. htm.

② http：//news. eastday. com/eastday/06news/china/c/20091228/u1a4912641. html.

③ http：//news. qq. com/a/20100104/000045. htm.

②恢复和发扬中国传统家庭的美德，强调人性基本的道德底线，强调长幼有序、尊老爱幼、孝敬父母等。在和平建设时期，应当适度减少社会和学校的仇恨教育，加强“博爱”教育；③激烈的竞争社会中压力与犯罪的关系日趋紧密，需要建立社会的缓压系统，以社区和工作单位为中心建立起行为疏导、心理咨询体系，及时发现、治疗、管理心理疾病和精神疾病。同时通过社会福利制度和医疗制度构建起竞争社会中弱者也可以生存的社会环境，保障社会的和谐稳定。

（八）加强犯罪预防和预测工作

首都社会治安建设是一个庞大的社会工程，是以家庭、学校、社区、政府为中心的制度环境的改善工程，包括教育、福利、服务设施、完善社会伦理和法律制度等，我们必须下大力气长期抓下去。同时，根据全国及北京市新的政策或科学技术出台，应进一步提高地方立法水平，提高公检法在解决新发、突发社会治安问题的协作能力和应变能力。以主动的立法、执法干预来提升解决新的社会问题和抑制新型违法犯罪的能力。

根据社会变化的新特点，准确及时地预测犯罪类型和发展走势，及时采取相应措施抑制新的犯罪类型的产生与发展。注重城市的基尼系数、失业率、贫困人口、流动人口、刑满释放人员数等与犯罪率变化相关联的数据统计和分析，及时制定预防犯罪、稳定社会的方略。

Analysis on Beijing Public Security in 2009

Zhang Jing

Abstract: The construction of the infrastructure and management standards of social order have been improved in an all-round way, and valuable experiences have been accumulated with the success of hosting Olympics games and grand celebrations of the 60th anniversary of the founding of the peoples republic of China. The number of placing cases has decreases since 2008, and it lies in scientific judgment and administration on the situation of social order, and the construction of the infrastructure and management standards of emergencies. With lots of important achievements, some challenges are confronting with, such as the reform of Hukou system, improving the living conditions of floating population, expansion social welfare covering, and prolonged mechanism of social stability, etc. and great pains will be taken to solve these problems.

Key Words: Social order; The construction of the infrastructure; The construction of prolonged mechanism

北京市消费污染与环境治理研究

李晓壮*

摘　要： 随着社会从工业社会向后工业社会的转变，社会已经从传统的以生产（制造）为中心的社会转变到以消费（以及消费服务）为中心的社会。由此，工业社会中以大工业生产污染环境的特征在后工业社会中将随之终结，消费带来的环境污染与生态危机将从以往的“边缘角色”成为“时代的主角”。为此，后工业社会环境治理模式要实现“三个”转变，以实现“建设资源节约型，环境友好型社会”的可持续发展战略。

关键词： 消费污染　环境治理　后工业社会　可持续发展战略

一　问题源起

工业社会中有关垃圾“围城”、汽车“堵城”的报道并没有引起人们的高度重视，一般人们都认为只有生产带来的工业污染才是需要解决的问题。过量的生产当然是环境污染的一个来源，但并不是唯一的来源，因为我们无法忽略生产关系的最后一个环节——消费。

相对于生产，消费离我们如此之近，我们每个人从出生到死亡都是一个天然的消费者，却不是一个从始至终的生产者。消费是联结经济与文化的社会活动，是经济生活、文化生活与社会生活的连接点和汇集地。[①] 生产导致的工业污染是一个被人们普遍认识的问题，与之相反，消费却似乎一直被普遍看做好事，确实，消费增长是国家经济政策的首要目的。所以，消费污染这个词汇很少有人提

---

*　李晓壮，辽宁辽阳人，北京工业大学博士研究生，研究方向：社会管理。

①　王宁：《消费社会学——一个分析的视角》，社会科学文献出版社，2000，绪论，第1页。

及，但提到垃圾等废弃物我们首先联想到的是由于人们不适宜的消费模式，产生大量废弃物而造成的环境污染与生态危机。因此，我们可以将消费污染简单定义为，由于人们不适宜的消费模式而产生的大量废弃物，并且没有得到及时有效的处理而造成环境污染与生态危机。这些废弃物包括城市生活垃圾、汽车尾气、城市生活污水等。如果消费污染是由于不适宜的消费模式而与消费者有关，那么没有得到及时有效的处理则与政府环境治理相关。

2009年4月，一则关于中国遭遇垃圾“围城”的报道（2009年4月20日，南方新闻网）引起了人们不少的惊奇，截止到2010年1月11日，在百度上搜索北京垃圾“围城”，找到相关网页约47万篇。早在2005年《各地区城市市容环境卫生情况》显示，当年全国生活垃圾无害处理率仅为51.7%。建设部2006年调查表明，全国600多座城市，有1/3以上被垃圾包围。全国城市垃圾堆存累计侵占土地5亿平方米，相当于75万亩。2009年3月9日，北京市政管委会主任陈永公开表示，北京垃圾危机即将出现，“这是一件非常可怕的事情。”目前，北京垃圾处理设施23座，设计总处理能力为每天1.035万吨，而现在北京的垃圾日产量为1.84万吨，① 处理能力缺口每天高达8000余吨。工业社会由生产导致的工业污染笼罩城市的场景刚刚消逝，后工业社会由不适宜的消费产生过量的、超过承载力的生活垃圾、汽车尾气、城市污水等污染又向我们袭来。

在1970年代的西方社会，随着工业社会向后工业社会的转变，西方社会已经从传统的以生产（制造）为中心的社会转变到以消费（以及消费服务）为中心的社会，并且消费主义已经渗透到社会价值中，成为衡量成功的标杆。现代社会追求物质与精神的享受，消费以美为好，于是产品被一次性物品包装了各种华丽的外表；消费以体面为好，出现消费模仿攀比，于是有车族不断增加，手机不断更新。在获得消费带来的有限满足之余，我们还得到了什么呢？不言而喻，那就是由不适宜的消费留下的大量难以处理、数量庞大的垃圾等废弃物，而且它们就在我们身边，如果贫富是分等级的，那么污染对每个人都是绝对公平的，并且日益影响着我们正常的生活。为此，我们走过治理工业污染的艰辛历程，如今又要面对消费带来的环境污染与生态危机的煎熬。

---

① 北京市环境保护局网站，http：//www.bjepb.gov.cn/bjhb/publish/portal0/tab99/info18014.htm。

二　矛盾、成绩与转变

2008年肇始于美国的“金融危机”席卷全球，中国也未能幸免，严重依赖出口推动经济增长的路径不得不转向扩大内需，以刺激消费拉动经济。由此，我们将面临消费拉动经济增长与消费环境后果之间的矛盾。换言之，消费也是把双刃剑。

近年来，在“建设资源节约型，环境友好型社会”的可持续发展战略思想指导下，国家实施了一系列环保政策，倡导循环经济、低碳经济，不断推进节能减排，抑制过剩产能等措施促进经济结构调整，产业结构升级，使传统工业污染逐年下降。北京在奥运会前后实施了《北京市“十一五”时期环境保护和生态建设规划》、《2010年城市发展与环境保护计划》等一系列的环保政策和措施以及“绿色北京”、“宜居城市”的城市功能定位等战略导向，北京市环境状况有了很大的改观，主要工业污染排放物逐年下降。北京市工业废水排放量由2000年的23164万吨下降到2008年的8367万吨，下降63.9%；工业烟尘排放量由2000年的15.2万吨下降到2008年的4.8万吨，下降68%；工业固体废物产生量由2000年的1130万吨下降到2008年的835万吨，下降26%。中共北京市委十届七次全会政府报告中提出，2010年北京市万元地区生产总值能耗、水耗均下降4%的战略目标，因此，北京市工业污染将进一步下降。

在以一个矛盾，一个成绩的背景下，首先进入后工业化社会的城市将不得不面临由工业污染向消费污染的转变。高污染工业企业结构升级、转移或关闭（北京在奥运前搬迁了首钢，炼焦厂关闭以及小水泥厂全部关闭等），工业污染将逐渐退出城市人生活关注的视野，消费污染将成为吸引人眼球的“时代主角”闪亮登场。因此，北京等进入后工业社会的现代化城市正在面临由消费带来的垃圾“围城”（如下图）、汽车尾气、城市生活污水等环境污染。

三　北京市消费污染上升的客观因素

国际“金融危机”的背景，国内经济发展的前景，以及后工业社会服务经济的发展将共同导致北京市工业污染下降、消费污染上升的“一降一升”的环境污

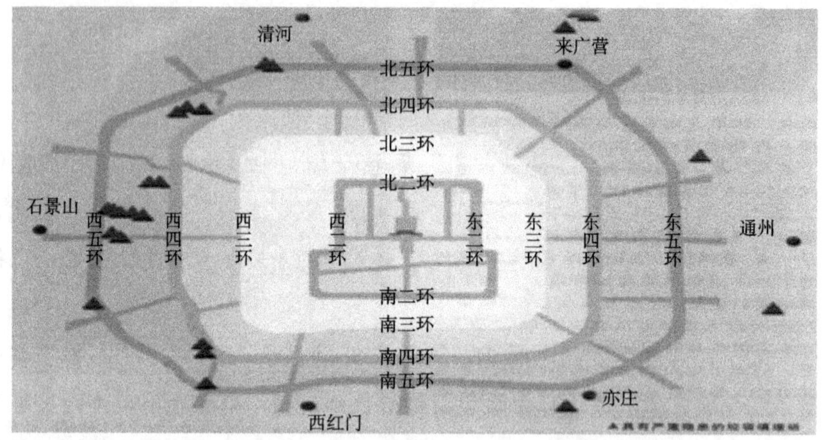

图1　二十四座严重威胁北京地下水安全的垃圾填埋场

图片来源：《北京：生活垃圾围城图》，《科学生活》，2005年第7期。

染格局。如处于后工业化国家的日本学者福武直分析日本社会结构所认为的，“以当时日本的经济发展与社会发展的均衡情形来说，生产为第一流，国民所得与消费为第二流，住宅等生活环境则属第三流。”① 如今，我们的境况似乎也是如此。

1. 经济结构因素

回顾历史，我们可以发现工业化过程中的某些特定的经济社会发展规律。首先实现工业化的国家是西欧及美国等发达国家，之后是亚洲的日本，再次是亚洲的“四小龙”，最后是中国的崛起。这不仅是经济发展、社会进步的道路，而且也是一幅经济结构、产业梯度、环境污染转移的路线图。换言之，发达国家将高能耗、高污染等产业和对环境造成严重污染的技术转移到不发达地区，即“环境污染”的转移。而今的中国，由于社会结构的复杂性及与经济结构的不协调性，导致当前中国社会具有前工业社会、工业社会、后工业社会同时并存的异质性特征，而就我们自身而言，也同样在沿袭着环境污染转移的路线图。2009年北京市三次产业比例分布，第三产业为75.8%，工业为23.2%，农业为1%。由于产业结构的变动，北京等以首先实现后工业化社会的城市将工业污染转移到工业化地区或前工业化地区，而后工业化社会的城市工业污染被以消费为中心的消费污染所取代。

① 福武直：《日本社会的结构》，王世雄译，东大图书公司印行，1994，第107页。

受国际“金融危机”影响、一些西方国家贸易保护主义以及新自由保守主义抬头，反倾销案件不断攀升，中国对外出口遭到严重冲击，原有拉动经济的对外出口放缓，经济发展增长受到了严峻挑战。面对国际、国内形势，为保经济、促增长、维稳定的主要任务，在新的阶段不得不调整经济结构的发展战略，更替经济增长点，因此经济增长再次转向已经提倡十几年的扩大内需这驾马车上。为此，国家出台一系列扩大内需，刺激消费的政策措施（如取消汽车购置税等）。在大量消费的同时，必然引起大量生产，由大量生产引发的环境污染与生态危机是不争的事实，尽管大量的生产或工业污染并不在后工业社会的城市中进行或呈现，但不适宜的消费之后产生大量的废弃物却遗留在了生活在后工业社会城市人们的身边，而且越发突出，日益威胁着人们的生存健康和生态环境。

2. 消费结构因素

经过30多年的改革开放，中国经济社会发展取得了巨大成就，而作为首都的北京经济总量一直处于全国城市的前列，早已经进入工业化后期的水平。城镇居民可支配收入不断增长，生活水平逐年提高，并且消费结构也发生了深刻变化：居民的日常食品改为冰冻、干缩、预制的成品和半成品，家庭垃圾中的瓜皮、果核等食品废弃物大为减少，而各类纸张或塑料包装物、金属、塑料、玻璃器皿等大大增加。1978年北京市的垃圾成分为：“厨房垃圾中的有机物占20%；金属、塑料、废纸占10%；碎砖、瓦砾、渣土、煤灰等无机物约占70%。而根据最近抽样调查显示，城市生活垃圾中有机垃圾（厨余、果皮）占44%，废纸张、废塑料和废金属约占37%。特别要指出的是，在生活垃圾中，体积的80%、重量的17%是包装物。”① 此外，垃圾结构组成的另一个变化是废旧的家庭耐用消费品大幅度增加，如废旧的电视机、电冰箱、电脑、汽车、摩托车、旧家具等数量迅速增长。

随着消费支出的增加，各种生活耐用消费品拥有量将逐渐达到高峰，如表1中显示，每百户除淋浴热水器、计算机等没有达到百分之百，其余每户基本上都拥有一台或一台以上耐用消费品。从这一点可以看出居民的消费水平在不断上升，也可以表明上述垃圾结构的变迁。这些现象也说明了北京市居民消费结构已经从生活必需消费品过渡到了生活耐用消费品时代，并且早已进入开始淘汰生活耐用消费品的阶段。

---

① 《垃圾“围城”》，《南都周刊》2009年总第308期。

表 1　城镇居民家庭每百户主要耐用消费品拥有量

年份	淋浴热水器（台）	洗衣机（台）	彩色电视机（台）	电冰箱（台）	照相机（架）	空调器（台）	计算机（台）	移动电话（部）
1999	67.1	99.6	141.4	102.8	95	49.9	23.5	12.9
2000	74.4	102.8	145.5	107.4	95.7	69.6	32.1	27.6
2001	78.1	102.2	148.9	106.6	100.7	89.7	45.3	62.4
2002	83.5	98.6	148.4	101.6	99.6	106.5	55.5	94
2003	85.4	99.3	147	100.4	103.3	119.3	68.3	133.7
2004	94.1	102	150.6	102.6	100.4	135.7	79.4	164.5
2005	97	105	152.8	104	109.1	146.5	89.2	190
2006	98.1	106.9	155.3	104.8	112.7	157.1	95.7	206.1
2007	98.9	102.2	147	108.1	98.9	157.3	91.6	207.1
2008	95.4	98.6	134	102.8	81.6	152.5	85.9	191.4

数据来源：北京统计年鉴电子版，http：//www.bjstats.gov.cn/tjnj/2009-tjnj/。

另外，随着收入的增加，用于消费支出的费用也在增加，人们不断对衣、食、住、行不断提出更高需求（见表 2）。据推算，2009 年前三个季度，全国最终消费对 GDP 增长率的贡献达到 4%。① 2009 年 1～11 月，北京市被调查的 5000 户城镇居民家庭人均消费性支出为 16405 元，同比增长 9.2%。据推测，2009 年底北京市八大类消费支出均有不同幅度增长。

表 2　北京城镇居民家庭人均消费性支出状况

年	食品	衣着	住房	家庭设备用品及服务	医疗保健	交通	通信	教育文化娱乐服务
1999	2959	731	478	749	513	205	263	1142
2000	3083	755	587	1098	589	230	374	1284
2001	3229	822	588	847	678	267	501	1429
2002	3472	864	925	636	950	684	586	1809
2003	3523	906	955	704	994	924	764	1964
2004	3926	1062	1066	824	1183	809	754	2116
2005	4216	1184	1040	852	1296	1101	843	2187
2006	4561	1442	1213	977	1322	1232	942	2515
2007	4934	1513	1246	981	1294	1401	927	2384
2008	5562	1572	1286	1097	1563	1466	827	2383
2009:1～11	5468	1625	1169	1139	1259	1710	809	2465

数据来源：北京统计年鉴电子版，http：//www.bjstats.gov.cn/tjnj/2009-tjnj/。

① 汝信、陆学艺、李培林主编《2010 年中国社会形势分析与预测》，社会科学文献出版社，2009，第 3 页。

从今天的消费结构状况看，表现为食品消费质量趋于高级化，衣着消费时尚化，家庭耐用消费品高档化，居民交通通信工具消费不断更新化……我们的生活水平的确提高了许多，并不断追赶时髦的消费品，来满足自身物欲的渴求。今天所消费的钱是10年前的2倍，而所拥有的物品也是如此。拿汽车来说，北京机动车保有量从1949年的2300辆增加到1997年的100万辆，用了48年时间，之后从1997年基数的100万辆，增加第一个100万辆用了6年时间（2003年），增加第二个100万辆用了4年时间（2007年），而增加第三个100万辆只用了2年时间（2009年）。2009年北京市机动车保有量达到400万辆，平均近4人就拥有1辆汽车，全市机动车驾驶员数量达563.3万人，就是说160多万人是潜在的有车族。400万辆汽车是什么概念？“北京二环路全长为32.7公里，双向共6车道，如果按照一辆小汽车4.5米长计算，二环路全排满可容纳近4.36万辆车。同理，三环路可容纳6.4万辆车；四环路可容纳约11.61万辆车。三条环路排满也只能容纳22.39万辆车，仅占400万辆的5.6%。也就是说，北京市每100辆车中如果有6辆车同时上了这3条环路，3条环路就将处于瘫痪状态。因此，机动车尾气已成影响北京空气质量的主要因素，由于交通拥堵行驶速度下降，导致机动车尾气排放总量增加。据监测，机动车尾气已成为影响北京市空气质量的主要因素之一，它对空气中气态污染物的贡献率占50%。”① 而且，除了“享受”过度消费带来的污染，我们也不得不付出金钱和时间的额外代价，据零点研究咨询集团2009年12月发布的调查报告显示，“每月北京居民由于道路拥堵产生的经济成本为335.6元，居各城市之首。同时，北京居民上下班花费时间也居高位，道路畅通时平均花费时间40.1分钟，而道路拥堵时则达到62.3分钟。”②

3. 城市水危机

全国600多个城市2/3供水不足，其中1/6的城市严重缺水，北京市也是严重缺水的城市之一。城市家庭淋浴、热水器、洗衣机等耐用消费品的逐渐普及，汽车数量剧增促进了洗车行业的激增，洗浴等服务行业的蓬勃发展都对水资源的需求不断提出更高的要求，同时也产生了大量的城市生活污水。数据显示，2008

---

① 《北京机动车突破400万辆仍不限制小汽车拥有》，http：//cul. sohu. com/20091228/n269265848. shtml。

② 《市民每月“堵”掉335元》，2009年12月24日《法制晚报》。

年以来北京市生活用水量（15.33亿立方米）是工业用水量（5.2亿立方米）的近3陪，而生活污水排放量远远超过工业废水排放量（如下图）。因气侯等原因，北京市降水量一直呈下降趋势，多年来一直依靠外源满足需求，加之与水资源有关的水消费递增，生活污水排放量已经达到工业废水排放量的近13陪，北京将面临严重的水资源危机的困境。后工业社会，由生活垃圾、汽车尾气、生活污水共同形成了对北京市城区的“三面埋伏”，并且随时都有可能产生社会公共危机。

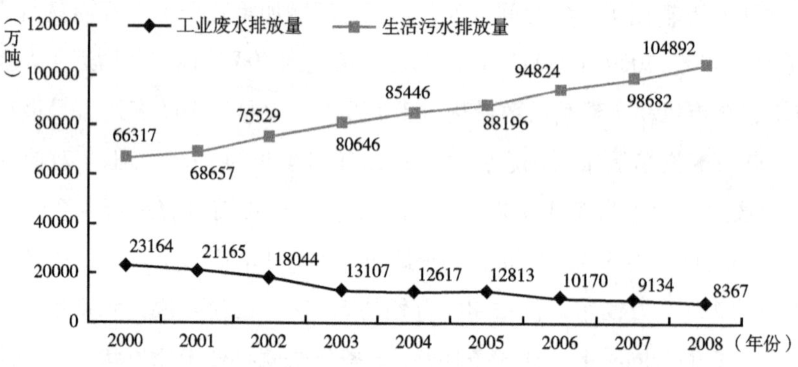

图2　北京市生活污水排放量与工业废水排放量

数据来源：中华人民共和国国家统计局网站，http：//219.235.129.58/reportYearQuery.do？id=0600。

拥有房子，又要拥有车子……但是更多的消费需求是否意味着更好呢？答案是否定的，《简明牛津词典》对消费的定义：“摧毁或毁掉；浪费或滥用；用光，用尽。”① 如果我们对此没有一个清醒的认识和反思，那么消费污染还会更猛烈地向我们侵袭，我们阻止环境污染与生态危机的努力将被我们过度的消费欲望所摧毁。

4. 环保建设滞后

如果消费者应该承担今天由消费带来的污染的责任，那么另外的一个承担者应该是政府。正如消费污染的定义，不适宜的消费模式产生大量废弃物，但是没有及时有效处理而造成环境污染与生态危机，因此，垃圾等消费污染的及时有效处理则是政府的事情。目前，让市民主动放弃消费至上和消费享受的诱因还未出

① 艾伦·杜宁：《多少算够—消费社会与地球的未来》，毕聿译，吉林人民出版社，2004，第28页。

现，在环境污染没有造成严重的后果，而且没有波及市民个体自身，那么，依靠市民主动反思消费行为，并且采取相应的环保行为都是相当困难的。为此，政府必须及时有效处理因消费而产生的大量废弃物。但是，从实际的情况来看，政府的环保建设却严重滞后于消费结构的变化。消费结构已经达到了后工业社会的水平，环保建设仍然处于工业化初期阶段。

（1）环卫“农民工”劳动与收入间存在严重偏差。环卫工人的劳动付出服务于后工业社会的城市，但获得的收入仍然是工业化初期的低工资水平。据调查，北京环卫工人由体制内和体制外两部分构成。体制内正式工人，体制外临时合同工。据北京市朝阳区某环卫公司的环卫“农民工”介绍，体制外的环卫“农民工”大多来自外地，如河南、内蒙古、湖南、四川等地，年龄在 40 ~ 50 岁之间，每个月 1200 元工资，算上过年过节给的钱，每个月平均可以得到 1300 ~ 1400 元，不供吃不供住，每天工作 8 小时，每个星期休息一天，请假一天扣 80 ~ 100 元。该环卫“农民工”介绍，他是从河南来的，47 岁，不识字，已工作 3 ~ 4 个月了，公司规定工作时间短的拿不到劳动合同，去掉吃住每月还剩下 600 ~ 700 元，过年不放假。他说，“这个活与种地相比不算累，但是得对得起拿的那 1000 多元钱，尽管工资比较低，物价都在涨，但总比在家种地强，月月都能拿到现钱。”体制内的正式环卫工人的收入是体制外工人收入的两倍左右，每周有双休日，有保险。从目前调查状况看，北京市的环卫工人大多来自外地，即环卫“农民工”群体占相当大的比例，“同工不同酬”现象比较突出。由于收入的低水平，导致就业结构的低素质，年龄结构的老龄化倾向，工作不稳定等特征。环卫工人从事的是一项非常艰苦的劳动，每天披星戴月，历经严寒酷暑，但他们的收入与劳动付出形成鲜明反差，素质高、年轻的不愿从事这项工作，而北京市的本地人就更不愿意做。这一偏差对于北京市的环境保护队伍建设提出严峻挑战。

（2）环保基础设施建设与消费污染处理间存在严重偏差。消费污染的后工业社会已经来临，但环保基础设施建设及消费污染处理能力仍然处于工业化初期阶段。第一，垃圾产生量与垃圾处理能力间的严重偏差。目前，北京市垃圾处理能力缺口每天高达 8000 余吨。根据表 3 的回归预测分析，到 2010 年，北京市日产垃圾将达到约 2 万吨，如果按照现有处理能力将有 50% 的垃圾无法有效处理。第二，投放垃圾的公共基础设施数量与垃圾产生量间的严重偏差。目前，城市社区中，还没有对垃圾分类的垃圾桶，只有单桶的垃圾桶，市民只好将垃圾一股脑地扔进去。目前，对垃圾分类作出最大贡献的还是那些捡拾垃圾的拾荒者，他们将可以循环利用的垃圾回收变卖。垃圾桶投放数量少，例如有些小区根本没有垃圾桶，导致垃圾乱扔；在京石高速公路的停车带处也没有设置垃圾桶和活动卫生间，导致停车带的垃圾遍地。第三，废水治理设施数量与生活污水产生量间的严重偏差。2008 年北京市共有废水治理设施 514 套，而同期天津 875 套，上海 1790 套，重庆 1550 套，但北京生活污水排放量高达 104892 万吨，仅次于上海的 181880 万吨，高于天津的 40796 万吨和重庆的 78086 万吨。此外，在污水相对增长的情况下，污水处理能力却在下降。2007 年污水处理能力 353 万立方米/日，2008 年污水处理能力 329 万立方米/日，下降了 6.8%。①

（3）机动车保有量猛增与道路交通发展间存在严重偏差。尽管每年北京市交通总里程都在增加，地铁等公共交通不停兴建，道路交通的发展仍然满足不了汽车数量的猛增，人们常将首都冠以“首堵”。北京市人大十三届三次会议第三场新闻发布会，相关发言称北京市交通处于 6 分轻度拥堵状态。随着经济刺激措施继续执行，机动车保有量将继续增加，导致交通拥堵状况将更加严重。而由拥堵而导致汽车尾气排放也将进一步加剧大气污染。

四　后工业社会环境治理要实现“三个”转变

由于后工业社会工业污染向消费污染的转型，在环境治理模式上也应该实现“三个”转变，即环保意识的转变、消费模式的转变以及环境治理模式的转变，这样才能抑制或减少后工业社会由消费污染带来的垃圾围城等环境污染与生态危机的局面。

1. 环保意识的转变

工业社会市民被动的环境保护意识，大量废弃，转变为后工业社会适宜的消费，循环利用，节约废弃的观念。马克思认为，“人类意识是社会的产物，人们在生产和持续的社会生活中感知到了与他人的关系，发展出来社会经验和意识。但是，在同一社会中，人们的社会经验及意识并不是同质的。”② 但环境保护需要我

① 中华人民共和国国家统计局网站，http：//219.235.129.58/reportYearQuery.do? id=0600。

② 李春玲、吕鹏：《社会分层理论》，中国社会科学出版社，2008，第28页。

们在意识上达到同质性的趋向。费孝通先生在《乡土中国》中论述“差序格局”一文中曾说，“中国乡下佬最大的毛病是‘私’，说到‘私’，我们就会想到‘各人自扫门前雪，莫管他人屋上霜’的俗语，其实抱有这种态度的并不只是乡下人，就是所谓城里人，何尝不是如此。”① 由于这种“私”的意识产生了“私”的行为，所以必须通过外界管理才能减少“私”的意识，也就是说总是在管的情境下人的行为才有可能表现得更好，缺乏自觉的意识和利他主义的精神。也因此，中国的环保运动从一开始就不是“自下而上”的原因之一。每个人家里干干净净，出了他家的门，环境的好坏就不关他的事了，而且还把自己产生的垃圾乱扔到公共空间，因为公共空间不是他的私人空间，可以占点便宜。如有学者调查中国人的环保意识或北京人的环保意识是比较高的，那么从表3人均每天产生的垃圾数量却看不出一点儿环保意识提高与环保行动的一致性的表现。因此，我们要求有个好的生活环境应该与我们的环保意识以及环保行动紧密结合起来，统一起来，提高我们的环保意识，培养适宜的消费，循环利用，尽量减少废弃物的排放等观念，采取恰当的环保行动。否则，我们不是在侵占垃圾的空间，而是垃圾将侵占我们的生活。

表3　北京市生活垃圾与工业固体废物产生量

项　　目	2004年	2005年	2006年	2007年	2008年	2008年较2004年增长(%)
平均每人每天产生生活垃圾数量(g/人日)	1822	1912	2024	2078	2171	19.20
工业固体废物产生量(万吨)	1303	1238	1356	1275	1157	-11.20

注：g/人日＝当年生活垃圾产生量÷当年常住人口，回归预测北京市平均每人每天产生生活垃圾2009年预测数量将达到2261g/人日，2010年预测数量将达到2347g/人日。

数据来源：北京统计年鉴电子版，http：//www.bjstats.gov.cn/tjnj/2009-tjnj/。

2. 消费模式的转变

党的十七大报告提出关于实现全面建设小康社会奋斗目标的新要求的五个方面内容之一就是要“建设生态文明，基本形成节约能源资源和保护生态环境的产业结构、增长方式、消费模式”。② 为此，实现“建设资源节约型，环境友好

① 费孝通：《乡土中国》，北京出版社，2005，第29页。

② 胡锦涛：《高举中国特色社会主义伟大旗帜　为夺取全面建设小康社会新胜利而奋斗——在中国共产党第十七次全国代表大会上的报告》，人民出版社，2007。

型社会”以及全面建设小康社会的宏伟目标，从源头上对不适当的消费模式进行脱胎换骨的改革是一个重要出路，使工业社会的大量生产、大量消费的模式转变为后工业社会适宜生产，绿色消费的模式。消费者只有进行有利于健康的消费，才能确保人的全面发展，同时，消费活动不得破坏人类的生存和发展环境，才能确保人与自然的和谐和环境友好。绿色消费是针对人类在生产、消费中导致对自身生存环境破坏、面对自然的惩罚而提出的一种新的理性消费模式，是科学消费的重要内涵之一。① 因此，绿色消费模式追求的是经济发展与环境保护的双赢。从社会总需求管理的角度来看，绿色消费通过提倡与实践消费适度，控制了不合理的高消费与享乐主义消费，尤其是带来较大环境破坏效应的消费需求，实现社会需求的合理良性增长。从减少满足需求所使用资源的单位数的角度来看，绿色消费通过提倡与实践消费解决，努力提高资源的有效利用率，实现了资源的节约及其高效率使用，推动了高效能、高利用率资源的研究开发与利用。从降低使用每一资源对环境的破坏和影响的角度来看，绿色消费通过提倡与实践消费环保，极大地减少了各种废弃物的排放。②

3. 环境治理模式的转变

工业社会“自上而下”的国家环境治理模式转变为后工业社会公民“自下而上”与政府“自上而下”治理相结合的模式。首先，后工业社会中，在国家“自上而下”的环境治理模式作用下，传统工业污染下降，但出现汽车尾气、家庭垃圾、空调等家庭消费产生的污染等，公害的加害者变成了同时也是受害者的全体公民。到这个阶段，反省的应该是我们全体公民，因为由消费带来的污染与每个人息息相关，管理企业污染较易，但管理每个个人则是天方夜谭。因此，后工业社会环境治理模式应该是依靠更多公民参与的“自下而上”的环境治理模式。其次，环境保护也应该是公民与政府集体的合唱，而不能仅仅依靠某一单方的独行。目前促使人们适度地消费，自发地停止使用汽车和空调、乱扔垃圾的诱因还没有出现。所以，政府在重视工业污染治理的同时，要着力解决消费污染问题，加强环保能力建设，加大环保投入，提高环保基础设施数量和水平，提高环

① 文魁：《建设绿色城市享受绿色生活—以绿色消费推动绿色北京建设》，《中国特色社会主义研究》2009 年第 3 期，第 56 页。

② 《中华人民共和国循环经济促进法》，http：//baike. baidu. com/view/1829290. htm？ fr = ala0。

卫工人收入，同工同酬，继续积极探索环保政策（例如汽车单双号限行措施）。建立一个与后工业社会相匹配的后工业化环保政策和设施。此外，政府必须要求在生产领域不断进行技术革新，减少工业污染的同时，减少消费品的污染。

Consumption Pollution and Environmental Management in Beijing

Li Xiaozhuang

Abstract: As societies from the industrial society convert the post-industrial, it has evolved from the center of traditional production (manufacturing) society converting the center of consumer (consumer services) society. As a result, in industrial society the characteristics with large-scale industrial production of pollution environment will be ended at the post-industrial society, environmental pollution and ecological crisis brought by consumption will be converted from the old "marginal role" to "the protagonist of the times". The environmental pollution will show a pattern of "one down a liter", with declining in industrial pollution and increasing consumption pollution. So the post-industrial society pattern of environmental governance should realize the "3" changes in order to achieve the sustainable development strategy of "building a resource-saving and environment-friendly society".

Key Words: Consumption pollution; Environmental management; The Post-industrial society; Sustainable development strategy

2009年北京市互联网舆情分析报告

鞠春彦*

摘　要： 本报告对2009年北京互联网舆情进行了盘点，共归纳了10类56个热点事件。透过热点我们看到，北京互联网舆情反映了网民对于以民生为主的社会建设的热切关注，具有与现实民意接近、政府与网民互动良好、精英言论多于草根舆论等特点。有鉴于此，积极应对网络舆情，推进以民生为重点的社会建设是大势所趋。

关键词： 互联网舆情　社会建设　社会管理

中国共产党十六届四中全会在《中共中央关于加强党的执政能力建设的决定》中提出，“建立舆情汇集和分析机制，畅通社情民意反映渠道”，把建立和完善舆情信息汇集和分析机制作为一种制度性的设计和安排。胡锦涛总书记2008年6月20日在人民日报社考察工作时指出：“通过互联网来了解民情、汇聚民智，也是一个重要的渠道”。“互联网已成为思想文化信息的集散地和社会舆论的放大器，我们要充分认识以互联网为代表的新兴媒体的社会影响力”，这是以一种前所未有的特殊方式表明了国家对于网络舆情的尊重和重视，互联网已经成为了党和政府治国理政的重要平台之一。2008年，许多社会热点事件在网友的推动下发生，因而被称为“网络舆论监督年”。

目前，中国社会蓝皮书已连续3年发表“年度互联网舆情分析报告”，由人民网舆情监测室的研究人员撰写。从2009年起，人民网按季度公布“地方网络应对能力排行榜”，对各地政府对网络舆情的应对能力作出评价。在2009年12

---

* 鞠春彦，社会学博士，北京工业大学讲师，研究方向：社会思想与社会发展、社会心理与社会发展。

月 22 日最新发布的《2009 年中国互联网舆情分析报告》中，人民网舆情监测室分析了 2009 年 77 件影响力较大的社会热点事件，发现其中由网络爆料而引发公众关注的有 23 件，约占全部事件的 30%。它们是由普通网民开始推动，然后形成社会议题的。当前，由在网上关注新闻时事、表达意见的网民组成的“新意见阶层”进一步扩大，网上官民互动的格局正在形成是不争的事实。在此格局下，政府如何及时应对网络舆情、强化网络管理，主流媒体如何积极提高网络舆论引导能力，以及如何引导网络的非理性情绪等课题都提上了议事日程。网络问政已成为互联网舆情的新亮点。

北京是中华人民共和国的首都，是中国的政治和文化中心，中国国内诸多的门户网站总部都设在北京。北京互联网舆情与全国的情况具有一致性，同时也具有地方特色。

一　2009 年度北京互联网舆情盘点

2009 年北京互联网热点事件数目众多。本文以人民网舆情监测室编写的《网络舆情》归纳的地方热点为主要参照，以互联网上相关热点信息作为补充进行了系列盘点。为便于读者从事件类型的角度看待舆情，下面将归纳出的热点事件分为 10 类作简要介绍。

1. 求职就业与收入问题

（1）全球金融危机冲击下，就业受到特别关注。为缓解就业压力，新招频出，大兴区为促就业“奖励招工企业豪华轿车”引争议。

（2）新春人才招聘会现场火爆，相关信息公布受到网民普遍关注。

（3）“卧佛寺谐音 Offers，求职学生扎堆抱佛脚”，“五一”期间卧佛寺上香祈愿客络绎不绝。

（4）针对就业形势和网上流传的“我被学校就业了”现象，北京市人保局会同教育部门进行了核查和处理。市保局网上公布信息：截至 2009 年 7 月，北京地区高校毕业生签约率为 83.34%。从不同学历层次看，专科（高职）生签约率为 84.84%，本科生签约率为 84.42%，博士生、硕士生签约率为 81.84%。

（5）强国博客帖“误读北京人艺明星工资低”，曝收入差距问题，入选人民网网络意见领袖热点评论排行榜。

（6）廉思《蚁族》出版，引发对高智、弱小、群居的大学毕业生群体的关注。其中的数据显示：北京大学毕业生聚居村中，超过85%的是外地户口，北京至少有10万“蚁族”。

2. 教育文化类热点

（1）2月14日，以网民“钱烈忠”闻名的作家徐来在北京单向街书店参加活动时，被两名男子捅伤，舆情综述以“警惕流行文化中的戾气”为题，提醒养成“多元健康心态”的重要。

（2）3月8日起，网名“北外香水女生香奈儿”的北京外国语大学德语系2005级女生博客发文，抨击“外语绑架中国人的一生”，被指看准教育“软肋”，出格言论使其成为网络红人，传媒跟进作了连续报道。

（3）4月6日，3名大学生在清华大学门口，手持“乙肝”、“歧视”牌子，组成“囧”，抗议名校拒录乙肝学生受到关注。

（4）5月上旬北京市因“小升初出现跨区容易出区难现象”，成为最受网友关注的省市；天涯社区曝“北京著名小学明规则，小学入学需填‘介绍人’”，被网友称为“最雷人登记表”。

（5）“北京奥数市场规模1年20亿”的报道受关注。北京理工大学教授杨东平博客发文称要“打倒万恶的奥数教育”，并称奥数教育对少年的毒害比“黄赌毒”还厉害。杨教授的言论在互联网上引起广泛关注。新浪网就此展开网上调查，结果七成多网友赞同杨教授的说法。

（6）北大试行中学校长实名推荐制尝试引各方关注。

（7）2000名中考学生名字生僻导致电脑无法识别，引发网友对于起名的讨论。

（8）7月11日任继愈、季羡林相继辞世，带来人们对国学的再思考。

（9）时下都市人婚恋之怪现象吸引眼球：北京80后女画家以行为艺术宣扬自己的婚恋观，号召“剩女别结婚，尽情糟蹋男人”。

（10）中国不高兴、无聊寂寞派、开心网偷菜等词汇都是白领中的流行语。

3. 医疗类热点事件

（1）北京试点取消机关事业单位职工公费医疗。

（2）北京率先在全国试点预约挂号受关注，人民网调查显示“近八成网民认为预约挂号难防号贩子”。

（3）看病难现象仍存，“门前停车排长龙，楼内医院像迷宫，看病像跑马拉松”北京就医“三大怪”受到持续关注，于2009年10月启动的北京社保卡就医实时报销备受网民关注。

（4）11月，北大医院在校生无证非法行医致北大教授惨死事件，受到网民和媒体广泛关注。

4. 住房问题

（1）房价涨跌之争从年初开始，下半年的楼市变脸让人始料未及，期间的雷人语录迭起：如任志强称“与物价相比房价等于没涨”，“北京真实房价不超过每平方米7000元”。

（2）2009年3月下旬，北京入选最受网民关注的省市，理由：“钉子户阻止道路施工4年，被指索要过多补偿”；2009年4月初，北京入选最受网民关注的省市，理由：“首次参照市场价补偿拆迁”。

（3）2009年4月，网友曝“北京开发商雇人扮演抢购住房，管吃喝一天发50元”。

（4）2009年4月中，北京取消第二套房贷利率上浮10%规定，而入选最受网民关注的省市。

（5）6月北京入选最受网民关注的省市，理由：“逾万个生态大棚成小产权房新变种”。

（6）7月初北京入选最受网民关注的省市，理由：“二手房再现坐地涨价，卖方几分钟涨几万”。

（7）8月28日，网友Sunvirdy在搜狐焦点，网谈房论市板块“血拼两限房”发表一张“经济适用房市级备案结果公示”的截图：宣武区的申请人高明显，序号第17205，登记编号为J04800495，身份证号码“111111111111111111”。这张身份证号码被网友冠名“最牛身份证号码”。8月29日，宣武区住房保障部门的工作人员向媒体作出解释：高明显曾因服刑被注销户口，暂无身份证号，在经有关部门同意的情况下把“编号”15个“1”作为其身份证号录入保障住房审核系统。

5. 环境问题

（1）两会期间，北京垃圾处理问题成为代表、委员关注的话题。

（2）3月中旬北京入选最受网民关注的省市，理由：“逾300户居民集体腹泻，因疑饮水受污染”。

（3）4 月 27 日，《南都周刊》“垃圾围墙之痛”再曝海淀六里屯、朝阳高安屯垃圾问题。

（4）北京空气质量和生态环境显著改善。

6. 受到关注的社会治安案件

（1）西单着火，购物中心临街店铺被“串烧”。

（2）中国政法大学学生弑师案。

（3）北京市“启动二级巡逻防控迎接 60 周年”。

（4）警方抓获称霸鸟巢恶势力团伙 30 名疑犯。

（5）大兴区杀亲灭门案。

7. 信访事件引发新关注

（1）2 月 25 日在王府井与长安街交接口处，驾驶一辆汽车的 3 名新疆上访人点燃自焚。3 月 1 日，有关方面已安排这一家三口乘坐航班回到乌鲁木齐。3 月 6 日，互联网上公布了因房屋改造引发上访的事件原因调查真相。

（2）河北保定依棉集团工人在不知情的情况下被并购爆发罢工事件，4 月 3 日千余名工人步行或骑自行车集体进京“旅游”，4 月 4 日返回。

（3）北京大学副教授孙东东说“老上访户 99% 精神有问题”引起网友强烈反响。

8. 60 年国庆引发的系列关注

（1）阅兵大典举世瞩目。

（2）国庆期间天安门广场游人如织。

（3）60 年喜庆中反思不断。

（4）国庆受阅女兵成为征兵形象代言人。

9. 社会管理类

（1）春运买票难：2009 年 1 月 10 日优酷网播出北京站春运期间售票员违规售票视频，1 月 11 日该视频被网友 run4win 上传到世界著名网站 YouTube 上，并在其他网站上转载。人民网就“春运买票意愿”进行调查，结果显示：七成多网民愿意找“黄牛”。

（2）中央电视台受关注：元宵节央视新址北配楼火灾引发系列关注，央视为火灾频频进行“危机公关”未完全消除网友质疑，韩寒的博文“趁火打劫央视”表达了民间对央视由来已久的某种情绪；6 月 18 日《焦点访谈》节目中，受采访大学生高也谴责谷歌的色情链接让他的同学“心神不宁”，网友人肉搜索出高也身份是《焦点访谈》实习生，网友批评央视“制造事实自说自话”，“心神不宁”一词成年度网络流行语。

（3）4 月 21 起，北京《城管执法操作实务》网上流传，发帖者认为《城管执法操作实务》中有几段话是教导城管收拾小商小贩的暴力动作，如“采取反暴力抗法的局部动作。注意要使相对人的脸上不见血，身上不见伤，周围不见人，还应以超短快捷的连环式动作一次性做完，不留尾巴”等语，惹争议；11 月 11 日城管曝光商户未及时扫雪惹争议。

（4）4 月 23 日，《北京市公安局交通管理局开发区交通大队天华路队关于印发绩效考核实施办法的通知》（3 月 9 日印发）网上流传，交警绩效考核标准详细得不能再详细地予以曝光，“每天处罚不能少于 8 笔”等规定，引发网友强烈反感，称其有“鼓励罚款”之嫌。

（5）北京市首次立法规定发黄段子等属性骚扰。

（6）北京拟对机动车征收排污费。

（7）北京海淀检察院首次使用测谎仪查办职务犯罪案件，并侦破一起受贿案件。

（8）“首堵”之城的市内道路交通问题受到持续关注，奥运期间实行的“每周少开一天车”的车辆尾号限行措施在 4 月 10 日后继续实行，网民对此意见不一。人民网就此进行了调查，结果 75.3% 的网民表示支持，仅 24.4% 的网民表示赞同。如果限行长期执行，网民希望错时上下班，比例高达 69.5%。

（9）9 月 28 日地铁 4 号线开通成为北京轨道交通建设的新亮点。

（10）户籍问题：2009 年 2 月北京入选最受网民关注的省市，理由：“人事局司机办理 92 份假户口，获利百万元”；千龙网帖“一纸户口怎让央视女记者折腰”成网络红帖：假冒局长，称能解决北京市户口，让央视女记者财色两失。北京市户籍问题再受关注。

10. 突发事件——甲型 H1N1 流感

（1）从 5 月 3 号起，中国启动甲型 H1N1 流感零报告制度。

（2）北京因确诊输入型甲型 H1N1 流感病例受关注；在确认流感患者过程中，公民道德受到网民的“拷问”。

（3）下半年，公众对于甲型流感的认识日趋理性，网民关心的话题是“3 至 60 岁市民免费接种甲型流感疫苗”。

二　2009 年北京互联网舆情特点分析

2009 年北京市互联网舆情中的热点问题众多。以上盘点主要以议题为纲将相关事件归类。相对于《2009 年中国互联网舆情分析报告》中热点事件主要涉及“公民权利保护、公共权力监督、公共秩序维护和公共道德伸张等一系列重大社会公共问题”之情况，北京市 2009 年度互联网热点事件与之存在一定差异，其特点主要表现为以下方面。

（一）互联网热点折射出北京市当前社会发展阶段所面临的以民生为主的现实问题。网络热点多与民生息息相关，网络民意接近现实民意

2010 年 1 月 21 日，北京市统计局、国家统计局北京调查总队发布 2009 年北京市经济运行情况。据统计，2009 年本市地区生产总值增速达 10.1%，超额完成了“保九”的目标，全市人均 GDP 首次突破 1 万美元大关。按照发展经济学的观点，人均 GDP 在 2000～10000 美元为加速成长阶段，1 万美元以上为稳定增长阶段。人均 GDP 超过 1 万美元的城市，其发展已由资源、资本驱动转为由知识和创新来驱动。① 当前，北京的老百姓更加富裕了，北京也正在向现代化国际城市和世界城市的定位发展。在这一阶段，全面保障社会的整体提升和可持续发展，调整社会结构、协调好社会内部重大关系，搞好以改善民生为重点的社会建设，正是民心所向。

互联网舆情是现实的一面镜子。2009 年舆情盘点出的热点事件都是与群众切身利益休戚相关的社会事实，它涉及就业、教育、医疗、住房、交通、生态环境、百姓生活、社会管理等方面。这些热点事件，既包括具有地方特色常规事件

---

① 哈佛大学波特教授的经济发展波段理论指出，人均 GDP 在 1000 美元以下的城市发展属于资源驱动型，人均 GDP 在 1000～10000 美元的属于资本驱动型，人均 GDP 超过 10000 美元的城市发展则由资源、资本驱动转为知识和创新驱动。参见《2010 经济蓝皮书》，社会科学文献出版社，2010。

出现的新动向，如住房问题、户籍问题、医疗问题、交通问题等；也包括一些临时的、突发出现的非常规事件，如60年国庆、甲型H1N1流感等。在这些热点事件中，常规事件的新进展是主体，百姓民生是网友关注的核心问题。透过这些热点事件，我们看到网络舆情作为通过互联网表达和传播的各种不同情绪、态度和意见的总和，尽管它具有某种夸张、渲染的风格，甚至有时因过分情绪化而有部分失实的成分存在，但它们总是特定社会现实的反映。北京互联网舆情围绕关系当地居民生活秩序、生活质量等中介性社会事项发生、发展和变化，对国家管理者制定和实施的各类方针政策、制度法规和工作措施等表达了一定的社会态度和意见。北京互联网络舆情接近现实民意，为政府制定公共政策，提高公共产品和服务提供了参考。

（二）北京市各级政府部门与相关机构、网民互动良好，互联网信息传递迅速、反馈及时，未出现严重的互联网舆情升级事件

从舆情应对的角度看，北京市政府机关的成功之处在于信息渠道的畅通、迅速，政府及时与网民互动、交流反馈信息。以北京《城管执法操作实务》事件为例：2009年4月21日10时49分许，网民“伊刀”在天涯社区“天涯杂谈”板块公布了《城管执法操作实务》的书本照片，并在帖子标题上使用“惊爆”字样。图片显示：此书是北京城管局的培训教材，由课题研发组编写、国家行政学院出版社出版。帖上节选出的所谓城管队员如何在执法过程中“以暴制暴”中的内容，引发舆论一片哗然。四川在线最先对该帖进行报道，随后多家媒体跟进。4月22日，《河南商报》详尽的报道在网络媒体中被转载近400次。4月22日，北京城管在“北京市城市管理综合行政执法网”上发表声明，声明称帖子中摘录的《城管执法操作实务》中的具体内容确实存在，但正是因为这些内容中的个别用词和提法欠妥，容易引发误读，因此城管执法局始终没有将其在城管一线的执法队员中用于培训，也从未同意对该书进行公开发行。至于该书的用途，城管执法局解释说，《城管执法操作实务》只作为内部交流的资料使用，而且随着社会经济发展和执法理念的不断转变，其内容也在不断完善。声明对于网络对该书内容进行断章取义，针对个别词句和提法进行炒作，并在城管队伍中产生一定影响表示遗憾。截至4月23日中午，该帖点击量101935次，回复2921条。2009年11月4日，北青网——《北京青年报》发布《北京城管办公地将逐

步统一形象，东城区率先推广》的消息，称北京市城管执法局于日前发布了《城管执法形象识别系统》规范手册，以方便市民办事和监督城管工作。从“城管执法”事件可以看到网络媒体与传统媒体的互动之成效，也看到了网络舆情对社会管理的推进之功。

另外，北京互联网舆情未出现严重的升级事件还在于北京市政府部门与相关机构的有效配合与互动。比如说新疆上访人王府井自焚事件和河北保定依棉集团工人集体进京“旅游”事件，原问题发生地和事件处置的隶属权不在北京市，但由于信访制度的存在，跨地域的社会不稳定因素不可避免地出现了。这时候，各主管部门协同作战，“不捂盖子”用事实说话，提供了应对危机的良方，也树立了政府的良好公信力。

（三）因技术与地缘优势影响，北京互联网用户与手机用户结合紧密。网民群体整体的学历水平比较高，精英类言论强于草根类舆论

截至2008年底，北京居民人均受教育年限超过10年，高等教育入学率超过52%，在全国遥遥领先。人口素质全面提升，特别是文化素质提高显著，人才优势全国第一。[①] 2009年北京三次产业结构为1∶23.2∶75.8，第三产业比重已超过75%，金融、信息、商务、科技等生产性服务业的比重达到49.6%。[②] 从以上数据可以看出，相对于全国的网民群体，北京网民群体所享有的技术服务和文化资源总体水平高，网民整体的学历水平也相对比较高。

进入Web2.0时代，[③] 互联网和手机结合后网民能够更加便捷地传播信息，传播的内容不仅限于文字，现场拍摄的图片、视频都可以即时上传。2009年元宵节晚9点左右央视新址配楼大火的第一个报道者是网民“加盐的手磨咖啡”，他将自己手机拍摄的火灾现场照片发到了网络上，9点4分天涯社区里显示了带有图片的帖子“CCTV大楼元宵节起大火了吗????”。2月12日台湾《中国时

① 北京市人口综合指标有所提高，http://www.vos.com.cn/2009/07/12_137634.htm。

② 北京三产仍有上升空间，http://business.sohu.com/20100128/n269885981.shtml。

③ Web2.0是相对Web1.0的新的一类互联网应用的统称。由Web1.0单纯通过网络浏览器浏览html网页模式向内容更丰富、联系性更强、工具性更强的Web2.0互联网模式的发展已经成为互联网新的发展趋势。Web2.0技术主要包括：博客（BLOG）、RSS、百科全书（Wiki）、网摘、社会网络（SNS）、P2P、即时信息（IM）等。

报》文章“央视大火，公民记者领先报道”称“草根报道族群为新闻传播提供了新平台”，这些“草根记者”占的就是手机与互联网结合之利。

但相对于全国互联网舆情中出现的“草根民众与精英舆论并行发展”或者“草根舆论上扬精英舆论下降”的情况，北京则基本呈现精英类言论强于草根类言论的格局。其中的原因，一则是受到北京人口构成的影响，各类精英人物相对集中；另外就是大量读帖不跟帖人群的存在。据笔者对北京市某高校在校大学生对网络使用情况调查显示：上网活动的排序依次为：玩游戏、聊天、收邮件、浏览新闻等，跟帖比例不足 10%，但读帖后转帖比例高达 60% 以上。这群“沉默的支持者”① 虽然不表达自己的意见，但其行为倾向对于网络事件的发展以及现实转化等环节都会发挥重要作用。

三　对 2009 年北京互联网舆情的思考与建议

2009 年北京的互联网舆情虽然具有独特之处，但在超越地域时空界限的互联网时代，如果只关心自己的山头，扫好自己门前的雪是远远不够的，也是不可能的。构建有中国特色的社会主义和谐社会，必须建立从中央到地方的政府对网络民意的监测、反馈和吸纳机制，需要每个参与者都踏实地从基础做起。为此，笔者特提出以下三点粗浅的思考与建议。

（一）让互联网舆情充分发挥社会减压阀的作用，不要强制推行网络实名制

研究互联网舆情并正确引导它，不仅需要新闻学、传播学等专业的介入，还需要社会学工作者的介入。我们必须对互联网舆情所承担的社会减压阀的功能予以足够的重视。

现代社会不同于传统社会之处，不仅在于传媒方式的改变，更在于技术时代促成的人类心灵变化。工业时代催生的消费意向在信息时代蔓延膨胀，在充斥了

① “沉默的螺旋”理论假设，如果人们觉得自己的观点是公众中的少数派，他们将不愿意传播自己的看法；如果他们觉得自己的看法和大多数人一致，他们就会勇敢地说出来。结果导致少数派的声音越来越小，而多数派的影响被高估。

戏剧性和紧张的形势中，很难推论一种舆论究竟会产生出什么行为。人们站在未知边缘的时候常常会以虚假的合理幻想填补空隙。诸多的信息担负了这样的角色，它们就是用来消费的，消费以填充人们无处皈依的心灵。信息的消费中会有不安与躁动，甚至迷茫与愤懑。但群体狂欢般的网络民意纠结中，“宣泄”是关键词。网络是现代人压力释放首选的途径与方式，“互联网承担了广场文化里的民意表达”。①《人民论坛》杂志联合人民网、新浪网曾就“哪个渠道最有效地发挥减压阀作用”的调查结果显示：六成半多网民认为网络最有效地发挥了“减压阀”作用。②

再结合2009年北京互联网舆情的情况看，网民的关注与民生息息相关，网络民意与现实民意接近。在这样的情况下，如果出于满足政治安全和文化安全的需要而推行网络实名制，那么不和谐声音在短期消除之后可能会出现更加严重的问题。须知很多网络发言者就是借了“匿名”的外套才敢于畅所欲言、无所顾忌地爆料的，如果没有匿名，有“鼓励罚款”之嫌的“交警绩效考核办法”不可能见诸网络。堵不如疏，躲不如勇敢面对。政府要把网络“减压阀”建成政府提供的公共产品。当现实社会中公民享有的“知情权、参与权、表达权、监督权”真正落到实处时，网络的实名制将会在网友的自发推动下实现。

（二）充分利用网络舆论场，设置公共议程引导舆论，积极推进社会建设

互联网构筑的舆论场拓宽了公民自由表达的空间，创造了公民对政治和社会问题展开讨论的公共领域。通过网络关注国家管理者制定和实施的各类方针政策、制度法规和工作措施，已经开始成为当代公民政治社会化的一部分。2009年北京互联网舆情盘点已明确反映了百姓对民生为主的社会建设的关注，这为社会建设的推进准备了很好的舆论条件。“网络问政”正在成为考察干部政务能力的新形式。③ 然而，网络舆论信息量极大，内容复杂多元，表达方式凌乱无序，这对于领导干部清晰、准确、高效地了解网上民意无疑是一种阻碍。因此，可以

---

① 杨恒均：《从“广场”到“法庭”的捷径是互联网》，天益网。

② 数据可参见《网络舆情》2009年第57期，第21页。

③ 网络问政，就是政府通过互联网做宣传、做决策，了解民情、汇聚民智，以达到取之于民，用之于民的效果，其所凸显的是倾听网络民意，从而实现科学决策和民主决策。

考虑在网上设置公共议程。

媒介的议程设置是指媒介特别是新闻、时事与评论的生产，有能力将公众的注意力聚焦在一系列获得解释与受限制的、经过选择的问题，同时忽略其他问题，其结果就是某些话题在超越媒介的公共领域得到广泛讨论，而其他话题则被忽视。通过设置公共议程，实现对互联网服务的分类管理，引导互联网舆情在“民生”为重点的大旗下，为不同的消费需求者提供“和而不同”的差异化消费品。让广大的网民真正围绕“民生”献计献策，让特殊利益集团代言人的观点曝光，让各方精英的观点争鸣，让草根的需求有自下而上的表达渠道，让政府的工作绩效得到动态监测。只有这样切实从实际出发，顺应社会发展的趋势，遵循社会发展的规律，有组织、有目的、有计划地动员各种社会力量，制定好社会领域各项建设的规划，扎实推进，才能构建和谐社会。

（三）为应对互联网技术升级和网民素质提高所带来的系列挑战，扎实推进社会建设，切实解决网民关心的社会问题是解决互联网舆情的根本之道

当互联网技术与手机结合之后，网友信奉“无图无真相”可以获得更好的表达。即时传输的图片、视频短片对突发事件的发布具有时空优势和视觉冲击力，这对于传统的社会治安管理应急模式等提出了新的挑战。受过大学教育的网民与只完成初高中教育的网民也存在重大差异，这对于现有的社会管理制度和理念也有着一定的冲击。2009年，从中央部委到地方政府普遍建立的应急机制有助于网络舆情应对的提速。中共中央办公厅、国务院办公厅印发的《关于实行党政领导干部问责的暂行规定》进一步加大了对严重违背民意、招惹民怨的官员的问责力度。这就从制度建设的角度对政府有关组织与领导应对互联网舆情提出了新要求。

落实以上问题的关键是：扎实推进以“民生”为重点的社会建设，顺应公众改善生活的要求，切实解决网民关心的社会问题。这是党的十七大提出的重大战略决策和部署，目的是为了实现“学有所教、劳有所得、病有所医、老有所养、住有所居”。党的“十七大”以来，北京市委、市政府高度重视社会建设工作，已于2008年成立了北京市委社会工委（市社会建设办公室），这在全国是第一家。北京市社会工委着力搭建宏观管理平台，研究制定首都社会建设的总体

规划，统筹推动社会建设各项任务的分解落实和督促检查。北京市社会工委的成立表明了北京市政府对社会建设的重视。为实现社工委的这些职能，互联网舆情必须得到应有的关注。

主要参考文献

1. 陆学艺：《关于社会建设的理论与实践》，《北京行政学院学报》2008 年第 1 期。
2. 〔德〕阿诺德·盖伦著《技术时代的人类心灵》，何兆武等译，上海世纪出版集团，2008。
3. 迟福林：《减压阀：政府应当提供的公共产品》，《人民论坛》，2009 年 8 月 5 日。
4. 汝信、陆学艺、李培林主编《2009 中国社会形势分析与预测》，社会科学文献出版社，2009。
5. 汝信、陆学艺、李培林主编《2010 中国社会形势分析与预测》，社会科学文献出版社，2010。

Analysis Report on Beijing Internet Public Discourse, 2009

Ju Chunyan

Abstract: The report has made stocktaking the internet public discourse in Beijing in 2009, a sweeping generalization is about 56 hot spots of society. Form this spots, we can know the internet public discourse has mirrored the public opinion in reality on the whole, the passionate eye of netizen is the social construction about people's wellbeing. Among the internet public discourse in Beijing, the elite discourse is more than the Grass-roots public opinion, and interaction between government and netizens is well. Based on the internet public discourse in Beijing in 2009, we suggest that we must taking it seriously and acting aggressively the social construction about people's wellbeing.

Key Words: Internet public discourse; Social construction; Social management

北京郊区县社会建设评估与分析

王丽珂*

摘　要： 有关社会建设理论与实践的研究是目前和谐社会建设研究领域的一个热点问题，然而对政府社会建设成果作量化处理并进行科学评估的研究尚不多见。在构建了社会建设的评价指标体系之后，本文利用数学模型对北京郊区县的社会建设进行了评估和分析，以求对其社会建设实施的成果经验进行总结，发现存在的问题，并提出进一步的改进建议。

关键词： 北京郊区县　社会建设　评估　分析

一　北京郊区社会建设评估的研究背景及现实意义

（一）研究背景

北京市社会工作委员会和北京市社会建设办公室的成立，标志着北京的社会建设开始了一个新阶段。作为社会主义事业的核心组成部分，社会建设在北京郊区县得到了积极的推进。这种推进有着深刻的社会背景：改革开放以来，我国经济社会的发展取得了举世瞩目的成就，经济快速发展、各项基础设施建设逐步完善、人民生活越来越富裕。但随着经济的快速发展和人民生活水平的不断提高，要求进一步加快社会建设的呼声也越来越强烈。改革开放以来，北京郊区县的经济发展也都取得了令人惊喜的成绩，加强社会建设就成为人民群众的迫切需要，也是各级党委和政府的主要责任之一。

---

* 王丽珂，北京工业大学博士，华北水利水电学院讲师，研究方向：社会管理。

党的十七大报告提出：必须在经济发展的基础上，更加注重社会建设，要加快推进以改善民生为重点的社会建设。努力使全体人民学有所教、劳有所得、病有所医、老有所养、住有所居，推动建设和谐社会。[①] 对此，有人作出评价："社会建设作为构建社会主义和谐社会这个战略目标的重要手段之一，反映了我们对于当今中国经济社会结构深刻变化有了新的概括，有了突破性的新的认识。"[②]

（二）现实意义

有关社会建设的理论和实践的研究是目前和谐社会建设研究领域的一个热点问题。中国特色社会主义"四位一体"的总体布局提出以来，很多学者围绕社会建设提出的背景及其意义、社会建设内涵的界定、社会建设与其他社会主义建设的关系，以及社会建设思想研究的主要问题与方法路径进行了广泛而深入的探讨，[③] 充实了社会建设的研究内容；更有专家对社会建设的管理体制和运行机制进行探索，提出了一些有建设性和指导意义的观点和结论。[④] 然而对政府社会建设成果作量化处理并进行科学评估的研究尚不多见。因此，如何对近年来社会建设取得的成效进行评估，尚需进一步探索。作为中国的首都，北京理所当然地成为贯彻落实社会建设理论与实践的排头兵。北京成立了社会工作委员会和社会建设办公室来统领社会建设，北京郊区县也相继成立了社会工作委员会，郊区县的社会建设也进入了一个新的发展阶段。在这样一个大环境下，对北京郊区县的社会建设进行评估研究具有重要的现实意义：第一，总结已经取得的成果与经验；第二，发现社会建设的差距和问题；第三，弄清下一步努力的方向。

---

① 《人民日报》，《中国共产党第十七次全国代表大会报告》，2007 年 10 月 15 日。

② 陆学艺：《北京社会建设 60 年》，科学出版社，2008。

③ 严振书：《中国共产党社会建设思想研究综述》，《实事求是》2009 年第 5 期，第 77 ~ 80 页；徐家良、于爱国：《改革开放以来中国社会建设的主要内容研究》，《北京行政学院学报》2009 年第 3 期，第 81 ~ 86 页。

④ 陆学艺：《关于社会建设的理论和实践》，《国家行政学院学报》2008 年第 2 期，第 13 ~ 19 页；郑杭生：《社会学视野中的社会建设与社会管理》，《中国人民大学学报》2006 年第 2 期，第 1 ~ 9 页；李培林：《加强社会建设理论和经验的研究》，《社会学研究》2007 年第 2 期，第 172 ~ 175 页。

二　北京郊区县的社会建设现状

按照党的“十七大”报告的要求，加快推进以改善民生为重点的社会建设需要优先发展教育、进一步扩大就业、深化收入分配制度改革、建立覆盖城乡居民的社会保障体系和基本医疗卫生制度、完善社会管理这六个方面的工作，本研究对北京郊区县社会建设的评估就围绕上述几个方面开展。需要说明的是，社会建设所囊括的内涵非常丰富，并非只有以上几个方面。但是通过对以上方面的评估分析的确可以反映北京社会建设的基本状况。

基于上述认识，在研究北京郊区县的社会建设状况时，可以将社会建设分解为10项指标，表1显示的是北京9个郊区县2008年社会建设的主要指标统计结果。

表1　2008年北京郊区县社会建设情况

项目＼地区	房山	通州	昌平	顺义	大兴	平谷	怀柔	密云	延庆
小学每一专任教师负担学生数(人)	12.69	14.16	11.62	13.13	13.38	9.71	9.52	12.72	11.19
中学每一专任教师负担学生数(人)	10.33	10.99	9.33	10.89	9.01	9.55	9.89	11.18	9.83
每千人医护人员(人)	4.55	3.5	5.26	4.52	3.94	4.76	4.58	4.21	4.46
每千人床位(张)	5.10	1.74	7.15	3.13	3.05	3.59	3.35	1.61	2.93
城市农村收入比	2.02	2.03	2.06	2.06	2.05	2.06	2.04	2.11	2.14
每万人刑事案件立案数(件)	33.69	55.60	62.10	59.14	44.83	37.65	25.31	23.09	24.74
当年刑事案件破案率(%)	45.95	58.61	57.91	76.19	61.12	50.06	103.53	77.82	121.55
优抚救济对象人数所占比例(%)	3.70	2.14	1.61	2.42	1.40	4.62	5.81	2.87	4.98
人均从业劳动报酬(万元)	3.62	3.18	3.71	4.70	4.83	2.94	3.79	2.90	3.03
失业率	0.05	0.02	0.03	0.01	0.01	0.03	0.03	0.03	0.02

注：人均从业劳动报酬 = 从业劳动报酬/城镇从业人员数；
当年刑事案件破案率 = 当年刑事案件破案数/当年刑事案件立案数 ×100%
数据来源：根据2009年《北京年鉴》、《北京区域统计年鉴》数据计算整理所得。

将表1的数据与城八区进行比较可以发现，小学每一专任教师负担学生数与中学每一专任教师负担学生数分别低于城八区的13.83人和11.14人；每千人医护人员数目与城八区的平均11.25人还存在差距，其中与东城区的23人和西城区的19人差距更大，但部分区县每千人床位数高于城八区的平均7.07张；在城乡收入差距方面各区县城乡收入差距小于全市的平均水平2.3∶1；治安方面的状况良好，2008年郊区县万人刑事案件立案数量平均为41.01件，低于城八区平均水平（47.25件），并且与2007年郊区县的平均60.8件相比实现了大幅下降；郊区县人均从业人员劳动报酬和城八区的5.73万元以及全市平均的5.55万元差距较大，大部分区县失业率高于全市1.8%的失业率和城八区1.9%的失业率。

2009年是北京郊区推进社会建设的重要一年，以北京奥运会成功举办为契机，北京郊区县教育、就业、医疗卫生、社会保障和治安管理等各项社会建设成绩突出：教育专项资金投入力度不断加大，体育器材、图书设备、多媒体设备等硬件设施的建设得到较大提高，通过加强对教师队伍的培训，与高校合作开办骨干班主任班和小学、初中、高中新课程培训班，实现了各类教育协调发展，教育布局和教育结构持续优化；完善就业服务体系，加大统筹城乡就业力度，建立"零"就业保障机制，消除"零就业家庭"，推进困难人员就业帮扶制度，探索"手拉手"定点输出就业协作新模式，促进农村劳动力有组织、规模化输出，城镇登记失业率得到控制；进一步完善新型农村合作医疗政策，聘请专家在社区卫生服务中心站开展门诊、会诊、帮扶带教、健康咨询、健康教育、健康指导等服务，建立居民家庭医疗档案，丰富零差率药品种类，社区医疗服务水平得到了提高；民政事业围绕实现"无社会救助盲点"，加大社会救助力度，城乡低保人员生活补贴稳步提高，扩大社会保险覆盖面，新农保基础养老金、无保障老年居民福利性养老金及时足额发放，"一老一小"大病医疗保险成效明显，新型农村合作医疗筹资标准和报销水平进一步提高，不断扶持福利企业发展，残疾人权益得到保障；在新农村建设中，各区县从资源现状出发，继续依托特色产品、规模产业、科技园区、农业文化等农业产业资源优势，旅游、观光、休闲等生态农业模式深入发展。因此，尽管北京郊区县与城八区仍存在一定程度的差距，但还是可以看出京郊各区县近年来在逐步推进社会建设过程中已经作出了巨大的努力，取得了巨大的成绩。

三　对北京郊县经济发展情况和社会建设成效的评估

（一）经济发展情况评估

在对北京郊区县的社会建设进行评估之前，首先对各地区的经济发展情况作一个评价，以便把经济建设与社会建设状况进行对照。由于经济发展指标主要体现在经济发展总量指标和经济发展增速指标上，通过建立北京郊县经济发展总量和增速指标体系，并按层次对各级指标进行标准化处理之后，根据标准化数值和其对应的权重进行加权可以计算得出 2008 年北京主要郊县经济发展情况的排名（见表 2、表 3）。

表 2　北京郊区县经济发展评价指标体系各级指标及权重表

一级指标	二级指标	权重	三级指标	权重	指标性质
北京郊县经济发展	经济总量指标	0.667	GDP（亿元）	0.200	正指标
			人均 GDP（元/人）	0.200	正指标
			地方财政收入（亿元）	0.267	正指标
	经济增速指标	0.333	第三产业增长率（%）	0.167	正指标
			GDP 增长率（%）	0.167	正指标

数据来源：北京市统计局，《2009 北京区域统计年鉴》，同心出版社，2009。

表 3　2008 年北京主要郊县经济发展情况排名

	房山	通州	昌平	顺义	大兴	平谷	怀柔	密云	延庆
经济总量	0.464	0.581	0.686	0.864	0.605	0.094	0.180	0.146	0.004
排　　名	5	4	2	1	3	8	6	7	9
经济增速	—*	0.791	0.466	0.589	0.462	0.379	0.323	0.624	0.445
排　　名	9	1	4	3	5	7	8	2	6
综合得分	0.310	0.651	0.613	0.772	0.558	0.189	0.228	0.306	0.151
排　　名	5	2	3	1	4	8	7	6	9

* 由于数值小于 0.0005，在这里表述为“—”。

（二）社会建设成效评估

1. 社会建设评价指标体系的构建及权重的确定

（1）社会建设指标体系设定的基本思路

在对北京各郊县社会建设考核指标的设定中，要本着系统性、综合性的原则建构一套能体现社会建设推进成绩的指标体系，当中的有些指标可以反映和测量一些情况的特征，并有助于将信息转化为更易理解的形式，以简明的方式来描述复杂的状况。① 所有指标都必须具备两个要素：①尽可能地把信息定量化，使得这些信息清楚明了；②能简化那些反映复杂现象的信息，既使得所表征的信息具

① 中国 21 世纪议程管理中心：《可持续发展指标体系的理论与实践》，社会科学文献出版社，2002。

有代表性，又便于人们了解和掌握。

评价指标体系的设置是政府社会建设成果评估的核心内容，关系评估工作整个过程的科学性和可操作性，并将最终决定评估结果的可靠性，代表着政府社会建设的行为导向。在这里，社会建设所囊括内容主要参照十七大报告中有关要求，因此，本研究以北京郊区县社会建设评价指标体系的构建为立足点，在充分考虑样本数据的可得性、可信度及其权威性的基础上，通过对指标进行科学合理的选择，对北京当前9个郊县的社会建设绩效进行分析和评估（见图1）。

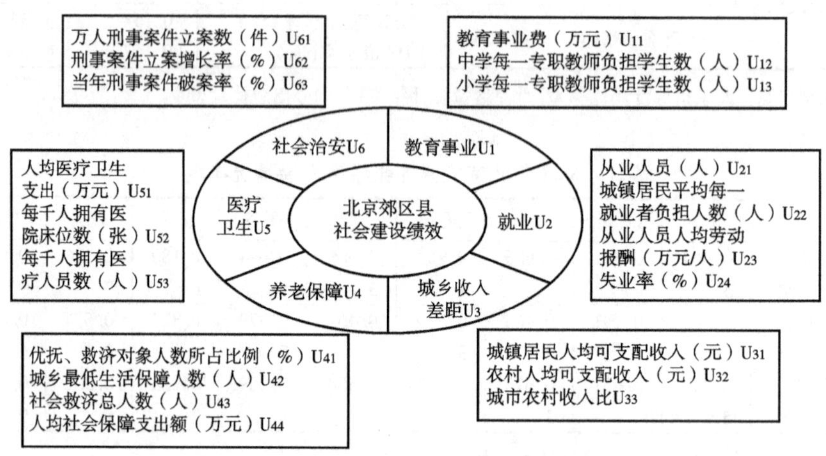

图1　北京郊区县社会建设指标体系的构建

（2）权重的确定

对社会建设的成果进行评估本身是一个复杂的多目标问题，原因在于社会建设本身所涵盖内容的特殊性和评价信息的稀缺性。因此，对北京郊区县社会建设情况的评价是涉及多层次、多因素和多目标的评价。

在综合评价的过程中，权重系数的确定直接影响到综合评判的结果，由于社会建设要求系统全面地对各二级指标进行评价，因此权重在二级指标中被赋予了同等的重要性，但是在三级指标中，部分指标起主导的作用，另一部分则是处于从属地位但又不可缺少的辅助性指标，需要在数学模型中赋予不同的权重。为了尽可能减少量化的主观性，本研究采用“层次分析法”（AHP）和“德尔菲专家咨询”（Delphi Method）相结合的方法来确定指标体系中各层指标的权重。首先用层次分析法建立评价指标体系之后，再用德尔菲法构造出各级指标层的判别矩阵，计算出其对应的特征根和特征向量，得出指标层在北京郊区县社会建设绩效评判中的权重水平。除了特别说明之外，表 4 采用的数据均根据 2009 年《北京年鉴》、《北京统计年鉴》《北京区域统计年鉴》数据计算整理得出，各级指标及其对应的权重见表 4。

表 4　北京郊区县社会建设评价指标体系各级指标及权重表

一级指标	二级指标	权重	三级指标	权重	指标性质
北京郊县社会建设 U	教育 U_1	0.167	人均教育事业费(元) U_{11}	0.0333	正指标
			中学每一专职教师负担学生数(人) U_{12}	0.0668	适度指标
			小学每一专职教师负担学生数(人) U_{13}	0.0667	适度指标
	就业 U_2	0.167	从业人员(人) U_{21}	0.0083	正指标
			城镇居民平均每一就业者负担人数(人) U_{22}	0.0417	逆指标
			从业人员人均劳动报酬(万元/人) U_{23}	0.0417	正指标
			失业率(%) U_{24}	0.0750	逆指标
	城乡收入差距 U_3	0.167	城镇居民人均可支配收入(元) U_{31}	0.0500	正指标
			农村居民人均纯收入(元) U_{32}	0.0500	正指标
			城市农村收入比 U_{33}	0.0667	适度指标
	社会保障 U_4	0.167	优抚、救济对象人数所占比例(%) U_{41}	0.0333	适度指标
			城乡最低生活保障人数(人) U_{42}	0.0417	适度指标
			社会救济总人数(人) U_{43}	0.0417	适度指标
			人均社会保障支出额(元) U_{44}	0.0500	正指标
	医疗卫生 U_5	0.167	人均医疗卫生支出(元) U_{51}	0.0667	正指标
			每千人拥有医院床位数(张) U_{52}	0.0500	正指标
			每千人拥有医护人员数(人) U_{53}	0.0500	正指标
	治安 U_6	0.167	万人刑事案件立案数(件) U_{61}	0.0834	逆指标
			刑事案件立案增长率(%) U_{62}	0.0417	逆指标
			当年刑事案件破案率(%) U_{63}	0.0417	正指标

2. 评价模型的选取

根据梯型模糊隶属度函数对表 4 中的原始数值进行无量纲处理。

（1）对于正向指标采用半升梯型模糊隶属度函数进行量化

$$\alpha_1 = \frac{x_{ij} - m_{ij}}{M_{ij} - m_{ij}} = \begin{cases} 1 & x_{ij} \geq M_{ij} \\ \dfrac{x_{ij} - m_{ij}}{M_{ij} - m_{ij}}, & m_{ij} < x_{ij} < M_{ij} \\ 0 & x_{ij} \leq m_{ij} \end{cases} \tag{1}$$

（2）对于逆向指标采用半降梯型模糊隶属度函数进行量化

$$\alpha_2 = \frac{x_{ij} - m_{ij}}{M_{ij} - m_{ij}} = \begin{cases} 1 & x_{ij} \geqslant M_{ij} \\ \dfrac{M_{ij} - x_{ij}}{M_{ij} - m_{ij}} & m_{ij} < x_{ij} < M_{ij} \\ 0 & x_{ij} \leqslant m_{ij} \end{cases} \tag{2}$$

（3）对于适度指标，按其与基本指标的偏离程度取绝对值，然后同逆向指标处理方法，其中：x_{ij}代表原始数据，M_{ij}、m_{ij}分别表示各项指标的最大值、最小值，α_1、α_2 为指标隶属度，取值范围在 0～1 之间。

根据式（1）和式（2）通过 MATLAB 软件计算得出 9 个郊区县 20 个指标经过归一化处理后的数值，然后建立评价模型：

$$Y_i = \sum_{j=1}^{20} W_j X_{ij} \quad i = 1,2,3,\cdots 9 \tag{3}$$

其中，Y_i 为反映社会建设水平的综合因子，X_{ij}为第 i 个郊区县第 j 个指标经过归一化处理之后的标准值，W_j 为社会建设评估指标体系中第 j 个指标的权重。

依据评价模型（3）计算出 9 个郊区县各部分二级指标的得分以及社会建设综合得分（见表 5）。

表 5　2008 年北京郊县社会建设绩效评估排名

	房山	通州	昌平	顺义	大兴	平谷	怀柔	密云	延庆
教　育	0.310	0.034	0.646	0.222	0.519	0.704	0.815	0.178	0.623
排　名	6	9	3	7	5	2	1	8	4
医　疗	0.378	0.006	0.522	0.318	0.166	0.242	0.579	0.145	0.357
排　名	3	9	2	5	7	6	1	8	4
城乡差距	0.651	0.737	0.632	0.825	0.631	0.398	0.479	0.135	0.013
排　名	3	2	4	1	5	7	6	8	9
治　安	0.557	0.293	0.216	0.348	0.500	0.327	0.805	0.830	0.977
排　名	4	8	9	6	5	7	3	2	1
社会保障	0.539	0.206	0.246	0.286	0.014	0.386	0.529	0.166	0.369
排　名	1	7	6	5	9	3	2	8	4
就　业	0.251	0.5261	0.655	0.9865	0.9645	0.330	0.546	0.355	0.423
排　名	9	5	3	1	2	8	4	7	6
综合得分	0.385	0.299	0.399	0.444	0.438	0.357	0.529	0.278	0.397
排　名	6	8	4	2	3	7	1	9	5

四　对评价结果的分析

把经济发展情况原始数据进行统计之后，可以直观地将北京郊区县经济分为4个等级：GDP超过300亿元的顺义和昌平，超过200亿元的大兴、通州和房山，超过100亿元的怀柔和密云以及低于100亿元的平谷和延庆。对北京郊区县经济发展情况进行总量和增速的综合评价后可以得知，经济发展状况较好的地区有顺义、通州和昌平，分别位列前三名；经济发展位居中等的地区有大兴、房山、密云和怀柔，分别位列第四至第七名；经济发展较差的地区有平谷和延庆，在9个区县中位居后两名。

对北京郊区县社会建设成效的综合评价可以得知，社会建设绩效评估排名第一的是经济发展中等的怀柔；社会建设绩效排名第二和第三的分别是经济发展较好的顺义和经济发展中等的大兴；社会建设绩效排名第四和第五的分别是经济发展较好的昌平和较差的延庆；社会建设绩效排名第六和第七的房山和平谷其经济发展则相应地排名第五和第八；而社会建设绩效排名第八和第九的通州和密云其经济发展则分别排名第二和第六。

通过对北京郊区县经济发展与社会建设的评估数据进行分析，可以发现以下几点。

1. 总体而言，北京郊区县的社会建设正在稳步推进

为了了解北京郊区县社会建设在近两年的进展情况，笔者将2007年和2008年的数据与2005年的数据比较之后进行时间序列分析，结果发现2007～2008年，北京郊区县社会建设绩效变化情况如表6和图2所示。从总体而言，近年来北京郊区县各个地方的社会建设绩效均得到了提高，社会建设正在稳步推进。

表6　2007年和2008年北京郊区县社会建设进展

	房山	通州	昌平	顺义	大兴	平谷	怀柔	密云	延庆
2007年增长	0.46	0.29	0.42	0.46	0.43	0.47	0.58	0.25	0.39
2008年增长	0.48	0.38	0.61	0.56	0.53	0.48	0.69	0.30	0.48

2. 社会建设推进程度依赖于经济的发展程度

通过表3和表5的数据可以看到，社会建设总体排名靠前的区县，如顺

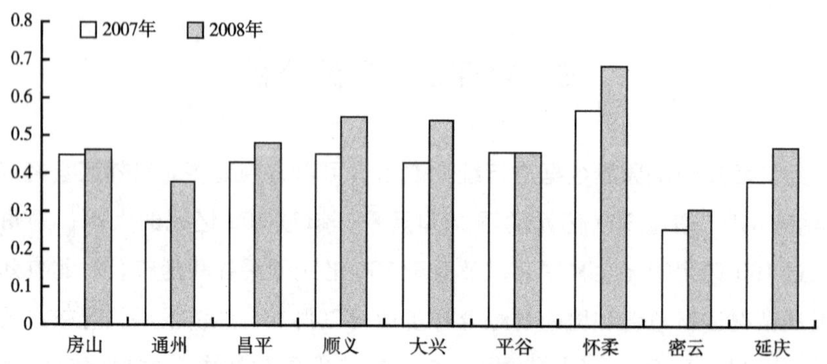

图 2　北京郊县 2007 年和 2008 年社会建设绩效比较图

义、昌平、大兴和怀柔，其经济发展水平在所有区县中也都具有一定的规模；相反，而经济条件相对较差的平谷和延庆，虽然人口基数较小，使得政府在推进惠及民生的社会建设中的负担相对较轻，但其社会建设的成绩也难以位居前列。这也说明社会建设的推进需要经济发展作为改善民生的重要支撑。

3. 个别区县在经济发展条件不占优势的条件下，依然可以有力地推进社会建设

由于北京在城市发展中将怀柔和延庆定位为生态涵养区，对其不规定经济总量和速度的增长目标任务，这两地区的经济发展在全部区县综合排名中分别位居第七和第九，但其社会建设成绩的综合排名却能够位居第一和第五，这除了与北京市在社会建设事业中给予该类地区财政上的倾斜和照顾之外，还与这两地区人口数量少和社会建设自身基础较好等原因有关。如怀柔早在 1995 年就召开了第四届世界妇女大会，基础设施得到了改善，同时作为国家可持续发展的试验区，多年来怀柔实施了诸多的县级示范工程，始终坚持在发展经济的同时高度重视社会和环境效益，切实地提高民生质量，社会建设方面对其他郊区县也起到了示范作用。

4. 经济发展条件较好的区县，其社会建设的成绩不一定与其经济发展同步

根据表 3 和表 5 的数据还发现，经济发展规模排名第二的通州地区，其社会建设却位居第八；经济发展规模排名第一、第三和第四的顺义、昌平和大兴，其社会建设却和在经济上不如它们的怀柔存在一定程度的差距，说明这些地区的社会建设还存在较大的提升空间。造成这样排序的原因是以上地区外来人口数量大，流动频繁，而公共事业建设中配套的应对治理措施却没有跟上来，形成结构性缺失，导致原先基础不差甚至较好的教育和医疗等基础设施如今却相对落后于其他地区，治安状况由于奥运会原因虽然改善很多，但和延庆、密云及怀柔相比仍不够理想。加上在2008年经济不景气的大环境下，北京市保经济、促增长的目标迫使这些原先经济基础好的地区在搞社会建设的同时，还要抽出相当多的时间和精力解决经济发展中的困难，从而给民生建设和社会管理造成了一定的压力。

5. 北京郊县的社会建设与经济发展尚需进一步协调

在此，笔者以2008年北京郊区县社会建设综合得分为横坐标、以经济发展为纵坐标，可以得到2008年北京郊区县经济发展和社会建设分布散点图，图中虚线为经济发展和社会建设的协调发展理想线，即$Y=X$（见图3）。越是集中分布于这条线附近的区县，其经济发展与社会建设的协调程度就越高。换句话说，经济发展与社会建设越协调，则其评价值就应该越接近，与理想线的离差系数就越小，二者的协调发展最终追求的是社会建设与经济发展相互促进、共同发展的发展状态。但实际情况往往是另外一种状态，亦即低水平的经济发展和社会建设评价也可能使其评价值与理想线的离差系数很小，从而使得该地区的经济发展与社会建设也是协调的。所以，某些时候需要在评价协调度的同时，还应将协调度和一定的社会建设水平与经济发展水平综合起来，统筹考虑某一发展水平上的社会建设与经济发展之间的协调状况。

我们通过图3可以清晰地看到：房山、平谷、延庆和怀柔四个地区在虚线$Y=X$下方，通州、顺义、昌平、大兴和密云五个地区则位于虚线$Y=X$的上方。严格意义上看，在虚线以下的地区为社会建设水平超过其经济发展水平，在虚线以上的地区为社会建设水平落后于经济发展水平，实际上完全能够落在理想线上实现绝对协调的地区很少甚至不存在，因此与理想线离差系数较小的四个地区（大兴、密云、房山和平谷），可以视为经济发展与社会建设相对协调。但是，在考虑了社会建设水平与经济发展水平之后，大兴、密云、房山和平谷四地区虽然经济发展和社会建设相对协调，由于四地区经济发展程度和社会建设绩效水平都不高，导致其经济和社会的协调发展度也不高。处于虚线以下且离差系数较大的怀柔和延庆社会建设水平超过经济发展水平，这是其所属生态涵养区经济发展程度不高所致，因而其经济和社会的协调发展度也不高。处于虚线以上且离差系数较大的通州、顺义和昌平则是社会建设滞后于经济发展很多。因此可以得出结论，虽然个别区县如怀柔和延庆的社会建设水平超过其经济发展水平，但这与北京市政策倾斜和财政补贴等外力介入的因素有关，从总体上看，相对于经济的发展程度，2008 年北京郊区县的社会建设还存在很大的提升空间，在速度上还有待继续加快推进，经济发展与社会建设尚需进一步协调发展。

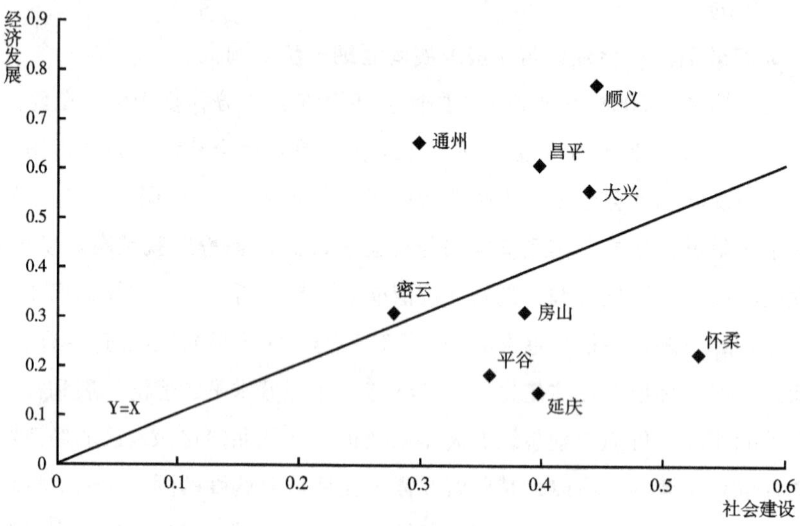

图 3　2008 年北京郊区县经济发展和社会建设分布散点图

五　进一步提升北京郊县社会建设绩效的对策建议

根据对北京郊区县社会建设进行的评估，为进一步加快推进北京郊县社会建设，提高其绩效水平，得到以下三点启示。

（一）重视社会建设，促进郊区县经济社会协调发展

相对于经济发展而言，社会建设的推进不是一个自发的过程，往往需要通过政策的实施才能得以保障。对 2008 年北京郊区县社会建设的分析得知，经济社

会的协调发展是一个长期工程，需要各区县在北京市的统筹下，把社会建设放在突出的地位，高度重视社会建设，进一步加大社会建设方面的政策实施力度，根据区情县情调整措施，并建立适当、务实、全面的绩效考核制度，促进北京郊区县经济社会协调发展。

（二）承接城市功能的转移，推动北京郊区县社会发展

北京郊区有着不可替代的区位优势。在大城市、小郊区的北京，社区建设、城市化和郊区化交织进行是城市近郊农村的特点。因此，北京郊区要善于利用城市郊区化发展和城市功能扩展效应，在符合城市总体规划的前提条件下，主动接受城市的功能扩散和转移，如教育、文化、科技、体育等事业发展的转移，紧紧抓住郊区新的社会建设契机。在承接城市功能转移的过程中，更要积极调整结构，通过不断发展，最终实现由城郊社区向现代城市社区的转变。

（三）制定社会建设规划，推动郊区社会建设

社会建设首先要有目标、有计划、有蓝图，因此要做好社会建设的规划，从而保证社会建设有目标、有步骤地进行。为了做好社会建设规划，有必要加强社会调查研究、监测社会运行，对社会发展过程的基本情况有一个清晰的把握。在调查研究和制定规划的基础上北京郊区县的社会建设可以从以下几个方面展开：第一，制定社会法规政策、完善政策体系；第二，增加社会建设投入、实施社会工程；第三，孵化引导社会组织、推动社会工作；第四，大力发展社会事业、积极改善民生。

主要参考文献

1. 北京统计局：《2009 年北京区域统计年鉴》，同心出版社，2009。
2. 北京统计局：《2009 年北京统计年鉴》，中国统计出版社，2009。
3. 北京统计局：《2005～2008 年北京区域统计年鉴》，同心出版社。
4. 北京市地方志编纂委员会：《2008～2009 年北京年鉴》，方志出版社。

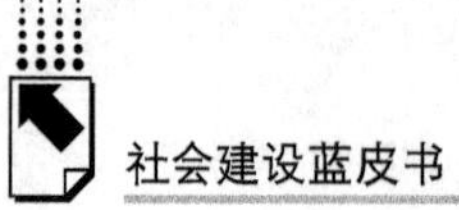

Evaluation and Analysis of Beijing Suburb Counties Society-building

Wang Like

Abstract: In the recent years, theoretical and practical study on social construction becomes a hot issue in construction of harmonious society. However, to achieve a quantitative research on the result of social construction for the scientific assessments is still relatively uncommon. By means of evaluation and analysis on society construction on the outskirts of Beijing, the paper tries to summarize the experience and outcome in social construction of Beijing suburbs, then find out the existing problems. Finally the author puts forward the suggestions for future promotion of social construction.

Key Words: Beijing suburbs; Society-building; Evaluation; Analysis

社会结构篇

REPORTS ON SOCIAL STRUCTURE

北京中产阶层规模与特征

胡建国*

摘　要： 作为现代社会主导阶层，目前北京中产阶层在社会阶层结构中所占比例超过40%，约540万人。但是，其中只有170万人，即30%左右处于中产阶层的中上层，还有近70%处于中下层，他们面对着工作和生活的双重压力。在人们津津乐道的中产阶层“消费前卫”时，由于经济压力过大，也由于社会保障水平不高，中产阶层更倾向于财富的积蓄，消费被抑制状况也突出存在，这是当前内需不足的重要原因之一。减轻中产阶层负担，加强教育、医疗、住房等民生领域的调控，应是壮大中产阶层的重要政策取向。

关键词： 中产阶层　社会结构　社会建设

---

* 胡建国，北京工业大学副教授。

随着中国经济快速发展，一个被称之为中产阶层的社会群体在中国快速成长起来，人们也越来越强烈地感受到现实生活中这一阶层群体的存在，尤其在北京、上海这些中心城市，这种感受更为强烈。在经济社会生活领域，有关中产阶层的话题已经成为公众舆论的热点，人们津津乐道于中产阶层的职业、生活方式、消费，以及这个阶层的成长对于中国发展的影响。多数人相信，中产阶层是现代社会的主导，一个规模强大的中产阶层对于现代经济社会发展有着重要的意义。作为全国政治文化中心，北京中产阶层状况如何，他们对于经济社会发展又有着什么样的态度？本文对此展开分析。

一　北京中产阶层规模

改革开放以来，中国社会阶层结构发生了明显的分化，这种分化以职业为基础，同时表现为对经济资源、组织资源、文化资源三种资源占有数量和质量上的分化。① 在职业分化中，中产阶层的职业特征主要表现为或以脑力劳动为主，或拥有一定的生产资料从事中小规模生产经营；在资源占有方面，中产阶层在经济资源、组织资源占有方面处于中间位置，在文化资源占有方面，从事脑力劳动的中产则以拥有丰富的文化资源而处于优势位置。据此界定，当前中国中产阶层主要包括以下群体：①党政机关事业单位中的中层领导干部；②中小私营企业主；③企业部门经理人员；④教师、医生等专业技术人员；⑤办事人员；⑥部分个体工商户。利用2005年全国1%人口抽样调查数据以及《北京市统计年鉴》等资料的推算，2005年北京社会阶层结构如图1所示。

结合经济资源、组织资源、文化资源这三种资源占有情况，在图1中的前6类中产阶层职业中，处于社会上层的阶层群体约占21%，属于中产阶层群体的约占79%。由此推算，在北京社会阶层结构中，中产阶层所占比例超过40%，以2005年北京职业人口来计算，职业中产规模在450万人左右（见图2）。

1. 处于中产阶层最上层位置的约有12.5%，他们主要包括党政干部以及中

---

① 本文采用的社会阶层划分标准参见陆学艺主编《当代中国社会阶层研究报告》，社会科学文献出版社，2002。

小企业主中的大多数，以及经理人员和专业技术人员中的少数，规模约为56万人；他们接受过良好的教育，掌握一定的权力，拥有高收入，消费能力强，普遍拥有房产、私家车以及其他高档消费品，在文化资源、组织资源和经济资源拥有方面处于优势。

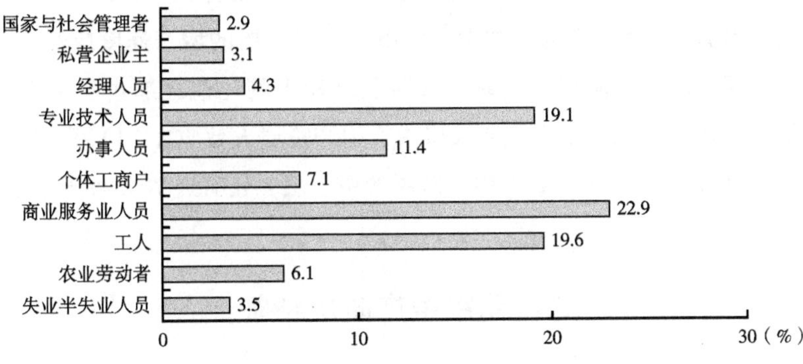

图1　北京社会阶层结构

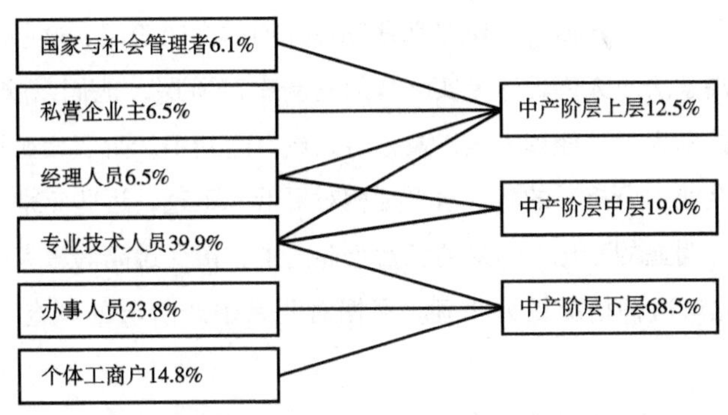

图2　北京中产阶层内部构成

2. 位于中产阶层中间位置的约有19%，他们主要包括经理人员、高级职称专业技术人员中的大多数，人数约有86万人；他们接受过良好的教育，在工作中拥有一定的支配权力，获得相对较高的收入，消费能力较强，拥有房产、私家车以及其他高档消费品的比率较高，但相当多的人有银行借贷。在文化资源、组织资源和经济资源拥有方面处于相对优势位置。

3. 属于中产阶层中下层位置的占68.5%，他们主要包括办事人员、个体工商户中的大多数以及中初级职称的专业技术人员，规模在308万人左右。他们接受过良好的教育，但在组织资源和经济资源拥有方面处于相对劣势位置。他们消费需要旺盛，但是并不高的收入水平在面对高房价、汽车等大宗消费时，肩扛着沉重的经济压力。目前社会上所谓的“房奴”、“车奴”主要指的是这些处于中产阶层中下层位置群体中的大多数，以及处于中间位置的部分中产阶层群体。

2005年以来，北京中产阶层群体在继续成长，按照全国中产阶层每年增长1个百分点的推算，① 北京作为全国中心城市，中产阶层的增长速度应快于全国水平，我们估算当前中产阶层在北京社会阶层结构中的比例已超过了40%。按这一比例估算，在当前北京整个就业人口中，中产阶层人数应在540万人以上。其中，有170万人，即约30%处于中产阶层的中上层，还有近70%处于中下层。

二　北京中产阶层特征

（一）文化资源拥有：高学历

在人们印象中，中产阶层大都是那些职业体面的白领阶层，这些群体接受过高等教育，拥有高学历。人们的印象实际指的是新中产阶层，他们以脑力劳动为主，主要包括专业技术人员、经理人员以及办事人员。与新中产阶层相比较，个体工商户和中小私营企业主所接受的教育水平则相对要低。不过，近些年来，私营企业主的来源也发生了明显的变化，新兴的私营企业主中，接受过高等教育的比例也在不断提高，② 在北京这种情况更为明显。根据对北京中产阶层的调查（图3），③ 被

① 关于中国中产阶层近年增长情况，参见陆学艺主编《当代中国社会结构》第九章社会阶层结构部分，社会科学文献出版社，2010。

② 参见陆学艺主编《当代中国社会结构》第九章社会阶层部分，社会科学文献出版社，2010。

③ 本次调查是由中国社会科学院李春玲研究员主持，于2007年在北京市7个区的15个中高档商品房社区中随机抽取450户家庭进行调查。在450个被调查者中，80.2%（361人）符合个人中产阶层标准，调查样本分布情况：1. 职业：党政干部17.7%；办事人员18.6%；企业管理人员19.9%；专业技术人员28.4%；企业主1.8%；个体户3.6%；自由职业者10%。2. 年龄：30岁以下组8.5%；30~39岁年龄组30.2%；40~49岁年龄组24.4%；50~59岁年龄组23%；60岁以上组13.6%。3. 学历：77%接受过大学以上高等教育；19.6%接受过中等教育；中等教育水平以下为3.3%。总体来看，调查数据反映出中产阶层的典型特征：受过高等教育、中年、从事专业技术工作或者在机关、企事业单位中担任领导工作、管理工作以及承担经济业务和行政业务的人员。本文所指中产阶层包括国家社会管理者、企业主、经理人员、专业技术人员中的处于中间位置的群体，以及办事人员和个体户群体。

调查的中产阶层的教育水平普遍较高，有超过3/4的被调查中产阶层成员接受过高等教育（大约77%）；另外，约有1/5受过中等教育；中等教育水平以下的人极少。

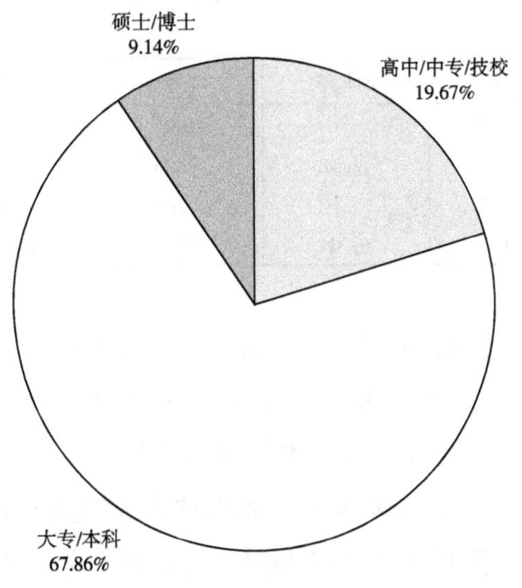

图3　北京中产阶层学历水平分布

（二）经济资源获得：发展受益者

良好收入是中产阶层的基本特征。从收入状况来看，本次调查的中产阶层平均月收入为5923.18元，中产阶层家庭平均月收入为10007.96元（家庭人均月收入为3692.97元），远远高出北京城市居民家庭平均年收入水平22417元。不过，调查中发现中产阶层低报收入的情况十分普遍，本次调查中，至少有约10%的中产阶层低报了个人及家庭的实际收入水平。因此，中产阶层实际收入应高于调查结果。

改革开放使得人们的收入普遍得到提高。从调查结果来看，自2000年以来，北京的中产阶层个人与家庭的收入增长呈现逐年加快的趋势。2007年人均收入达到了74898.77元，比上一年增长23.17%，家庭收入达到了144231.90元，比上一年增长41.46%，而2001年个人与家庭的增长比率只有2.98%和11.72%。因此，总体来看，北京中产阶层的收入也呈现逐年快速增长的趋势。无论是平均收入水平，还是收入的增长速度，北京中产阶层都远远高于其他社会群体的收入增长水平。这表明中产阶层是改革开放以来明显获益的群体。

表1　中产阶层收入增长

单位：元，%

年份	平均收入	增长率	年份	平均收入	增长率
2000	36400.00	—	2004	49210.58	10.48
2001	37486.30	2.98	2005	52576.92	6.84
2002	40479.39	7.98	2006	60811.28	15.66
2003	44544.04	10.04	2007	74898.77	23.17

中产阶层收入迅速增长的同时，也出现了收入的分化。调查结果表明，中产阶层月均收入的标准差为7083.96元，超出个人月收入平均值，中产阶层成员间的收入差距是客观存在的。利用调查数据按照收入五等分分组测算，中产阶层20%最低收入组与20%最高收入组的收入差距为9.09倍。基尼系数为0.50。我们利用2005年1%的全国人口抽样调查的数据测算出的北京城乡居民最高收入组与最低收入组的收入差距为8.99倍，基尼系数为0.46。比较分析的结果表明，北京中产阶层收入的内部分化程度要高于社会总体水平。这种收入分化的情况，与当前北京中产阶层结构是相对应的。从图2中我们看到有2/3的中产阶层群体处于中产阶层内部的中下层，只有1/3处于中上层，这与收入的分化情况是有着内在联系的：在中产阶层成员中最高收入群体是中小企业主群体，月平均收入达到9666.67元，最低的则是办事人员等群体，仅为2947.76元。

（三）消费水平：消费前卫背后的消费抑制

消费前卫是人们印象中的中产阶层基本特征。中产阶层拥有相对明显高出社会一般成员的消费水平，豪宅、私家车、时装等成为中产阶层的标识符号，为人们津津乐道，而中产阶层也被打上强烈消费欲望的标签，但是，根据调查结果分析，北京被调查的中产阶层消费水平与人们想象中的情况并不完全符合，中产阶层在表现消费前卫的背后是消费的慎重。这表现在，基本耐用消费品普及，住房、食品等实物消费在中产阶层家庭消费结构中占有突出的位置，服务消费没有得到充分的成长。消费支出占收入比重远远低于社会平均水平。

1. 基本耐用消费品普及

从调查结果来看，中产阶层家庭拥有的耐用消费品主要分为三大类。

第一类为基本耐用消费品，其价值一般在5000元以下，包括传统耐用消费品如冰箱、普通彩电、洗衣机，还包括新的耐用消费品如电脑、空调、微波炉与影碟机。这类耐用消费品在中产阶层家庭中普及率很高，普及率最低的影碟机也有近2/3的家庭拥有。

第二类为中档耐用消费品，其价格一般在5000~10000元之间，主要包括液晶/等离子彩电、摄像机、组合音响等。中档耐用消费品在中产阶层中拥有率也相对较高，像液晶/等离子彩电作为近几年才出现的新型的电子产品，在中产阶层家庭中也得到一定的普及，这显示出中产阶层在消费时尚方面的追求特征。

第三类为高档耐用消费品，这类消费品价格昂贵，包括私家轿车和钢琴。其中钢琴拥有率为10%，私家轿车拥有比例为42%，在拥有轿车的家庭中，46.62%拥有的是10万元以上的轿车，另外53.38%拥有的是10万元以下的轿车。这远远高出全国平均水平。可以看出，在高档耐用消费品拥有方面，被调查的北京中产阶层家庭的拥有率也显著高出其他社会群体。

2. 消费结构中实物消费高于服务消费

从被调查中产阶层家庭的消费来看，实物消费远远高于服务消费，这是突出的特征。

第一，供房、子女教育、食品是中产阶层家庭最主要的消费项目。与10年前相比，中产阶层家庭最主要三项消费项目均是食品，这主要是因为10年前中国还处于住房市场化与教育市场化的前夕，社会保障使得中产阶层家庭在住房以及子女教育等方面的支出很低。而随着住房市场化以及教育的市场化，住房与子女教育成为中产阶层最主要的消费支出，而食品支出退居第三位。

第二，文化娱乐、旅游、交通费、个人进修等服务消费支出所占比重不高，中产阶层家庭用于这些服务消费的月均支出均处于家庭主要消费项目支出的后位。一般来看，在消费结构中，食品的支出所占比重的下降，意味着服务消费支出的提高，这也是现代社会中产阶层成长的一个衡量指标。但是调查数据表明，目前中产阶层的住房、食品等实物消费仍占大头，虽然子女教育也属于服务消

费，但是从中产阶层自身需要来看，服务消费所占比重是不高的，这其中也包括中产阶层自我成长发展所需要的进修的投资。服务消费所占比重不高并不是中产阶层在这些方面的消费需求低，对于成长中的中产阶层而言，这种消费需求应该是强烈的。造成这种情况的原因主要在于，一是实物消费压力大，主要是指住房，这在一定程度上挤压占用了中产阶层其他方面的消费需求与能力。二是中产阶层对未来的忧虑以及安全感的欠缺，更多的财富用于储蓄积累，而减少消费意愿。

3. 消费水平总体受限

在家庭消费费用支出方面，被调查中产阶层家庭月均消费 4652.34 元，人均消费 1716.73 元，消费支出占收入的比重为 46.78%，不到家庭收入的一半。正如前文所述，在调查中，中产阶层低报收入的情况比较普遍，而消费支出比较符合情况，因此，据此推算消费支出占收入比重会比实际偏高。总体来看，中产阶层家庭的消费支出占收入的比重低于社会平均水平。

我们看到，目前中产阶层基本家庭耐用消费品已经得到了普及，但是在消费结构中也主要是实物消费，中产阶层在解决实物消费之后，更倾向于财富的积累，服务消费并没有成长起来。这种有限的消费水平，并不是因为中产阶层消费能力的不足，而是消费意愿不高，其他消费被抑制。一般来看，中产阶层是高收入、高消费，然而中国正在新兴成长起来的中产阶层，在人们印象中的大方消费的背后却是更倾向于慎重的消费。这种情况的原因可能是本文前面所指出的，一方面中产阶层面对较大的消费压力；另一方面目前社会保障水平不高，对于未来的忧虑以及安全感的欠缺，使得中产阶层更倾向于财富的积累，而降低了消费意愿。

三　中等收入者≠中产阶层

一直以来，对于中产阶层的特征，人们津津乐道的是收入标准。在一些报刊媒介报道以及公众的想象中，中产阶层是那些拥有高收入、消费前卫、生活体面的群体，党的十七大报告也提出要扩大“中等收入者”队伍，于是，收入是中产阶层的最重要的身份标识，在公众和学术界中颇为流行。然而，在中国，收入多少才算上是中产阶层，迄今没有一个具有说服力的标准。

其实，在西方国家对于中产阶层收入并非如国内如此看重。如据美国布鲁金斯学会划分，在美国，家庭年收入在 3 万美元至 15 万美元的都是中产阶级。3 万美元是什么概念？2008 年美国家庭税后平均收入水平在 4 万美元以上。正如社会学家米尔斯在分析美国中产阶级时所指出的，新中产阶级的大多数是中低层收入的群体。

在西方社会，通常中产阶级对应的是职业群体，但是，在中国中产阶层的“产”更多地被赋意为“财产”。事实上，在现代社会中，社会分层指标已经从财富维度转向了职业维度，社会分化越来越表现为职业的分化，而决定职业位置的最主要资源，是文化资源和组织资源，收入（即经济资源）的多寡越来越取决于职业位置的高低。在这个意义上，用职业来界定中产阶层，比用收入更能揭示中产阶层这一群体特质，即文化资源与组织资源对于现代社会分层的重要性。我们可以换个角度进一步分析。在西方工业社会早期，社会分层最主要依据是物质资本，在这个意义上，以生产资料占有来划分阶级在当时是毫无疑义的。但是，随着工业化的推进，资本的形式与内涵发生了质的变化，在物质资本之外，人力资本的作用对经济增长与社会发展的贡献日益重要。也正是在这个意义上，有学者认为技术革命的出现，使得技术精英取代传统精英，成为新的“统治”阶层；此外，管理革命的兴起，所有权与经营权发生分离，掌握文化资源的管理人员阶层由此得以成长，并获得了组织资源，管理精英在社会分化中也取得优势位置。这样，文化资源、组织资源成为现代社会分层的重要维度，对于决定人们的职业位置，被赋予了更重要的意义。在这一视角下，我们不难发现那些以脑力劳动为主的中产阶层在现代社会中的重要性。

沿着社会分层变化的这一趋势，我们看到，因为拥有文化资源与组织资源，往往意味着一个人可以获得拥有良好收入的职业，由此，良好的收入被视为中产阶层的重要特征。但是，在这里我们更要看到，收入只是中产阶层的表象特征，而非中产阶层的本质特征，仅仅用高收入来理解中产阶层，是对中产阶层的一种误读。

当前，强调中产阶层在职业基础上的资源拥有的多维特征，而不仅仅理解为高收入群体，对于政策安排设计有着更为重要的意义：在当前技术革命以及全球化的背景下，一个国家的兴盛，不仅仅取决于出现一个规模扩大的中等收入者群体，更重要的是取决于一支规模壮大了的拥有文化资源与组织资源的中产阶层队

伍。在政策设计上，与其讲扩大“中等收入者”队伍，不如明确提出壮大中产阶层。

四　建议

任何社会如果在精英阶层与大众阶层之间存在较大距离和断裂，缺乏相当规模的中产阶层存在，这个社会是不能稳定的，易于发生矛盾和冲突。正是在这个意义上，中产阶层的兴起与壮大，成为现代社会的基本特征，这一阶层所承载的缓冲贫富分化与社会利益冲突的功能，以及社会地位公正获得的示范功能和现代社会价值观的示范功能，对于实现社会良性运行与和谐发展具有重要的功能。

2009 年，北京人均 GDP 已经超过 10000 美元，但是，与此同时出现了群体间的利益分化，根据 2005 年全国人口抽样调查数据测量，北京基尼系数达到 0.46。[①] 收入差距扩大的背后，潜伏着诱发社会不稳定的因素。在利益分化格局短时间内难以有效扭转的情况下，促进中产阶层的壮大对于增强社会的稳定具有极其重要的作用。虽然北京的中产阶层规模已经超过全市人口的 40%，但是在中产阶层内部，有 2/3 还处于中下位置，中产阶层内部的差距还很明显，这影响着中产阶层作为一个整体，发挥其对于经济社会发展应有的推动功能。

从我们的调查结果看，中产阶层的负担还很重，尤其那些处于中下位置的中产阶层，教育、医疗及住房消费的巨大压力，正在透支他们的生产能力。因此，减轻中产阶层的负担应是政策设计安排的重要取向之一，这些政策应包括提高个人收入所得税起征点，加强对教育、医疗、住房等民生领域的调控。虽然近年来政府在上述维度加大了调控的力度，但是总体来看，上述局面还没有得到根本改变，对此需要深入地反思。例如，近年来中国的个人所得税起征点不断上调，但是依然过低。进一步提高个人所得税起征点，减轻纳税负担，对于进一步释放中产阶层消费能力是有积极意义的。对此，建议参照北京主要消费品价格，如商品房的平均价格，确定个人所得税起征点，这样可以避免个人所得税起征点一刀切，使经济发展水平不同地区得到区别对待，同时也可以使个人所得税的缴纳水平与消费水平相挂钩。对于各个阶层而言，这样做更为公平合理。

---

① 详见陆学艺主编《北京社会建设 60 年》北京社会阶层结构变迁部分，科学出版社，2008。

The Scales of Middle-class in Beijing

Hu Jianguo

Abstract: The middle class currently constitutes more than 40% percent of the social stratum structure in Beijing, But only about 30% belong to the middle and upper middle class, there are nearly 70% is the middle and lower classes, they face the pressures of working and living. Reduce the burden on the middle class, strengthening education, health care, housing and other areas of regulation of livelihood should be an important policy for growing middle class.

Key Words: Middle class; Social structure; Social construction

北京城乡结合部失地农民“半城市化”现状与出路

宋国恺*

摘　要：城乡结合部失地农民“半城市化”问题，是未能妥善处理好城市化与失地农民之间关系的结果。失地农民在基本民生、职业、保障待遇等方面并没有随着农民身份的转变而实现整体转变，是“半城市化”的具体表现。土地确权、促进就业、完善保障是解决“半城市化”问题的基本思路。在这个思路的基础上，提出要坚持让利于民、创造性地解决农民的市民待遇问题等政策建议，以解决“半城市化”问题，实现城乡一体化。

关键词：失地农民　“半城市化”问题　城乡一体化

2009年初，北京市为了深入贯彻《中共中央关于推进农村改革发展若干重大问题的决定》，加快北京农村改革发展步伐，提出了率先形成城乡经济社会发展一体化新格局的发展目标，这为推进首都城乡一体化进程提供了重要的政策依据。近年来北京市在加快推进城乡一体化发展方面取得了显著的成就，但在城市化过程中也面临不少新问题。城乡结合部问题之一就是未能妥善处理好城市化与失地农民之间的关系，未能有效保护农民利益所产生的问题，其结果最终导致城乡结合部失地农民处于“半城市化”状态。

“半城市化”概念是最近几年由社会学研究专家提出的，所谓“半城市化”是指20世纪80年代以来大量农村劳动力转移到城市，长期生活在城市并从事非农生产，但并没有彻底融入城市社会，或者说处于城市化不彻底的状态。具体表

* 宋国恺，博士，北京工业大学人文学院副教授，研究方向：发展社会学、农村社会学。

现为农村流动人口在制度上没有享受完全的市民权，在社会行动上与城市社会有明显的隔离，以及对城市社会没有认同感，不认为自己是市民，在社会认同上出现内部化、边缘化的倾向。[①] 大量的农民工属于典型的“半城市化”群体。而北京市城乡结合部失地农民的“半城市化”与农民工的“半城市化”有质的不同。城乡结合部失地农民的“半城市化”是指随着城市化进程的不断推进，其身份由农民转变为居民，但其生活方式、职业、保障待遇等方面并没有随着身份的转变而彻底实现城乡一体化的状态。北京朝阳、海淀等区县城乡结合部已经完成“农转居”、“农转工”的部分“农民”属于这类“半城市化”的典型群体。

城乡结合部是发展活力最强、人口资源环境矛盾最突出、城乡一体化要求最迫切的地区。据有关部门调查，北京城乡结合部地区有 227 个行政村，面积约 553 平方公里，人口超过 340 万，其中户籍人口 62 万，外来人口超过 280 万。其中三环路以内 13 个村，三环到四环之间 36 个村，四环到五环之间 75 个村，五环之外 101 个村。[②] 在全面建设现代化国际大都市的新阶段，解决好城乡结合部失地农民的“半城市化”问题，不仅是北京社会建设的必然要求，同时对于北京市乃至全国城乡一体化目标的实现都具有非常重要的借鉴意义。

一　2009 年北京市城乡一体化状况

城乡一体化改革试点取得突破性进展。北京市 2009 年提出了加快农村城市化进程，率先形成城乡经济社会发展一体化新格局的发展目标。各区县都围绕这一总体目标，制定了推进城乡经济社会发展一体化新格局的具体目标。特别是海淀区、朝阳区分别紧紧抓住北坞、大望京村城乡一体化改革试点的大好机遇，在北京市各有关部门的大力支持指导下，区、乡镇、村三级联动，试点各项工作取得了突破性进展，开创了城乡一体化发展的新局面。

北坞村是玉泉村委会下属的一个自然村，属城乡结合部和市政府确定的第一道绿化隔离地区建设范围，占地面积 33.61 公顷，目前共有 3765 亩土地被征用变为绿地。户籍人口 2858 人，外来流动人口有 2 万余人。

---

① 王春光：《农村流动人口的“半城市化”问题研究》，《社会学研究》2006 年第 5 期。

② 夏命群：《报告频现“城乡一体化”字眼》，《京华时报》2010 年 1 月 26 日（4）。

大望京村位于朝阳区崔各庄乡西南部，紧邻机场高速、五环，属典型的城乡结合部地区。村域面积105.6公顷。现有户籍人口2998人、1692户，其中居民人口2100人，农民898人，外来流动人口约3万人。

北坞村、大望京村存在的问题在城乡结合部地区具有普遍性特点，因此通过试点创新思路，探索解决城乡结合部地区突出问题的新途径、新模式，取得成功经验，破解城乡结合部发展难题，对于推动类似地区实现城乡一体化目标具有非常重要的参考价值。随着城乡一体化试点工作的启动，这两个村庄2009年终于迎来了自己迈向城市化的第一步。

城乡结合部城乡关系快速调整。2009年，北京市城乡结合部改革发展加快，城乡一体化步伐加大，城乡关系发生快速调整，新型的工农关系、城乡关系正在构建，其中具有深远意义的主要集中在两个方面，即本地农村劳动力的职业非农转化和土地要素的非农转化。

根据统计，北京市农业户籍人口由2007年的284.3万减少到2008年的279.1万人，净减少5.2万人，这些农民大部分实现了“农转居”或“农转工”。其中朝阳区2008年比2007年减少农民3000多人，海淀区减少农民4000余人。

土地要素的非农化。2008年与2007年相比较，北京市的耕地减少4.99平方公里，农用地减少38.58平方公里。其中朝阳区耕地、农用地分别减少0.54平方公里、3.37平方公里，海淀区耕地、农用地分别减少0.98平方公里、3.01平方公里。

耕地或农用地的减少，表明上述已经完成“农转居”或“农转工”的农民失去了土地，成为城市化进程中一个新的群体。这也意味着，2009年正在试点的海淀区北坞村近3000名农民、朝阳区大望京村近1000名农民在城市化进程中成为“失地农民”。

与此相联系的是，失去了土地的农民在城市化进程中也将实现职业上的非农转化，不再依靠土地从事农业生产，而将通过从事非农生产维持生活。

城乡一体化是城乡规划、产业布局、基础设施、公共服务、劳动就业、社会管理等多方面的一体化。北京市在推动城乡结合部改革发展，实现城乡一体化目标进程中取得了不少成就，如朝阳、海淀、丰台三个区在实现城乡一体化进程中，实现城乡最低生活保障一步并轨，低保标准提高到每人每月410元。全市城乡无社会保障的老年居民均可以享受每人每月200元的养老补贴等。在长期形成的城乡二元分割体制下，能够取得这样突破性的成就已属难能可贵。

城乡结合部地区的改革发展是城乡一体化的难点所在。尽管2009年城乡一体化取得了不少成就，但也面临不少新问题。解决好城乡结合部部分失地农民的“半城市化”问题，是实现城乡一体化目标不容回避的问题。

二　城乡一体化中“半城市化”问题

(一)“半城市化”的基本民生问题

城市化不仅意味着农民失去土地、其职业的非农化，以及生活方式的变化，更重要的是城乡两种不同管理体制的衔接并轨问题，其中城乡两种不同土地制度的安排是最具有典型意义的方面。农民在“转工”、“转居”① 过程，由于各种原因农民获得的土地补偿费用并不合理，真正拿到手的补偿费偏低，并且农民失地后不再能够从不断增值的土地级差收益中获得持续的回报，这大大削弱了农民的自我发展能力。同时，对于转工的农民，由于土地被征用后直接由政府指定的单位负责接收安置工作，事实上政府指定负责接收安置工作的单位多数为土地征用单位。但是，由于各种原因失地农民或者未被安置，或者安置后不久多数失业了，当然也不排除由于农民自身条件问题而失去工作的情况。在这种情况下，真正能够享受转工政策的农民少而又少。所以，当这些失地农民所获得的补偿款很快被耗尽后，大多数面临基本的生活问题，生活水平普遍下降，甚至一部分农民的处境比原来还差。因为若不转工的话，一部分农民还可以依靠“瓦片经济”(出租房屋获得的收益)，基本生活尚可。现在失去土地，不再有“瓦片经济”作支撑，失去了部分经济来源，又集中安置上楼居住，加大了生活成本，影响了生活水平的提高，生活水平未能提高又进一步影响了生活方式的转变。因为有限的经济收入，不足以使得已经“转工”、“转居”的农民过上现代城市化的生活。因此，城乡结合部的农民虽然在身份上已经城市化了，但其生活水平、生活方式

① “转工”是指征地后转为非农业户口（城镇居民户口），年龄在劳动阶段（男性16～59周岁、女性16～49周岁）且身体健康的农民，土地被征用后直接由政府指定单位负责接收安置工作而成为城镇职工。“转居”是指征地后农村户口转变为非农业户口，但并不转工。劳动年龄阶段的农民由原来所在乡、村集体经济组织负责安排工作，可以说是“离土不离乡”。

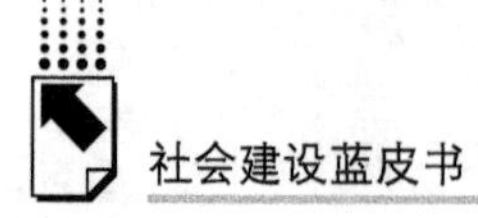

并未实现城乡一体化，基本民生问题处于“半城市化”状态。

正因如此，这些年城乡结合部在进行腾退拆迁时并不是很顺利。2009 年正在进行城乡一体化试点的海淀区北坞村，村民最关心的是拆迁和补偿等问题。当然，旧村腾退是否顺利无疑关乎北坞村改革的成败。根据初步方案，常住村民可得到3000 元/平方米的拆迁款、200 元/平方米的装修费。另外，新房建筑面积按村民原有宅基地居住面积 1∶1 的方式置换，本着谁先签订腾退协议谁先选择安置楼房的原则进行选房。腾退方案还对补偿标准、各项补助费及奖励标准等进行了明确规定。这一方案先后经过 19 次易稿修改，最后经过村民代表大会表决一致通过。这足以说明村民对方案的高度关注程度，也表明了失地农民对于“半城市化”状态的担忧。

朝阳区大望京村自启动城乡一体化改革试点以来，由于在腾退补偿方案以及对农民可持续发展方面考虑相对稳妥可行，尤其是大望京村在规划建设用地范围内从开发商处为失地农民争取利益，按照城市功能定位和地区经济发展特征发展集体经济，确保农民获得持续而稳定的利益。截至 2009 年 6 月 7 日，1692 户村民（25.2 万平方米住宅）在第一奖励期内全部签订腾退补偿协议，比预定计划提前 40 天完成任务。目前大望京村农民转居、转工已基本完成，城乡一体化试点相对顺利一些。相对稳妥可行的腾退补偿方案以及对农民可持续发展方面的考虑，大望京村在城乡一体化进程中对“半城市化”问题的预先考虑和前瞻性的安排，是腾退拆迁工作顺利完成的前提。

（二）“半城市化”职业问题

北京在解决城乡结合部失地农民问题过程中，处于劳动年龄阶段的农民由政府指定单位负责接收安置，但多数农民由于各种原因，并未切实得到安置，他们中的大多数并未从转工政策中受益。在调研中了解到，当前正在进行的拆迁安置中，的确充分考虑了将来农民的就业问题，但是真正是否能够落实有待进一步观察。海淀北坞村在城乡一体化试点中，村民在关注拆迁补偿方案的同时，非常关注将来就业发展的问题，希望在试点规划方案中将提供更多的就业岗位纳入其中。根据介绍，拆迁规划在北坞村原址将建设一座高档酒店，将来能够解决部分失地农民的就业问题。另外，村里还有 4 公顷的生态酒店和餐厅等设施在建，这也能解决一部分失地农民的就业问题，并带来产业收入。还有在现有慧谷园将建二期，打造绿色办公区、科研区，将有中央、市区单位进驻。加上绿化隔离带的建设和维护，基本能满足全村就业和劳动力安置。规划充分考虑了失地农民将来的就业问题。

这些措施是否最终能够落实，有些岗位农民是否有能力胜任，都需要考虑。正如北京市委书记刘淇在2009年的“两会”上发表的关于城乡一体化建设的发言中所指出的那样：一是城乡结合部地区产业基础相对薄弱，导致一些农民转居后没有岗位的问题。如果不能就业，那农民转居就没有大的意义了。二是鼓励农民参加培训，增加自身技能。政府想办法建立产业，如果农民干不了，也是个问题。表明了北京市高层领导对城乡结合部失地农民职业“半城市化”状态的某种担忧和关注。

（三）“半城市化”的保障待遇问题

城乡结合部的农民虽然已经转工、转居，但仍然不是实质意义上的“市民”。因为部分失地农民并没有与城市居民一样享有平等的保障待遇，现有的城市社会保障体系并没有完全覆盖他们。这主要分为两部分人。

一部分人是绿化带隔离地区的农民。根据1994年市政府提出的在绿化隔离地区对征地农民实行“转业不转居、就地安置”的政策，由乡镇就地安置。但是，由于土地仍然为集体所有，这部分失地农民由集体经济组织发放退休金，靠退休金生活的这部分农民，一方面他们的待遇比转居、转工要差些，另一方面不能享受城市社会保障体系所规定的条件和待遇。更重要的是，绿化隔离地区土地虽然被占用，但其产权仍然为集体所有，农民转业后并没有取得应有的征地补偿，农民的社会保障无法解决，其保障待遇处于“半城市化”状态。

我们在调研中了解到，目前由集体经济组织负责的绿化带隔离地区农民退休金发放问题比较突出。由于集体土地已经转化为绿化隔离带，朝阳区集体土地范围内的各种所有制的企业3600多家都已退出，这大大影响了集体经济的发展，因而退休金发放问题已面临很大的困难，导致大约有42%的失地农民还未进入稳定的社会保障体系。

另一部分人是历史遗留转居自谋职业人员的社会保障问题。这部分人由于历史原因未被纳入城市社会保障体系，本身在城市化进程中具有“半城市化”特点。朝阳区为了解决这部分人的社会保障问题，按市、区、乡（村）、个人分别以4∶3∶1∶2的比例筹集资金。尽管这部分人员的社会保障已纳入城乡一体化范畴，但仍需要几个方面的共同努力才能最终实现。

三　解决“半城市化”问题的基本思路

北京市为贯彻党的十七届三中全会精神，率先形成城乡经济生活发展一体化新格局，2009年，确定海淀区北坞村、朝阳区崔各庄乡大望京村作为试点村，探索城乡一体化建设中的体制创新，破解城乡结合部发展难题。根据市委书记刘淇同志要求，在城乡一体化改革中，要关注农民就业、农转居和农村产业发展等问题，提出了城乡一体化发展的基本思路。

（一）完成土地确权工作，实现体制改革的重点突破

土地是民生之本。北京市城乡结合部在推进城乡一体化进程中，以维护农民利益为出发点，考虑历史、现状和可持续发展，积极探索土地征用补偿、拆迁补偿、使用方式，着力解决城市化进程中的深层次问题。如朝阳区确定了“土地确权、产业改革、培训就业、社会保障”四位一体的改革思路，首先着手完成土地确权工作，谋求体制上重点突破。2002年全面实现村级核算，彻底打破了“三级所有，队为基础”的旧体制。2003年初在全市率先完成原大屯乡乡级集体经济组织股份制改革试点，2004年完成农村地区集体资产清产核资和土地确权工作。2007年底又圆满完成奥运村乡级产权改革。在深入调研和反复论证的基础上，2008年开始推进崔各庄乡土地股份制改革试点，积极探索乡级统筹的新路。2009年大望京村土地股份制改革取得了重要突破。朝阳土地确权工作的推进一方面保护了城乡结合部农民的利益，另一方面对于其他区县完成土地确权工作具有重要的借鉴意义。现阶段北京市在推进城乡一体化进程中，完成土地确权工作的同时，积极探索国家征地制度的变革，从根本制度变革上解决城乡结合部失地农民的“半城市化”问题。

（二）积极实施劳动力就业与转移就业工程

在城市化进程中，失地农民的就业问题关系到农民可持续发展的问题，因此就业问题成为推进城乡一体化过程中必须着力解决的问题。这些年在城市化进程

中，北京市加大投入力度培训失地农民，改变就业观念，提高就业技能，千方百计为失地农民提供就业岗位，解决失地农民就业问题和可持续发展问题。北京市在这方面也取得了不少成绩，总结了不少经验。

如我们所调查的朝阳区，2008 年实施劳动力就业和转移就业工程，当年农业人口 14.7 万人，农业人口占全区人口的 8.5%。农村劳动力 9 万人，其中 7 万人实现就业，就业率为 77.8%。朝阳区按照“产业、岗位、培训、就业”四位一体的工作思路，着力抓好劳动力转移就业工作。首先，统筹产业与就业，通过产业发展带动农民就业。其次，完善区、乡、村三级就业服务体系，将就业服务延伸到最基层。各乡全部成立劳务派遣组织，对农民实行教育指导、就业培训、就业登记一条龙服务。开展针对性培训、推行定岗培训、订单培训，转变农民就业观念，提高就业技能，培训费用全部由政府埋单。一个很现实的例子足以说明这个问题，朝阳区部分失地农民对开公共交通车很感兴趣，针对这个特征，朝阳区与公共交通公司联系，通过二次培训，提供岗位，当上了公交车驾驶员，解决了近千名农民的就业问题。2004 年以来朝阳区累计培训 5.5 万人次，2.2 万人取得职业技能证书，实现就业与转移就业 2.8 万人。

在转移就业方面，朝阳区为了鼓励农民走出去，从 2008 年 1 月 1 日起，财政给予“离土离乡”就业的农民每人每月 300 元的转移就业补贴。只要本人没有失业，补贴连续发放 3 年。所谓“离土离乡”就业就是指农民离开乡村集体经济，被北京市的企业单位或个体工商户等单位招用，并签订了年限至少一年的劳动合同。同时还给录用该区农民的用人单位，将按照用人单位的最低缴费基数，全额补贴这些农民的“五险一金”，其中区财政和乡村财政各负担 50%。这些措施在一定程度上促进了农民就业问题的解决。2009 年前三季度，北京市农民转移就业 7.77 万人，农村劳动力就业率达到 87.3%。

（三）完善社会保障体系

为了妥善解决城乡结合部失地农民的保障问题，北京市委、市政府多次研究提出了解决问题的思路，通过不同的途径解决社会保障问题。以朝阳区为例，区委、区政府多次研究，结合朝阳区的实际提出解决失地农民保障问题的总思路“就业促保障、农保积累资金、一步对接”三种方式，从几个方面逐步解决失地农民的社会保障问题。第一，解决历史遗留“转居”人员的社会保障问题；实现城乡最低生活保障一步并轨，标准由每人每月180元提高到了每人每月410元；第二，以就业促保障，按照城镇保障标准缴纳社会保险，为最终进入城镇社会保障体系积累缴费年限，区财政和乡财政两级对企业缴费部分各给予50%的补贴；第三，积极争取市里政策支持，鼓励有条件地区实施整建制转居、转工，将农民全部纳入城镇保障体系；第四，完善农村养老保险政策，扩大农保覆盖面，积累资金。其中2008年朝阳区按300～600元领取标准缴费，所需资金由区、乡（村）、个人按3:5:2的比例筹集。

海淀区北坞村和朝阳区大望京村在城乡一体化试点中将获得社会保障政策的支持。北坞村村民在养老方面可享受两项新政策，一是当地农民可以以个人身份到社保所，像城镇的灵活就业的人员一样，参加城镇在职职工的养老保险；另外，大龄的村民，由于参保时间比较晚，可以自愿选择延期缴费，延期享受，或者可以按照较高的标准缴纳。大望京村的村民绝大多数已经是居民，农民仅仅剩余78人，试点方案将把全部村民纳入城镇保障体系，享受“五险一金”和各类社会保障。

总之，北京市针对城乡结合部具体实际和特点，采取各种措施和方式，分期分批将农民纳入城镇社会保障体系，鼓励农村劳动力通过就业进入城镇社会保障体系，建立与城市化相适应的综合性、多层次性社会救助体系，推进城乡社会保障体系并轨。

四　解决“半城市化”问题的政策建议

赋予城乡结合部农民平等的市民权是解决“半城市化”问题的重要前提。解决城乡结合部部分失地农民“半城市化”问题是一项系统工程，也是实现城乡一体化目标必须面对的问题。北京市各区县在推进城乡一体化方面各自制定了结合本地实际的具体政策，如海淀区北坞村在试点过程中，重点推进城乡发展规划、基础设施、产业发展、社会事业、环境建设、社会管理、公共服务、就业和社会保障等八个方面一体化。特别是在基础设施同步、收入差距缩小、公共服务均等、社会保障对接等方面优先考虑，制定符合实际的政策。又如朝阳区在实现城乡一体化目标中，提出加快推进农村城市化进程的最终目标是实现农民身份市民化、产业发展规模化、社会管理精细化、公共服务均等化。所有这些政策措施都有利于解决城乡结合部“半城市化”问题，有利于加速推进城乡一体化目标的实现。当然，还存在需要进一步完善和落实的地方，特提出如下政策建议。

（一）坚持让利于民的基本方针

城市化是一个自然的发展过程，也是一个必然的趋势。北京市在城市化进程中出现“半城市化”现象也是一个阶段性的问题，出现这个阶段性问题的主要原因是：第一，土地产权归属问题尚待明晰；第二，传统的国家征地制度不适应城市化的现实需求。根据相关法律，北京市土地为集体所有，集体所有是一个非常模糊、非常复杂的概念和界定。根据我们的调研，原来土地一直以来都是由集体统一经营，这个集体包括乡和村，基本为“三级所有，队为基础”的总体架构，但“集体所有，家庭经营”在北京市不占主流。近年来随着城市化进程的推进，出现了土地国有化模式、打破三级所有架构转换为乡村两级、或者一级（乡）所有的专业化经营模式。因此，关于土地权属问题不论是对于集体而言，还是对于农户、农民而言都是不明晰的，尤其是在收益分配方面，这个问题显得更加突出。

失地农民没有从不断增值的土地中受益。随着城市化进程的不断推进，大量土地逐渐转化为非农用地，城乡结合部的农民失去了土地。并且由于土地为国有或集体所有，农民用以维持生计和具有保障功能的土地被征用后，仅仅获得远远偏离市场价格的极低补偿。更为关键的是，城乡结合部的土地收益是不断增值的，而农民并没有从不断增值的土地收益中获得持续稳定的收入来源，这大大削弱了农民在市场中的竞争能力，严重阻碍了农民的可持续发展。尤其是当失地农民所获得的补偿费花光耗尽后，这个问题便集中凸显出来。

土地产权不明晰、传统的国家征地制度，造成失地农民并没有享有与城市居民一样平等的财产权，这也是造成城乡结合部农民处于“半城市化”状态的主要原因。因此，在城市化进程中，如何明晰土地和集体资产产权问题、变革传统国家征地制度，提高土地征占补偿标准，让利于民是解决失地农民“半城市化”问题的重要举措，也是维护社会稳定和谐的基础性工作。

近年来，随着城市化进程的推进，特别是为了率先实现城乡一体化的目标，北京市各区县坚持不与民争利，在土地、集体资产处置方面做了有益的探索和尝试，为北京市城乡一体化提供了有价值的借鉴经验。

在城市化进程中，昌平区郑各庄村在土地、集体资产处置方面做得比较成功，取得了良好的效果。郑各庄村在1990年代末期明确提出要充分利用村里的资源自我发展，并且是在确保集体土地所有制性质不变的前提下，通过土地来自我发展。在城市化过程中，关键是处理好村民与土地的关系，核心是保障村民对土地的收益。根据郑各庄村的内部资料显示，2007年与1998年相比，村级总资产从0.36亿元增加到32亿元，提高了87.9倍；经济总收入从0.35亿元增加到12.8亿元，提高了35.6倍；上缴税金从33万元增加到6800万元，增加了205倍；村民人均收入从3100元提高到21000元，增加了5.8倍，兑现村民福利增长了39倍；人均土地收益分配从50元增加到2000元。郑各庄村坚持让利于民的基本方针有力地保障了农民的基本权益。

正在进行城乡一体化试点的朝阳区大望京村，近3000名村民将全部“农转居”。与以往国家占地拆迁不同，大望京村的试点将在拆迁之后进行村集体产权制度改革，村集体土地的拆迁补偿款、地上资产以及从开发商处争取到的5万平方米底商铺面房将作为资本进行运营，村民按照一定规则从中划分股权，并长期领取红利。股权的分配将覆盖大望京村近3000名户籍人口，甚至将几年前因为修五环路被征地的农民也纳入其中。集体产权制度改革保障了农民的长远生计问题。

（二）适度发展适合城乡结合部农民就业的产业

发展适合解决失地农民的产业是解决城乡结合部农民“半城市化”状态的一个重要方面。城乡结合部失地农民转居后，如果不能就业，也就失去了“转居”的意义。政府除了鼓励农民参加培训，更新就业观念，提高就业技能之外，更加重要的是发展适合促进农民就业的产业。在北京市制定的以服务业为主的产业规划不变的前提下，也要发展一些实体经济和一些劳动密集型的服务业，以增加就业岗位数量。城乡结合部农民收入来源一般多是依靠出租房的“瓦片经济”作支撑，如果失去土地、宅基地，又没有适合他们的就业岗位，失地农民将面对严竣的生计问题。如何发展适合城乡结合部失地农民就业的产业，对于各级政府都是巨大的挑战。

近年来，北京市各区县根据城乡结合部的特点，发展了一些适合农民就业的产业，如都市现代型农业服务业“蟹岛”（位于北京市朝阳区金盏乡，是一家集生态农业与旅游观光为一体的大型品牌企业）是一个比较成功的样本。“蟹岛”通过为城里人提供农庄服务的同时，解决了本地部分农民的就业问题。朝阳区最近酝酿筹划的类似德国慕尼黑国际啤酒节的服务项目，根据初步测算，可以提供大约3500

人的就业岗位，其中一些就业岗位如餐饮、保洁等都适合本地农民就业。城乡一体化试点村北坞村规划在原址建设一座高档酒店，将来能够解决500人的就业。

（三）制度创新：创造性地解决农民的市民待遇问题

长期以来，由于受城乡二元社会结构的影响，形成了农民要享受市民权必须放弃一部分财产权的惯性思维。受这种惯性思维的影响，北京市存在不论是通过征地转居，还是其他形式转居，均要农民放弃部分财产权或者集体资产，才能享受市民待遇，甚至还存在以现有方式无法解决不能转非的农民市民待遇的新问题。要求农民必须以放弃对集体土地权利的分享为代价获得市民身份以及社会保障，对于农民显然是不公平的，这种做法无疑剥夺了农民可持续发展的条件。以放弃对集体土地权利的分享为代价获得市民身份，使得失地农民失去了本该属于他们的再就业和社会保障补偿费，同时也影响了农村集体资产的处置规模和集体经济组织转制后的再发展，这也是造成当前城乡结合部失地农民处于“半城市化”状态的主要原因。因此，要解决城乡结合部失地农民“半城市化”状态的问题，必须进行制度创新，创造性地解决农民的市民待遇问题。

北京市委书记刘淇同志在北京市2009年上半年经济形势分析会上强调指出：首都的农民是北京的市民，是推动郊区发展的动力，是拥有集体资产的市民。刘淇同志的论述为解决当前城乡结合部农民“半城市化”问题指出了一条新的思路。在社会主义市场经济体制逐步完善的情况下，要在赋予农民平等的市民权的同时，赋予农民平等的财产权。要按市场经济的基本原则，抓紧完善政策，破除陈旧观念，消除各种不合时宜的限制，给予农民所拥有的土地、宅基地等各种市场要素平等的经济权利，赋予农村集体经济组织平等的市场主体地位。不能因为农民拥有的是包括土地在内的集体资产，就否定他们的市民身份，以及他们作为市民所应享有的政治经济社会权利。也不能因为农民转居、转工，身份成为市民，就必须要求他们放弃原来拥有的集体资产，这是推进农民市民化过程中特别需要注意的问题。

（四）将解决失地农民“半城市化”问题与外来人口“半城市化”问题有机结合起来

城乡结合部的农民在失去土地之前，其中一部分收入是依靠出租房屋获得的。根据粗略估计，北坞村有80%～90%的村民依靠出租房屋生活。租住当地农民房屋的主体是农民工，这部分人正是学者们所称处于“半城市化”状态的主体。在两个试点村中，北坞村的外来人口有20230人左右，是本地人的7倍多。大望京村有外来人口约3万人，是本地人口的10倍多。这部分人为当地经济发展作出了贡献，同时也带来了诸多的问题，如环境脏乱问题、治安问题、基础设施压力问题等，这已是一个无可争议的事实和不容回避的客观现实。解决城乡结合部失地农民“半城市化”问题，如果忽视甚至回避外来人口的“半城市化”问题，必然影响城乡一体化目标的实现。因为城乡一体化是包括城乡发展规划、基础设施、社会管理、公共服务等众多方面的一体化。如果不能有效解决外来人口的“半城市化”问题，发展规划、基础设施、社会管理、公共服务等方面也难以真正实现城乡一体化。

海淀区北坞村腾退方案中，充分考虑了这一现实情况，在规划中，在北坞嘉园的B地块将有2万平方米流动人口公寓和产业配套建设，将流动人口纳入规划之中，回应了城乡一体化的现实要求，也是完善社会管理、提供公共服务的必然要求。当然，解决外来流动人口问题还有大量的工作要做。同时，还需要从社会管理、社区建设和管理的角度出发，完善规划，避免新的城乡二元结构的再次出现。

（五）大力借鉴京外城乡经济社会发展一体化经验

近年来，京外地区在城市化进程中，在如何实现城乡一体化方面，也取得了很大的成绩，总结了不少的经验。尽管北京市与京外一些地区的经济基础和发展阶段不一样，但他们的一些做法很值得北京市以及各区县借鉴。

浙江宁波江东区，自2001年以来实施“撤村改居”、股份合作制改造、旧村改造、实现农村城市化（统称“三改一化”），为城郊农村实现城市化创造了一个好的模式。其具体做法是把集体资产全部折价量化，把股权分配到人，股权管理、股份处理的权力由经济合作社行使。其基本经验是首先不与民争利，准确处理国家、集体、个人三者的利益关系；其次通过改革，实现城市化，这是江东区改革取得成功的经验；最后，领导与群众相结合，走群众路线，尊重群众意愿，维护群众的权益，一切依靠群众，是实现“三改一化”的基本途径，这些基本做法和基本经验的落实成功地推进了城郊的城市化。①

最近北京市农村经济研究中心考察团完成的《关于赴重庆、成都考察城乡统筹情况的报告》，针对北京市城乡一体化的实际，建议在贯彻北京市委《关于率先形成城乡经济社会发展一体化新格局的意见》的过程中，借鉴重庆、成都的一些做法。其中包括全面界定农村集体和农民的各种产权、加快推进城乡结合部农民融入城市的步伐等方面。②

借鉴京外城乡一体化经验，有利于北京在解决“半城市化”问题方面少走弯路，多出成效，有利于加速北京市率先城乡经济社会发展一体化目标的实现。

北京市2010年在总结推广北坞村、大望京村等成功经验的基础上，整体启动50个重点村的城乡一体化建设，加快城乡结合部改革发展，继续挑战城乡一体化难题。提出要站在建设世界城市的高度，按照“建设世界城市、‘三个北京’、推进城乡一体化”的主题，坚定不移地推进城乡一体化。如果能够坚持让利于民的基本方针，适度发展适合城乡结合部的农民就业的产业，坚持将解决城乡结合部失地农民“半城市化”问题与外来人口“半城市化”问题有机结合起来，创造性地解决城乡结合部农民的市民待遇问题，并且大力借鉴京外城乡经济社会发展一体化经验，必将达到城市的良性扩张和农村的有序撤退互补共荣，从而破解城乡一体化难题，解决城乡结合部失地农民的“半城市化”问题。

“Semi-urbanization” Conditions and Way Out of Lost-land peasants in Beijing Urban-rural Connection Areas

Song Guokai

Abstract: The issue of semi-urbanization of peasants in rural-urban fringe zone is a

① 陆学艺：《城郊农村实现城市化的好模式—宁波江东区调查》，载《2007年：中国社会形势分析与预测》，社会科学文献出版社，2006，第201~213页。

② 黄中庭：《关于赴重庆、成都考察城乡统筹情况的报告》，载《北京农业职业学院学报》2009年第5期。

result of not well-coordinating the relationship between urbanization and peasants whose farmland expropriated. With the peasants' identities turning into urban citizens, the livelihood, occupation, and welfare of peasants can not become integration of urban and rural areas. The solution to it lies in defining ownership of farmland, boosting employment and improving welfare system. On basis of it the paper advances not struggling for profit from peasants and creative solving the treatment of citizens to settle the issue of semi-urbanization and bring about integration of urban and rural areas.

Key Words: Peasants whose farmland expropriated; The issue of semi-urbanization; Integration of urban and rural areas

微观热、宏观冷：2009年北京城乡居民消费状况分析

赵卫华*

摘　要：2009年，北京城乡居民收入消费继续保持较快增长，农村居民收入增长速度加快，城乡差距扩大的趋势得到一定遏制。但是，资产性收入增长过快，工资性收入增长较慢，勤劳难以致富，进一步拉大了不同群体的收入差距。在医疗等社会保障制度不断完善的基础上，城乡居民的医疗消费压力减轻，城镇居民服务消费增长很快，消费结构更加优化。投资性消费快速增长，增速大大快于生活性消费的增速。农村居民的社会负担减轻，消费升级加快，住房消费又进入新一轮高速增长阶段。2009年消费领域热点不断出现，从用品到住房、汽车领域都有“不俗”的表现，微观层面的消费火暴与宏观结构上的居民消费率下降，体现了深层次的社会结构不平衡。不同群体的收入消费差距还在继续扩大。当前，扩大消费要着力提高较低社会阶层的消费力，转变他们的消费模式；抑制住房的投资性需求，控制房价，发展廉租房，保障城镇居民的居住权益。

关键词：城乡居民　收入　消费　状况

2009年对北京来说是不平凡的一年。当大家还在讨论后奥运时代的增长点时，国际金融危机爆发了。2008年底2009年初，金融危机的影响非常显著，北京的房价以及物价指数都跌到了最低点。从中央政府到北京市政府，一系列应对危机的政策措施迅速出台，使北京的经济迅速走出低谷。在各项拉动内需的措施

---

* 赵卫华，博士，北京工业大学副教授，研究方向：消费社会学、社会结构。

影响下，北京的经济发展速度比较快，全年经济增长速度将达到 10.1%。城乡居民收入和消费也呈现较快增长。

一　城乡居民收入状况

2009 年，在保增长、保稳定、保民生的政策指导下，北京城乡居民的生活继续保持较快增长，生活质量不断提高。从北京市统计局和国家统计局北京调查总队的数据看，2009 年，北京城镇居民家庭人均可支配收入同比增长 8.1%，农村居民家庭人均现金收入同比增长 11.5%。具体地看，城乡居民收入增长有以下几个特点。

（一）城乡居民收入来源趋同化，工资性收入和转移收入成为主要收入来源

城乡居民收入来源结构逐渐趋同，工资收入是城乡居民的第一大收入来源；转移性收入是城镇居民第二大收入来源，而且其比重在农民收入结构中上升很快。农民转移性收入比重从 2007 年的 8% 增长到 2009 年 1～11 月份的 12%，两年增长了 4 个百分点。2009 年 1～11 月份，城镇居民人均工资性收入、转移性收入同比分别增长 9.2% 和 12.5%，是拉动收入增长的主要因素。同期，农村居民人均现金收入中，人均工资性收入增长 15.4%，转移性收入增长 36.3%，两者合计拉动现金收入增长 11.5 个百分点。①

（二）农村居民收入增幅高于城市居民，城乡收入差距扩大的趋势受到一定遏制

2009 年以来，在拉动内需的要求下，北京加大了新农村建设和其他惠农政策的力度，加快了城乡一体化建设步伐，对“三农”的各项转移性支付力度很大。农村经济社会发展较快，农民增收的渠道拓宽，增长较快。2009 年农村居民人均纯收入是 11986 元，城镇居民人均可支配收入是 26738 元，城乡收入比是 2.23∶1，城乡收入比有所下降。农民收入增长快于城镇居民，城乡收入差距不断扩大的趋势受到一定遏制，这是一个很大的成绩。

---

① 本文数据除特别注明之外，皆直接来自北京统计信息网数据或者根据该数据计算而得。

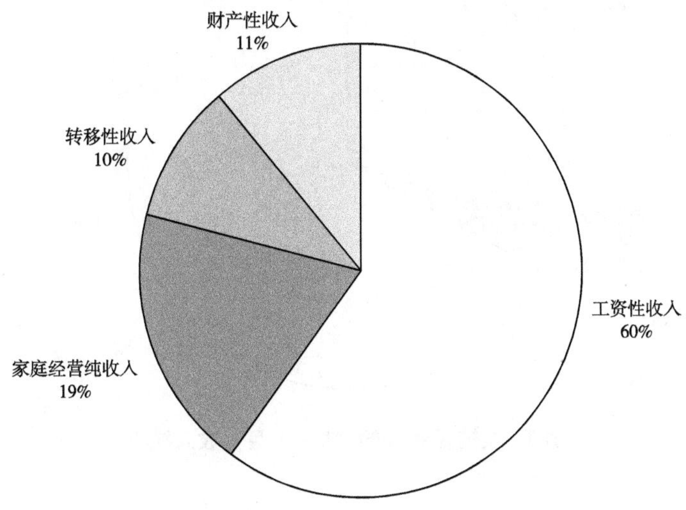

图 1　农民 2008 年收入结构

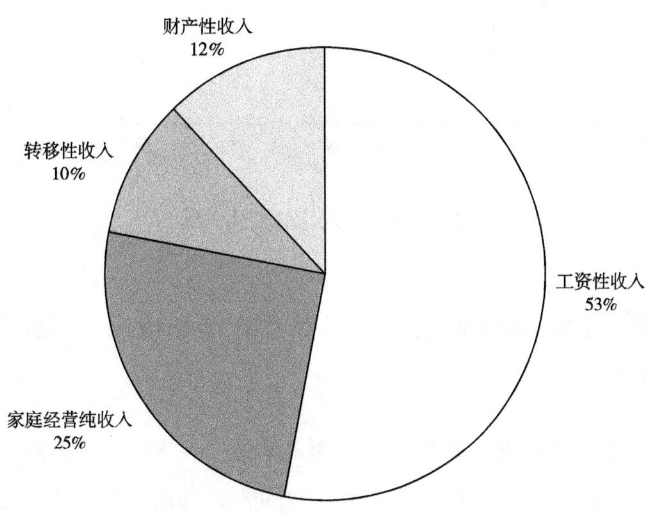

图 2　农民 2009 年（1～11 月）收入结构

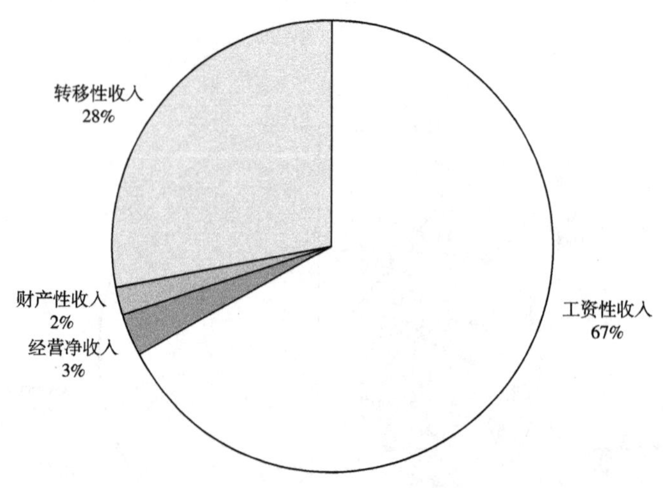

图 3　城镇居民 2009（1～11 月）收入结构

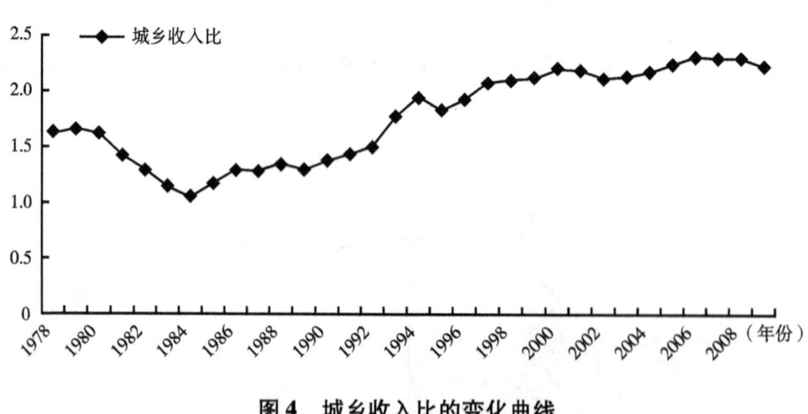

图 4　城乡收入比的变化曲线

（三）资产性收入增长过快，工资收入增长缓慢，“勤劳致富”的梦想渐行渐远

2009 年，北京城镇居民的工资收入增幅较小（9.9%），仅略高于转移性收入（9.7%），增长最快的是经营性收入（32.9%）和财产性收入（29.6%）。城镇居民的资产性收入（包括经营性收入和财产性收入）人均达 1600 多元。资产性收入的大幅度增长，大大加剧了不同阶层的收入差距，使得勤劳致富的梦想日益远去。2009 年以来，北京住房价格上涨了 70% 以上，年初买一套 100 万元的

房子，一年的资产收益就达到了70万~80万元。而工资性收入增长幅度并不大，甚至没有增长。这种收入增长的态势产生的是一种“马太效应”，即“穷者愈穷，富者愈富”。

资产性收入加快，工资性收入增长变慢，低收入群体，无资本、无固定资产或者金融资产者的收入相对下降，进一步拉大了收入分配差距；北京市城乡居民的转移性收入增幅都非常大，而无本地户籍的人无法享受北京的各项社会保障政策，基本上没有转移性收入。所以，工资性收入慢，意味着外来常住人口中的绝大部分收入增长缓慢，生活压力增大。这种收入增长的态势，对城市低收入群体、对外来人口中低端就业人口非常不利，进一步拉大了高低收入群体之间的贫富差距。

二　城乡居民消费状况

2009年，在家电下乡、家电以旧换新、发放各种消费券等政策刺激下，北京城乡居民的消费仍然保持了较快速度的增长，特别是农村居民，消费增长非常快。

（一）城乡居民消费支出较快增长

1. 城镇居民投资支出增速大大快于生活消费支出

2009年，城镇居民的消费性支出人均达到16405元，同比增长8.7%。从八大类消费项目看：

第一，城镇居民的食品、居住支出增长幅度较小，这两项都低于平均增幅，增长率分别是6.7%和0.3%。

第二，衣着、家庭设备用品及服务、其他商品及服务增长幅度较大，分别为14.2%和11.8%和18.3%，增幅等于或高于2008年的3.9%、11.8%和8.3%。

第三，交通和通信、教育文化娱乐服务在2008年属于负增长、零增长，2009年则是高速增长，增幅分别达到20.7%和11.4%。

第四，医疗保健支出增幅回落，2008年增长20.8%，2009年减少了11.1%，这与北京市城镇一老一小医疗保险报销范围扩大、比例提高，城镇居民医疗负担减轻有很大关系。

在生活消费稳定提高的基础上，城镇居民的资产性和保障性支出快速增长。

如城镇居民的财产性支出增长了529.7%，购房或者建房支出增长90.6%，社会保障支出增长了36.0%。

2. 农村居民进入耐用品、住房、服务消费快速增长的新阶段

2009年，农村居民人均生活消费支出合计达到9141元，同比增长19.4%，增速比2008年大大加快，也大大快于同期城镇居民的消费增速。从八大类消费项目看：

第一，农村居民的食品、衣着两类基本生活用品增幅低于总消费支出的增幅，分别为12.6%和17.3%，但是增长速度仍然大大快于城镇居民。

第二，农村居民的居住、家庭设备用品及服务、交通和通信、其他商品及服务的高速增长，增幅分别达到37.4%、24.1%、24.9%和30.1%，高于总支出的增幅，也大大高于城镇居民的消费增幅。

第三，农村居民的医疗保健需求继续释放，医疗保健支出继续保持高增长，但增幅较2008年略有下降，2009年增长14.1%，较2008年的17.7%有所下降。

第四，农村居民的文教娱乐支出2008年是负增长，2009年有较大幅度的增长，达到9.4%。

表1 2009年城乡居民的消费支出及增长情况

指标名称	城镇居民		农村居民	
	支出额(元)	同比增长(%)	支出额(元)	同比增长(%)
食品	5936	6.7	2961	12.6
衣着	1796	14.2	700	17.3
居住	1290	0.3	1774	37.4
家庭设备用品及服务	1226	11.8	598	24.1
医疗保健	1389	-11.1	864	14.1
交通和通信	2768	20.7	1108	24.9
教育文化娱乐服务	2655	11.4	959	9.4
其他商品及服务	833	18.3	177	30.1
人均生活消费支出合计	17893	8.7	9141	19.4

资料来源：北京统计信息网。

（二）城乡居民消费结构渐趋合理

1. 城镇居民消费结构比较稳定，医疗支出有所下降

首先，从恩格尔系数来看，北京城镇居民的消费水平已经达到了富裕水平，这一阶段，虽然衣食住的消费支出都在逐年增长，但是其在总消费中的比重变化并不大。2008 年受物价上涨因素的影响，城镇居民的恩格尔系数有所上升；但是 2009 年受物价下降的影响，这一系数又有所下降。城镇居民的衣着消费这几年一直稳定在 9% 以上，有所变化，但是很小。居住支出额虽然也在增长，但是从支出比重来看，这两年比重却在下降。

其次，城镇居民的保健性支出比重进一步下降，2009 年达到 2002 年以来的最低点，支出比重是 7.76%。这一发展趋势说明，在北京医疗保障制度不断健全、保障标准不断提高的情况下，城镇居民医疗负担减轻，城镇居民消费结构在进一步合理化。

再次，城镇居民的享受性和发展性消费支出仍然保持较高比重。交通和通信的比重从 2007 年的 15.2% 下降到 2008 年的 13.9% 后，在 2009 年汽车消费继续火暴的情况下，2009 年又回升到 15.47%，交通费用及通信支出继续保持较高增长速度。

2009 年以来，城镇居民文教娱乐用品及服务支出比重也有所上升。城乡适龄儿童义务教育免学费以及其他补贴措施的出台，使得 2008 年城镇居民的文教娱乐用品及服务比重下降，2009 年这一比重又有所上升，达到 14.84%。文教娱乐支出上涨，说明城镇居民的文教娱乐消费需求在增长，消费质量在提高。

2. 农村居民消费结构快速升级

这几年，北京新农村建设以及其他各项惠农措施的力度很大，对农村的转移性支付增长很快，北京城乡一体化步伐在加快。农村居民的生活水平和生活质量在迅速提高，农村居民的消费结构升级很快。衣食支出比重比较稳定，质量有很大提高；住房消费又进入一个新的高峰期。

第一，农村居民的恩格尔系数下降到了富裕水平。2007 年，农村居民的恩格尔系数是 32.07%，2008 年因为物价走高，这一指标有所上升，2009 年恩格尔系数又下降到了 32.39%。从饮食质量看，农村居民的饮食质量也在提高，饮食的多样化程度提高，如 2008 年农民人均粮食消费为 107 斤，比 2007 年的 115.1 斤下降了 8.1 斤，而蔬菜、肉蛋类消费量则有所增加。这说明农村居民的消费结构升级加快、消费质量在不断提高。

第二，农村居民的衣着支出比重在下降。按照恩格尔系数变化的一般规律，随着消费水平的不断提高，衣着支出在消费支出结构中的比重先是上升，达到一定比重后就开始下降，之后达到一个相对稳定的比重。从农村居民衣着支出的比重变化看，改革开放以来，农村居民的衣着支出比重经历了一个迅速上升，然而逐渐波动过程后，近几年开始稳中有降。衣着支出的比重变化如图 5 所示。

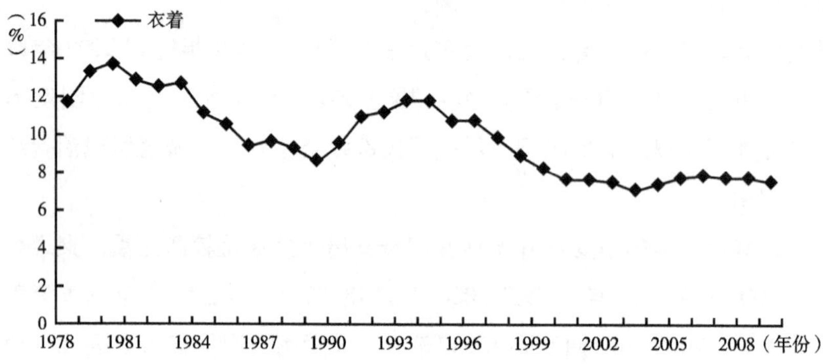

图 5　农村居民衣着支出比重变化过程

第三，农村居民的住房支出达到新的高峰。在农村，住房一直是最大宗的消费，改革开放以来，农村的住房消费经历了两个高潮，一个是 1984 年以后，随着家庭联产承包责任的推行，农村居民迅速满足了温饱需求以后，住房消费比重开始快速增长，1984 ~ 1990 年是农村住房支出比重较大的阶段，1984 年农民住房支出比重达到 18. 9%，是各项支出中增幅最大的项目，1986 年更是达到 24. 83%。1991 年以后开始逐渐下降，最低下降到 1995 年的 9. 67%，之后又开始慢慢上升，2003 年又达到了 19. 8%，这几年一直在高位徘徊，2009 年居住支出的比重又达到了 19. 41%。

第四，随着农村免费义务教育制度的推行和北京市加大对农村教育的相关补贴，农民的教育费用比前几年有很大幅度的下降，如 2004 年，农村教育文化娱乐服务的费用一度下降到 15. 8%，这几年还在下降，2009 年这一比重进一步下降到 10. 49%。

第五，农村居民的交通和通信、医疗保健支出比重相对比较稳定。这两类支出比重变化不大，交通和通信支出 2006 ~ 2009 年一直在 12% 左右，医疗保健一直在9% ~10% 之间，变化不大。2009 年交通和通信、医疗保健支出比重分别为 12. 12% 和 9. 45%。医疗保健支出的比重还是偏高。

表 2　城乡居民消费结构状况

指标名称	城镇居民消费结构			农村居民消费结构		
	2009	2008	2007	2009	2008	2007
食品	33.17	33.8	32.2	32.39	34.34	32.07
衣着	10.04	9.5	9.9	7.66	7.80	7.75
居住	7.21	7.8	8.1	19.41	16.86	17.02
家庭设备用品及服务	6.85	6.7	6.4	6.54	6.30	5.70
医疗保健	7.76	9.5	8.4	9.45	9.89	9.42
交通和通信	15.47	13.9	15.2	12.12	11.59	12.77
文教娱乐用品及服务	14.84	14.5	15.6	10.49	11.46	13.21
其他商品及服务	4.66	4.3	4.2	1.94	1.78	2.07
人均生活消费支出	100	100	100	100	100	100

三　2009 年消费热点和难点分析

受各类刺激消费政策的影响，如以旧换新，家电下乡、住房等政策的影响，2009 年，北京消费市场活跃，消费增长较快，一些消费领域甚至达到了疯狂的程度。微观消费热与宏观上的内需不足形成了一个亟待解释的问题。

（一）2009 年消费市场热点多

1. 城乡居民的用类消费保持了较快增长

2009 年全年实现社会消费品零售额 5309.9 亿元，增速达到 15.7%。分商品类别看，吃类商品实现零售额 1251.5 亿元，增长 9.9%；穿类商品实现零售额 496.6 亿元，增长 15.3%；用类商品实现零售额 3202 亿元，增长 20.4%；烧类商品实现零售额 359.8 亿元，增长 0.1%。[①] 从城乡居民的消费结构看，用品消费也是增长较快的项目，增幅高于城乡居民总消费支出的增幅。

2. 汽车消费继续了 2008 年以来的高增长

当前，北京正快速迈入汽车社会。北京机动车拥有量达到第一个 100 万辆用

① 北京市统计局、国家统计局北京调查总队：《2009 年全市经济运行情况》，http：//www.bjstats.gov.cn/sjjd/jjxs/201001/t20100121_164254.htm。

了48年；第二个100万辆用了6年；第三个100万辆只用了4年。[①] 2007年北京机动车突破300万辆以后继续高速增长，2009年，全年销售机动车114.8万辆，增长30.8%，增幅比2008年提高20.8个百分点。[②]

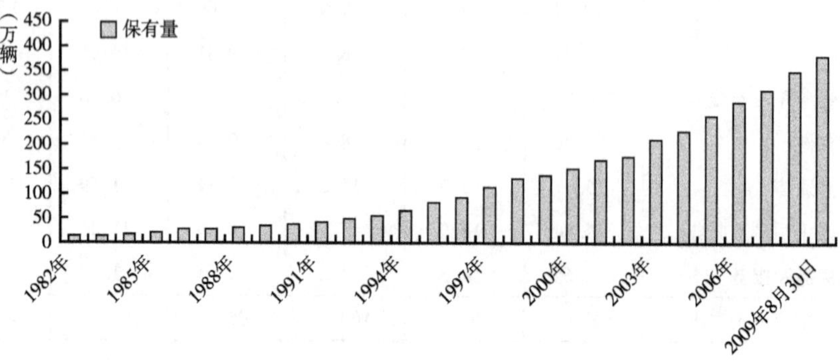

图6　1982～2009年8月北京机动车保有量变化

资料来源：北亚车市，http：//info. auto. hc360. com/2009/09/140857313559. shtml。

3. 住房消费从低迷到癫狂

2008年下半年，在各项房地产调控措施的影响下，北京乃至全国的房价处于下行空间。2009年初，为了应对国际金融危机的影响，政府出台了一系列经济刺激计划，包括房地产领域的一系列优惠政策，使中国经济很快走出低谷，也使房价在2009年一路狂飙，量价齐涨。北京的房地产价格上涨70%以上，商品房房价直逼发达国家的水平。纯商品房（不包括经济适用房、限价房）销售量达到了12.3万套，比2008年增加了105%。[③] 2009年全年的二手房住宅网签量突破26万套。二手住宅实际过户量达到20万套以上，比2006～2008年的成交总和还多出一成以上。[④]

---

① http：//info. auto. hc360. com/2009/09/140857313559. shtml.

② 北京市统计局、国家统计局北京调查总队：《2009年全市经济运行情况》，http：//www. bjstats. gov. cn/sjjd/jjxs/201001/t20100121_ 164254. htm。

③ 2009年北京商品房销售达到高于2007年的12.1万套和2008年的6万套。《北京住宅期房去年成交逾12万套》，2010年1月4日《新京报》。

④ 《北京去年二手房网签26万套　超前3年成交总量》，http：//www. bj. xinhuanet. com/bjpd_ sdzx/2010－01/05/content_ 18679358. htm。

（二）消费的结构性问题

虽然 2009 年的消费市场及居民消费都有不俗的表现，但是一些深层次的结构失衡并没有得到扭转。在外需不足，国内市场越来越重要的情况下，扩大内需还有一些难点。

1. 最终消费率上升，居民消费率下降，内需结构失衡

北京是一个消费性城市，消费在 GDP 中的比重高于全国，近几年，北京的最终消费率不断提高，2008 年，在北京的 GDP 构成中，最终消费率是 57.5%，高出全国只有 8 个百分点。最终消费率达到了改革开放以来的最高点，这个比例并不算太低。但是，从统计数据看，最终消费率提高主要是政府消费率在提高，居民消费率仍处于下降趋势。2008 年北京居民消费率只有 32.28%，是 1986 年以来的最低点。估计 2009 年的居民消费率会有所提高，但是扩大内需特别是居民消费需求仍然是目前中国和北京经济社会发展中的一个重要问题。

北京的居民消费率远低于其他经济发展水平相当的城市。2008 年北京人均 GDP 是 9075 美元，与香港 1988 年的水平相当（9430 美元），但是其居民消费率相差很多。1988 年中国香港的最终消费率是 62.6%，而其居民消费率却高达 56%，政府消费率只有 6.6%。[①] 二者相比，北京的最终消费率只比香港当时低 5.1 个百分点，但是其居民消费率比香港低了约 24 个百分点。而且，这些年来，香港的居民消费率一直处于上升中，而北京近年来的居民消费率却一直处于下降的趋势。这个巨大的差距是北京消费结构中最重要的问题。

2. 收入消费差距仍然在扩大

近几年，虽然北京市一直致力于缩小收入消费差距，但是不同收入群体之间的收入差距还在继续扩大。从表 3 可以看出，2006～2008 年，城乡之间，不同收入群体之间的收入差距还在继续扩大。城乡收入差距从 2005 年的 9793 元扩大到 2008 年的 13978 元。2005 年城镇最低 20% 收入户比城镇平均收入低 9072 元，2008 年这一差距扩大到 14044 元。

---

① 该数据根据 1996 年《中国统计年鉴》中的香港数据计算而来。

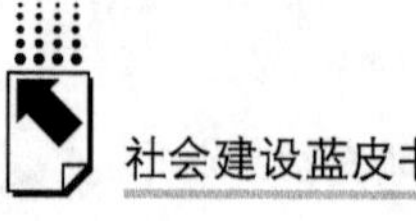

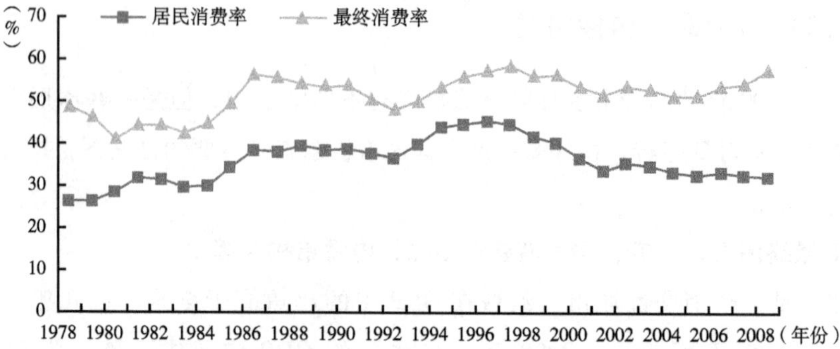

图7　改革开放以来北京居民消费率和最终消费率的变化情况

表3　不同群体的收入差距变化

		农村居民人均纯收入	低收入户20%	中低收入户20%	中等收入户20%	中高收入户20%	高收入户20%
2008年	人均可支配(纯)收入(元)	10747	10681	16713	21888	28453	47110
	人均可支配(纯)收入-城镇人均可支配收入(元)	-13978	-14044	-8012	-2837	3728	22385
2007年	人均可支配(纯)收入(元)	9559	10435	15650	19883	25353	40656
	人均可支配(纯)收入-城镇人均可支配收入(元)	-12430	-11554	-6339	-2106	3364	18667
2006年	人均可支配(纯)收入(元)	8620	9798	14439	18369	23095	36616
	人均可支配(纯)收入-城镇人均可支配收入(元)	-11358	-10180	-5539	-1609	3117	16638
2005年	人均可支配(纯)收入(元)	7860	8580.9	12485.2	16062.8	20812.9	32967.7
	人均可支配(纯)收入-城镇人均可支配收入(元)	-9793	-9072	-5168	-1590	3160	15315

资料来源：历年北京统计年鉴。

不同群体的消费差距也在不断扩大，从表4可以看出，农村居民与城镇居民的人均消费差距2008年最大，达到8804元，城镇20%低收入户的消费支出与城镇平均水平的差距也最大，达到7475元。而20%高收入户的平均收入水平比城镇平均收入高10129元，差距比2007年扩大了2000多元，也达到最大值。这说明，城乡之间、城镇不同收入水平群体之间的消费差距还在继续扩大。

表 4　不同收入群体的消费差距变化

		农村居民人均支出	低收入户 20%	中低收入户 20%	中等收入户 20%	中高收入户 20%	高收入户 20%
2008 年	消费支出额(元)	7656	8985	12776	15380	19109	26589
	消费支出额 - 城镇人均支出额(元)	-8804	-7475	-3684	-1080	2649	10129
2007 年	消费支出额(元)	6828	9183	12196	15094	17747	23415
	消费支出额 - 城镇人均支出额(元)	-8502	-6147	-3134	-236	2417	8085
2006 年	消费支出额(元)	6061	8911	12436	14080	16452	23520
	消费支出额 - 城镇人均支出额(元)	-8764	-5914	-2389	-745	1627	8695
2005 年	消费支出额(元)	5515	7864	10939	11772	15814	21325
	支出 - 城镇平均(元)	-7729	-5381	-2305	-1472	2570	8081

资料来源：历年北京统计年鉴。

如从实际消费看，不同群体之间的收入消费差距还要更大些。如 2008 年 20% 最高收入群体的消费支出是人均 26589 元，按照三口之家平均，① 家庭平均消费达到 79767 元，约 8 万元。这个消费水平还原为具体生活，在北京也就是刚达到一个中产阶层家庭的消费标准。如对于一个居住商品房、有一辆汽车、抚养一个孩子的家庭而言，汽车一年的使用费大约 20000 元；一个 100 平方米左右的商品房，一年的水电煤气、取暖、物业费、固定电话、网络等至少需要 10000 元；如果孩子上幼儿园，普通公立园，平均一年的教育费用也要 15000 元左右，如果上私立园，一般一年的费用 20000 多元；如果上小学，不择校、不上补习班花费可能不多，如果想择校，一年的各种报班加起来，也要 10000 多元。按照北京城镇居民 2008 年人均食品支出 5562 元计算，三口之家一年的食品支出也要 16686 元，另外，从服装消费看，2008 年北京城镇居民人均服装支出是 1572 元，三口之家一年的服装支出也要 4716 元。这个家庭的固定开支已经达到了 6 万 ~7 万元。现在北京每百户汽车拥有率至少在 60% 以

① 根据 2000 年第四次人口普查数据结果，北京家庭规模在逐渐减小，2000 年是户均 2.9 人。

上，这种生活方式应该是一种相对普遍的生活方式了。加之，北京居民消费模式已经向服务消费转型了，如果全家一年至少外出旅游一次（其实周末郊区游已经成为北京市民生活的一部分），或者走亲访友几次，肯定也是一笔不菲的支出。其他如外出就餐，也是一笔不小的支出，这样下来，这个家庭的支出差不多要达到7万~8万元。

然而，如果你的生活仅仅由这些基本的开支构成，你是没有理由称自己是高收入阶层或者富裕阶层的。你家没有保姆，你没有去健身，没有去美容，没有去打高尔夫，更没有去私人俱乐部，也没有去商场购买千元以上的衣服和化妆品。北京是一个名车荟萃、高档消费品荟萃、高档消费场所荟萃的地方。当你去商场购物，你会发现1000元实在买不了什么，但是周末熙熙攘攘的商场，到处爆满的酒店、饭店，火暴的周末郊区游，则在表现一个城市的生活方式。所以，对于很多人来说，实际感受到的收入消费差距要比统计数据大得多。

四　结论与政策建议

消费既是经济再生产的一个重要环节，也是社会再生产的手段。从大方面说，消费是关系到经济社会发展全局的大问题；从小的方面说，消费关系到每一个人的日常生活。在外需下降，内需急需扩大的今天，消费对于经济社会发展变得至关重要。2009年，北京的消费是比较热的，城乡大部分居民的生活也并没有受到金融危机的太大影响。但是从统计上看，北京的居民消费率太低是个大问题，所以扩大居民消费还是非常必要的。

当前，消费市场的火暴与居民消费率的下降看似矛盾，实际上是社会结构不合理的一种表现。由于较高社会阶层与较低社会阶层之间的收入消费鸿沟越来越深，特别是随着资产性收入翻番增长，工资性收入增长缓慢，较高社会阶层的收入和财富增长非常快，他们的消费能力非常强，生活需求层次很高，消费标准是世界一流，消费地点也国际化了，如世界顶级奢侈品、出国旅游度假等。北京的中产阶层比重从全国来说是最大的，这个阶层是目前支持北京消费市场的主体力量，是汽车、住房消费的主力，但是这个阶层还是不够大，估计比例接近50%。大量的体力、半体力劳动者、低层白领的比例还非常大，收入也比较低，而且收入来源单一。他们一般只有工资性收入，月薪一两千元、两三千元很普遍，消费能力不足。特别是几百万的外来常住人口，他们收入水平不高，不能享受北京的社会保障和社会福利，其收入除了支付房租和日常消费，剩余很少，消费能力严重不足，如最近人们热议的“蚁族”就是这些人的典型生活。这种社会结构的不均衡是当前微观消费热、宏观消费不足的深层次根源。因此，要进一步提高居民消费率。

首先，要提高较低社会阶层的消费能力。当前，北京消费能力较低的阶层主要是城市低层白领、商业服务业人员、工人、失业半失业无业人员以及大部分农民。要提高他们的消费力，转变其消费模式。

一是要加快城乡一体化进程。中国的城乡差距是一个历史问题，缩小城乡差距是一个长期而艰巨的任务，但是对北京来说，这一问题正在逐渐解决。近两年，在新农村建设的推动下，北京加大了对农村各项社会事业的投入，遏制了城乡差距不断扩大的趋势。这是一个巨大的成绩。当前，北京的农村人口只有 255 万人了，而且近郊区的农民已经城市化了，所以北京城市化的难度并不大，关键是要改变观念，从政策和制度上重视，破除城乡二元分割的制度和体制，加快推进城乡一体化。

二是要强化社会保障和社会福利制度的二次分配功能，提高较低社会阶层的消费能力。近年来，北京加快了社会保障制度建设，对低收入群体的转移支付力度有所加大。城镇低收入群体的收入有所增长，低收入群体的生活水平也在不断提高。但是，城市内部的收入差距仍然是扩大的，低收入群体的规模很大。特别是城镇外来人口，并不能享受城市的社会福利，消费能力不足，对于扩大消费以及社会稳定和社会安全是非常不利的。如何破解城市的这种二元结构，改革户籍制度，保障外来常住人口的权利，提高他们的消费能力，是一个亟待解决的问题。

其次，要加强房地产调控，控制房价，打击投机，保证城镇居民的居住权。

当前，高房价已经给城镇居民生活消费带来巨大压力。房地产业的高速发展对北京的财政税收增长无疑是有益的，但是，对普通老百姓而言，高房价的巨大压力则在一定程度上压抑了其他消费。要使所有居民安居乐业，建设一个和谐的社会，住房应该在更大程度上发挥其“居住—消费品”的功能，而不是“资产—投资品”的功能。过去政府建的经济适用房，不少充当了富人的投资品，而不是穷人的消费品。现在，政府应该大力发展廉租房，使人人能住得起房子，包括外来常住人口，这对于扩大居民的其他消费无疑是有益的。

Macro-cold, Micro-hot: Research on Consumption Conditions of Beijing Urban and Rural Residents

Zhao Weihua

Abstract: The urban and rural residents income and consumption continued to maintain a rapid growth in 2009 in Beijing. The rural residents income growth accelerated and the trend of widening gap between urban and rural areas has began to keep down. However, the income of assets grew too fast, and the wage income grew slowly, hard-working is hard to become rich, that further widened the income gap between different groups. On the basis of medical and other social security system improvement, the pressure on health care and compulsory education spending was reduced. The service consumption of urban residents increased rapidly, the consumption structure is more optimized. The growth rate of investment is faster than living consumption in urban. The rural consumption is accelerating. housing consumption is entering a new phase of a high-speed growth. The consumption market in 2009 continued hot, but the rate of household consumption is declining. The gap of income and consumption between different groups continues to expand. This reflects the deep-level social structural imbalances. At present, expanding consumption must focus on improving the consumpition of the lower social classes, changing their consumption patterns; keeping down the invest ment demancl in housing markets, controlling house prices, and developing low-rent housing to protect the right of residence of urban residents.

Key Words: Urban and rural resident; Income; Consumption; Conditions

✧ 皮书起源 ✧

“皮书”起源于十七、十八世纪的英国，主要指官方或社会组织正式发表的重要文件或报告，多以“白皮书”命名。在中国，“皮书”这一概念被社会广泛接受，并被成功运作、发展成为一种全新的出版形态，则源于中国社会科学院社会科学文献出版社。

✧ 皮书定义 ✧

皮书是对中国与世界发展状况和热点问题进行年度监测，以专业的角度、专家的视野和实证研究方法，针对某一领域或区域现状与发展态势展开分析和预测，具备原创性、实证性、专业性、连续性、前沿性、时效性等特点的公开出版物，由一系列权威研究报告组成。

✧ 皮书作者 ✧

皮书系列的作者以中国社会科学院、著名高校、地方社会科学院的研究人员为主，多为国内一流研究机构的权威专家学者，他们的看法和观点代表了学界对中国与世界的现实和未来最高水平的解读与分析。

✧ 皮书荣誉 ✧

皮书系列已成为社会科学文献出版社的著名图书品牌和中国社会科学院的知名学术品牌。2016 年，皮书系列正式列入“十三五”国家重点出版规划项目；2012~2016 年，重点皮书列入中国社会科学院承担的国家哲学社会科学创新工程项目；2017 年，55 种院外皮书使用“中国社会科学院创新工程学术出版项目”标识。

S 子库介绍
Sub-Database Introduction

中国经济发展数据库

涵盖宏观经济、农业经济、工业经济、产业经济、财政金融、交通旅游、商业贸易、劳动经济、企业经济、房地产经济、城市经济、区域经济等领域，为用户实时了解经济运行态势、 把握经济发展规律、 洞察经济形势、 做出经济决策提供参考和依据。

中国社会发展数据库

全面整合国内外有关中国社会发展的统计数据、 深度分析报告、 专家解读和热点资讯构建而成的专业学术数据库。涉及宗教、社会、人口、政治、外交、法律、文化、教育、体育、文学艺术、医药卫生、资源环境等多个领域。

中国行业发展数据库

以中国国民经济行业分类为依据，跟踪分析国民经济各行业市场运行状况和政策导向，提供行业发展最前沿的资讯，为用户投资、从业及各种经济决策提供理论基础和实践指导。内容涵盖农业，能源与矿产业，交通运输业，制造业，金融业，房地产业，租赁和商务服务业，科学研究，环境和公共设施管理，居民服务业，教育，卫生和社会保障，文化、体育和娱乐业等 100 余个行业。

中国区域发展数据库

对特定区域内的经济、社会、文化、法治、资源环境等领域的现状与发展情况进行分析和预测。涵盖中部、西部、东北、西北等地区，长三角、珠三角、黄三角、京津冀、环渤海、合肥经济圈、长株潭城市群、关中—天水经济区、海峡经济区等区域经济体和城市圈，北京、上海、浙江、河南、陕西等 34 个省份及中国台湾地区 。

中国文化传媒数据库

包括文化事业、文化产业、宗教、群众文化、图书馆事业、博物馆事业、档案事业、语言文字、文学、历史地理、新闻传播、广播电视、出版事业、艺术、电影、娱乐等多个子库。

世界经济与国际关系数据库

以皮书系列中涉及世界经济与国际关系的研究成果为基础，全面整合国内外有关世界经济与国际关系的统计数据、深度分析报告、专家解读和热点资讯构建而成的专业学术数据库。包括世界经济、国际政治、世界文化与科技、全球性问题、国际组织与国际法、区域研究等多个子库。

法律声明